AURELIUS AUGUSTINUS

DIE BEKENNTNISSE

CHRISTLICHE MEISTER

BAND 25

AURELIUS AUGUSTINUS

DIE BEKENNTNISSE

VOLLSTÄNDIGE AUSGABE

ÜBERTRAGUNG, EINLEITUNG UND ANMERKUNGEN

VON

HANS URS VON BALTHASAR

JOHANNES VERLAG EINSIEDELN

3. Auflage 1994
Mit kirchlicher Druckerlaubnis

Druck: Freiburger Graphische Betriebe
ISBN 3 89411 040 6

INHALT

EINLEITUNG

1. ART UND EINHEIT DES WERKES

«Nimm dir, mein Sohn, nimm in christlicher Liebe die von dir verlangten Bücher meiner Bekenntnisse. Schau mich darin an, lobe mich nicht mehr, als was ich bin; glaube nicht andern über mich, sondern mir selber. Schau, was ich in mir und aus mir selber war, und wenn dir etwas an mir gefällt, so lobe mit mir zusammen Den, den ich anläßlich meiner gelobt haben wollte, nicht aber mich. Denn Er hat uns gemacht, nicht wir selber uns (Ps 100,3). Wir hatten uns verloren, aber er, der uns hergestellt hatte, hat uns wiederhergestellt. Und wenn du mich dort findest, so bete für mich, auf daß ich nicht versage, sondern zur Vollendung gelange.»

So schreibt der achtundsiebzigjährige Bischof einem Freund, der ihm seine «Bekenntnisse» abverlangt hatte.[1] Diese hatten seit ihrer Publikation weite Verbreitung gefunden und sind bis ins Mittelalter das meistgelesene Erbauungsbuch geblieben, Teile daraus wurden von den Mönchen gesungen. Das Werk steht nicht nur unter Augustins zahlreichen Büchern, sondern in seiner Zeit, ja in der Weltliteratur als ein Fremdling da. Trotz aller Versuche, ihm Vorbilder zu finden – es gab unter den Römern «Memoiren», wie die eines Varro, Cicero, die Selbstbetrachtungen Marc Aurels, es gab die fast endlosen Selbstbespiegelungen Gregors von Nazianz –, entsteht hier etwas völlig Neues, das sich schon im Titel anzeigt: ein langes Gebet, das Lobpreis (confessio) Gottes sein will, anläßlich einer Lebensbeichte (confessio) des vergangenen, abgeirrten und von Gott zurückgeführten Daseins, seines jetzigen Zustandes und seiner Wurzeln in den Urgründen der Schöpfung und im Schoß der Kirche, worauf die Schöpfung hinzielt. Wenn hier Denken letztlich als ein betender Dialog mit der Urwahrheit erscheint und die ganze eigene Existenz bis in ihre letzten Voraussetzungen in diesem Gebet vor Gott und den Menschen bloßgelegt wird, ist es richtig, das Werk unter beiden Gesichtspunkten christlich «existentiell» zu nennen: Augustins Weg zu Gott wie seine Reflexion darüber sind es, beides untrennbar. Aber diese Reflexion erfolgt immerfort unter dem einbrechenden

[1] Ep. 231,6 an Darius (PL 33, 1025).

Licht Gottes: nicht er belehrt Gott über sich, sondern er läßt sich von Gott belehren. Nur in der Beleuchtung von Gottes Liebeswahrheit nimmt sein vergangenes und gegenwärtiges Leben Sinn an, den einer Entfernung von dieser Liebeswahrheit und einer strebenden Rückkehr zu ihr. Auch dort, wo der Verfasser sich grübelnden Reflexionen über abgründige Fragen hingibt – «Woher das Böse?» «Was ist die Zeit?» «Was sind die Urgründe der Schöpfung?» – ist es nicht anders: die Reflexion wird von immer neuen Gebeten, einem Flehen um Licht unterbrochen, und das Licht fällt von Gott her ein, zumeist durch Gottes biblisches Wort vermittelt. So wird das alte christliche Wort «confessio» neu geprägt.[2]

Über die Komposition des Werkes ist viel gerätselt worden; locker ist sie sicher, man darf an sie keine modernen Maßstäbe anlegen. Vermutlich sind die ersten neun Bücher um 398 verfaßt worden, das Ende des neunten bildet einen Abschluß. Das Buch X, das Schilderungen nicht mehr der Vergangenheit, sondern des heutigen Zustands des Verfassers gibt, steht für sich, die Bücher XI bis XIII weiten das Bekenntnis ins Kosmische und schließlich Kirchliche aus; es ist wahrscheinlich, daß diese vier letzten Bücher nach einer Pause verfaßt wurden, um 400. Das Ganze gliedert sich dann in drei Teile, die man sinnvoll mit den drei Sätzen einer Sonate verglichen hat.[3] *Die drei letzten Bücher, die nicht mehr biographisch sind, als Anhang zu bezeichnen und in manchen Ausgaben wegzulassen, geht umso weniger an, als sie, wie besonders eindringlich H. Galvão gezeigt hat, erst die letzten Antworten auf die zu Beginn erhobenen Fragen liefern.*[4] *Wenn die ersten neun Bücher die Vergangenheit des Verfassers schildern, das zehnte seine gegenwärtige Verfaßtheit, so kann und will er sich nicht als ein isoliertes Individuum verstehen und darstellen, sondern als ein Wesen, das mit allen andern Weltwesen kreatürlich und zeithaft existiert (XI. Buch), das zwischen den beiden Urgründen der Schöpfung lebt, zu denen es in wesenhafter Beziehung steht (XII. Buch, worin zugleich der Dualismus der Manichäer und die Ungeschaffenheit der beiden Extreme der plotinischen Welt: Nous und Materie endgültig*

[2] Joseph Ratzinger, Originalität und Überlieferung in Augustins Begriff der Confessio, in: Revue des Etudes augustiniennes 3 (1957) 375–392.

[3] C. J. Perl, in der Einleitung zu seiner Übersetzung (Schöningh, Paderborn ²1964) S. XV.

[4] Die existentielle Gotteserkenntnis bei Augustin (Johannes Verlag Einsiedeln 1981).

widerlegt werden), und das endlich im Sinnziel des Kosmos, in der Kirche Christi seine irdische Heimat hat, die selbst wieder ihrer ewigen Heimat, Gott und dem himmlischen Jerusalem entgegenstrebt. Dort sind von Anbeginn, «bei dieser geliebtesten Mutter die Erstlingsfrüchte» meines Geistes (primitiae spiritus mei) hinterlegt (XIII, XVI, 23), und bei seiner Geisteserhebung in Ostia zusammen mit seiner leiblichen Mutter haben beide dort «die primitiae spiritus festverankert zurückgelassen» (IX, X, 25). «Augustinus ist ein Bischof der katholischen Kirche», sagt er in einer Predigt, sowohl gegen seine Lästerer wie gegen die Verehrer seiner Person.[5]

2. ANGESICHTS DER IRRLEHREN

Ein großer Teil des schriftlichen Lebenswerks Augustins ist dem Kampf gegen die Irrlehren gewidmet, dreien vor allem, denen er am Anfang, in der Mitte und am Ende seiner Laufbahn begegnet. Mit den Arianern, die in den Confessiones nur einmal nebenbei erwähnt werden, da die arianische Kaiserin Justina den Bischof Ambrosius verfolgt (IX, VII, 15), hat er wenig mehr zu tun, ebensowenig mit Apolinaris, der Jesus eine vernünftige Seele absprach (sein Freund Alypius war eine zeitlang dieses Glaubens gewesen: VII, XXVIV, 25), und über Photin, der in Jesus einen bloßen Menschen sah (ebd.), ist Augustin im Laufe seiner Konversion hinausgeschritten.

Aber mit der ersten großen Häresie, die der Manichäer, die ihn ein Jahrzehnt – in seinen schönsten Jahren! – festhielt, ist er leidenschaftlich handgemein. Die Bekenntnisse schildern im einzelnen deren Lehren, ihre verheerende Wirkung auf ihn, ihre Absurdität; Augustin ist deshalb so existentiell mit ihnen befaßt, weil ihre Annahme zweier Absoluta, eines guten und eines bösen, ihm zum Anlaß der Rechtfertigung seiner Sünden wurde: nicht er, das böse Prinzip sündigte in ihm. Schon vor den Confessiones hatte er mehrere Bücher gegen die Manichäer, vorab gegen Faustus geschrieben, zahlreiche andere werden folgen. Der Manichäismus ist wesentlich das, woraus Gott, über manche Stufen, ihn befreit hat.

Die zweite große Irrlehre, mit der er in zahllosen Händeln sich herumgeschlagen hat, die der Donatisten, die eine «Kirche der

[5] Enarr. in Ps 36, III, 20.

Reinen» bilden wollten, ragt nur insofern in die «Bekenntnisse» hinein, als sie aller Wahrscheinlichkeit nach Anlaß zu deren Abfassung wurden. Man zerrte sein Vorleben in die Öffentlichkeit; gerade in Afrika, der Gegend dieser Sekte, hatte er sich lasterhaft aufgeführt, man zweifelte an seiner Taufe, an der Reinheit seines jetzigen Lebens; in den Confessiones legt er vor aller Welt in einer wundersamen Art von Beichte Rechenschaft über sein Leben ab, das er zu einem Loblied auf die erbarmende Gnade Gottes gestalten will und aus dem Biographischen und Psychologischen auf die Ebene des Kirchlich-Theologischen emporhebt.

In einer Abschiedspredigt in der Basilika von Karthago sagt er: «Bin ich denn die katholische Kirche? Genug, wenn ich in ihr bin! Ihr greift uns an und redet vieles, was ihr wißt, vieles auch, was ihr nicht wißt. Was ihr kennt, ist meine Vergangenheit, man kennt sie vor allem in dieser Stadt. Hier habe ich mich schlecht aufgeführt, das gebe ich zu. Ich wollte, ich wäre nicht der gewesen, der ich war. Und heute noch führe ich einen täglichen Kampf mit mir, aber ich seufze zu Gott, er weiß, was in meinem Herzen vor sich geht. Andere sagen: ‹Wo sind diese Leute getauft worden?› Nicht hier wurde ich getauft, aber wo ich getauft wurde, dort findet sich die dem Weltkreis bekannte Kirche. Viele Brüder wurden mit mir getauft, es ist leicht, sich darüber zu erkundigen ...»[6]

Wann diese Predigt genau gehalten wurde, ist unsicher, wahrscheinlich gleichzeitig mit der Abfassung des X. Buchs.[7] *Auf die theologischen Streitpunkte mit der Sekte der Donatisten einzugehen, geben die «Bekenntnisse» keinen Anlaß. Aber Augustins ganze kirchliche Haltung war, gerade aufgrund seiner Vergangenheit und des bleibenden Bewußtseins seiner Fehler und Schwächen, von vornherein instinktiv gegen die donatistische Aspiration einer «Kirche der Reinen» gewappnet. Er war Antidonatist, ehe es überhaupt Donatisten gab. Doch sei hier noch hinzugefügt, daß Augustin nicht nur durch seine Gegner, sondern auch durch Freunde bestimmt wurde, sein Leben zu schildern.*

Erstaunlich ist, daß die Confessiones vorweg eine gültige Antwort geben auf die dritte große Irrlehre, der Augustin am Ende seines

[6] Enarr. in Ps 36, III, 19–20.

[7] A. Solignac, Einleitung zur Übersetzung in Bibliothèque augustinienne (1962) 31. P. Courcelle, Recherches sur les Confessions de S. Augustin (Paris 1951) 31.

Lebens begegnen und die ihm sein Alter verbittern sollte, der des Pelagius und seiner Gefährten, die sich weigerten, jede Hinkehr des Willens zu Gott der Gnade Gottes zuzuschreiben. Dies in einemfort spontan und feierlich zu bejahen, war schon das ganze Pathos des Bekenntnisbuches, und zwar noch vor jeder theoretischen Befassung mit dem pelagianischen Problem. Jeder Schritt, den der Sünder Augustin in Richtung auf Gott hin tut, wird dem erleuchtenden und stärkenden Gnadenbeistand Gottes zugeschrieben.

In seinen ersten Schriften mochten ihm ein paar unbedachte Aussagen unterlaufen sein, die (wie frühere Väter) dem menschlichen Willen zuviel Eigenkraft zuschrieben, das, was man später Semipelagianismus nannte. Nun bittet ihn um die gleiche Zeit, da er die «Bekenntnisse» zu schreiben begann, der greise Bischof Simplicianus, des Ambrosius Nachfolger, er möge diese Aussagen im Licht des Römerbriefs überprüfen, was Augustin tut und in seinem an Simplicianus gerichteten Werk «Über verschiedene Fragen» diesem restlos beistimmt. Wenn Paulus sagt: «Gott ist es, der in uns das Wollen und Tun vollbringt» (Phil 2,12f.), und: «es ist nicht Sache des Wollenden noch des Laufenden, sondern des sich erbarmenden Gottes» (Röm 9,16), so fügt Augustin bei: Gott «zeigt damit deutlich genug, daß der gute Wille selber in uns dem Wirken Gottes entstammt» (I,1,11). Man wird nicht sagen, diese Antwort an den Mailänder Bischof sei schlechthin der zündende Funke für die «Bekenntnisse» gewesen,[8] dafür kommt das Bekenntnis als ganzes aus viel zu großer Herzenstiefe, ist viel zu sehr Frucht langen und leidenschaftlichen Gebetes.

3. DIE BEKENNTNISSE IM GESAMTWERK

Doch wichtiger als die Confessiones den Häresien gegenüber zu situieren, ist die Aufgabe, ihren Platz im gewaltigen Gesamtwerk des Kirchenlehrers aufzuweisen. In einer Hinsicht ist dieser Platz einzigartig, weil dieses Werk wie kein anderes das «Herz» bloßlegt – jenes Herz, das Augustin auf vielen Bildern in der Hand trägt, von einem Pfeil durchbohrt, und das ein Kennmal seines ganzen

[8] So P. de Labriolle, Pourquoi S. Augustin a-t-il rédigé des Confessions? in: Bulletin Association G. Budé (Juli 1926) 34–39.

theologischen Denkens ist[9] *–, anderseits ist es alles andere als ein erratischer Block inmitten des Gewoges seiner zahllosen Schriften; alle tragen sie mehr oder weniger den existentiellen Charakter an sich, der die Selbstbekenntnisse kennzeichnet, überall kehrt das gleiche rauschende Lob auf die göttliche Liebe und Gnade wieder, deshalb ist es nicht verwunderlich, daß das Mittelalter die Confessiones durchaus als einen Teil eines größeren und wichtigeren Ganzen verstand, und daß erst, als der Sinn für das von Augustin selbst intendierte Ganze verblaßte, die Hauptwerke allmählich in Vergessenheit gerieten, die einsam übrigbleibenden Bekenntnisbücher, aus ihrem Zusammenhang herausisoliert, zu einem Feldzeichen des modernen religiösen Subjektivismus erhoben werden konnten. Doch nur aufgrund dieser dürren Abstraktion kann man Augustin im gleichen Atemzug mit Pascal, Kierkegaard, Dostojewski nennen. Die Confessiones sind nicht geschrieben, um mit Petrarca auf Bergeshöhen angesichts herrlicher Landschaften und im Schauder über die Weiten des menschlichen Geistes gelesen zu werden. Der Stoff, der hier gestaltet wird, die eigene Existenz mit ihren dramatischen Umbrüchen, Verirrungen und Aufstiegen, ist ein von Gott gemeisterter Stoff, der erst widerwillig, dann immer demütiger das Brandmal des Prägstocks Christi und seiner Kirche aufgedrückt erhält. Die Biographie steht als solche bereits im Dienst der Theologie, das Leben ist vom Herrn des Lebens für seine Zwecke in Beschlag genommen; Augustin wird sich später mit einer ausgepreßten Traube in der Kelter vergleichen.*

Der Sinn eines christlichen Lebens kann sich nicht im Biographischen erschöpfen. Augustin weiß es, deshalb bemüht er sich um keine Vollständigkeit, nicht einmal um besondere Konkretheit der Darstellung; die Reflexion über den in Gott liegenden Sinn, das Bekenntnis und Lob sind ihm wichtiger; die «Beichte» übersteigt sich von vornherein in die anbetende Anerkennung eines vom Menschen unabhängigen souveränen Herrn, eines Bereiches göttlicher, gottmenschlicher und kirchlicher Wahrheit. Ihr Ausdruck, die Theologie, mag aufs tiefste geprägt bleiben von den Abgrunderfahrungen des Sünders und Begnadeten; sie ist aber weit entfernt davon, bloße Objektivierung dieses religiösen Erfahrens zu sein. Das Drama der Existenz spielt sich ab unter dem von oben her einbrechenden

9 A. Maxsein, Philosophia Cordis (Otto Müller, Salzburg 1966).

Gesetz des Glaubens und mündet in restloses Anerkennen, was nicht hindert, daß – gerade bei den großen kirchlichen Sendungen, wie sie ein Paulus, Origenes, Augustinus oder Newman erhielten – der Raum der Glaubensformulierung im tiefsten durchseelt bleibt vom geistigen Martyrium der mit Geistesblut abgelegten Zeugenschaft dieser Gewaltigen.

Augustin hatte vor kurzem – Bischof Valerian, der ihn berief, starb 395 – das Hirtenamt in Hippo angetreten; er ist überlaufen, von Geschäften verzehrt; der Bedrängte sucht «jeden Tropfen Zeit» für seine theologische Arbeit zu sammeln, er «brennt darauf, Dein Gesetz zu betrachten» (XI, II, 2); er betont deshalb im Lauf des Diktats immer wieder seine Eile (III, XII, 21; IX, IV, 7; IX, VIII, 17). Er arbeitet an mehreren Schriften gleichzeitig, schon reifen die größeren endgültigen Pläne in seinem Geist. Er skizziert auf sie hin, übt seine Hand, wehrt mit der andern dem lästigen Fliegenschwarm der Bittsteller und der kirchlichen Feinde; er wird bis zu seinem Tod nie anders arbeiten als inmitten dieses widrigen Gesumms, und die Fliegen werden es so weit bringen, daß ein beträchtlicher Teil des Werks die Form der Apologetik gegen die Irrlehrer tragen wird.

Aber die Confessiones sind doch schon mit so viel theologischer Substanz durchsetzt, daß man daran erkennt, welche Eile er hat, diese hier in Ansätzen erkennbaren Themen in die ihm schon vorschwebenden größeren Werke hinein zu entfalten. Man kann die Confessiones nur dann recht einschätzen, wenn man die in ihnen ausgestreute Saat sieht, die bald darauf in den großen, oft durch Jahrzehnte diktierten und modifizierten Hauptwerken aufgehen wird. Es sind ihrer, wenn wir von kleineren Werken und den Predigten absehen, vor allem fünf: die Bücher über die Dreifaltigkeit, die Civitas Dei, die Werke über die Genesis, der Psalmenkommentar und die Vorträge über Johannes.

Ehe wir von ihnen sprechen, eine Vorbemerkung. Augustin hatte in Cassiciacum und in Rom schon eine ganze Anzahl von Abhandlungen verfaßt, die man vielleicht am besten religionsphilosophisch nennen kann und die großenteils in einem objektiv ruhigen Ton gehalten sind. Man hat sich oft gewundert, wie der Autor kurz nach seiner Taufe so seren und fast unpersönlich zu schreiben verstand und weshalb der Ton in den späteren Confessiones so plötzlich ins Pathetische umschlägt. Sollte er die Geschichte seiner Konversion mit seiner rhetorischen

Kunst bewußt dramatisiert haben, um sie erbaulicher, die Herzen rührender zu gestalten? Sicher nicht. Jene Frühwerke waren Produkte seiner philosophisch-religiösen Gespräche mit seinen Freunden, die er vor allem belehren wollte. Und sicher drehten sich diese Gespräche noch stärker um die bei den Platonikern gefundenen Wahrheiten, die ihn anfänglich mehr in Bann geschlagen hatten, als es das kritische Kapitel erkennen läßt, das im VII. Buch der «Bekenntnisse» aus der Sicht des Bischofs deren Mängel ins Licht setzt. Man muß es auch hinnehmen, daß er bereits in Cassiciacum eine für die ganze spätere Philosophiegeschichte entscheidend wichtige Widerlegung der Skeptiker («Contra Academicos») verfaßt hatte – eine Vorwegnahme Descartes' – und sich in den Confessiones in Gedanken in die Zeit zurückversetzt, da er noch nahe dran war, der Skepsis der «neuen Akademie» zu verfallen (V, xx, 19: VI, xi, 18)

Doch nunmehr zu den Hauptwerken.

1. Während der Arbeit an den Confessiones ist das dogmatische Hauptwerk Über die Trinität *(399–419) wohl schon begonnen. Beides ist in ihnen schon da: das Bekenntnis zum Gott der Liebe, der als solcher, wie die Offenbarung uns sagt, ein in sich dreieiniger sein muß und als dieser die Welt erschafft (XIII, v, 6 - x, 11), und die Einsicht, daß der Mensch als «Bild Gottes» das Siegel des dreieinigen Urbilds in sich trägt (XIII, x, 12). Diese Einsicht konnte erst aufscheinen, als die manichäische Selbstentzweiung des sündigen Ich und dessen metaphysischer Hintergrund: die Entzweiung des Absoluten, überwunden war. Daß das Absolute, um Liebe sein zu können, sich in seinem Ebenbild selbst erkennen und liebend umarmen muß, daß es im geschaffenen Abbild zu einer analogen Selbsterkenntnis und liebenden Selbstbejahung kommen kann, das ging Augustin zwar existentiell an der Erfahrung wahrer Liebe auf, aber es brauchte, um theoretisch reflektiert zu werden, verschiedene hinführende Modelle, die bedacht und zugleich im Licht des kirchlichen Glaubens korrigiert werden mußten: einmal die neuplatonischen Triaden, dann aber – wichtiger – die von Porphyrios angeregten trinitarisch aufgefaßten Triaden des Marius Victorinus, deren Mängel Augustin zu vermeiden verstand.[10] Das in den «Bekennt-*

[10] Horst Kusch hat in seinen «Studien über Augustinus», in: Festschrift Franz Dornseiff (1953) 124–200, die trinitarische Grundabsicht der «Bekenntnisse» nachgewiesen. H. Galvão hat den begrifflichen Klärungsprozeß eingehend beschrieben (a.a.O. 228–236, 391–395).

nissen» nur kurz dargelegte Thema der abbildlich-trinitarischen Verfaßtheit des geschaffenen Geistes faszinierte Augustin so, daß er es im «De Trinitate» breit variierte. Es ist, als Entdeckung der Liebesstruktur des Seins, recht eigentlich die süße Frucht seiner bitteren Vorgeschichte.

2. Der von Augustin mit leidenschaftlichem Interesse verfolgte Kampf der beiden Seelen in seiner Brust (Conf. VIII, VIII, 19 – X, 24) ist aber auch der Ausgangspunkt seiner Deutung der Weltgeschichte als Heilsgeschichte, wie sie das zweite Hauptwerk, die Civitas Dei *(413–426), entwickelt. Vom Weltbeginn bis zu ihrem Ende als Gericht und als Scheidung von Himmel und Hölle ist alle Geschichte das Ringen der zwei «Staaten»: Jerusalem und Babylon, deren unaufhebbarer Gegensatz durch alles hindurchgeht: Lichtreich und Nachtreich, Ewigkeit und Zeitlichkeit, Kirche und weltlicher Staat. Der existentiell-biographische Ansatz dieser die ganze abendländische Geschichtsdeutung prägenden Gesamtschau liegt in den Confessiones; aber es würde der innersten Absicht Augustins widersprechen, wollte man in der Civitas Dei nur die Projektion seiner persönlichen Erfahrung, gar etwa bloß derjenigen seiner manichäischen Zeit erblicken. Man darf nie vergessen, daß die Realität der Kirche die ganze Entwicklung Augustins begleitet hat – von der verschobenen Taufe (I, X, 17) bis zur endlich vollzogenen (XI, VI, 14) –, daß ihn auf seinem ganzen Weg Monica als ein wahres Bild der Kirche begleitet hatte und daß er sein ganzes Bekenntniswerk in ein Buch über die Kirche als Endziel der Schöpfung münden lassen wollte. Er schreibt dieses Buch ja schon als Bischof, der seine ganze Existenz als eine kirchliche versteht. Daß er aber seine eigene tiefste Existenz im Himmel Gottes beginnen läßt (vgl. das über die «primitiae» Gesagte) und auch die Civitas Dei dort ursprünglich beheimatet, zeigt, wiesehr die weltgeschichtlichen Kämpfe zwischen Licht und Dunkel im Einzelnen wie in der Menschheit sich für ihn vom manichäischen Dualismus entfernt hatten.*[11]

3. Das selbständige dritte Hauptwerk Augustins wird vom Corpus seiner Bibelauslegungen gebildet. Vier Bücher der Heiligen Schrift haben ihn von vornherein und immer wieder gefesselt; sie wird er kommentieren, und für alle vier liegt das existentielle Interesse

[11] H. Galvão, a. a. O. 103, 105 ff.

bereits in den Confessiones grundgelegt. Das erste ist Die Genesis, *genauer der Schöpfungsbericht. Fünfmal hat Augustin diesen Schöpfungsbericht zu erklären unternommen. Schon kurz nach der Taufe hat er (388/9) eine allegorische Erklärung gegen die Manichäer verfaßt, die ihn nicht befriedigte, so daß er 393/4 ein unvollendetes Werk, diesmal als wörtliche Auslegung, unternahm («De Genesi ad litteram, liber imperfectus»). Der dritte Ansatz erfolgt am Ende der Confessiones, und schon beginnt er die zwölf Bücher einer nochmaligen wörtlichen Auslegung (vollendet erst um 415), während er im elften Buch des «Gottesstaats» eine zusammenfassende, durchsichtige Deutung gibt. Was hat Augustin zu diesen zahlreichen Deutungsversuchen bewogen? Es geht ihm um die Wiederfindung des Ursprungs, der kreatürlichen Ausgangssituation, des Schöpfungsaugenblicks in seiner ersten Reinheit, worin der Plan des Ganzen leuchtend heraustritt, um die Urstandsgnade und die erste Liebeseinheit mit Gott, von der weg alles nachfolgende irdische Dasein schuldvoll abgefallen ist. Augustins gesamte Theologie hat einen zum Anfang rückläufigen Zug. Der Kampf mit Pelagius um den Gnadensinn des paradiesischen Ursprungs hat diese rückläufige Blickrichtung noch verstärkt.*

4. Die Psalmen *sind das Gebetbuch in der Bibel; für Augustins Einweihung in die Geheimnisse des Gebetes wurden sie schlechthin entscheidend. «Wie hab' ich mit jenen Psalmen nach Dir gerufen, wie setzte mich ihre Lesung in Flammen, gern hätte ich sie der ganzen Welt vorgetragen, um den Hochmut der Menschheit niederzuschlagen» (IX, IV, 8). Ja, die Confessiones werden selbst zu einer neutestamentlichen Übersetzung dessen, was David im Alten Bund getan hat: Gott bekennen im Bekenntnis der eigenen Schuld und Gottes Erbarmung. Diese Übersetzung in die heilsgeschichtlich endgültige Situation vollendet Augustin in seinem umfangreichsten und vielleicht gewaltigsten Werk, den* Enarrationes in Psalmos, *worin der alttestamentliche Wortsinn nicht mehr bloß existentiell, sondern christlich-theologisch als der eigentliche «geistliche Sinn» ausgelegt wird. Er ist nichts anderes als der Dialog zwischen Christus dem Haupt und der Kirche als Braut und Leib, ein Dialog, der der Kern aller Theologie und aller Liturgie und aller Mystik innerhalb des Kirchenraums ist.*

Und gewiß war Paulus der Begleiter Augustins in seinem letzten Kampf gewesen, der Paulus der Gnadenlehre, mit seiner Lehre von der wider das Fleisch und das Gesetz durch die Gnade Christi allein erwirkten Hinkehr zu Gott (III, XVI; VIII, XII). Und auf ihn wird er sich wieder gegen Pelagius stützen, wenn es um Gottes freie Gnadenwahl gehen wird (freilich unter Mißverstehen dessen, was Paulus im Zusammenhang von Röm 9 unter Vorherbestimmung meint, was weitreichende Folgen für die abendländischen Theorien der letzten Dinge haben wird). Aber wenn er vor seinen Hörern die Lehre von der Liebe Gottes darlegen wollte, dann griff er nicht zu Paulus, sondern zu Johannes. *Den Ersten Brief hat er in zehn, das Evanglium in 124 Traktaten durchkommentiert. Hier fand er, was er in seinen Kampfjahren gesucht hatte: die existentielle Einheit von Liebe und Wahrheit, hier die grandiose Unerbittlichkeit des Lichtes der göttlichen Liebeswahrheit, die mit nichts ihr Entgegengesetztem, mit keinem Dunkel paktieren kann: was bei Johannes und bei Augustinus Dualismus zu sein scheint, ist gerade dessen endgültige Überwindung. Hier endlich das entscheidende Gegengewicht gegen die spiritualistische Versuchung der Neuplatoniker. Die Demut des johanneischen Christus, der als Wort Fleisch wird, rettet ihn in letzter Stunde vor dem hochmütigen Tiefsinn der plotinischen Philosophie. Abstieg aber heißt schließlich auch Leiden, Vergeblichkeit, Sterben. Der Bischof Augustin «errötete nicht vor dem Sakrament der Demut Deines Wortes» (VIII, II, 4): der katholischen Kirche. Er blieb dem Jünger der Agape treu, der ihn dadurch aus den Verlorenheiten des Eros gerettet und zum Lobpreiser der gottmenschlichen Liebe gemacht hat.*

Man kann hinzufügen, daß die Confessiones im besten Sinn «dialogische Theologie» sind, was sie nicht hindert, auch spekulativ zu sein, und daß sie damit auch der ausdrückliche Typus für alle großen Werke des Meisters sind: Denken und Sprechen «angesichts Gottes» und im Auftrag «von Gott her», und damit alles andere als im Ich eingeschlossenes Grübeln «über Gott». Dies mochte die Art des noch gottfernen Manichäers gewesen sein; sobald er dem lebendigen Christus begegnet, dessen Licht in sein Denken einstrahlt, ist dieses insgesamt aufgebrochen in betenden Dialog. In diesem Licht ist seine Illuminationslehre zu deuten.

So sind die Confessiones ganz und gar Auftakt des Lebenswerks des Theologen und Bischofs, der den von den Donatisten und vielleicht von Paulin von Nola gebotenen Anlaß ergreift, auch noch seine scheinbar fruchtlos vertane Jugend in der Kraft des Glaubens und der Liebe umzuschmelzen und als ein Lob Gottes und einen offenkundigen Nutzen für die Seelen[12] *der Kirche zurückzugewinnen. Diese Jugend war die Embryologie des späteren Christen, das Wachsen der Seerose unter dem Wasserspiegel; die volle Öffnung ins Licht erfolgt am Schluß. Die Kirche, zu der hin die Entwicklung geht, ist der geistige Raum, in dem die Confessiones als Ganzes stehen und dessen sie zu ihrer Deutung bedürfen. Mit dem einsamen «Gott und die Seele» ist Augustinus als einer Leitidee von einer Weltanschauung zur andern gewandert, bis er endlich* das *Klima fand, in dem dieses Einsame seine angestammte Umwelt, die Möglichkeit, sich zu entfalten, erkannte. Man denke zum Vergleich an Newman, der mit demselben Kompaß in der Hand die fast endlos scheinende Fahrt zur katholischen Kirche durchhielt, wie er sie in seiner «Apologia pro vita sua» beschrieb.*

Dies ist bei Augustin umso wichtiger, als nur in dieser alle Vorstufen und Einzelaspekte straff bindenden objektiven Gesamtform die Gewähr gegeben ist für eine fruchtbare, segensvolle Auswirkung der ungeheuren Kräfte in der Seele dieses Afrikaners, Kräfte, die sich vor dieser Bindung und Befriedung lang genug in fragwürdigen und dämonischen Bezirken ausgegeben hatten und die, sobald sie in späterer Tradition aus der maßvollen Mitte der Kirche wieder losgelöst werden, nur zu rasch erneut ihr Chaosgesicht vorweisen. Zehn Jahre hat der junge Berber im Bann des Babyloniers Mani gelebt, und er ist ihm nur durch den Gegenbann des Ägypters Plotin entkommen: vom materialistischen Dualismus schwenkte er zum spiritualistischen Monismus, von der Verfallenheit an die Sinne zu etwas, das leicht genug eine Verfallenheit an mystische Technik hätte werden können, wenn ihn nicht die geprägte Form und die weise Menschlichkeit der Kirche hingeführt hätte zu dem Ideal, das auf der Ebene jener beiden Weltanschauungen nicht zu finden war: zum Ideal dienender Gottes- und Nächstenliebe im demütig bewohnten

[12] Wie er selbst in den «Retractationes» feststellt.

Raum christlicher Gemeinschaft. Wer die Elemente, von denen Augustinus herkommt, den tragischen Dualismus von Geist und Fleisch und den ekstatischen Spiritualismus als Lösung daraus, mit der herrlich strömenden, in sich beruhigten Fülle vergleicht, die in der gefundenen höheren Mitte des Christlichen sich entfaltet und verströmt, der steht vor einem fast unbegreiflichen Wunder, dem offenkundigsten dieser Art in der christlichen Kirchengeschichte. Augustin selbst war sich dieser Überhöhung klar bewußt; er kannte die Abgründe, aus denen die Gnade ihn errettet, er fürchtete sie für andere, er wußte aber auch, daß die Einheit nicht von unten herauf gebaut werden kann, sondern nur im demütigen «Gottanhangen» nach oben hin sich vollendet, wo der glaubende Mensch seinen Boden nicht mehr unter, sondern, wie Augustin sagt, über sich hat.

Man kann sagen, daß das christliche Mittelalter wesentlich von der kirchlich gebundenen Kraft Augustins lebt, daß wenigstens seine Synthese immer neu zum befruchtenden Symbol und Banner einer befriedeten und universalen geistigen wie politischen Schau wird; daß aber die Auflösung der augustinischen Einheit in ihre Elemente den Kirchenvater zum Anlaß und Exponenten fast aller abendländischen Schismen und Häresien und tragischen oder gefährlichen Geistesbewegungen gemacht hat: alle subjektivistischen und individualistischen Formen des Christentums beriefen sich auf ihn, aber auch sämtliche Arten des religiösen und philosophischen Illuminationismus und Ontologismus, alle offen oder verkappt manichäischen tragischen Dualismen, die das Böse verabsolutieren und einen finsteren Grund in die Gottheit hineintragen. Erich Przywara hat in einer kühnen Gesamtschau diese Vaterschaft Augustins für die ganze abendländische Geistesgeschichte beschrieben, nach der befruchtenden wie nach der gefährlichen Seite hin.[13]

So gesehen bleiben die Confessiones ein Schicksalsbuch, das, seinem eigenen innern Richtungssinn nach gelesen, die Abgründe, die es aufzeigt, bannen lehrt, während es, in seine Elemente zerlegt und als psychologisches statt als theologisches Dokument genommen, an eben jene Abgründe ausliefern kann, vor denen es sich rettet und andere zu retten versucht. Dann wird das, wovon der Beichtende sich abwendet, als solches wichtig und interessant: der Abgrund innerer

[13] In der Einleitung zur Textauswahl: «Augustinus, die Gestalt als Gefüge» (Hegner, Leipzig 1934) 17–112, getrennt herausgegeben als «Augustinisch», Reihe Kriterien 17 (Johannesverlag Einsiedeln 1970).

Dämonie und Verlorenheit, gespiegelt in den Zerrissenheiten der entsprechenden Weltbilder, die, wie man gerade an den Confessiones ablesen kann, ohne Schwierigkeit ineinander umschlagen und dialektisch untereinander verbunden sind.[14] *Man behandelt dann die Seele Augustins wie ein einsames und isoliertes Objekt und reißt sie aus dem geistigen Verband, in den er sich im geschilderten Vorgang einordnet.*

In der Tat findet sich der geistig Kämpfende eingebettet in einen menschlichen Zusammenhang, der als solcher immer stärker zur christlichen, ja kirchlichen Gemeinschaft sich verdeutlicht. Alles begleitet die Mutter Monica, die der Sohn, nach schmerzlichen Reibungen und Zerwürfnissen, immer rückhaltloser als die Christin, ja als ein Symbol der ihn mütterlich bergenden und begleitenden Kirche zu verstehen und zu verehren lernt, an der er konkret ablesen kann, welchen Geistes die Kirche ist und wie sehr er, zu ihr findend, nur zum Mutterschoß zurückkehrt. Aber in den letzten zerreißenden Kämpfen hätte er die Kraft nicht gefunden, die Schwelle zu überschreiten, wenn er sich nicht von einem ganzen Chor von Brüdern umringt gesehen hätte, die ihn in ihre Bewegung mitnahmen, ihn geistig trugen, ihm die Kraft der Entscheidung einflößten. Alle großen Zeitgenossen scharen sich hier zu einem hintergründigen Chor zusammen: Antonius der Große, der erst vor kurzem verstorben war, Marius Victorinus, Rhetor wie Augustin, Neuplatoniker wie er, der ihm in Rom als Konvertit vorausgeschritten war, Ambrosius der Bischof von Mailand, der die Geistesfreiheit hat, ihn auf Plotin hinzuweisen, und der ihn taufen wird, aller Wahrscheinlichkeit nach auch Hieronymus, der sich hinter dem anonymen Konvertiten in Buch

[14] Man pflegt die «Bekehrung» zum Platonismus als eine Vorstufe zur christlichen Bekehrung Augustins zu werten, und in einer gewissen Beziehung ist dies nicht falsch: vor allem darum, weil Augustin in Mailand das platonische Gedankengut in engem Zusammenhang mit dem christlichen entgegennimmt, ja wahrscheinlich überhaupt erst durch die Predigt des Ambrosius auf Plotin aufmerksam wird. In einer andern Beziehung aber müßte doch hervorgehoben werden, daß die spiritualistisch-monistische Lösung Plotins für Augustin sich aus der Logik des Manichäischen selber ergab: man brauchte bloß den Dualismus Manis zwischen Licht und Finsternis zu deuten als einen solchen zwischen Sein und Nichts, bzw. die Materie und das Böse mit dem Nichtsein gleichzusetzen, um vom einen zum andern zu gelangen. Formal war Augustin schon in seiner manichäischen Periode bis nah an diesen dialektischen Sprung gelangt, wie sein Traktat vom Schönen (Buch IV, Kp. XV) deutlich zeigt.

VIII Kapitel VI verbirgt; bald wird Paulin von Nola sich hinzugesellen, viele Freunde wie Alypius und die Genossen von Cassiciacum begleiten den Weg. Nicht die Philosophien haben das letzte Wort, sondern die Lebensbeispiele. Und so sind die Confessiones auch nicht im letzten ein Bericht über Geisteskämpfe einer genialen Seele, sondern eine Darstellung lebendigen, blutvollen, ja stürmischen Lebens und Liebens. Sie sind Gebet, Zwiesprache mit Gott im Chor der mitbetenden Gemeinschaft; wen sie zum Mitbeten bewegen, der hat das Wesentliche an ihnen verstanden.

5. ZUR VORLIEGENDEN AUSGABE

Die neue Übersetzung wurde gewagt, weil keine vorhandene den Übersetzer ganz befriedigte, zumal im Blick auf heutige Leser. Freilich stößt jede Übersetzung an das fast unlösbare Problem der Augustinischen Rhetorik, die auch hier, wie in den Frühschriften, noch stärker dominiert als später, wenn der Seelsorger zu seinem Kirchenvolk spricht. Das gewollt Künstliche, Brillante, in vielen Wortspielen Schwelgende, das wir nur schwer mehr ertragen, wurde, natürlich mit erheblichen Verlusten an Sprachglanz, im Deutschen gedämpft.

Aber wir dürfen nicht übersehen, daß, wie mit Recht gesagt wurde, die antike Sprachkunst die Mutter unserer heutigen Hermeneutik ist, daß ferner für Augustin Rhetorik und Poesie sehr nahe beieinander lagen (er bewunderte Cicero gleichsehr wie Vergil), daß die Bibel zu großen Teilen ein poetisches (in den Psalmen, die mythische Bilder in einer sakralen Rhetorik verwenden, und etwa in den Makkabäerbüchern sogar ein ausgesprochen rhetorisches) Buch ist, daß endlich, wie ein erstaunliches Büchlein von P. Pie Duployé O.P. gezeigt hat,[15] *Rhetorik wesentlich mit Theologie zu tun hat. Und Augustins Rhetorik ist nicht kalt wie die mancher griechischen und römischen Sprachvirtuosen, sie ist von der Sprache der Bibel bis ins Innerste durchtränkt, sosehr, daß man nur schwer unterscheiden kann, was bloße Reminiszenz an eine biblische Wendung und was ausdrückliches Zitat ist (nur letztere vermerken wir am Rand, die*

[15] Pie Duployé, Rhétorique et Parole de Dieu (Ed. du Cerf, Paris, 1955).

Psalmen nach der hebräischen Zählung[16]*). Sie ist auch von der Wärme des Herzens, des Betens, der Leidenschaft und der Rührung so bestimmt, daß Augustin sich nicht scheut, ausführlich von seinen oder von seiner Mutter Tränen zu sprechen, seine Hoffnungen und Verzweiflungen in einer Weise vor uns auszubreiten, die oft beinah indiskret scheinen könnte. Aber solche Enthüllungen erhalten ihr heilsames Gegengewicht durch die oft lang hingezogenen grübelnden Auslegungen über tiefste Fragen, die an Aktualität für unser heutiges Denken nichts verloren haben. Doch diese Gegensätze – das Affektive und das Spekulative – bleiben eingeborgen in die alles einhüllende Atmosphäre des Gebetes. Diese Einheit des geistigen Klimas hat die vorliegende Übersetzung so schlicht als möglich wiederzugeben versucht.*

Der Übersetzung wurde der lateinische von F. Skutella in der Bibliotheca Teubneriana herausgegebene Text (Leipzig 1934) zugrunde gelegt, dem auch die umsichtige Übersetzung der Bibliothèque Augustinienne (Text und Übersetzung in 2 Bänden, Desclée de Brouwer, Paris 1962) folgt. Doch wurde auch der lateinische Text von Pierre de Labriolle (Editions «Les Belles Lettres», Paris ²1937) zu Rat gezogen.

Zur Deutung sind wir vor allem verpflichtet den ausführlichen und ausgewogenen Anmerkungen von P. Solignac zur erstgenannten Ausgabe, denjenigen de Labriolles, dem bahnbrechenden Werk von Pierre Courcelle, Recherches sur les Confessions de S. Augustin (Paris 1956), dem vielleicht subtilsten Werk über die «Bekenntnisse»: Henrique de Noronha Galvão, Die existentielle Gotteserkenntnis bei Augustin. Eine hermeneutische Lektüre der Confessiones (Johannes Verlag Einsiedeln 1981), sowie den Anmerkungen von Adolf Holl zur Übertragung von Carl Johann Perl (Schöningh, Paderborn ²1964). Runde Klammern gehören zum Text Augustins, eckige sind Zusätze des Übersetzers.

Eine ausführliche Bibliographie zu allen Aspekten des Werkes, zu allen Ausgaben und Übersetzungen findet man in der ersterwähnten Ausgabe der Bibliothèque Augustinienne, Bd. I, 240–266, sowie bei Carl Andresen (Hrg.) Bibliographia Augustiniana (Darmstadt ²1973).

[16] doch übersetzen wir die Psalmverse so, wie Augustin sie gelesen und verstanden hat.

ERSTES BUCH

KINDHEIT

1. EINLEITENDES GEBET[1]

Anruf und Lob

I,1. Groß bist Du, Herr, und gar sehr zu loben, «groß ist Deine Macht und Deine Weisheit ist nicht zu berechnen».

Und preisen will Dich der Mensch, der nur ein Teilchen Deiner Schöpfung ist, der Mensch, der überall seine Sterblichkeit mit sich umträgt, auch den Beweis seiner Sündigkeit
und daß Du «den Stolzen widerstehst». Jak 4,6

Und dennoch will der Mensch Dich preisen, er, der nur ein Teilchen Deiner Schöpfung ist.

Du selber treibst ihn dazu an, so daß Dich zu loben ihn freut, denn Du hast uns zu Dir hin geschaffen, und ruhelos ist unser Herz solange, bis es ausruhen kann in Dir.

Gib mir, Herr, zu wissen und einzusehen, was das Frühere ist: Dich anrufen oder Dich loben? Dich erkennen oder Dich anrufen? Aber wer wollte Dich anrufen, ohne Dich zu kennen? Wer Dich nicht kennt, könnte ja ein Anderes an Deiner Stelle anrufen. Oder ruft man Dich nicht doch an,
um Dich zu kennen? Aber: «Wie den anrufen, an den man Röm
nicht glaubt? Und: wie soll man glauben, ohne einen Ver- 10,14
künder?[2]» «Und preisen werden den Herrn, die ihn suchen.» Ps 22,27

[1] An dem großen Einleitungsgebet ist zunächst bemerkenswert, daß Augustin, wie in den vielen Gebeten des Buches, die Sprache der Schrift spricht, der Psalmen vor allem. Wir werden, da seine ganze Sprache von Schrift durchtränkt ist, nur jene Stellen am Rand anmerken, die ausdrückliche Zitate sind. Das Zweite, was schon in diesem ersten Gebet hervortritt, ist die Frage, wie der unfaßbare Gott vom Menschen erfaßt werden kann, ob man durch Suchen zum Finden Gottes gelangen kann oder ihn nicht schon gefunden haben muß, um ihn betend und von seiner Schuld sich reinigend zu finden. Die Antwort erteilt subjektiv das ganze Buch, objektiv der Verweis auf den «Verkünder», Christus.

[2] Der «Verkünder» ist nicht, wie man gedacht hat, Ambrosius, sondern «die Menschheit Deines Sohnes», Christus.

Denn durch Suchen wird man ihn finden, und wer ihn gefunden hat, wird ihn loben.

So will ich Dich suchen, Herr, indem ich Dich anrufe, und Dich anrufen, indem ich an Dich glaube, denn verkündet wurdest Du uns ja. Der Glaube, Herr, den Du mir gabst, den Du mir durch die Menschheit Deines Sohnes, durch das Amt Deines Verkünders eingabst, er soll Dich anrufen.

II,2. Wie aber soll ich meinen Gott anrufen, meinen Gott und Herrn, denn ihn anrufend werde ich ihn sicher in mich hineinrufen? Aber wo wäre Raum in mir, den mein Gott in mir einnehmen sollte? Wo könnte Gott in mir Platz nehmen,
Gen 1,1 der Gott, «der Himmel und Erde erschaffen hat?» Ist denn, Herr mein Gott, etwas in mir, das Dich fassen könnte? Fassen Dich Himmel und Erde, die Du geschaffen hast, innerhalb derer Du mich erschufst? Oder folgt daraus, daß kein Seiendes ohne Dich wäre, daß alles, was ist, Dich faßt? Weshalb bitte ich, da ja auch ich bin, Dich dann in mich hinein, ich, der ich gar nicht ohne Dein Insein in mir wäre? Ich bin ja noch nicht in der Totenwelt, und trotzdem: auch dort wärst Du. Denn: «Führe ich auch in die Unterwelt, Du
Ps 139,8 bist da».[3]

Ich wäre also nicht, mein Gott, wäre in keiner Weise, wenn Du nicht in mir wärst. Oder besser: Ich wäre nicht, wenn ich nicht in Dir wäre, «aus dem alles, durch den alles,
Röm 11,36 in dem alles besteht». Ja, so ist es, Herr, so ist es. Wohin also rufe ich Dich, da ich doch in dir bin? Von woher kämest Du in mich hinein? Wohin müßte ich aus Himmel und Erde auswandern, damit mein Gott in mich käme, der da sprach:
Jer 23,24 «Ich bin's, der Himmel und Erde erfüllt?»

Gott unfaßlich

III,3. Fassen Dich demnach Himmel und Erde, weil Du sie erfüllst? Oder erfüllst Du sie, und es bleibt ein Zuviel, weil sie Dich nicht ganz fassen? Und wohin ergießest Du dies

[3] Das Zitat steht nicht umsonst da: die «Fahrt in die Hölle» ist für Augustin die Geschichte seiner Verirrungen, gerade auch seines Verweilens im Manichäismus: vgl. III, VI, 11: «Auf was für Staffeln sank ich bis auf den Grund der Hölle hinab!» Und das «Du bist da» erhält dann die vertiefte Fassung: «Du aber warst mir innerlicher als mein Innerstes».

Zuviel, das nach Erfüllung von Himmel und Erde verbleibt? Oder brauchst Du von mir gar nicht enthalten zu werden, der Du alles enthältst, weil Du das Erfüllte enthaltend erfüllst? Nicht volle Gefäße geben Dir Halt; zerbrächen sie, Du würdest nicht ausgeschüttet. Und wenn Du Dich über uns ergießest, so fällst Du nicht nieder, sondern hebst uns empor, zerstreust Dich nicht, sondern sammelst uns ein.

Aber was immer Du erfüllst, das erfüllst Du mit Deinem ganzen Wesen. Oder ist es so, daß die Dinge, die Dich als Ganzen nicht fassen können, einen Teil von Dir fassen, und alle den gleichen Teil? Oder die einzelnen einen Einzelteil, einen größern die Größern, einen kleinern die Kleinern? Oder bist Du überall der Ganze, und kein Ding faßt Dich als den Ganzen?

IV,4. Was bist Du somit, mein Gott? Was denn anderes als
mein Herr und mein Gott? «Denn wer ist Herr außer dem
Herrn, wer ist Gott außer unserem Gott?» Ps

Du Höchster, Bester, Mächtigster, Allmächtigster, Barm- 18,32
herzigster und Gerechtester, Geheimster und Offenbarster,
Schönster und Stärkster, Beständiger und Unfaßlicher, Un-
wandelbarer, der alles wandelt; nie bist Du neu, nie alt, der
Du alles erneuerst, «die Stolzen veralten lässest, ohne daß
sie es merken», immer wirkst und ständig ruhst, sammelnd, Ijob
ohne eines Dings zu bedürfen, stützend, erfüllend, beschüt- 9,5
zend, schaffend, ernährend, vollendend, auf der Suche, obschon Dir nichts mangelt. Du liebst, aber entbrennst nicht, Du eiferst, aber ohne Unrast, bereust, aber ohne Schmerz, erzürnst, aber bleibst friedlich, Du änderst deine Werke, aber nicht Deinen Ratschluß; Du birgst bei Dir das Gefundene, das Du nie verloren hattest, entbehrst nichts und freust Dich doch über Gewinn, geizest nicht und verlangst doch Zinsen. Man erstattet Dir über das Geschuldete hinaus, so daß du zum Schuldner wirst, aber wer hätte etwas, das Dir nicht schon gehörte? Du zahlst Geschuldetes, ohne jemandem zu schulden, lässest Schulden nach, ohne etwas zu verlieren.

Und was haben wir mit alldem gesagt, mein Gott, mein Leben, mein heilig Köstliches? Was kann einer schon sagen, wenn er von Dir spricht? Und doch, weh denen, die Dich verschweigen, denn redselig bleiben sie stumm.[4]

Durst nach Heil und Vergeltung

V,5. Wer gibt mir, Ruhe zu finden in Dir? Wer gibt mir, daß Du in mein Herz kommst und es trunken machst, auf daß ich mein Arges vergesse, mein einziges Gut umfange: Dich?

Was bist Du mir? Erbarme Dich, damit ich reden kann. Was bin ich selber Dir, daß Du von mir geliebt sein willst, und falls ich's unterlasse, mir zürnst und mir mit schrecklichem Unheil drohst? Und ist es bloß ein geringes Elend, wenn ich Dich nicht liebe? Ach, sag mir aufgrund Deiner Erbarmungen, Herr, mein Gott, was Du mir bist. «Sag
Ps 35,3 meiner Seele: dein Heil bin ich.» Und sag es so, daß ich es
vernehme. Sieh, meines Herzens Ohr ist bei Dir, Herr; öffne es und «sag meiner Seele: dein Heil bin ich». Dieser Stimme nach will ich eilen, um Dich endlich zu fassen. Verbirg Dein Antlitz nicht vor mir: ich möchte sterben – um nicht zu sterben und es zu sehen.

6. Zu eng ist das Haus meiner Seele, als daß Du es betreten könntest: dehne es aus. Baufällig ist es: stelle es wieder her. Manches daran kann Dein Auge beleidigen; ich gebe es zu, ich weiß es. Aber wer soll es reinigen? Zu wem
Ps als zu Dir kann ich rufen: «Von meinen verborgenen
19,13f. Sünden reinige mich, Herr, und vor fremden bewahre
Ps Deinen Knecht.» «Ich glaube, und deshalb rede ich so?» Du
116,1 weißt es, Herr: habe ich nicht wider mich selbst Dir «mein
Vergehen» erzählt, mein Gott, und «hast Du mir nicht das
Ijob Unrecht meines Herzens vergeben?» Ich rechte nicht mit
9,3 Dir, der Du die Wahrheit bist, will mich nicht selbst betrü-
Ps gen, «damit meine Bosheit nicht sich selber belüge». Nein,
27,12 ich gehe nicht mit Dir vor Gericht, denn «wenn Du auf
unsere Missetaten achtetest, Herr, Herr, wer wollte da noch
Ps bestehen?»
130,3

[4] Theologie: ein Reden-Müssen von Gott, das um sein Versagen weiß, aber nicht schweigen darf, das aber nicht «redselig», sondern betend reden muß, falls es nicht stumm bleiben will.

2. ERSTE KINDHEIT

Ohnmacht des Kindes

VI,7. Laß mich dennoch reden angesichts Deiner Barmherzigkeit, mich Staub und Asche, laß mich dennoch reden. Denn sieh, ich rede zu Deiner Barmherzigkeit und nicht zu einem Menschen, der meiner nur spotten würde. Auch Du könntest vielleicht meiner spotten, aber wende Dich mir zu, so wirst Du Erbarmen haben.

Was will ich Dir denn sagen, Herr? Daß ich nicht weiß, wie ich in dieses sterbende Leben – oder soll ich sagen lebendige Sterben – gelangt bin? Ich weiß es nicht. Doch die Wohltat Deiner Erbarmungen fing mich auf, wie die Eltern meines Fleisches mir sagten, mein Vater, aus dem, meine Mutter, in der Du mich in der Zeit geformt hast; ich selber habe ja kein Erinnern daran.

Die Wohltat menschlicher Milch fing mich also auf. Aber weder Mutter noch Ammen füllten sich selber die Brüste. Du gabst mir durch sie die Nahrung des Säuglings, gemäß Deiner Ordnung und Deinem bis ins Geringste ausgespendeten Reichtum. Deine Gabe war es auch, daß ich nicht mehr begehrte, als Du ihnen gabst; und aufgrund einer wohlgeordneten Zuneigung wollten sie mir geben, was sie dank Dir in Fülle besaßen. Ein Gut war für sie, was durch sie für mich gut war; es kam nicht von ihnen, aber durch sie mir zu; denn von Dir, Gott, stammt jegliches Gut, aus meinem Gott stammt all mein Heil. Erst später hab ich's erkannt, daß Du mich durch alles hindurch, was Du innen und außen mir darreichst, angerufen hast. Damals wußte ich bloß zu saugen und mich am Genossenen zu stillen, auch zu weinen, wenn mein Fleisch Mißbehagen fühlte – sonst nichts.

8. Dennoch begann ich auch zu lächeln, zunächst im Schlaf, dann im Wachen. So wurde mir über mich berichtet, und ich glaubte es, denn so nehmen wir's auch an andern Kindern wahr; vom Meinigen aber weiß ich nichts mehr. Und allmählich fühlte ich auch, wo ich war, und gerne hätte ich meine Wünsche denen kundgetan, die sie erfüllen konnten, aber ich vermochte es nicht, weil sie innen in mir waren,

jene aber draußen und sie mit keinem ihrer Sinne in meine Seele eindringen konnten. So schlug ich halt um mich und schrie, gab die wenigen Zeichen von mir, die meinen Wünschen glichen, sie aber nicht genau ausdrückten. Und wenn man mir nicht zu Willen war, sei's daß man mich nicht verstand oder mir nicht schaden wollte, so war ich gegen die Großen und Freien erbost, die mir nicht zu Diensten waren, und rächte mich an ihnen durch Geheul. Daß Kinder so sind, erfuhr ich an denen, die ich beobachten konnte, und daß auch ich so war, haben diese mich unbewußt besser gelehrt als meine wissenden Ernährer.

9. Und nun ist meine Kindheit schon lange gestorben, ich aber lebe. Du Herr, der immer lebt, und nichts stirbt in Dir, weil Du vor der Zeiten Beginn bist und vor allem, was ein Vorher genannt werden kann: Du bist, und bist Gott und Herr von allem, was Du geschaffen hast; in Dir stehen fest die Gründe alles Unbeständigen, bleiben unveränderlich die Ursprünge alles Veränderlichen, leben die ewigen Geistideen[5] aller ungeistigen und zeithaften Dinge: sag mir, Deinem Bittfleher, Gott, Du Erbarmer Deines Erbärmlichen, ob meine Kindheit einem schon von mir abgelebten Dasein[6] nachgefolgt ist? Oder ist mein Dasein nur das im Schoß meiner Mutter begonnene? Denn auch davon erfuhr ich einiges und habe selber schwangere Frauen gesehen. Aber was war ich vor diesem, Du meine Wonne, mein Gott? War ich irgendwo? War ich Jemand? Ich habe keinen, der mir darauf antworten könnte, weder Vater noch Mutter noch die mit andern gemachte Erfahrung, noch mein Gedächtnis. Oder verlachst Du mich, weil ich solches frage, und heißest mich nur für das, was ich weiß, Dich loben und preisen?

[5] Eindrücklich klare Formulierung des augustinischen Platonismus. Man beachte, daß die Geistgedanken (Ideen) in Gott «leben»; sie sind für den Theologen eins mit dem lebendigen Logos oder Sohn Gottes.

[6] Die Frage nach der Herkunft der Seele, ihrem überweltlichen Ursprung, hat Augustin nie losgelassen, und er hat bis zuletzt keine eindeutige Antwort auf diese Frage zu geben vermocht. Nach ihm wäre es möglich, daß Gott in der Ewigkeit alle Seelen «gleichzeitig» geschaffen hat und daß jede zu der ihr angemessenen Zeit in ihren Körper eingeht. Die Seelenwanderung hat er immer abgelehnt.

10. Ich verherrliche Dich, Herr Himmels und der Erde, und huldige Dir über meinen Anfang und meine Kindheit, an die ich mich nicht erinnere; Du hast dem Menschen gestattet, von andern her Aufschluß zu erhalten, was er war, und sich auf das Zeugnis einfacher Frauen hin damit zufriedenzugeben. Ich war also damals, lebte und suchte zu Ende meiner Säuglingszeit andern meine Empfindungen durch Zeichen kenntlich zu machen. Mt 11,25

Woher stammt so ein Lebewesen, wenn nicht aus Dir, Herr? Wer besäße die Kunst, sich selber zu erschaffen? Gibt es einen andern Quell, aus dem Sein und Leben sich in uns ergießen, außer Deinem eigenen Uns-Erwirken, Herr, für den Sein und Leben nicht verschieden sind, weil höchstes Sein und höchstes Leben ineinsfallen?[7]

Bist Du doch der Höchste und wandelst Dich nicht. Kein Heute geht in Dir zu Ende, und dennoch geht es in Dir hin, denn all dies ist auch in Dir; und es wüßte den Weg des Dahingehens nicht, wenn Du es nicht in Dir enthieltest. Und da «Deine Tage nicht schwinden», sind Deine Jahre ein heutiger Tag. Und durch dieses Dein Heute sind wie viele unserer Tage, wie viele Tage unserer Väter schon hingegangen und haben dabei ihr Maß und die Weise ihres Seins erhalten, und andere werden darin hingehen und gleichfalls ihr Maß und ihre Art des Seins erhalten. «Du aber bist der Immergleiche»; alles Morgige und Spätere, alles Gestrige und Frühervergangene: Du wirkst es heute. Ps 102,28 Ebd.

Was kümmert es mich, wenn einer das nicht versteht? Auch er soll sich freuen und sprechen: «Was ist dies?» Er freue sich auch so und soll lieber nichtfindend Dich finden, als etwas findend Dich nicht finden.[8]

[7] Augustin setzt sich, wenn auch vorsichtig, von der neuplatonischen Ansicht ab, das Sein des Menschen stamme vom höchsten und allgemeinen Sein, sein Leben vom allgemeinen Leben usf. Man kann diese «Potenzen» nicht verabsolutieren, da doch im absoluten Gott Sein und Leben identisch sind.

[8] Weil Gott der Unbegreifliche ist, liegt mehr Wahrheit darin, zu verstehen, daß man nicht versteht, als zu meinen, man habe verstanden. «Si comprehendis non est Deus.» Und im Johannestraktat 63,11: «Er will gesucht sein, um gefunden zu werden, darum verbirgt er sich; er will aber auch als Gefundener immer neu gesucht werden: darum ist er unendlich.»

VII,11. Höre, Gott. Weh über die Sünden der Menschen! Und das sagt ein Mensch, und Du erbarmst Dich seiner, denn er ist Dein Geschöpf, aber die Sünde in ihm hast nicht Du geschaffen.

Wer wird mir die Sünde meiner ersten Kindheit ins Gedächtnis rufen? Denn niemand ist von Sünde rein vor Dir,
Ijob 14,4f. (LXX) nicht einmal der Neugeborene, der nur einen Tag auf Erden gelebt hat.[9] Wer erinnert mich? Tut das nicht schon jedes Kleinkind, wie klein es auch sei, an welchem ich erblicke, woran ich mich selber nicht mehr erinnere?

Was war meine damalige Sünde? Weinend nach der Brust zu gieren? Denn täte ich's heute, zwar nicht nach der Mutter Brust, aber nach der meinem Alter entsprechenden Nahrung gierend: man würde mich höhnen und aufs gerechteste tadeln. So tat ich damals Tadelnswertes, aber da ich den Tadel nicht hätte verstehen können, verboten ihn weder Vernunft noch Sitte. Denn erst da wir wachsen, verwerfen wir solches und rotten es aus; doch sah ich noch keinen beim Reinigen etwas Gutes fortwerfen. Oder war es doch eine Zeitlang gut, sogar unter Tränen nach Dingen zu verlangen, die man mir ohne Schaden nicht gewähren konnte? Böse und zornig zu werden mit freien Erwachsenen, ja mit den eigenen Eltern und andern klügern Leuten, wenn sie sich meinen Launen nicht fügten, mit Schlägen ihnen soviel Arges wie möglich zuzufügen, wenn sie mir einen Gehorsam verweigerten, der mir nur zum Unheil ausgeschlagen hätte?

Demnach ist die Schwäche der kindlichen Glieder, nicht die Gesinnung der Kinder das Unschuldige an ihnen. Ich selber habe einen eifersüchtigen Kleinen gesehen und beobachtet. Noch konnte er nicht reden, aber bleich und bitterböse schaute er auf seinen Milchbruder hin. Wer kennt solches nicht?

[9] Der Ijobtext zwingt Augustin, nach einer Schuld schon im kleinen Kind zu suchen. Und gewiß hat ihn lebenslang die Frage der Erbschuld, die er nah mit dem Gedanken der Begierlichkeit im Menschen zusammenbringt, verfolgt. Begierlichkeit ist nicht nur eine Folge der Sünde, eine Strafe für sie, sondern auch deren je neue Erzeugerin. Wahre Freiheit, die sowohl Gabe Gottes wie Ergebnis menschlicher Selbstüberwindung ist, ist nicht angeboren, sie muß aus dem animalischen und egoistischen Alles-sofort-Wollen sich erst losringen.

Mütter und Ammen behaupten, solche Fehler mit ich weiß nicht welchen Mitteln überwinden zu können. Soll das wirklich Unschuld sein, an der Quelle der reich und überreich fließenden Milch den Bruder nicht zu dulden, der dieser einzigen lebenserhaltenden Nahrung so sehr bedarf? Man erträgt solches geduldig, nicht weil es bedeutungslos und nichtig ist, sondern weil es mit wachsendem Alter vergehen wird. Das allein ist der Grund, denn ertappt man einen Erwachsenen bei derartigem, geht es nicht so gleichmütig ab.

12. Du also, Herr, mein Gott, hast dem Kleinkind mit dem Leben auch diesen Leib gegeben, den Du, wie wir sehen, mit Sinnen begabt und mit Gliedern und reizender Gestalt wohlgeformt und um seiner vollen Verwirklichung und Ganzheit willen mit allen Regungen des Lebendigen ausgestattet hast. Du willst, daß ich Dich dafür lobe und «Dich preise und Deinem Namen lobsinge, Allerhöchster». Ps 92,2
Bist Du doch der allmächtige und gütige Gott, auch wenn Du nichts anderes als dies gewirkt hättest, was Du allein schaffen kannst, Du, der Einzige, von dem alles Maß herstammt, Du, der Schönste, der Du alles gestaltest und nach Deinem Gesetz anordnest.

Diese Frühzeit, Herr, die gelebt zu haben ich mich nicht erinnere, die ich auf die Aussagen Fremder und die Beobachtung anderer Kleinkinder hin erschließe, ich mag sie, so zwingend die Hinnahme auch ist, nur ungern meinem Leben in dieser Welt hinzurechnen. Was das Dunkel meines Vergessens angeht, gleicht es dem im Schoß meiner Mutter Erlebten. Aber wenn «ich in Schuld empfangen wurde und meine Mutter mich in Sünden an ihrer Brust genährt hat», Ps 51,7
dann frage ich mich, mein Gott und Herr, wo war ich, Dein Diener, wo und wann war ich unschuldig? Aber ich will jetzt jene Zeit übergehen: was habe ich noch mit ihr zu schaffen, da ich mich keiner Spur davon mehr entsinne?

3. KNABENALTER

Sprechenlernen

VIII,13. Bin ich nicht aus jener Kindheit aufgebrochen und ins Knabenalter gekommen? Ober besser: kam dieses nicht in mich, der Kindheit nachfolgend? Nicht als wäre diese gewichen, denn wohin wäre sie schon gegangen? Und doch war sie nicht mehr da. Ich war nicht mehr das sprachlose Kleinkind, sondern ein Knabe, der redet. Daran erinnere ich mich, wie ich aber sprechen lernte, erfuhr ich erst später. Es war kein Unterricht durch Erwachsene, die es mir, wie bald darauf die Buchstaben, in einem geordneten Lehrgang beigebracht hätten; nein, ich lernte die Sprache kraft des Geistes, den Du, mein Gott, mir gegeben hast. Mit Seufzern und mancherlei Lauten und Gebärden wollte ich äußern, was mir am Herzen lag, damit man mir zu Willen sei, doch nicht immer gelang es mir, mich wirklich verständlich zu machen, auch nicht allen gegenüber, bei denen ich es wollte. Mein Gedächtnis half mir: wenn man einen Gegenstand nannte und man sich entsprechend dem Laut auf die Sache zubewegte, dann sah ich und merkte mir, daß man mit den Lauten das Ding bezeichnete, das man mir zeigen wollte. Daß man es wollte, erhellte aus der Körperbewegung, wie aus der Natursprache aller Völker, die sich ausdrückt durch Mienenspiel und Augenzwinkern und andere Gliedergebärden und dem Ton der Stimme, woran man die seelische Gestimmtheit erkennt beim Erstreben, Besitzen, Verwerfen oder Meiden von Sachen. So lernte ich die in verschiedenen Sätzen gebrauchten, oft wiederkehrenden Worte allmählich in ihrem Zeichensinn verstehen, mein Mund gewöhnte sich daran, und ich konnte durch sie meine Wünsche andern verständlich machen.

So war ich mit meiner Umgebung in einen Austausch des Mitteilens und Verstehens getreten und tiefer hineingeschritten in den Sturmbereich der menschlichen Gesellschaft, noch abhängig von der elterlichen Gewalt und von den Weisungen der Erwachsenen.

Schulzwang und Schuld

IX,14. Gott, mein Gott, wieviel habe ich des Jammers und der Enttäuschung erfahren, als man dem Knaben als Lebensregel vorstellte: denen zu folgen, die mich antrieben, in dieser Welt zu Ruhm zu gelangen und mich in wortreichen

Künsten hervorzutun, die Ehre bei den Menschen und trügerische Reichtümer einbrächten! So steckte man mich in die Schule, um Lesen und Schreiben zu lernen. Ich Armer sah nicht ein, wozu das nützlich sein sollte, aber wenn ich träge war im Lernen, gab es Schläge. Die Erwachsenen fanden das trefflich. Und die Vielen, die uns vorausgegangen waren, hatten uns mühevolle Pfade bereitet, die zu durchschreiten man uns zwang, zur erhöhten Mühsal und ärgerer Qual der Kinder Adams.

Aber, Herr, ich traf auch auf Menschen, die zu Dir beteten, und ich lernte von ihnen, Dich zu erahnen, so wie ich es damals vermochte, daß Du ein Großer bist, der, auch unsichtbar unsern Sinnen, uns hören und helfen kann. So begann ich schon als Knabe zu Dir zu flehen, «meine Hilfe
und mein Schutz», beim Gebet zu Dir löste sich meine Ps
schwere Zunge, und ich betete – ich kleiner Mann mit 94,22
großer Inbrunst –, daß ich doch in der Schule nicht geschlagen würde. Und wenn «Du mir zum Heile mich nicht
erhörtest», dann lachten die großen Leute, ja selbst meine Ps 22,3
Eltern, die mir doch nichts Böses wollten, über mein Elend, damals mein großes, bitteres Leid.

15. Gibt es denn, Herr, ein so erhabenes Gemüt, das mit so übergroßer Liebe Dir anhängt, gibt es einen (denn zuweilen erreicht das auch bloße Stumpfheit), der, Dir anhangend, sich so überlegen fühlt, daß er Folterbank, Zangen und dergleichen Folterwerkzeuge, die jeder in aller Welt, entsetzt zu Dir flehend, von sich fernhält, gleichmütig ansieht, ja dabei auch jene liebt, die in Angst davor erschaudern? Denn so lachten unsere Eltern über die Folter, die die Lehrer den Knaben zufügten. Denn nicht minder fürchteten wir diese Foltern und nicht weniger flehten wir zu dir, um ihnen zu entgehen. Und doch sündigten wir, indem wir weniger lasen oder schrieben oder auswendig lernten, als man von uns verlangte.

Es fehlte ja nicht an Gedächtnis oder Begabung, Herr; die hast Du uns unserem Alter entsprechend reichlich gegeben, aber mehr Spaß machte uns das Spiel, und dafür wurden wir von solchen, die selber derlei trieben, bestraft. Freilich: die Spiele der Großen nennt man Geschäfte, wenn aber Knaben dasselbe treiben, werden sie von den Großen bestraft. Und niemand hat Mitleid mit den Knaben noch mit den Erwachsenen, noch mit beiden. Sollte wohl ein verständiger Richter billigen, daß ich als Knabe Ball spielte und dadurch abgehalten wurde, eifrig Dinge zu lernen, die mir als Erwachsenem zu einem weit schädlicheren Spiel würden? Oder tat der mich Schlagende etwa besser, wenn er von einem gelehrten Kollegen bei einem nichtigen Wortgefecht selber geschlagen wurde und mehr Galle und Neid empfand als ich, wenn mich ein Kamerad beim Ballspiel übertraf?

Spiel und Schauspiel

X,16. Und trotzdem sündigte ich, Herr, mein Gott, Waltender und Schöpfer aller Dinge der Natur – über die Sünder freilich bloß Waltender –, ja ich sündigte, Herr, mein Gott, indem ich das Gebot meiner Eltern und jener Lehrer übertrat. Denn was auch die Absicht derer war, die mich diese Wissenschaft erlernen ließen, ich hätte diese später sehr wohl verwenden können. Denn nicht weil ich besser wählte, war ich ungehorsam, sondern aus bloßer Liebe zum Spiel. Ich war stolz vor Freude, wenn ich im Wettkampf siegte, erfundene Geschichten kitzelten mir die Ohren und machten sie noch heftiger jucken vor Gier, und nicht weniger glitzerte in meinen Augen wachsende Neugier, die mich zu den Schauspielen hinzog, den Spielen der Erwachsenen. Freilich: die sie veranstalten, gewinnen dadurch solches Ansehen, daß fast alle sich für ihre Kinder ein Gleiches wünschen, was sie keineswegs hindert, diese gleichen Kinder verprügeln zu lassen, wenn die Schauspiele sie vom Studium ablenken, das doch seinerseits, nach der Eltern Wunsch, sie dorthin bringen soll, selber einst solche Schauspiele zu geben! Sieh dies alles, Herr, mit Erbarmen an und befreie uns davor, die wir jetzt schon zu Dir beten; befreie auch jene, die noch nicht zu Dir rufen, damit sie zum Beten gelangen und Du sie befreist.

Die verschobene Taufe

XI,17. Schon als Knabe hatte ich von einem ewigen Leben gehört, das uns durch die Demut des sich zu unserem Hochmut herabneigenden Gottes, unseres Herrn, verheißen wurde. Schon hatte man mich mit dem Zeichen des Kreuzes bezeichnet, schon mit seinem Salz gewürzt,[10] als ich kaum den Schoß meiner Mutter verlassen hatte, die soviel von dir erhofft hat.

Du sahest, Herr, daß ich noch als kleiner Knabe eines Tages plötzlich mit heftigem Magenschmerz am Rand des Todes fieberte, Du sahst, da Du schon damals mein Hüter warst, mit welcher Inbrunst, welchem Glauben ich nach der Taufe Deines Christus, meines Gottes und Herrn und Deiner Kirche, unser aller Mutter,[11] begehrte.

Und wäre ich nicht so bald genesen, die bekümmerte Mutter meines Fleisches hätte eilige Sorge getragen, daß ich die heiligen Sakramente empfinge und Dich, Herr Jesus, bekennend, zur Vergebung der Sünden abgewaschen würde, denn ihr keusches Herz gebar mit noch größerer Liebe in Deinem Glauben mein ewiges Heil. So wurde denn meine Reinigung aufgeschoben, als müßte es sein, daß ich, auflebend, mich noch tiefer beschmutzte. Denn man war offenbar der Meinung, daß wenn ich nach dem läuternden Bad in den Schlamm der Sünde zurückfiele, meine Schuld noch größer und gefahrvoller würde.

[10] Die Katechumenen erhielten das heilige Kreuzzeichen und geweihtes Salz. Für Augustin ist die Tatsache grundlegend, daß er von jeher Christ war, wenn auch nicht getaufter. Von einer eigentlichen Konversion kann daher bei ihm nicht die Rede sein, sondern nur von einem tieferen Durchbruch dessen, was von jeher in ihm lag. Ein paar Sätze weiter unterstreicht er, daß er damals schon – in Lebensgefahr – die Taufe in Glaube und Inbrunst verlangt habe und daß ihm «seine Mutter» diese wohlmeinend verweigert habe. Die Reflexion darüber, warum der weite Umweg bis zum Ziel notwendig war, ist ohne Bitterkeit, wenn auch nicht ohne Trauer; und wenn er die Mutter subjektiv entschuldigt, so kann er nicht umhin, sie eines objektiven Fehlers zu bezichtigen. Die Verschiebung der Taufe aus den hier angegebenen Motiven war seit Konstantin – der es ja ebenso gehalten hat – geläufig; man vergesse nicht, daß damals die wiederholbare Beichte in der Kirche noch nicht üblich war.

[11] Es ist von hoher Bedeutung, daß das Bild der leiblichen Mutter Monica hier und anderswo verschmilzt mit dem Bild der Kirche, die durchaus als mütterlicher tragender Schoß gesehen und erfahren wird (so wie anderseits in der Theologie Augustins das Bild der Kirche als jungfräuliche Mutter sehr nahe steht dem Bild und der innern Realität der Jungfrau-Mutter Maria). Guardini hat schön darüber gehandelt (Die Bekehrung des Aurelius Augustinus. Der innere Vorgang in seinen Bekenntnissen, [2]1950, 174–181).

Schon damals also war ich gläubig, und die Mutter war es und das ganze Haus, ausgenommen nur der Vater, dessen Beispiel jedoch für mich nie das Vorrecht der mütterlichen Frömmigkeit überwog noch mich vom Glauben an Christus abspenstig machte, an den jener noch nicht glaubte. Denn die Mutter ersehnte von Herzen, daß Du mir ein Vater wärest, mein Gott, mehr noch als jener, und hier halfst Du ihr, da sie den Gatten übertraf, dem sie besser diente, weil sie dabei Dir, der es so angeordnet hatte, zu Diensten war.

18. Ich bitte Dich, mein Gott, laß mich verstehen (falls es Dein Wille ist), weshalb meine Taufe verschoben wurde. War es zu meinem Guten oder nicht, daß mir gleichsam der Sünde Zügel gelockert wurden? Warum hören wir noch immer von gewissen Leuten sagen: «Laß ihn doch machen, er ist ja noch nicht getauft!» Man sagt doch auch nicht, wenn es um das Heil des Körpers geht: «Laß ihn bloß noch tiefer sich verwunden, er ist ja noch nicht geheilt.» Wieviel besser wäre es für mich gewesen, rasch geheilt zu werden, wenn ich und die Meinigen dafür gesorgt hätten, mein aus Deiner Hand empfangenes Heil in Deinem Schutz zu bergen!

Ja, wahrlich besser! Doch wie mächtige Fluten über den Ältergewordenen hereinbrechen sollten, das wußte meine Mutter wohl, doch sie wollte lieber den Erdenkloß, aus dem einst das lebendige Bild gestaltet werden sollte, gefährdet sehen als dieses selbst.[12]

Lust und Unlust des Schülers

XII,19. In der Knabenzeit, die man für mich weniger fürchtete als die darauf folgenden Jünglingsjahre, liebte ich das Studium nicht, ich haßte es, dazu gezwungen zu werden. Trotzdem zwang man mich, und zu meinem Wohl, obschon ich selber nicht wohl tat; denn gelernt hätte ich nichts, wäre ich dazu nicht gezwungen worden. Keiner tut widerwillig Gutes, selbst wenn das Getane gut ist. Auch die mich zwangen, taten nicht wohl; von Dir aber, mein Gott, ge-

[12] Ausführlicher darüber Buch XIII, xii, 13.

schah mir Gutes. Die mich zum Lernen nötigten, dachten bloß daran, daß ich einst zur Sättigung der unersättlichen Gier nach armseligem Geld und schmachvollem Ruhm gelangen sollte. Du aber, «bei dem unsere Haare gezählt sind», Mt
hast Dich des Irrtums der mich zum Lernen Zwingenden zu 10,30
meinem Besten bedient; den meinigen, der ich nicht lernen wollte, wandtest Du zu meiner Strafe: die hatte ich wohl verdient, ich kleiner Knabe und großer Sünder. So hast Du durch jene, die mir kein Gutes antaten, mir wohlgetan und durch mich selber, den Sünder, mir Gerechtes vergolten. Denn so hast Du's verfügt, und so geschieht es: jeder ungeordnete Geist ist sich selber Strafe.

Dichterfabeln

XIII,20. Was aber der Grund war, weshalb mir das Griechische, das man dem kleinen Jungen einflößte, so sehr widerstand, ist mir noch jetzt nicht ganz ersichtlich. Latein mochte ich gern, nicht das meiner ersten Lehrer, sondern das der spätern, die man Grammatiker nennt. Die Anfangsgründe, mit denen man lesen, schreiben, rechnen lernt, erschienen mir nicht weniger lästig und qualvoll als das Griechische.[13] Woher aber kam mir das, wenn nicht aus der Sündigkeit und der Leere des Lebens, in dem ich «Fleisch
und hinfahrender, nicht wiederkehrender Windhauch» war? Ps
Denn dieser Anfangsunterricht, die Grundlage für meine 78,39
Fähigkeit, alles Schriftliche, das mir unter die Hand fällt, zu lesen und alles zu schreiben, was ich will, war besser, weil solider als der spätere, der mich zwang, die Irrfahrten eines gewissen Aeneas[14] mir einzuprägen und darüber meine eigenen Irrfahrten zu vergessen, den Tod der Dido zu beweinen, die sich aus Liebe umbrachte, während ich Elender trockenen Auges mir selber zusah, der von Dir weg starb, Gott, Du mein Leben.

[13] Der Lehrgang besteht aus drei Stufen: Elementarunterricht, Grammatik, Rhetorik. Augustin hat seiner Lebtag das Griechische nur unvollkommen beherrscht, doch vermutlich um 400 seine Kenntnisse vertieft.

[14] Augustin kannte Vergil genau und liebte ihn; viele stilistische Anklänge beweisen es. Die Weise, so vage zu reden (wie später anläßlich Ciceros III, IV, 7) ist eine bei den christlichen Schriftstellern beliebte Affektation.

21. Denn was ist erbärmlicher als ein armer Kerl, der sich
selbst nicht bemitleidet, der den Tod der Dido um des
Aeneas willen beweint, den eigenen Tod aber nicht, den er
erlitt, weil er Dich nicht liebte, Gott, Du Licht meines
Herzens und Brot des innern Mundes meiner Seele, Du
Zeugungskraft, die meinen Geist und den Schoß meines
Ps Sinnens befruchtet? Ich liebte Dich nicht und «ich hurte von
73,27 Dir weg», und dem Hurer klang es von allen Seiten zu:
Ps «Recht so, recht so!», denn «Freundschaft dieser Welt» ist
40,16 «Buhlerei von Dir weg». Und «recht so, recht so!» wird
gerufen, damit es als Schande gelte, wenn einer anders ist.
Aber nicht darüber weinte ich, sondern über die Dido, «die
entseelte, die mit dem Schwert sich selber ein letztes Schick-
Verg. sal bereitet», während ich selber, Dich verlassend, ins Letzte
Aen. 6,457 der Schöpfung, als Staub in den Staub mich bettete. Hätte
man mir solches zu lesen verboten, so hätte es mich ge-
schmerzt, nicht lesen zu dürfen, was mich schmerzte. Solche
Torheit gilt für edler und ersprießlicher als der erste Unter-
richt im Lesen und Schreiben!

22. Doch jetzt soll in meiner Seele Gottes Stimme erschallen und Deine Wahrheit mir versichern: Nein, so ist es gewiß nicht; besser durchaus ist der erste Unterricht. Bin ich doch jetzt viel bereiter, die Irrfahrten des Aeneas und alles dergleichen zu vergessen als Lesen und Schreiben. Schleier hängen über den Schwellen der Grammatikerschulen, doch bezeichnen sie weniger die Würde heiliger Geheimnisse als einen Deckmantel des Irrtums. Gegen mich brauchen sie sich nicht mehr zu empören, denn ich fürchte sie nicht länger, während ich Dir, mein Gott, bekenne, was meine Seele erstrebt; um Deine guten Wege zu lieben, finde ich meine Ruhe im Verurteilen meiner verkehrten Wege. Somit sollen sie nicht wider mich belfern, die Verkäufer und Käufer von Literatur, denn früge ich sie: «Ist es wirklich wahr, daß Aeneas dem Dichter gemäß einst nach Karthago kam?», würden die Ungelehrten erwidern, sie wüßten es nicht, die Gelehrteren aber, es sei nicht wahr. Früge ich sie aber, wie man den Namen Aeneas schreibt, so gäben mir alle, die's lernten, rechten Bescheid, gemäß dem Pakt der Übereinkunft, wonach die

Menschen unter sich diese Zeichen festgesetzt haben. Und früge ich sie, welches der ärgere Schaden im Leben wäre: das Lesen und Schreiben zu vergessen oder die Dichterfabeln: wüßte nicht jeder, der seinen eigenen Verstand nicht vergaß, sogleich die Antwort?

Ich sündigte also, da ich als Knabe das Nichtige dem Nützlichen vorzog, ja dieses sogar haßte und jenes liebte. Schon war mir das «eins und eins sind zwei, zwei und zwei sind vier» zur verhaßten Leier geworden, ein wonniges Schauspiel der Phantasie dagegen das hölzerne Pferd voll Bewaffneter, der Brand Troias und «der traurige Schatten Kreusas». Verg. Aen. 2,772

XIV,23. Wieso haßte ich also die griechische Literatur, die doch ähnliche Dinge erzählt? Homer versteht es ja auch, solche Fabeln zu drechseln, auf wundervolle Art ist er eitel, und doch schmeckte er mir Knaben so bitter. Für Griechenkinder wird es vermutlich mit Vergil nicht anders sein, wenn man sie zwingt, ihn zu lernen, wie man mich zum Homer zwang. Natürlich mischte die Schwierigkeit, eine Fremdsprache zu lernen, Galle in allen Zauber der griechischen Dichtung. Ich verstand kein Wort davon, aber man hielt mich mit grausamen Drohungen und Strafen gewaltsam an, es zu lernen.

Freilich, als Kleinkind hatte ich noch kein lateinisches Wort gekannt: aber ich paßte auf und lernte sie furcht- und quallos, unter den Schmeichelworten der Ammen und den fröhlichen Scherzen der mich Umgebenden, die mit mir lachten und spielten. Ich lernte sie ohne den peinlichen Strafzwang bedrängender Lehrer; mein eigenes Herz drängte, das Vernommene aus sich selbst zu gebären, und solche Geburt erfolgte nur, weil ich schon einige Worte gelernt hatte, nicht von Belehrenden, sondern schlicht von Redenden, in deren Ohren hinein ich wiedergebären wollte, was immer ich dachte und fühlte.

Daraus wird hinreichend klar, daß freie Wißbegierde für das Lernen wirksamer ist als ein drohendes Nötigen. Aber der freie Erguß der Erstern wird durch das Zweite eingedämmt, dank Deiner Gesetze, Gott, die von den Ruten der Lehrer bis zu der Folter der Martyrer Heilsam-Bitteres einzumischen verstehen, um uns von verderblicher Lust, die uns von Dir entfernt hat, heimzurufen zu Dir.

Gebet

Ps 61,2 XV,24. «Erhöre, Herr, mein Flehen», auf daß meine Seele unter Deiner Zucht nicht ermüde und ich nicht abstehe, Dir Deine Erbarmungen zu bekennen, wodurch Du mich von all meinen üblen Wegen zurückgeholt hast. Sei Du mir süßer als all die von mir verfolgten Verführungen. Laß mich Dich lieben aus ganzer Seele, Deine Hand küssen aus tiefstem
Ps Herzen, auf daß Du mich «bis ans Ende» aus aller Versu-
18,30 chung befreist. Bist Du doch, Herr, «mein König und mein
Ps 6,3 Gott»; Dir möge alles dienen, was immer ich als Knabe Nutzvolles lernte; ob ich rede, schreibe, lese, rechne: all das sei Dir zu Diensten. Denn als ich Eitles lernte, nahmst Du mich in Zucht, und meine sündige Lust an den Nichtigkeiten darin hast Du mir verziehen. Denn auch in ihnen lernte ich manche nützliche Worte; diese hätten freilich auch in weniger Eitlem gelernt werden können. Das wäre der sichere Weg, auf dem man Knaben führen sollte.

Mythologie

XVI,25. Dir aber, Strom des menschlichen Treibens, weh dir! Wer kann dir widerstehen? Wirst du nicht endlich versiegen? Wie lange wälzest du noch die Kinder Evas ins weite, schaurige Meer, das selbst jene nur mit Mühe durchqueren, die das Holz [des Kreuzes][15] besteigen? Trieb ich nicht in dir, als ich von Jupiter, dem Donnerer und Ehebrecher las? Als hätte er beides zugleich sein können; aber so hat man's dargestellt, damit er entschuldigt sei, [auf der Bühne] echten Ehebruch nachzuahmen.

Hört aber auch nur einer dieser Herren im Gelehrtentalar nüchternen Ohrs auf den Mann, der, im selben Staube

[15] Ein bei den Kirchenvätern beliebtes Bild, das Augustin im Johanneskommentar (II,4;PL 38, 1390) ausführlich darlegt. Das «Holz» ist die wahre rettende Arche: das Kreuz Christi. Ausführlich darüber Hugo Rahner, in: Symbole der Kirche (1964).

wirkend wie er, ruft: «Solches erdichtete Homer, indem er Menschliches auf die Götter übertrug; hätte er doch lieber Göttliches auf uns Menschen übertragen!» Richtiger müßte man sagen: Homer hat solcherlei erdichtet, doch indem er lasterhaften Menschen Göttliches beilegte, damit man das Schändliche nicht für schändlich halte und jeder, der solches begeht, nicht verkommene Menschen, sondern himmlische Götter nachzuahmen sich schmeichle.

Cicero Tusc. 1,26

26. Und doch, du Höllenstrom der Gewohnheit, man wirft Menschenkinder in deine Fluten und das Schulgeld dazu, damit sie solches lernen. Und welche große Sache macht man daraus, wenn desgleichen öffentlich auf dem Marktplatz geschieht, unter den Augen des Gesetzes, das den Lehrern noch über das Schulgeld hinaus einen besondern Gehalt bestimmt. Und du schlägst an deine Uferfelsen und rauschest uns zu: «Hier lernt man Worte, hier erwirbt man sich Beredsamkeit, so unentbehrlich, um Leute zu beschwatzen und Sätze umzudeuten!» Hätten wir wirklich nirgends sonst Worte gelernt wie «goldener Regen», «Schoß», «Betrug», «Himmelstempel», die dort bei Terenz stehen, hätte der Dichter nicht seinen verdorbenen Jüngling auf die Bühne gestellt, der sich Jupiter zum Vorbild der Unzucht nimmt, ein Wandgemälde betrachtend, auf dem der Gott dargestellt ist, wie er einen goldenen Regen in den Schoß der Danae sich ergießen läßt und so das Weib betrügt? Und nun sieh, wie der Jüngling sich zur Wollust reizt, gleichsam unter himmlischer Belehrung:

«Ein Gott tats», sagt er, «und welch ein Gott! Er, der
donnernd des Himmels weite Tempel erbeben läßt.
Und ich, armes Menschlein, sollt's ihm nicht nachtun?
Ich hab es getan, und ich tats mit Freuden.»

Terenz, Eun. 585,589 f.

Nein, und nochmal nein. Man lernt die Worte nicht leichter aufgrund dieser Schandtat, aber durch Worte wird die Schändlichkeit unverblümter begangen. Nicht die Worte klage ich an, sie sind erlesene und kostbare Gefäße, sondern den Wein des Irrtums, den uns betrunkene Lehrer damit eingossen. Und wollten wir ihn nicht trinken, so wurden wir dafür geprügelt, ohne daß wir bei einem verständigen Schiedsrichter Berufung einlegen durften.

Und dennoch, mein Gott, vor dem ich diese gefahrlos gewordenen Erinnerungen ausbreite: ich habe dergleichen gerne gelernt und hatte, ich Elender, meine Freude daran, und ich wurde darob ein hoffnungsvoller Knabe genannt.

Formale Schulung, ihre Gefahr

XVII,27. Laß mich, mein Gott, noch ein Wort über meine Begabung sagen, Dein Geschenk, und an welche Albernheiten ich sie vergeudete. Man stellte mir etwa die Aufgabe, die mich in nicht wenig Unruhe versetzte, weil sie Lob und Ehre versprach, oder, wenn schlecht gelöst, Schande und Zorn fürchten ließ: ich sollte Juno sprechen lassen in ihrer Wut und Trauer, «den König der Troier nicht von Italien fernhalten zu können», und ich wußte wohl, daß Juno solche Worte nie gesprochen hatte. Aber man zwang uns, auf der Fährte dichterischer Erfindungen weiter zu irren und in Prosa wiederzugeben, was der Dichter in Versen gesprochen hatte. Und der trug am meisten Lob davon, welcher der beschriebenen Person ihre Würde beließ und dabei ihre Wut und ihren Schmerz besser ins Licht zu setzen wußte, indem er ihre Gestimmtheit in entsprechende Worte kleidete.

Verg. Aen. 1,38

Was hatte ich davon, o Du mein wahres Leben, mein Gott, daß ich durch meinen Vortrag mehr Beifall fand als viele meiner Altersgenossen und Mitschüler? War dies nicht alles Rauch und Wind? Gab es keinen andern Gegenstand, um daran Geist und Zunge zu üben? Dein Lob, Herr, Dein Lob, wie Deine Schriften es künden, hätten das Spalier für die schwache Ranke meines Herzens bilden sollen. Dann wäre sie nicht umhergezerrt worden von Nichtigkeiten, eine schändliche Beute der Geflügelten.[16] Gibt es doch mehr als eine Weise, den abtrünnigen Engeln zu opfern.

XVIII,28. Aber was wunder, wenn ich mich von Eitlem hintreiben ließ und von Dir, mein Gott, hinweg ins Außen ging, wenn mir Menschen als Vorbild vorgestellt wurden, die vor Scham vergingen, wenn sie, eine beliebige Tat

[16] d.h. der Teufel als Beherrscher des Luftreichs nach Eph 6,12.

erzählend, sich einen Fehler gegen die Aussprache oder den Satzbau zuschulden kommen ließen und dafür getadelt wurden; wenn sie aber ihre Liebesgenüsse mit fehlerlosen, wohlgesetzten Worten ausgiebig und gefällig zu berichten wußten, über das gespendete Lob außer sich gerieten?

Das siehst Du, Herr, und schweigst, «langmütig, huldreich und getreu». Wirst Du wohl immer so schweigen? Ps 103,8
Jetzt schon entreißest Du solch abscheulichem Pfuhl die Seele, die Dich sucht und nach Deinen heiligen Freuden lechzt und aus ihrer Tiefe Dir sagt: «Dein Antlitz habe ich gesucht, Dein Antlitz, Herr, will ich weiter suchen.» Ist sie Ps 27,8
doch fern Deinem Antlitz, wenn sie in finstere Leidenschaft verstrickt ist. Denn nicht mit Füßen oder durch räumlichen Abstand entfernt man sich von Dir oder kehrt man zu Dir zurück. Oder hat Dein jüngerer Sohn in der Parabel Pferde, Wagen oder Schiffe gebraucht oder ist er auf sichtbarem Flügel davongeeilt oder wanderte er mit emsig gebogenen Knien hinweg, um im fernen Land als Verschwender zu leben und das Geld zu vergeuden, das Du, liebreicher Vater, ihm gabst, liebreich, weil Du es ihm beim Abschied gabst, liebreicher noch für den arm und elend Wiederkehrenden? Nein, Leben im Lüsternen heißt Leben im Finstern, nämlich im Fernsein von Deinem Angesicht.

29. Sieh, Herr, mein Gott, sieh es in der Geduld Deines Blicks, wie achtsam die Menschenkinder die von den früher Sprechenden übernommenen Stil- und Grammatikregeln befolgen, während sie die von Dir erhaltenen Regeln für das ewige Heil mißachten. Würde doch einer, der die alten Lautregeln kennt oder lehrt, entgegen der Übereinkunft die erste Silbe von «homo» Mensch, ohne Hauchlaut aussprechen, den Menschen mehr mißfallen, als wenn er, Deinen Geboten zuwider, einen Menschen haßte, obschon er doch selber ein Mensch ist. Als könnte der schlimmste Feind einem schädlicher sein als der Haß, den man gegen ihn hegt, als wären die Wunden, die man verfolgend ihm schlagen kann, tiefer als die durch solche Feindschaft dem eigenen Herzen zugefügten. Kenntnis der Literatur sitzt im Herzen nicht so tief wie die Schrift des Gewissens, die uns verbietet, andern zu tun, was wir selber nicht leiden wollen.

Wie bist Du heimlich, der Du im Schweigen wohnst in den Höhen, einzig großer Gott, der unermüdlichen Gesetzes strafende Blindheit streust über unerlaubte Begierden. Da geht ein nach dem Ruhm der Beredsamkeit hungrig gierender Mensch; umgeben von einer Menschenmenge angesichts eines Menschenrichters verfolgt er mit rasendstem Haß seinen Feind, aber achtsamst sich hütend, daß seiner Zunge kein «inter omines» entgleite, während ihn die Tatsache, daß seine Geisteswut einen Menschen aus der Menschheit wegfegt, nicht anficht.

Schwächen und Qualen des Knabenalters

XIX,30. Auf den Schwellen einer solchen Sittenschule lag ich Armer schon als Knabe; in dieser Arena war die Kampfregel so, daß ein Sprachschnitzer mich mehr ängstigte, als daß ich mich, wenn mir einer entschlüpfte, vor dem Neid auf die Tadellosen in acht nahm.

Dir gesteh ich's, mein Gott, Dir bekenn ich die Schwächen, daß mir das Lob damals so viel galt wie ehrenhaft leben. Denn ich sah den Abgrund der Schändlichkeit nicht,
Ps in den ich «von Deinem Antlitz weg geschleudert» worden
31,23 war. Gab es vor Dir etwas Hassenswerteres als mich, da ich anfing, selbst den Lehrern, Erziehern und Eltern zu mißfallen mit unzähligen Lügen ob meiner Spielwut, meiner Sucht, erbärmliche Komödien anzusehen und meiner erregten Lust ihre Lächerlichkeit nachzuahmen?

Auch beging ich Diebstähle an Keller und Tisch meiner Eltern, sei es um meiner Gaumenlust zu frönen, sei es um damit meine Spielgenossen zu beschenken, die sich an meinem Spiel nicht wenig erfreuten, sich aber dennoch dafür bezahlen ließen. Und ferner erschlich ich mir beim Spiel, von Begierde nach eitlem Ruhm besiegt, durch Betrug den Sieg. Dabei war mir nichts verhaßter, und nichts verurteilte ich schärfer, als wenn ich andere bei dem ertappte, was ich selbst ihnen antat. Wenn ich aber selbst ertappt wurde, tobte ich lieber vor Wut, als daß ich es zugegeben hätte.

Ist das Kindesunschuld? Nein, Herr, nein. Sie ist es nicht, mein Gott, nicht wahr? Ob es um Erzieher und Lehrer, um

Nüsse, Bälle und Spatzen[17] ging, oder (später) um Statthalter und Könige, um Gold, Grundstücke und Sklaven: der Unterschied ist gering. Ein Alter löst das andere ab, so wie die Rute schlimmern Übeln Platz macht; es ist doch stets das gleiche.

Nur auf die Geringheit, die in der Gestalt des Kindes ihr Sinnbild hat, hast Du, unser König, lobend hingewiesen, als Du sprachst: «Für solche ist das Himmelreich». Mt 19,14

XX,31. Dennoch sei Dir, Herr, erhabenster, bester Schöpfer und Lenker des Alls, unserem Gott, Dank gesagt, selbst wenn ich nach Deinem Willen die Knabenzeit nicht überlebt hätte. Denn ich war ja da, ich lebte und fühlte auch damals schon, besorgt um meine Unversehrtheit, das Nachbild jener allergeheimsten Einheit, der ich entstammte, ich überwachte dank meines innern Sinns das Wohlsein meiner äußern Sinne, und schon in den kleinen Dingen und meinen unwichtigen Überlegungen darüber freute ich mich an der Wahrheit. Getäuscht werden wollte ich nicht, mein Gedächtnis war gut, im Sprechen war ich geschult, Freundschaft tat mir wohl; dem Schmerz, der Demütigung, dem Unwissen suchte ich zu entkommen. Was wäre an solch einem Lebewesen nicht lob- und bewunderungswürdig?

Aber dies alles ist meines Gottes Geschenk, nicht ich hab es mir gegeben. Gut war das alles – und all das war ich. Gott also ist es, der mich schuf, er selbst ist mein Gut, und zu ihm hin frohlocke ich mit all dem Guten, dank dessen ich schon dieser Knabe war.

Meine Sünde aber lag darin, daß ich Freude, Erhebung, Wahrheit nicht in ihm, sondern in seinen Geschöpfen und in mir und den andern suchte, und so in Schmerz, Verwirrung und Irrtum sank. Dank sei Dir, Du mein Gott, meine Wonne, mein Stolz und meine Hoffnung, Dank für Deine Gaben, Du hast sie mir aufbewahrt. Und so hast Du mich selbst aufbewahrt; alles damals Gewährte wird wachsen und sich vollenden, und ich selber werde mit Dir sein, denn auch daß ich bin, ist Dein Geschenk.

[17] Der Knabe Augustin war ein leidenschaftlicher Vogelfänger (De quant. an. 21), wie er auch mit seinen Kameraden Eidechsen zerschnitt, um die Teile zucken zu sehen (ebd. 31).

ZWEITES BUCH

DIE ENTWICKLUNGSJAHRE

1. DER JÜNGLING

Die Sinnlichkeit regt sich

I,1. Erinnern will ich meine einstigen Schändlichkeiten, die Fleischessünden meiner Seele, nicht weil ich sie liebe, sondern um Dich, meinen Gott, zu lieben. Aus Liebe zu Deiner Liebe tue ich es, in der Bitterkeit des Erinnerns denke ich an meine verderbten Wege zurück, damit Deine Süße mich neu ergreife, Du untrügliche, selige und sichere Wonne, die Du mich aus der Zersplitterung zurückholst, in der ich nutzlos mich verstreute, als ich von Dir, dem Einen, abgewendet mich ins Viele entweste. Denn damals, als Jüngling, entbrannte ich, mich am Niedern zu sättigen, und schämte mich nicht, mich wild in wechselnden, dunkeln Liebesspie-
Dan 10,8 len zu ergehen. «Meine Schönheit schwand dahin», ich war
lauter Verwesung vor Dir, während ich mir selber gefiel und den Augen der Leute zu gefallen suchte.

II,2. Was anderes ergötzte mich, als zu lieben und geliebt zu werden? Aber ich blieb nicht auf dem Weg von Seele zu Seele, auf den lichten Pfaden der Freundschaft, vielmehr stiegen Dünste auf vom sumpfigen Fleischesgelüst und dem Strudel sich regender Mannbarkeit und umwölkten und verfinsterten mein Herz, so daß das Heitere der selbstlosen Liebe vom Dunkel der Begierlichkeit nicht mehr zu scheiden war. Beides loderte durcheinander und riß meine törichte Jugend durch die Schründe der Leidenschaft, um im Abgrund des Lasters zu versinken.

Dein Zorn hatte sich über mich entladen, und ich ahnte es nicht. Ob des Lärms der Ketten meiner Sterblichkeit war ich taub geworden, zur Strafe für den Hochmut meiner Seele; immer weiter entfernte ich mich von Dir, und Du ließest es geschehen. Ich taumelte durch meine Unzucht, goß mich aus, verspritzte mich und kochte wieder; Du aber schwiegst.

Du meine späte Freude! Du schwiegst damals, und ich ging immer weiter weg im Zersprengen unfruchtbarer Samen der Schmerzen, hochfahrender in meinem Wegwurf, lustloser in der Erschöpfung.

3. Wer hätte da meinem Drang eine Schranke gesetzt? Hätte die flüchtigen Reize stets wechselnder Schönheiten zu etwas Nützlichem gekehrt, der Lüsternheit ein Ziel gesteckt, dergestalt, daß die Brandung meiner Jugend an das eheliche Ufer geschlagen hätte, wenn sie anders nicht Ruhe finden konnte, sich begnügend mit der Erzeugung von Kindern, wie Dein Gesetz, Herr, es vorschreibt, der Du auch die Sprößlinge unserer Sterblichkeit formst und mit milder Hand die Dornen mildern kannst, die Dein Paradies nicht gekannt hat?[1] Deine Allmacht ist ja nicht weit weg von uns, selbst dann nicht, wenn wir Dir fern sind. Ich hätte bloß dem Donner aus Deinen Wolken achtsamer lauschen müssen:
«Drangsale des Fleisches werden diese erleiden; ich aber 1 Kor
schone euer.» Und: «Gut ist für den Menschen, keine Frau 7,28
zu berühren», und: «Wer keine Frau hat, denkt an die Dinge
Gottes, wie er Gott gefalle; wer aber durch die Ehe gebun- 1 Kor
den ist, sorgt sich um das, was in der Welt ist, wie er dem 7,32ff.
Weib gefalle.» Hätte ich doch diesen Stimmen achtsamer
gelauscht und «verschnitten um des Himmelreichs willen» Mt
freudiger Deine Umarmungen erwartet! 19,12

4. Doch leider war ich Arger in voller Gärung, ich folgte dem Drang meiner Sucht, die mich von Dir weg zog. Ich überschritt alle Deine Satzungen, ohne doch Deinen Strafen zu entgehen: welcher Sterbliche könnte das? Du warst ja immer mit Deinem grimmen Erbarmen bei mir, hast meine unerlaubten Vergnügen mit bitterstem Überdruß besprengt, um mich zu veranlassen, Freuden zu suchen, die zu keinem Überdruß führen. Und wo hätte ich diese finden können, wenn nicht in Dir, Herr, ja in Dir, der uns «den Schmerz

[1] Augustin war lange Zeit wie andere Kirchenväter der Meinung, daß es im Paradies keine geschlechtliche Fortpflanzung gab. Vgl. De Genesi c. Manich. I,19; Conf. XIII, xxiv; De bono conjug. I; etwas anders dann in De Civ. Dei XIV, 26.

Ps 94,20 zur Lehre werden läßt», der Du schlägst, um zu heilen, uns tötest, damit wir nicht fern von dir sterben.

Wo war ich denn, in welch ferner Verbannung von der Lust Deines Hauses im sechzehnten Jahr meines Fleisches, da die Raserei der Wollust mich ergriff – und ich ergab mich ihr ganz –, erlaubt gemäß menschlicher Schande, unerlaubt nach Deinen Weisungen? Die Meinen sorgten nicht dafür, mich Fallenden in einer Ehe aufzufangen; ihre einzige Sorge war, daß ich lernte, schöne Reden zu halten und durch Sprachkunst bestens zu überreden.

Ein Jahr Müßiggang

III,5. In jenem Jahr unterbrach ich meine Studien. Man holte mich aus Madaura zurück, der benachbarten Stadt, in der ich angesiedelt war, um mich in Literatur und Redekunst auszubilden. Man sammelte das nötige Geld für einen längeren Aufenthalt in Karthago, mehr aufgrund des Ehrgeizes als des Besitztums meines Vaters, dessen Vermögen in Thagaste ein bescheidenes war.

Wem erzähle ich dies? Gewiß nicht Dir, mein Gott, sondern bei Dir weilend erzähle ich es Meinesgleichen, dem Menschengeschlecht, in wie wenige Hände dieses mein Buch auch fallen mag. Und wozu das? Damit ich und jeder, der's liest, bedenke, aus was für Tiefen man zu Dir rufen muß. Und was ist Deinem Ohr näher als ein bekennendes Herz und ein Leben aus dem Glauben?

Jedermann überschüttete damals meinen Vater mit Lob, daß er über die Kräfte seines Vermögens hinaus zu geben bereit war, wessen sein Sohn fern von der Heimat bedurfte, um seinen Studien zu obliegen. Weit reichere Bürger trugen keine solche Sorge für ihre Kinder. Doch nicht darob sorgte sich mein Vater, was für einer ich vor Dir würde oder ob ich die Keuschheit bewahrte, nur gelehrt sollte ich sein – besser: ausgeleert von Deiner Pflege, Gott, Du einzig wahrer und kundiger Herr Deines Ackers: meines Herzens.

6. Damals aber, als ich in meinem sechzehnten Jahr des Geldmangels wegen müßiggehen und bei meinen Eltern wohnen mußte, wuchs mir das Dornengestrüpp der Sinn-

lichkeit über den Kopf, und keine Hand war da, es auszuroden. Im Gegenteil, als mein Vater einmal in den Bädern meine reifende Männlichkeit und den Drang meines jungen Körpers erblickt hatte, ging er es vergnügt meiner Mutter anzeigen, als könnte er dadurch schon mit Enkeln rechnen, vergnügt in jener Trunkenheit, in der die Welt Dich, ihren Schöpfer, vergißt und an Deiner Stelle Dein Geschöpf liebt, trunken vom unsichtbaren Wein seines verkehrten und das Niederste anstrebenden Willens. Aber im Herzen der Mutter hattest Du schon begonnen, Deinen Tempel und den Anfang Deiner heiligen Wohnstatt zu bauen; mein Vater war noch Katechumene, und dies erst seit kurzem. So fuhr sie auf in frommem Erschrecken und Beben, und obgleich ich noch nicht getauft war, bangte sie doch um mich, ich könnte krumme Wege gehen, wie die sie wandeln, dic «Dir den Rücken, nicht das Angesicht zukehren». Jer 2,27

7. Weh mir, und da wage ich zu sagen, Du, mein Gott, habest geschwiegen, als ich mich stets weiter von Dir entfernte? Hast Du mir damals wirklich nichts gesagt? Wessen waren denn jene Worte, wenn nicht Deine, die Du mir durch meine Mutter, Deine treue Dienerin, so oft in die Ohren gesungen hast? Aber keines drang mir ins Herz hinab, daß ich's befolgte. Ich weiß wohl noch, was sie wollte, was sie mir im Geheimen mit unglaublicher Sorge nahelegte: ich solle nicht Unkeuschheit treiben und vor allem nicht die Gattin eines andern verführen.

Das schienen mir Weibermahnungen zu sein, und ich hätte mich geschämt, ihnen zu folgen. Sie kamen von Dir, doch ich ahnte es nicht und dachte, Du schwiegest, sie allein spräche, sie, durch die Du mir zusprachst, und Dich verachtete ich damit in ihr, ich, ihr Sohn, Sohn «Deiner Magd» und Dein Diener. Aber ich ahnte es nicht und stürzte voran, so blind, daß ich unter meinen Altersgenossen mich schämte, wenn ich es weniger schamlos trieb als sie, denn ich hörte, wie sie sich ihrer Schandtaten rühmten und sich um so mehr brüsteten, je verborgener sie waren, und so liebte ich, es ihnen gleichzutun, nicht bloß aus Vergnügen, sondern auch aus Ruhmsucht. Was ist zu tadeln, wenn nicht das Laster? Ich aber ward, um nicht getadelt zu werden, noch lasterhafter, und wenn einmal nichts vorlag, was mich den Verdorbensten gleichgesetzt hätte, gab ich vor, Dinge getan zu haben, die ich nicht getan; ich fürchtete, umso verächtlicher zu scheinen, je schuldloser, umso schwächlicher, je keuscher ich wäre.

8. Das also waren die Kumpanen, mit denen ich mich auf Babylons Straßen herumtrieb, in dessen Schmutz ich mich wälzte, als wäre er Balsam und köstliche Salben. Und damit ich mitten im Dreck desto fester steckenbleibe, trat mich ein unsichtbarer Feind mit Füßen, mich, den leicht Verführbaren, verführend. Meine fleischliche Mutter jedoch, die schon
Jer «Babylons Mitte» entronnen war, aber noch zögernd in
51,6 dessen Umgebung wandelte, mahnte mich wohl zur Keuschheit, sorgte aber nicht dafür, meiner Sinnlichkeit, die sie aus den Schilderungen ihres Mannes kannte und die sie als für die Zukunft gefährliche Seuche empfand, die Fessel ehelicher Liebe anzulegen, falls sie sich anders nicht wirksam zurückschneiden ließ. Sie sorgte nicht dafür, weil man fürchtete, die Schranken der Ehe möchten den auf mich gesetzten Hoffnungen im Wege stehn, nicht der Hoffnung ewigen Lebens, die meine Mutter auf Dich setzte, sondern der Hoffnung auf literarische Bildung, deren Kenntnis beide Eltern so sehr erstrebten; der Vater, weil er kaum je an Dich dachte, von mir aber Eitles erwartete, die Mutter, weil sie vermeinte, die überlieferte Bildung würde nicht bloß nicht hindern, sondern eine gewisse Hilfe sein, bis zu Dir zu gelangen.

Dies erschließe ich rückblickend, so gut ich's vermag, aus der Eigenart meiner Eltern. Auch lockerte man mir die Zügel für meine Vergnügungen, mehr als eine gerechte Strenge es gestattet hätte. Ich zersplitterte mich in zahllosen Leidenschaften, und in allem umgab eine dichte Finsternis das Licht Deiner Wahrheit, mein Gott; «üppig wie aus
Ps 73,7 fettem Erdreich sproßte meine Sünde».

2. FREUDE AM SÜNDIGEN[2]

Ein Diebstahl

IV,9. Diebstahl straft sicherlich Dein Gesetz, Herr, auch Dein in den Herzen der Menschen eingeschriebenes, das ein getanes Böses nicht selbst austilgen kann, denn welcher Dieb ließe sich Bestohlenwerden seelenruhig gefallen? Nicht einmal ein Reicher läßt es einem bedürftigen Armen ungestraft hingehen. Nun denn, auch ich hatte Lust zu stehlen, und ich tat es, durch keinerlei Not gedrängt, sondern einzig aus Mangel und Überdruß an Gerechtigkeit und Überfluß an Bosheit. Stahl ich doch, was ich weit reichlicher und in besserer Qualität selber besaß. Nicht am Gestohlenen wollte ich meinen Genuß haben, sondern am Diebstahl, an der Sünde selbst.

In der Nähe unseres Weinbergs stand ein Birnbaum voll Birnen, die weder schön noch schmackhaft waren. Um ihn zu schütteln und auszurauben, zogen wir, eine Bande von Taugenichtsen in tiefer Nacht – soweit hatten wir nach unserer üblen Gewohnheit unsere Spiele getrieben –, um von dort große Mengen heimzuschaffen, nicht um selber ein Gelage zu halten, sondern einfach um sie den Schweinen vorzuwerfen. Aßen wir ein weniges davon, so nur deshalb, weil es uns Vergnügen machte, das Verbotene zu tun.

Da siehst Du mein Herz, o Gott, jenes Herz, dessen Du Dich aus dem untersten Abgrund erbarmen wolltest. Es soll Dir jetzt erklären, was es dort suchen ging, um so grundlos böse zu sein, daß es als Grund einzig die Bosheit hatte. So häßlich diese war, ich liebte sie, es war mir Lust, zugrunde zu gehen, es war mir Genuß, zu versagen, nicht die Sache,

[2] Die ganze folgende Schilderung eines Diebstahls ist nur Anlaß für die immer tiefer bohrende Frage, ob man das Böse um seiner selbst willen lieben kann. Sie ist wohl nicht schon damit gelöst, daß man (neuplatonisch) das Böse als ein Nichtseiendes (bzw. als einen Mangel im eigentlich Guten) erklärt. Die Lösung in II, IV, 12 und 13 (perverse Nachahmung Gottes) greift tiefer. Es geht hier nicht um bloße Psychologie oder um pessimistische Selbstquälerei, sondern um die Erkundung der «Tiefen Satans» (Apk 2,24), um die Lust der apokalyptischen Tiere, Gott zu lästern. Übrigens hat schon Ovid gesagt: «Was erlaubt ist, macht keinen Spaß, was verboten ist, stachelt brennender» (Amores II, 19, 3).

um deretwillen ich versagte, nein, das Versagen selber liebte ich, meine schändliche Seele sprang von Deinem festen Boden ins Nichtige hinab, nicht aus Schändlichkeit nach etwas, sondern nach der Schändlichkeit selbst gierend.

V,10. Schöne Dinge, Gold, Silber und alles dergleichen hat für uns Anreiz, bei leiblicher Berührung ist die Harmonie zwischen den Körpern das Entscheidende. Auch die übrigen Sinne erfahren im Sinnfälligen die ihnen entsprechende Veränderung. Weltliche Ehre und Befehls- und Herrschergewalt haben nicht minder ihren Wert, wenn sich auch freilich die Begier nach Rache daraus ergibt. Dennoch darf man, um all das zu erlangen, nicht von Dir abweichen, Herr, oder den Weg Deines Gesetzes verlassen. Selbst das Leben, das wir hienieden verbringen, hat sein Lockendes, hat es doch ein ihm eigenes Maß an Schönheit, das im Einklang steht mit allem irdisch Schönen. Freundschaft zwischen Menschen erfreut aufgrund der sich knüpfenden Bande, schafft Einheit aus mehreren Gemütern.

All dies und Ähnliches wird Gelegenheit zur Sünde, wenn wir durch ungeordnete Neigung zu diesen niedrigen Gütern die bessern und höhern verlassen, Dich, unsern Gott, und Deine Wahrheit und Dein Gesetz. Denn auch diese niedrigsten Dinge haben ihre Reize, doch keine solchen wie mein Gott, der alles erschuf, denn in ihm erfreut sich der Gerechte, er ist das Entzücken der geraden Herzen.

11. Sucht man deshalb nach der Ursache eines Vergehens, so meint man sie nicht eher gefunden zu haben, als bis es gelang, das Verlangen aufzudecken, eins der Güter zu besitzen, die wir die niedrigsten nannten, oder die Furcht, eins davon zu verlieren. Sind sie doch schön und reizvoll, wenn auch im Vergleich mit den höheren, seligmachenden verächtlich und gering. Einer hat einen Mord begangen. Warum wohl? Er liebte eines andern Weib oder Habe, oder er wollte ihn berauben, um selber leben zu können, oder fürchtete, vom andern etwas derartiges zu erleiden, oder brannte als Beleidigter danach, sich zu rächen. Sollte er den Mord grundlos begangen haben, einzig aus Freude am Morden? Wer möchte das glauben? Selbst der Mann, von dem berichtet wird, er sei ein grausamer Wüterich und geradezu

grundlos böse und grausam gewesen, hatte trotz allem einen Grund: «Damit nicht aus Untätigkeit Arme und Mut erschlaffen.» Warum das, worin bestand der Grund? Solche Übung im Verbrechen sollte ihm schließlich Rom in die Hand spielen und ihn selbst zu Ehren, Macht und Reichtum bringen: er wollte damit die Furcht vor den Gesetzen, die Engpässe aufgrund mangelnden Vermögens und das böse Gewissen wegen der Verbrechen loswerden. Was also Catilina anzog, waren nicht die Untaten als solche, sondern anderes, um dessentwillen er sie beging.

Sall. Cat. 16

Das Böse um seiner selbst willen tun

VI,12. Ich Elender aber, was habe ich an dir geliebt, du mein Diebstahl, nächtliche Schandtat meiner sechzehn Jahre? Schön warst du nicht, du warst ja Diebstahl. Warst du überhaupt etwas, daß ich dich anreden kann? Schön waren die Früchte, die wir stahlen, waren sie doch Deine Geschöpfe, Du Schönster von allem, Schöpfer aller Dinge, Gott der Güte, Gott höchstes Gut und mein wahres Gut, ja, schön waren die Früchte, aber nicht sie begehrte mein elendes Herz. Ich hatte ja bessere in Menge, ich pflückte jene nur, um zu stehlen, denn kaum gepflückt, warf ich sie weg, kostete davon einzig die mit Lust genossene Sünde. Und selbst wenn ich einen Bissen davon aß, so war dessen ganze Würze der Frevel.

Und jetzt, Herr, mein Gott, frage ich, was mich am Diebstahl eigentlich freute, er hatte ja keinerlei Schönheit. Ich rede von keiner solchen, die der Billigkeit oder Klugheit eignet, von keiner auch, wie sie sich im menschlichen Geist, im Gedächtnis, in den Sinnen, im blühenden Leben findet, oder wie Sterne schön sind und den Himmel schmücken, wie Erde und Meer voller Getier sind, sich abfolgend in Werden und Vergehen. Nicht einmal wie betörende Laster eine gewisse abgesunkene Schönheit haben.

13. Denn Hochmut lügt Hoheit vor, wo doch Du allein der eine über alles erhabene Gott bist. Was anderes sucht Ehrgeiz als Ruhm und Ehre, während Du hier allein über alle gerühmt und verehrt werden sollst in Ewigkeit? Strenge der Machthaber will gefürchtet sein; wer aber ist fürchtenswert außer dem einen Gott, dessen Macht sich keiner entziehen kann, denn wann oder wo und wie und durch wen könnte er es? Die Zärtlichkeiten der Lüstlinge werben um Liebe, aber nichts ist zärtlicher als Deine Liebe, nichts wird heilsamer geliebt als Deine allerschönste, leuchtende Wahrheit. Vorwitz ziert sich mit dem Anschein literarischer Bildung, während Du alles Vollkommene weißt. Unwissenheit und Torheit decken sich mit den Namen der Einfalt und Unschuld, aber höhere Einfalt als die Deine wird nicht erfunden. Und was wäre schuldloser als Du, da das Wirken der Bösen, nicht Du, ihr eigener Feind ist? Faulheit gibt vor, die Ruhe zu suchen, aber wo ist sicherere Ruhe als beim Herrn? Luxus möchte Sattheit und Fülle heißen, doch nur Du bist die Fülle und der unerschöpfliche Vorrat unvergänglicher Wonne. Verschwendung tritt einher im Kleid der Großmut, doch aller Gaben verschwenderischster Spender bist Du. Geiz möchte vieles besitzen, Du bist im Besitz von allem. Neid kämpft um Vorrang, wessen Rang ist höher als der Deine? Zorn trachtet nach Vergeltung, wer vergilt gerechter als Du? Furcht wacht ängstlich über das zu Sichernde und zittert vor plötzlich Ungewohntem, das Gehegtes bedroht; was aber wäre für Dich ungewohnt, was überraschend? Wer schiede von Dir, was Du liebst? Wo außer Dir wäre ruhige Sicherheit? Trauer verzehrt sich ob dem Verlust dessen, woran die Begier sich erfreute; diese möchte, es könnte ihr, wie Dir, nichts geraubt werden.

14. So treibt die Seele Unzucht, wenn sie sich von Dir kehrt und außerhalb Deiner sucht, was sie doch lauter und hell nur finden kann, wenn sie zu Dir zurückkehrt. Verkehrt ahmen Dich alle nach, die Abstand von Dir nehmen, um sich gegen Dich aufzurecken. Aber auch in solcher Nachahmung müssen sie zugeben, daß Du der Erschaffer aller Natur bist

und es somit keinen Weg gibt, sich völlig von Dir zu scheiden.

Was habe ich also an jenem Diebstahl geliebt, worin habe ich meinen Herrn widernatürlich und verkehrt nachgeahmt? Machte es mir Freude, durch Betrug gegen Dein Gesetz zu handeln, da es durch Gewalt nicht möglich war, so daß ich als der Sklave, der ich war, den Schein einer Freiheit nachahmte, indem ich ungestraft Verbotenes tat: ein düsteres Nachbild Deiner Allmacht? Sieh: so ist der Knecht, der seinem Herrn entlaufen ist und dafür einem Schatten verfällt. O Fäulnis, o Lebens Unnatur und Abgrund des Todes! Konnte das wirklich gefallen, was untersagt war, und einzig darum, weil verboten?

Dankgebet

VII,15. «Was soll ich dem Herrn vergelten», auf daß, da Ps
mein Gedächtnis all dies erinnert, meine Seele darob nicht 116,12
erzittert? Ich will, Herr, Dich lieben, Dir Dank sagen und Deinen Namen bekennen, dafür, daß Du mir so viele böse und sündige Taten vergeben hast. Deiner Gnade und Deinem Erbarmen schreibe ich es zu, daß Du meine Sünden schmelzen ließest wie Eis. Deiner Gnade auch alles, was ich an Bösem nicht tat, denn was hätte ich nicht noch begehen können, ich, der die Sünde um ihrer selbst willen liebte?

Alles, ich bekenne es, ist mir vergeben, was ich aus eigenem Antrieb Böses getan und was ich dank Deiner Führung nicht getan. Wo ist der Mensch, der, seine Schwachheit bedenkend, seinen eigenen Kräften Keuschheit und Unschuld zuzuschreiben wagt, so daß er Dich weniger liebt, weil ihm gleichsam Deine Erbarmung weniger nötig war, die den zu Dir Heimkehrenden die Sünden vergibt. Der aber, der auf Deinen Ruf hin Deiner Stimme folgte und so das vermied, wessen ich hier mich auf diesen Seiten erinnere und anklage, der verlache mich nicht, weil ich von demselben Arzt geheilt werden mußte, der ihn vor Krankheit bewahrte, oder besser: ihn weniger krank werden ließ; vielmehr liebe er Dich ebenso sehr, was sag ich: noch mehr, verdankt er doch demselben, der mich von so schwerem

Siechtum meiner Sünden geheilt hat, davor bewahrt worden zu sein.

Reiz gemeinsamen Sündigens

Röm VIII,16. Was hatte ich Armer einst «für Gewinn aus all-
6,21 dem», worüber ich heute mich erinnernd erröte, vorab aus dem Diebstahl, den ich um seiner selbst willen liebte: was war er in sich selbst? Nichts, und ich selber war dadurch umso elender. Und doch hätte ich ihn allein nicht begangen – das war, wenn ich mich recht entsinne, meine innere Verfassung –, ich hätte ihn allein wirklich nicht getan. Ich liebte somit auch die Kumpanei derer, mit denen ich ihn beging. Somit habe ich nicht bloß den Diebstahl geliebt, oder doch: denn auch diese Kumpanei war ja nichtig.

Was war also da Wirklichkeit? Wer anders sollte es mich lehren, als der mein Herz erleuchtet und seine Schatten zerstreut? Was hat mich dazu geführt, zu suchen, zu überlegen, zu erwägen? Hätte ich damals die Früchte, die ich stahl, geliebt, hätte ich sie genießen wollen, ich hätte die Sünde womöglich auch allein begehen können, um meine Befriedigung zu finden, hätte nicht nötig gehabt, den Kitzel meiner Begierlichkeit durch die Reibung an mitwissenden Seelen zu wecken. Aber da ich an diesen Früchten keine Lust fand, so lag diese doch wohl im Frevel selbst, der im Miteinander-Sündigen bestand.

IX,17. Wie diesen innern Zustand begreifen? Daß er schändlich war, ist ganz sicher, und ein Wehe über mich, daß er mich beherrschte. Aber worin bestand er schließlich?
Ps «Wer kann Sünde verstehen?»

19,13 Ein Gelächter war's, das uns gleichsam das Herz kitzelte beim Gedanken, Leute zu hintergehen, die das von uns nicht erwartet hätten und sich heftig darüber aufregen sollten. Warum vergnügte mich das so, daß ich es nicht allein tat? Etwa deshalb, weil niemand leicht für sich allein lacht? Niemand tut das leicht, gewiß; aber manchmal überkommt das Lachen auch einen Einsamen, Einzelnen, ohne daß jemand dabei ist, wenn ihm etwas allzu Lächerliches begegnet oder einfällt. Ich aber hätte ja den Diebstahl nicht allein begangen, gewiß nicht.

Siehe, mein Gott, nun liegt die deutliche Erinnerung meiner Seele offen vor Dir: diesen Diebstahl hätte ich nicht allein begangen, an dem mich nicht freute, was ich stahl, sondern daß ich stahl. Den Diebstahl allein zu begehen hätte mir kein Vergnügen gemacht, nie hätte ich ihn deshalb begangen. O du allzufeindliche Freundschaft! Unbegreifliche Verführung des Geistes, aus reinem Spiel und Spaß am Schaden, Schaden-Freude, ohne eigenen Nutzen, ohne Rachsucht, dem andern zu schaden! Nur weil einer ruft: «Los, wir tun es!», schämt man sich nicht, schamlos zu sein.

Umkehr

X,18. Wer löst mir diese heillos verwickelte, unentwirrbare Verknotung? Sie ist schmählich, ich mag nicht länger daran denken, sie nicht mehr ansehn. Nur Dich will ich noch, Du Gerechtigkeit und Reinheit, schön und hehr in Deinem lautern Lichtglanz, der Du ein nie zu sättigendes Genügen schenkst. Wer in Dich eingeht, der «geht ein in die Freude
seines Herrn», furchtlos wird er im höchsten Gut sich aufs Mt
beste befinden. 25,2

Ich bin abgeflossen von Dir «in die Irre», mein Gott, als Ps
junger Mann hab ich mich allzuweit von Deiner Ständigkeit 119,176
entfernt und wurde so für mich selber eine «Gegend der Hungersnot».

DRITTES BUCH

IM BANN DER MANICHÄER

1. KARTHAGO

Hunger nach Liebe

I,1. Ich kam nach Karthago, und rings um mich her brodelte laut der wallende Kochtopf schmutzigen Liebestreibens. Ich liebte noch nicht, aber ich liebte zu lieben, und aus heimlichem Sehnen nach Liebe war ich mir gram, nicht liebesbedürftig genug zu sein. Ich suchte nach etwas zu Liebendem, da ich nach Liebe begehrte, doch Sicherheit und ein Weg ohne Falle waren mir verhaßt; im Innern hungerte mich nach der innern Speise, nach Dir, mein Gott, aber nicht diesen Hunger verspürte ich, unverwesliche Speisen mundeten mir nicht; nicht als wäre ich daran gesättigt gewesen, sondern je mehr ich ihrer leer war, umso überdrüssiger war ich ihrer. Deshalb war meine Seele unwohl, voller Schwären warf sie sich nach außen, in armseliger Begier, sich an sinnlichen Dingen zu kratzen. Aber wären diese seelenlos gewesen, man hätte sie nicht lieben können.

Lieben und Geliebtwerden wurden mir erhöhte Lust, wenn ich auch den Leib des Geliebten genoß. So beschmutzte ich den Quell der Freundschaft durch den Schlamm der Begierlichkeit, trübte ihr Lauteres mit unterweltlicher Unzucht, und gleichwohl gab ich mich, widerlich und ehrlos wie ich war, in meinem gestelzten Dünkel, als der feine und hochgebildete Herr. Ich stürzte mich zudem in ein Liebesverhältnis, nach dessen Bande ich verlangte. «Du mein Gott
Ps 59,18 und mein Erbarmen», mit wieviel Galle hast Du in Deiner Güte meine Wonnen aufgesprengt! Ja, ich wurde geliebt und gelangte heimlich zu den lustvollen Einigungen, und fröhlich verstrickte ich mich in Netze der Mühsal, um bald von den Eisenruten der Eifersucht, des Verdachts, der Ängste, des Zorns und des Zanks gezüchtigt zu werden.

II,2. Die Theaterspiele rissen mich hin, voll von Bildern meines Elends und von Zunder für meine Brunst.[1] Wie kommt es nur, daß der Mensch Schmerz fühlen will, indem er Jammervolles und Tragisches anschaut, das er doch selber niemals erdulden möchte? Aber als Zuschauer will er Schmerz aus dem Schauspiel schöpfen, und eben dieser Schmerz bildet sein Vergnügen. Ist das nicht beklagenswerter Wahnsinn? Und einer wird umso stärker bewegt, je weniger er von solchen Leidenschaften geheilt ist, obschon man, was einer leidet, Leid nennt, was er mit andern zusammen leidet, Mitleid. Aber was soll schon Mitleid, wo es um Dichtung und Schauspiel geht? Der Zuschauer wird ja zu keiner Hilfeleistung aufgefordert, nur zum Trauern ist er eingeladen, und er findet am Verfertiger dieser Bilder umso mehr Geschmack, je besser er trauern kann. Lassen ihn aber die alten oder erfundenen Kalamitäten ungerührt, so geht er verdrossen und tadelnd davon; nur wenn er leidet, harrt er aus, gespannt und erfreut.

3. Tränen werden also geliebt und Schmerzen.[2] Dennoch will ein jeder sich freuen; unglücklich will niemand sein, aber mitleidig ist man doch gern; werden wirklich, weil im Mitleid ein Leid steckt, Schmerzen aus diesem einzigen Grund geliebt?

Auch das entstammt dem Quell der Sympathie. Aber wo geht, wo fließt dieser hin? Warum ergießt er sich in den brodelnden Pechstrom, in den finstern Schlund unmenschlicher Lüste, in den er sich verwandelt und untergeht, aus eigenem Antrieb, abgedreht und entsunken von seiner himmlischen Reinheit? Soll man deshalb das Mitleid verur-

[1] Was Augustin hier und im folgenden über die Theater und Feste in Karthago sagt, könnte übertrieben erscheinen, wenn wir nicht von ihm selbst viel drastischere Schilderungen der ausgesprochen obszönen Schaustellungen besäßen: De Civ. Dei II,4 und II, 26; De Genesi ad litt. XII, 22, 47. Vgl. Pierre Courcelle, Recherches sur les Confessions de S. Augustin (Paris 1950) 52–56.

[2] Die Frage war seit Aristoteles akut (Rhetor. 6, 1449b, 28; 1450a, 12; Polit. 7,1342e, 4f; Solignac I, 365).

teilen? Gewiß nicht. Man kann wohl zuweilen das Leiden lieben, aber hüte dich vor der Unlauterkeit, meine Seele. Unter der Obhut meines Gottes, des Gottes unserer Väter, des durch alle Ewen Gerühmten und Hochgelobten, hüte dich vor der Unlauterkeit.

Nicht als wäre mir heute das Mitleid fremd. Aber damals im Theater teilte ich die Freude der Liebenden, wenn sie in der Schande einander genossen, obschon es nur zum Schein auf der Bühne geschah, wenn sie aber einander verloren, empfand ich einen gleichsam mitleidigen Schmerz; doch beides entzückte mich. Heute habe ich tieferes Mitleid mit einem, der sich über etwas Schändliches freut, als mit einem, der sich einbildet, unglücklich zu sein, weil ihm eine verderbliche Wollust entging oder ein erbärmliches Glück entschwindet. Und dieses Mitleid ist sicher das echtere, aber der Schmerz darin ergötzt einen nicht. Denn auch wenn damit ein Auftrag der Nächstenliebe erfüllt wird, so wäre einem, falls man wahrhaft mitleidig ist, doch lieber, das den Schmerz Verursachende bestünde nicht. Wenn es – was freilich nicht sein kann – ein übelwollendes Wohlwollen gäbe, dann wäre es denkbar, daß ein wahrhaft und ehrlich Mitleidiger wünschte, es gäbe Unglückliche, um sie bemitleiden zu können. So kann es wohl zuweilen lobenswerten Schmerz geben, nie aber liebenswerten. Und wenn Du, Herr und Gott, Liebhaber der Seelen, Dich ihrer weit reiner, tiefer und unverweslicher erbarmst als wir, so deshalb, weil kein Schmerz Dich verwundet. «Und wo ist der Mensch, der
2 Kor 2,16 solches vermöchte?»

4. Damals freilich liebte ich Armer die schmerzliche Rührung und suchte nach Anlässen zum Leiden. Das fremde Unglück, von Schauspielern künstlich vorgegaukelt, entzückte mich umso mehr, je mehr Tränen ich darüber vergoß. Was Wunder, daß ich armes Schaf, Deiner Herde entlaufen, Deiner Hut überdrüssig, von widriger Räude befallen wurde? Daher kam meine Sucht nach Leiden, nicht solchen, die mich tiefer befallen hätten – denn selber litt ich ungern, was anzusehen mich freute –, sondern solchen, die beim Anhören der Spiele mich nur oberflächlich juckten. Aber was sich daraus ergab – wie wenn man sich mit den

Nägeln kratzt – war trotz allem Geschwulst, Eiter und ekler Fluß.

So war mein Leben; war es ein Leben, mein Gott?

Die «Verwüster»

III,5. Von fern aber zog Dein treues Erbarmen seine Kreise über mir. Wie tief ich im Elend der Sünde versunken war und sakrilegischer Neugier folgte, beweist, daß ich, Dich verlassend, in letzter Treulosigkeit zu einem umgarnenden Dienst an den Dämonen gelangte, denen ich meine bösen Taten «zum Opfer brachte». Doch in alldem traf mich Deine Peitsche. Ich wagte es sogar während der Feier Deines Gottesdienstes, im Innern der Kirchenwände, die Früchte des Todes zu begehen und sie mir auszuhandeln.[3] Dafür hast Du mich grausam gestraft, doch nicht nach dem Maß meiner Schuld, mein Gott, Du übergroßes Erbarmen, meine Zuflucht vor den schrecklichen Verderbern, unter denen ich mich torkelnd umhertrieb, dreist, erhobenen Hauptes, um weiter von Dir wegzukommen, meine, nicht Deine Wege liebend, die Freiheit des flüchtigen Sklaven.

Die Studien, die man als ehrenwert bezeichnete, zielten nur daraufhin, mir in streitenden Gerichtshallen Ansehen zu verschaffen, ein umso lobenswerteres, je ränkevoller es ist. So groß ist der Leute Verblendung, daß sie sich selbst ihrer Verblendung rühmen. Schon galt ich in der Rednerschule als einer der Besten, meine Freude darüber war Hochmut, ich schwoll vor Selbstgefühl. Dabei war ich, wie Du weißt, Herr, weit weniger vorlaut als die andern und hielt mich durchaus fern von den Betrügereien, wie sie die «eversores» (Umstürzler, Verwüster) betrieben – dieses widerliche und teuflische Wort galt als Kennzeichen feinster Bildung –, obschon ich in schamloser Scham mitten unter ihnen lebte. Denn ich war nicht wie einer von ihnen, ich lebte in ihrer

[3] Dies scheint doch ein Hinweis darauf zu sein, daß das Mädchen, das Augustin sich in dieser Zeit zum Zusammenleben erwählt hatte und dem er «immerhin die Treue wahrte» (Buch IV, Kp. II), eine Christin war. Er war damals siebzehn Jahre alt. Die Zeit wilder Ungebundenheit dauerte also nur kurz; ein gutes Jahr vielleicht.

Gemeinschaft und erfreute mich zuweilen ihrer Freundschaft, wenn mich ihr Treiben auch immer abstieß, nämlich jene frechen Rechtsverdrehungen, womit sie eingeschüchterte Neulinge überspielten, die sie grundlos, aus Spaß, aus der Fassung brachten und damit ihr bösartiges Vergnügen nährten. Was gliche den Taten des Teufels mehr als solches Benehmen? Keinen besseren Namen konnten sie tragen als «Verwüster». Schon im voraus sind sie verwüstet und von heimlich verführenden Truggeistern übertölpelt und verlacht, eben dann wenn sie sich einen Spaß daraus machen, andere zu verlachen und zu betrügen.

2. ERSTE BEGEGNUNG DER WEISHEIT

Ciceros «Hortensius»

IV,7. In solcher Gesellschaft studierte ich damals, unreifen Alters, die Lehrbücher der Rhetorik, in der ich zu glänzen wünschte, von der verurteilenswerten, windigen Absicht geleitet, durch die Freuden menschlicher Eitelkeit hervorzuragen. Im Verlauf der gewohnten Studienordnung war ich zum Buch eines gewissen Cicero[4] gelangt, dessen Sprache – weniger dessen Gesinnung – fast jedermann bewundert. Sein Werk enthält eine Aufmunterung zur Philosophie und trägt den Titel «Hortensius».[5]

Dieses Buch gab meinem Herzen eine andere Richtung, zu Dir hin, Herr, lenkte es meine Gebete, es veränderte meine Wünsche und Sehnsüchte. Mit einem Mal brach in mir die eitle Hoffnung zusammen, und mit unerhörter Inbrunst begehrte ich nach einer unsterblichen Weisheit. Ich

4 Vgl. Anm. 14 zu Buch I.

5 Ciceros «Hortensius» (45 v. Chr. verfaßt) ist bis auf Fragmente verloren (diese gesammelt in der Ausgabe von Müller, Teubnersche Bibliothek, Leipzig 1878–1889). Bewiesen wurde die Notwendigkeit zu philosophieren, die liberalen Künste zu beherrschen, die Kardinaltugenden zu besitzen, Reichtum und Lüste zu verachten. Die Lehren vieler Philosophen wurden entwickelt. Auch das von Augustin im X. Buch ausgeführte Thema, daß alle Menschen glücklich sein wollen, fand er hier wohl zum erstenmal. Augustin hat noch in Cassiciacum auf den «Hortensius» zurückgegriffen und ihn mit seinen Schülern zusammen gelesen.

begann mich zu erheben, mich auf den Rückweg zu Dir zu machen. Nicht mehr zur Glättung meines Stils, was ich mit meiner Mutter Geld erreichen zu sollen schien – ich zählte damals neunzehn Jahre, während mein Vater schon zwei Jahre tot war –, nicht mehr zur Glättung meines Stils las ich das Buch immer wieder, und nicht wie, sondern was es zu mir sprach, hatte es mir angetan.

8. Wie brannte ich da, mein Gott, wie brannte ich, vom Irdischen mich wieder aufzuschwingen zu Dir. Doch ich wußte nicht, was Du von mir wolltest. Denn «die Weisheit ist bei Dir». Jjob 12, 13.16 Die Liebe zur Weisheit aber heißt griechisch Philosophie, und ihr entgegen entzündete mich dies Buch. Es gibt Leute, die mit dem großen, gleißenden, ehrenvollen Namen Philosophie ihre Irrtümer färben und schmücken. Doch alle angeblichen Weisen seiner Zeit oder früherer Zeiten werden von diesem Buch begutachtet und überführt, wodurch die heilsame Ermahnung Deines Geistes durch Deine treuen und frommen Knechte offenbart wird. «Seht, daß euch keiner verführe durch Philosophie und eitlen Trug nach Menschenüberlieferung, nach den Satzungen dieser Welt und nicht Christus gemäß, in dem leibhaft die ganze Fülle der Gottheit wohnt.» Kol 2,8f.

Damals freilich, Du weißt es, Licht meines Herzens, kannte ich dieses Apostelwort noch nicht. Doch das allein schon erfreute mich an der Ermahnung, daß ich keine bestimmte Sekte, sondern die Weisheit selbst, was sie auch sei, lieben und suchen und erstreben und festhalten, ja mit aller Kraft umfangen sollte. Die Weisung spornte mich an, ich fing Feuer, entbrannte, nur eins verlangsamte meinen begeisterten Aufschwung: der Name Christi war nicht da. Diesen Namen meines Erlösers, Deines Sohnes, aber hatte aufgrund Deines Erbarmens mein zartes Herz schon mit der Muttermilch in sich eingesogen, und es war in dessen Tiefe aufbewahrt, und etwas mochte noch so gelehrt, gefeilt und redlich sein, es konnte mich ohne diesen Namen nicht völlig in Bann schlagen.

V,9. So beschloß ich denn, meine Aufmerksamkeit auf die Heiligen Schriften zu richten und zu sehen, wie beschaffen sie sind.[6] Was ich da entdeckte, war dies: etwas für Gelehrte Unzugängliches, das sich auch Kindern nicht aufdeckt, etwas mit niedrigem Eingang, das sich aber beim weiteren Eindringen erhöht, doch überall in Geheimnisse gehüllt bleibt. Ich war keineswegs imstande, darin einzutreten oder den Kopf so zu beugen, um darin voranzukommen. Aber nicht genauso, wie ich jetzt davon rede, habe ich damals gefühlt, als ich an die Schrift herantrat, vielmehr schien sie mir nicht würdig, mit der Hoheit eines Cicero verglichen zu werden. Mein Dünkel sträubte sich angesichts ihrer Einfachheit, mein Blick war nicht scharf genug, in ihr Inneres einzudringen. Die Schrift als solche wäre fähig gewesen, mit den Kleinen zusammen zu wachsen, aber ich wollte eben kein Kleiner sein, sondern fühlte mich, von Hochmut geschwollen, groß.[7]

[6] Es ist außerordentlich wichtig, daß Augustinus bei jeder neuen religiösen Erschütterung zur Heiligen Schrift greift. Man kann diesen Bericht nicht als eine spätere Fehlerinnerung ansehen, als die Tendenz des Konvertiten, seine christlichen Velleitäten möglichst vorzudatieren.

[7] Courcelle (a. a. O. 61f.) hat auf eine wichtige Parallele zu diesem Kapitel hingewiesen, die erhellt, was hier nicht ganz an den Tag kommt: warum Augustin von der Bibel nicht angesprochen wurde. In Sermo LI, 4, 5 (PL 38, 336) sagt er: «Ich wurde damals getäuscht, da ich, geistig noch ein Kind, mich unterfing, an die göttlichen Schriften die Methode der kritischen Diskussion anzuwenden». Die Bibelkritik der Manichäer hatte sich an der Unvereinbarkeit der beiden Stammbäume Christi festgehakt und an der Tatsache, daß Markus und Johannes die Jungfrauengeburt nicht erzählen; ihr Jesus ist von keinem Weib geboren, hat nur einen Scheinleib besessen wie die Engel, wenn sie unter menschlichen Gestalten erscheinen (vgl. P. Alfaric, L'évolution intellectuelle de S. Augustin, Paris 1918, 199f).

3. MANICHÄISMUS[8]

Das Anziehende

VI,10. So kam es, daß ich unter Menschen geriet, die vor lauter Überheblichkeit wahnwitzig waren, fleischlich und geschwätzig im Übermaß; in ihrem Mund lauerten Teufelsschlingen, und der Köder, mit dem sie mich fingen, bestand aus einem wirren Gemisch von Silben Deines Namens und des Namens des Herrn Jesus Christus und dessen Heiligen Geistes, unseres Trösters.[9] Diese Namen wichen nicht von ihren Lippen, aber sie waren bloßer Schall und Zungengeräusch, ihr Herz war leer von Wahrheit. Sie sprachen in einemfort von Wahrheit, sprachen mir dauernd davon, und doch war sie nie bei ihnen; nicht nur über Dich redeten sie Falsches, der Du wahrhaft die Wahrheit bist, sondern auch

[8] Der Manichäismus, gegründet von dem Babylonier Mani oder Manichäus (Syrisch: Mânî hayyâ: Mani der Lebende; 216–277, in welchem Jahr der Prophet nach sechsundzwanzigtägiger Kettenhaft stirbt, einem Leiden, das die Manichäer als seine «Kreuzigung» bezeichneten), war zur Zeit Augustins bereits staatlich verboten. Er ist die extremste Form des gnostischen Dualismus; einem ewigen Reich des Guten (mit dem «Vater der Größe» an der Spitze und unzähligen Potenzen unter ihm: der «Mutter des Lebens» und ihrer Abkommenschaft, dem Urmenschen, der den Kampf mit der Finsternis aufnimmt und zunächst unterliegt usf.) steht ein ewiges Reich des Bösen gegenüber, also ein an sich böses Sein, angeführt vom König der Finsternis und in fünf Unterreiche gegliedert: Finsternis, Rauch, böser Wind, böses Feuer, böses Wasser. Das Lichtreich ist pantheistisch gedacht: alle Emanationen aus dem Vater sind Teil von ihm, so daß, wenn die geistigen «Lichtfunken» in der finstern Leib-Materie gefangen werden, etwas Göttliches eingekerkert wird und nach Befreiung und Erlösung verlangt. Die erlösenden Prinzipien sind einerseits der «Dritte Gesandte», der kosmische Jesus (der aber von dem aus Maria geborenen fleischlichen Jesus zu unterscheiden ist), und der Paraklet, der mit Mani selber gleichgesetzt wurde (vgl. Augustin, De Haeres. PL 42, 34f.; und Ep. fund. c. Man. 9; ebd. 179. Eine abschließende Darstellung seines manichäischen Glaubens gibt Augustin im 10. Kp. des Buches V der Confessiones). Im Westen nahm der Manichäismus diese christlichen Begriffe in sich auf, ohne aufzuhören, in seinem Prinzip ein radikal antichristliches System zu sein, und vermochte so, den jungen, nach freier Kritik begehrenden Intellektuellen für lange Jahre in Bann zu schlagen.

[9] Die Manichäer kannten eine Art Trinität, wie ein Text des Faustus zeigt (bei Augustin, Contra Faustum 20,2). Der Vater ist «unzugänglich», der Sohn ist seine Weisheit und Macht, die in Sonne und Mond wohnt; der Geist, «Majestät dritten Ranges», beherrscht das Luftreich, aus seiner Macht hat die Erde den «leidenden Jesus» hervorgebracht, der «an jedem Holz aufgehängt ist».

über das Wesen dieser Welt, Deiner Schöpfung. In diesem Gebiet mußte ich (später) auch Wahres aussagende Philosophen hinter mir lassen, aus Liebe zu Dir, meinem allerbesten Vater, alles Schönen höchste Schönheit.

O Wahrheit, Wahrheit, wie seufzte ich damals schon sehnsüchtig nach Dir, da jene Leute dauernd und auf vielerlei Art Dich mir in die Ohren schrien, mit bloßem Tonschall und mit vielen dickleibigen Büchern. Und was sie mir, der nach Dir hungerte, statt Deiner vorsetzten: das waren Sonne und Mond, Deine schönen Werke, aber eben doch nur Deine Werke, nicht Dich selbst, und nicht einmal Deine wichtigsten Werke. Denn Deine höchsten sind geistige, und diese sind körperliche, so schön sie am Himmel glänzen.

Ich aber hungerte und dürstete nicht nach jenen Werken, sondern nach Dir selbst, Du Wahrheit, «in der es keine
Jak Veränderung und keinen Schatten von Wandel gibt». Und
1,17 weiterhin tischte man mir auf jenen Tellern strahlende Phantome[10] auf, angesichts deren man noch besser die Sonne geliebt hätte, die wenigstens für die Augen wahr ist, als jenes Falsche, bloße Ausgeburten des durch Augentrug getäuschten Geistes. Aber ich nahm sie als Dich hin, aß davon, wenn auch nicht gierig, schmecktest Du doch meinem Munde nicht so, wie Du bist, und Du warst es auch nicht, und statt mich zu nähren, zehrte es mich noch mehr aus.

Geträumte Speise gleicht völlig der Speise von Wachenden, bloß nährt sie die Schlummernden nicht, da sie schlafen. So hatten diese Speisen keinerlei Ähnlichkeit mit Dir, Du Wahrheit, wie Du jetzt zu mir geredet hast; sie waren körperhafte Gespenster, falsche Körper, denen gegenüber die mit leiblichen Augen gesehenen himmlischen oder irdischen Körper mehr Wahrheit besitzen. Mit den Tieren und den Vögeln zusammen erblicken wir diese, und sie sind dann viel wirklicher, als wenn wir sie uns bloß vorstellen. Und wiederum ist dieses Vorgestellte viel wirklicher, als wenn wir uns aufgrund seiner größere, unendliche Körper einbil-

[10] Die «strahlenden Phantome» waren wohl die «leuchtenden Fahrzeuge» des Vaters, seine Tugenden, die sich in schöne Knaben und Mädchen verwandelten, um die Sinnlichkeit der Dämonen herauszufordern (Augustin, De natura boni 42 und 46).

den, die überhaupt nicht sind. Mit derlei Nichtigkeiten wurde ich damals abgespeist und bekam nichts zu essen.

Aber Du, meine Liebe, in die hinein ich mich überlasse, um stark zu sein, bist weder diese sichtbaren Körper, die wir, wenn auch droben am Himmel, erblicken, noch jene, die wir dort nicht sehen, obschon Du sie schufst, doch Du zählst sie nicht unter Deine höchsten Geschöpfe. Wie weit bist Du erst von meinen damaligen Wahngebilden entfernt, Scheinbildern von Körpern, die es gar nicht gibt. Wirklicher als sie sind die Vorstellungen jener Körper, die sind, und noch wirklicher die Körper selbst, von denen Du freilich keiner bist. Aber auch die Seele, die die Leiber beseelt, bist Du nicht – weshalb sie als das Leben der Körper höher und wirklicher ist als diese –, Du aber bist das Leben der Seelen, das Leben der Leben, da Du durch Dich selber lebst, Du Leben meiner Seele.

11. Wo warst Du mir nur damals, wie weit weg von mir? Ich war's, der fern von Dir herumstreifte, selbst von den Trebern der Schweine ausgeschlossen, die ich mit Trebern fütterte. Wieviel besser waren da noch die Fabeln der Grammatiker und Dichter als diese Fopperei! Verse, Dichtung, die fliegende Medea sind sicherlich nutzbringender als die fünf verschieden gefärbten Elemente, entsprechend den fünf Höhlen der Finsternis,[11] die reine Hirngespinste sind und tödlich für den, der daran glaubt. Denn Verse und Dichtungen kann ich wenigstens in etwas echt Nahrhaftes umsetzen, und auch wenn ich «die fliegende Medea» rezitierte, so gab ich sie doch nicht als geschichtliche Wahrheit aus, sowenig ich daran glaubte, wenn ich sie besungen hörte. Aber an jene Torheiten glaubte ich, weh mir, weh. Auf was für Staffeln sank ich bis auf den Grund der Hölle hinab, auch wenn ich mich mühsam, schwitzend um die vermißte Wahrheit mühte, da ich Dich, mein Gott – denn Dir bekenne ich's, der sich meiner, des noch nicht Bekennenden, erbarmt hat –, noch nicht mit dem Licht des Verstandes (durch das Du uns über

[11] Die fünf Elemente (Licht, Luft, Wind, Feuer, Wasser), mit denen der Urmensch in den Kampf mit der Finsternis zog, sind von ihm «gefärbt», um die feindlichen Elemente oder «Höhlen» (vgl. Anm. 8) zu täuschen. (Vgl. Augustin, De Haeres. 46; C. ep. fund. 28.)

die Tiere erhobst) suchte, sondern mit den fleischlichen Sinnen. Du aber warst mir innerlicher als mein Innerstes, und erhaben über mein Höchstes. Indessen war ich auf das freche, einsichtslose Weib im Gleichnis Salomos gestoßen, das vor der Tür auf einem Stuhl sitzt und ruft: «Eßt ohne Scheu das entwendete Brot und trinkt das süße
Spr gestohlene Wasser.» Sie hat mich verführt, weil sie mich
9,17 draußen weilend vorfand, in dem, was meine leiblichen
Augen gesehen hatten, in meinem Innern widerkäuend, was ich durchs Auge verschlungen hatte.

Widerlegung der manichäischen Kritik am Alten Testament

VII,12. Ich wußte von dem Andern nicht, das wahrhaft ist; ein Stachel gleichsam trieb mich, den törichten Betrügern mich zu fügen, die mir die Frage stellten: Woher stammt das Böse? Ist Gott auf eine körperliche Form begrenzt, hat er Haare und Nägel? Darf man solche für gerecht halten, die mehrere Frauen hatten, Menschen umbrachten, Tiere opferten?[12] Mich in diesen Dingen Unerfahrenen verwirrte das, und während ich mich von der Wahrheit entfernte, meinte ich auf sie zuzugehen. Ich wußte nämlich nicht, daß das Böse nichts weiter ist als der Ausfall des Guten bis hin zum völligen Nichtsein.[13] Wie hätte ich das einsehen können, da meine Sicht nicht weiterreichte als bis zu den Körpern, mein Geist nur bis zu Phantasmen?

Ich wußte nicht, daß Gott Geist ist, kein Etwas mit Gliedern nach Länge und Breite, kein Sein als Masse, denn eine Masse ist in ihrem Teile kleiner als in ihrem Ganzen, und wäre sie auch grenzenlos, so ist sie doch in einem räumlich abgegrenzten Teil begrenzter als im Unbegrenzten, und nicht wie Geist, wie Gott, allenthalben ganz. Und was

[12] Die beiden Haupteinwände der Manichäer gegen den Alten Bund: die Anthropomorphismen inbezug auf Gott, und die dem Neuen Bund gegenüber rückständige, scheinbar gegenteilige Ethik.

[13] Vgl. unten Buch VII, XII, 18ff. Die Frage hatte Augustin bereits einige Jahre vor den Confessiones im Werk «Über den freien Willen» beschäftigt, wo er mit seinem Unterredner den von ihm durchgangenen Weg wiederholt, um ihn von seinem Wahn zu befreien (I, 2, 4). Vgl. auch De natura boni I, 3 (PL 42, 553).

in unserem Innern ist, worumwillen wir sind und gemäß der Schrift «nach dem Bild Gottes» heißen: ich wußte es schlechterdings nicht.[14] Gen 1,27

13. Und ich kannte nicht die wahre innerliche Gerechtigkeit, die nicht nach Herkommen urteilt, sondern nach dem allerrichtigsten Gesetz des allmächtigen Gottes, wonach sich die Gebräuche der Länder und Zeiten ausrichten sollten, so wie es Land und Zeit entspricht, während es selber immer und überall dasselbe ist, weder anders an anderem Ort noch anders zu anderer Zeit; dem Gesetz, wonach Abraham, Isaak und Jakob, Mose und David und alle vom Mund Gottes Gelobten gerecht waren, während sie von den Unwissenden als ungerecht beurteilt werden, die «gemäß menschlichem Gerichtstag» und gemäß dem allgemeinen Verhalten des Menschengeschlechts urteilen nach ihrer beschränkten Erfahrung. Sie tun wie einer, der sich in Waffenrüstungen nicht auskennt, nicht weiß, welchem Glied ein Stück bestimmt ist, und nun seinen Kopf mit Beinschienen oder mit dem Helm seine Füße schützen will, und murrt, daß nichts paßt. Oder wie einer, der erführe, daß für den Nachmittag die Läden geschlossen werden, und sich beschwert, er dürfe nichts mehr verkaufen, obschon es doch vormittags gestattet war. Oder wie einer, der in einem Haus einen Sklaven mit seinen Händen eine Arbeit verrichten sähe, die dem Mundschenk nicht erlaubt ist, oder hinter den Ställen etwas geschehen sähe, was vorn im Eßzimmer ver- 1 Kor 4,3

[14] Hier beginnt die großartige Apologie für die Geschichtlichkeit des göttlichen Gesetzes, seinen Wandel durch die sich wandelnden Zeiten und Verhältnisse hindurch, bei gleichbleibendem innern Kern (Kp. 8). Augustin entwickelt seinen Gedanken (bis zum Ende von Kp. 9) am Leitfaden seines Zeitbegriffs, der für ihn durchaus geschichtlich qualitativ zu verstehen ist, wie er bereits in Buch I, VI, 10 erklärt hat: «Und durch dieses Dein Heute sind wie viele unserer Tage, wie viele Tage unserer Väter schon hingegangen und haben dabei ihr Maß und die Weise ihres Seins erhalten». Hier nun heißt es: «Ist darum die Gerechtigkeit wechselnd und wandelbar? Nein, die Zeiten, denen sie vorsteht, laufen nicht immerfort gleich, eben weil sie Zeiten sind» (III, VII, 13). Vgl. Buch IV, VIII. Aber das entscheidende Maß jeder Zeit ist schließlich der in ihr sich offenbarende je-neue Wille Gottes, gegen den es keine Appellationsmöglichkeit des Ungewohnten, Untraditionellen gibt. Die Abhandlung schließt mit der schroffen Feststellung: «*Die* menschliche Gemeinschaft ist gerecht, die sich Dir fügt.» Es ist bereits der Grundgedanke der Civitas Dei.

boten ist, und sich darüber aufhielte, daß im gleichen Haus und in der gleichen Familie nicht allen und überall das Nämliche gestattet wird.

Ebenso verhält es sich mit Leuten, die Anstoß daran nehmen, daß in einem früheren Jahrhundert den Gerechten etwas erlaubt war, was denen der jetzigen Zeit nicht mehr gestattet ist, und daß Gott in Anbetracht der geschichtlichen Lage den einen dies, den andern jenes vorschrieb, da doch beide derselben Gerechtigkeit dienten. Sieht man nicht, daß was für den einen, am gleichen Tag, im gleichen Haus sich schickt, dem andern nicht zukommt, daß etwas, das durch lange Zeit erlaubt war, es eine Stunde später nicht mehr zu sein braucht, daß man in einem Winkel etwas tun kann und soll, was anderorts zu tun untersagt ist und bestraft wird? Ist darum die Gerechtigkeit wechselnd und wandelbar? Nein, die Zeiten, denen sie vorsteht, laufen nicht immerfort gleich, eben weil sie Zeiten sind. Die Menschen, deren Erdenleben kurz ist, sind außerstande, die Verhältnisse früherer Zeiten oder anderer Völker, die sie nicht miterlebt haben, als Einheit zu sehen, während sie für einen einzelnen Leib, einen Tag, ein Haus leicht feststellen können, was jedem Glied, jedem Augenblick, diesem Platz oder dieser Person schicklich ist. Am einen nehmen sie Anstoß, hier fügen sie sich.

14. All diese Wahrheiten verstand ich damals nicht, sah sie nicht ein. Von allseits stießen meine Blicke darauf, ohne daß ich sie wahrnahm. Wenn ich Verse dichtete, durfte ich ja auch nicht jeden Versfuß an beliebiger Stelle hinsetzen, sondern jedes Versmaß verlangte jeweils etwas anderes und in der einzelnen Zeile durfte nicht jeder Versfuß überall stehen; die Prosodie selbst aber, nach der ich dichtete, war nicht an verschiedenen Stellen verschieden, sondern umfaßte einheitlich das Ganze.

Und ich sah nicht, wie ebenfalls die Gerechtigkeit, der die guten, heiligen Männer gehorchten, alles Befohlene weit überlegener und erhabener noch zu einem unwandelbaren Ganzen verbindet und dennoch nicht allzeit und alles zugleich, sondern jeder Zeit das Ihrige zuweist und vorschreibt. So tadelte ich in Blindheit die frommen Väter, die nicht nur nach Gottes Gebot und Eingebung das Gegenwärtige verwendeten, sondern, gemäß Gottes Offenbarung, auch Künftiges vorher verkündeten.

VIII,15. War es irgendwann und irgendwo unrecht, «Gott aus ganzem Herzen und aus ganzer Seele und aus ganzem Geist zu lieben, und den Nächsten zu lieben wie sich selbst»? Deshalb sind Schandtaten, die wider die Natur sind, Mk
wie die der Sodomiter, überall und jederzeit verabscheu- 12,33
ungswürdig und strafbar. Selbst wenn alle Völker sie begingen, sie fielen kraft göttlichen Gesetzes unter die gleiche Gerichtsbarkeit, denn Gott hat die Menschen nicht so geschaffen, daß sie auf diese Weise miteinander verkehren. Die Gemeinschaft, die zwischen Gott und uns herrschen soll, wird verletzt, wenn die Natur, deren Schöpfer er ist, durch perverse Lust geschändet wird.

Was jedoch gegen die menschliche Sitte verstößt, soll den jeweils herrschenden Sitten gemäß gemieden werden; die Vereinbarung, welche die Gewohnheiten oder Gesetze eines Staatswesens oder Volkes festlegt, darf weder durch eines Bürgers oder eines Fremden Gelüst verletzt werden. Jedem Teil, der mit seinem Ganzen nicht übereinstimmt, haftet etwas von Schande an. Wenn aber Gott etwas gegen die herrschende Sitte oder Vereinbarung Verstoßendes befiehlt, selbst wenn die Sache in der Gegend noch nie geschah, so ist es zu befolgen, und wenn es in Vergessenheit geriet, zu erneuern, oder wenn es noch unbekannt ist, einzuführen. Wenn schon ein König in seinem Reich etwas befehlen kann, was vor ihm noch keiner, auch er selbst nicht, eingeführt hatte, und man ihm gehorcht, wenn es nicht gegen den Gemeingeist verstößt, ja es dagegen verstieße, wenn man ihm nicht gehorchte – Regierenden zu gehorchen gehört zum allgemeinen menschlichen Ordnungsgesetz –, um wieviel mehr muß man Gott, dem Beherrscher seiner gesamten Schöpfung, ohne Bedenken gehorchen, wenn er etwas anordnet! Denn wie in der Abstufung der menschlichen Gesellschaft die höhere Gewalt der niedrigeren befehlen kann, so kann Gott allen ohne Ausnahme befehlen.

16. Das gleiche wie vom Widernatürlichen gilt von den Verbrechen, die darin bestehen, einem andern schaden zu

wollen, sei es durch Schmähung oder durch Gewalttat. Beides erfolgt entweder aus Rachsucht (wie bei privaten Feindschaften) oder aus Begier nach fremdem Gut (wie wenn ein Räuber einen Reisenden anfällt), oder um einem Übel zu entgehen (wie wenn ein Gegner umgebracht wird), oder aus Eifersucht (ein Armer beneidet einen Bessergestellten, oder dieser fürchtet, ein anderer käme ihm gleich, oder verträgt es nicht, wenn der es schon ist), schließlich aus reinem Vergnügen, einen andern leiden zu sehen (die Zuschauer der Gladiatorenkämpfe oder sonst irgend welche Höhner und Spötter).

Das sind die Hauptarten der Sünde. Sie entsprossen der Sucht zu herrschen, zu sehen, zu fühlen, entweder aus einem dieser Gelüste oder aus zweien oder aus allen dreien. Wer in diesen Sünden lebt, verstößt gegen die drei und die sieben Gebote, gegen die zehn Saiten des Psalteriums, Deines Dekalogs,[15] höchster und mildester Gott. Aber welche Schandtaten reichen an Dich heran, den nichts verführen kann? Welche Verbrechen, dem kein Schaden zugefügt werden kann? Du strafst nur, was die Menschen gegen sich selber tun, denn auch wenn sie gegen Dich sündigen, verfahren sie gottlos gegen sich selber, und «die Sünde lügt gegen sich
Ps 27,12 selbst», indem die Menschen ihre von Dir geschaffene Natur
verkehren oder indem sie Erlaubtes maßlos gebrauchen oder
Röm 1,26 nach Unerlaubtem gieren «zu einem naturwidrigen Gebrauch», oder indem sie durch Gedanken und Worte gegen
Apg 9,5 dich aufständig, «gegen den Stachel lökend», schuldig werden, oder wenn sie, die Schranken der menschlichen Gesellschaft durchbrechend, nach Lust oder nach Haß, in verwegenen privaten Bünden und Spaltungen sich vergnügen. Solches geschieht, wenn man Dich verläßt, Du Quell des Lebens, den einen, wahren Schöpfer und Lenker des Alls, und in selbstischem Stolz im Teil ein verfälschtes Ganzes liebt.

Somit kehrt man nur durch demütige Hingabe an Dich zu Dir zurück; Du läuterst uns von der Angewöhnung des Bösen, nachsichtig gegen die, die ihre Sünden bekennen,

[15] Über die drei Gebote der ersten und die sieben Gebote der zweiten Tafel Moses vgl. Sermo 9 (PL 38,75 ff.).

erhörst Du die Seufzer der Gefesselten und lösest die Bande, die wir uns angelegt haben, wenn wir nur erst die Hörner der falschen Freiheit nicht mehr gegen dich aufrecken in der Sucht nach mehr, jedoch bedroht durch Verlust des Ganzen, wenn wir unser Eigenes mehr lieben als Dich, Du Aller Gut.

IX,17. Neben den Schandtaten und den Verbrechen und so vielerlei anderem Unrecht gibt es auch die Sünden der Voranstrebenden. Beurteilt man sie recht, so müssen sie von der Norm der Vollkommenheit her getadelt, anderseits aus dem Erhoffen der Frucht gelobt werden, wie sprießende Saat die Ernte ankündigt. Es gibt auch manches, was einer Schandtat oder einem Verbrechen gleicht und doch nicht Sünde ist, weil es weder Dich, Gott unsern Herrn, noch die Gesellschaft beleidigen will. So wenn einer sich gewisse Güter zum zeitgemäßen Lebensbedarf verschafft und nicht feststeht, ob aus Besitzsucht, oder auch wenn die rechtmäßige Obrigkeit strafend eingreift, und man nicht weiß, ob eine ungeregelte Lust zu schaden mit im Spiel war.

So sind denn manche Handlungen, die den Menschen verwerflich schienen, durch Dein Zeugnis gebilligt worden, während vieles von den Menschen Gelobte durch Deinen Rechtsspruch verurteilt wurde. Denn gar oft ist der äußere Anschein einer Tat von der innern Gesinnung des Täters verschieden, und sie kann auch das uns verborgene Erfordernis der Zeit sein. Wenn Du aber plötzlich etwas Ungewohntes und Unerwartetes anordnest, das Du früher verboten hattest, und Du den Grund Deines Befehls einstweilen verborgen hältst, und dieser der Vereinbarung einer Menschengruppe zuwiderläuft: wer wollte zweifeln, daß hier gehorcht werden muß? Ist ja doch keine menschliche Gesellschaft gerecht als jene, die Dir dient. Selig aber, die die Gewißheit haben, daß Du etwas befohlen hast. Denn alle Taten Deiner Diener zeigen an, was gegenwärtig zu tun ist, oder sie künden Künftiges an.

Manichäische Torheiten

X,18. Das alles verstand ich nicht, und so spottete ich über Deine heiligen Diener und Deine Propheten. Und was brachte mir mehr Gelächter über sie ein, als von Dir verlacht zu werden, da ich schrittweise zu jenen Albernheiten gelangte, zu glauben, die Feige, die man pflückt, und der Baum, an dem sie wuchs, weinten Tränen aus Milch? Daß aber, wenn ein «Heiliger»[16] [nach Mani] diese Feige aß – die von einem Andern, nicht von ihm selber, frevlerisch gepflückt worden war –, er Engel, ja eine Partikel Gottes seinem Magen einverleibte, und er enthauchte sie wieder in Gebetsseufzern und im Rülpsen; diese Teilchen des höchsten und wahren Gottes wären in der Frucht gebunden geblieben, wenn sie nicht durch Zahn und Magen der «erwählten Heiligen» befreit worden wären. Und so dachte ich armer Narr, man müsse mehr Mitleid haben mit den Früchten der Erde als mit den Menschen, um deretwillen sie wachsen. Hätte aber ein Hungriger, der nicht Manichäer war, danach gegriffen, so wäre er um des von ihm genossenen Bissens der Todesstrafe würdig gewesen.

Ein Traum Monicas

Ps 144,7 XI,19. Du aber «strecktest Deine Hand aus der Höhe» und «rissest meine Seele aus» der dichten Finsternis, weil meine Mutter, Deine Getreue, um meinetwillen zu Dir weinte. Sie weinte mehr, als Mütter ein totes Kind beweinen. Durch den Glauben und den Geist, den sie von Dir erhalten hatte, sah sie meinen Tod, und Du, Herr, hast sie erhört. Du hast sie erhört und ihre Tränen nicht geringgeachtet, wenn sie strömend den Boden unter ihren Augen netzten, wo immer sie betend verweilte. Ja, Du hast sie erhört. Denn woher sonst kam der Traum, durch den Du sie getröstet hast, so daß sie wieder einwilligte, mit mir zusammenzuleben und im Hause den gleichen Tisch zu teilen?[17] Sie hatte eine Zeitlang sich

[16] Vgl. oben Anm. 8. Teile des Göttlichen weinen eingeschlossen in den Bäumen, bricht man ihre Äste, so ist der milchige Saft ihre Tränen: eine Form der kosmischen Passion des «Jesus patibilis». Die durch die «Erwählten» oder «Heiligen» verzehrten Früchte, die ihnen durch die «Hörer» (Augustin war immer nur ein solcher) gereicht wurden, befreien diese göttlichen Teile aus ihrer Gefangenschaft.

[17] Augustin war also zeitweilig von seiner Mutter regelrecht verstoßen worden. Unterdessen hatte ihn ein Freund, der reiche Senator Romanianus, bei sich aufgenommen (Contra academ. II,2f.), auf den schon Buch

geweigert, es zu tun, vor Abscheu und Widerwillen gegen meine gotteslästerlichen Verirrungen. Im Traum aber sah sie sich auf einem hölzernen Richtscheit[18] stehen, und ein strahlender, froher, sie anlächelnder Jüngling kam auf sie zu, während sie trauerte und vor Gram ganz gebrochen war. Dieser fragte nach dem Grund ihrer Trauer und warum sie immerfort weine, wie man fragt, um zu helfen, nicht aus Neugier. Sie erwiderte, sie beklage meinen Untergang. Da hieß er sie, getrost sein, und ermunterte sie, aufzumerken und genau hinzusehen: dort, wo sie sei, sei auch ich. Und als sie aufmerkte, sah sie, daß ich neben ihr auf dem gleichen Richtscheit stand.

Wieso das? Doch weil Dein Ohr an ihrem Herzen lag, o Du guter, allmächtiger Gott, der über jeden von uns wacht, als kümmertest Du Dich um ihn allein oder um alle so wie um jeden.

20. Und wie kam das Weitere, daß, als sie mir ihre Schau erzählte, und ich sie so wegdeuten wollte, als dürfe sie nicht daran verzweifeln, eines Tages dort zu sein, wo ich war, sie sogleich ohne das geringste Zögern erwiderte: «Nein, mir wurde nicht gesagt: Wo er ist, wirst du sein, sondern: Wo du bist, wird auch er sein».

Herr, hier bekenne ich Dir ein weiteres Mal meine Erinnerung, soweit mein Gedächtnis reicht: die Antwort, die Du mir so durch den Mund meiner wachsamen Mutter gabst, ihre Ruhe angesichts meiner falschen, danebengreifenden Antwort, ihre rasche Einsicht in das zu Beachtende – das ich vor ihrer Antwort nicht beachtet hatte –, sie hat mich damals mehr bewegt als der Traum selbst, der dieser frommen Frau lange vorweg zur Tröstung über gegenwärtige Sorgen eine Freude ankündigte, die sich erst viel später verwirklichen sollte.

I, Kp. x als auf den Theatermäzen von Thagaste hingewiesen hatte (vgl. Contra academ. I, 1). Augustin hatte Romanianus, der sein Studium in Karthago ermöglicht hatte, wie viele andere für den Manichäismus gewonnen. Als die Freunde in Mailand ihr philosophisches Kloster planten, sollte auch der steinreiche Romanian mit dabei sein (vgl. Buch VI, Kp. XIV).

[18] Richtscheit (regula) weist hier auf die regula fidei, die christliche Glaubensregel. Das dritte Buch klingt hoffnungsvoll aus: der Verirrte ist nicht verloren.

Denn neun Jahre ungefähr verflossen, während denen ich
Ps 69,3 mich «im tiefen Schlamm» und im finstern Irrtum wälzte; oft suchte ich aufzutauchen und sank nur tiefer zurück, während diese keusche, fromme und nüchterne Witwe, so wie Du sie liebst, schon beflügelter im Hoffen, aber unermüdet im Weinen und Seufzen, zu jeder Stunde ihres Gebets nicht aufhörte, für mich vor Dir zu klagen. Ihre Gebete
Ps 88,3 «drangen vor Deine Augen», aber Du ließest mich indessen noch immer im Finstern suhlen und mich einwühlen.

Noch ein prophetisches Wort

XII,21. Du gabst mir aber einstweilen eine andere Anwort, die ich erinnern will. Über vieles gehe ich ja hinweg, um bald zu den Dingen zu kommen, welche Dir zu bekennen mich mehr drängt. Und vieles habe ich auch vergessen.

Eine andere Antwort gabst Du mir durch Deinen Priester, einen Bischof, im Schoß der Kirche aufgewachsen und wohlbewandert in Deinen heiligen Büchern. Als meine Mutter ihn bat, er möge mir ein Gespräch gewähren, meine Irrtümer widerlegen, mich vom Bösen abbringen und das Gute lehren – denn das tat sie, wenn sie jemand Geeigneten fand –, weigerte er sich, mit einer Klugheit, die ich erst später begriff. Er sagte ihr, ich sei vorerst unbelehrbar und überheblich aufgrund des ungewohnt Neuen in der betreffenden Haeresie, ich, der – wie die Mutter ihm verraten hatte – schon manche Unerfahrene durch verfängliche Fragen weggelockt habe. «Laß ihn dabei», sagte er ihr, «bete nur für ihn zum Herrn. Beim Weiterlesen wird er selbst den ganzen Irrtum und die Gottlosigkeit dieser Lehre entdekken». Und er erzählte noch, daß er von seiner von den Manichäern verführten Mutter schon ganz klein ihnen übergeben worden war, fast alle ihre Bücher gelesen, sie sogar oft abgeschrieben habe und dabei, ohne Streitgespräche und Auseinandersetzungen, zur Überzeugung gelangt sei, wie sehr die Sekte zu meiden sei: also sei er ausgetreten. Da die Mutter sich durch diese Worte nicht beruhigen ließ, sondern mit Bitten und reichlichen Tränen weiterhin in ihn drang, er möge mich doch empfangen und mit mir diskutieren, sagte er ihr nicht ohne eine gewisse Ungeduld: «Laß mich jetzt; so wahr du lebst: unmöglich kann ein Sohn so vieler Tränen verloren sein.»

In ihren Gesprächen mit mir hat meine Mutter mir oft wiederholt, sie hätte diese Worte so empfunden, als wären sie eine Stimme vom Himmel.

VIERTES BUCH

LEHRTÄTIGKEIT IN THAGASTE UND KARTHAGO

1. AUF IRRWEGEN

Neun Jahre Manichäismus

I,1. Während diesen neun Jahren[1] von meinem neunzehnten bis zu meinem achtundzwanzigsten Lebensjahr blieb ich ein Verführter und Verführer, Betrogener und Betrüger je nach meinen sich wandelnden Leidenschaften; öffentlich im Dozieren der sogenannten «freien Wissenschaften»[2], im Geheimen unter dem Deckmantel der Religion, hier überheblich, dort abergläubisch, stets aber eitel. Einerseits jagte ich dem windigen Ruhm bei der Menge nach, bis hin zum Theaterapplaus, zum Dichterwettbewerb, zum Kampf um Kronen von Heu, zum läppischen Komödienspiel und zu ungezügelten Lüsten. Auf der andern Seite suchte ich mich von diesem Schmutz zu reinigen, brachte denen Speise, die wir die «Erwählten», die «Heiligen» nannten, damit sie in der Küche ihres Bauches Engel und Götter verfertigten, die uns befreien sollten. Solches trieb ich, und tat es zusammen mit meinen Freunden, die durch mich und mit mir verführt worden waren.[3]

[1] Genaugenommen waren es nicht nur neun Jahre (373–382), sondern mehr als zehn, während denen Augustin dem Manichäismus anhing; war er doch 384 als Dreißigjähriger in Rom noch Manichäer, zuletzt freilich kaum mehr mit innerer Überzeugung; aber sein Umgang und die Freunde, die ihn empfehlen, entstammen manichäischen Kreisen.

[2] Die sieben «freien Wissenschaften» oder «freien Künste» bestehen aus dem «Trivium» (Grammatik, Dialektik, Rhetorik) und dem «Quadrivium» (Arithmetik, Geometrie, Musik, Astronomie). Über die verschiedenen Einteilungen in Antike und Mittelalter: J. Koch (Hrg.), Von der antiken Bildung zur Wissenschaft des Mittelalters (Leiden-Köln 1959).

[3] Augustin bleibt in der manichäischen Hierarchie bei den «Hörern».

Sie sollen mich jetzt verlachen, die Stolzen, von Dir, mein Gott, noch nicht Niedergeworfenen und Zermalmten: ich will trotzdem meine Schande zu Deinem Preis bekennen. Gestatte mir bitte, damit ein «Lobopfer» darzureichen. Was Ps 27,6
wäre ich schon für mich ohne Dich: ein bloßer Führer zum Abgrund! Was bin ich in meinem Besten: ein Deine Milch Einsaugender, Deine unverwesliche Speise Genießender. Und was für ein Mensch ist jeglicher Mensch, wenn er bloß Mensch ist? So sollen sie denn lachen, die Starken und Mächtigen; wir Schwachen und Machtlosen wollen Dich lobpreisen.

II,2. Im Lauf jener Jahre lehrte ich die Rhetorik und verkaufte, selber von meinen Leidenschaften besiegt, die Kunst, durch Wortgewandtheit zu siegen. Freilich zog ich es vor, Du weißt es, Herr, gute Schüler zu haben (was man so «gute» nennt). Und ohne betrügen zu wollen, lehrte ich sie die Kunst des Betrügens, nicht um je einen Unschuldigen zu verderben, aber doch um zuweilen einen Schuldigen loszuangeln. Du Gott, sahst von ferne, wie ich auf schlüpfrigem Boden dahinwankte und wie im dichten Rauch noch Funken meiner redlichen Absicht glimmten, die ich als Lehrer denen zuwandte, die «Eitelkeit lieben und Lüge suchen», und ich selber war einer von ihnen. Ps 4,3

Konkubinat

In jenen Jahren lebte ich mit einer Frau zusammen, doch nicht in dem, was man eine rechtmäßige Ehe nennt, sondern meine achtlos schweifende Glut hatte sie aufgespürt. Immerhin war es nur eine, und ihr hielt ich die Treue des Lagers. Damals ermaß ich freilich am eigenen Leib, welcher Abstand besteht zwischen einer ordentlich geschlossenen Ehe um der Erziehung von Kindern willen und dem Bündnis begehrlicher Liebe, aus dem Kinder auch gegen den Wunsch der Eltern hervorgehn, selbst wenn sie, einmal zur Welt gebracht, uns sie zu lieben zwingen.

Dramendichtung

3. Ich erinnere mich auch, da ich mich auf einen Wettstreit in Dramendichtung[4] eingelassen hatte, daß irgendein Wahrsager mich fragen ließ, was für einen Lohn ich geben wollte, wenn er mir den Sieg verschaffte. Ich erwiderte voll Widerwillen und Abscheu für so schändliche Praktiken: selbst wenn es sich um eine Krone aus unsterblichem Gold handelte, würde ich es nicht dulden, daß mein Sieg auch nur einer Mücke das Leben koste. Wollte doch dieser Mann Tiere als Opfer töten, unter dem Vorwand, durch solche Spenden mir die Gunst der Dämonen erlangen zu können. Doch auch
dieses Böse verschmähte ich nicht aus der keuschen Scheu
Ps vor Dir, «Du Gott meines Herzens», denn noch verstand ich
73,26 es nicht, Dich zu lieben, da ich keine andere als strahlende
Leibesschönheiten mir vorzustellen vermochte. Treibt aber
Ps die Seele, die nach solchen Gebilden schmachtet, nicht «Un-
73,27 zucht von Dir weg», vertraut sie sich nicht Falschem an und
Spr «weidet Winde»? Wollte ich somit auch nicht, daß man um
10,4 meinetwillen den Dämonen opferte, so opferte ich ihnen
doch selber durch meinen Aberglauben. Denn ist «Winde Weiden» etwas anderes als eben diesen Geistern Nahrung verschaffen, indem wir ihnen durch unser Irren zu Lust und Gelächter werden?

Astrologie

III,4. So ließ ich denn nicht davon ab, jene Betrüger, die man Astrologen nennt, immer wieder zu Rate zu ziehen, in der Erwägung, daß es bei ihnen weder Opfer noch Gebete zu irgendwelchen Geistern um des Weissagens willen gibt. Dennoch verwirft und verurteilt die wahre christliche Frömmigkeit auch dieses.[5]

[4] Von den dramatischen Werken Augustins ist nichts erhalten. Immerhin bekam er, wie das folgende Kapitel erzählt, bei einem Wettbewerb den ersten Preis.

[5] Schon damals hat ein christlicher Freund, Flaccianus, Augustin der Astrologie abwendig zu machen versucht. Zwischen Astrologie und Manichäismus bestanden enge Bande; vgl. P. Alfaric, a.a.O. 275.

Denn wirklich gut ist nur eines; Dir, Herr zu bekennen
und zu sagen: «Erbarme Dich meiner, heile meine Seele, Ps 92,2
denn Dir habe ich gesündigt.» Und nicht etwa Deine Nach- 41,5
sicht als Erlaubnis zum Sündigen zu mißbrauchen, sondern
des Herrenwortes zu gedenken: «Sieh, du bist gesund ge-
worden, sündige fortan nicht mehr, damit dir nichts Schlim- Joh
meres zustoße.» 5,14

All dies heilsame Ermahnen wollen jene zunichte machen,
wenn sie sagen: «Von den Sternen kommt dir die unwider-
stehliche Nötigung zum Sündigen» und: «Venus hat das be-
wirkt oder Saturn oder Mars», auf daß der Mensch, der
Fleisch und Blut und hochmütige Fäulnis ist, entschuldigt sei
und man die Schuld auf den Schöpfer und Lenker der Him-
mel und Sterne abwälze. Und der ist doch kein anderer als
Du, unser Gott, Wonne und Quell der Gerechtigkeit, «der Ps
Du einem jeden nach seinen Werken vergiltst» und «ein zer- 62,13
knirschtes und gedemütigtes Herz nicht verschmähst». Ps

5. Damals lebte ein scharfsinniger, in der Heilkunde 51,19
wohlbewanderter und in ihr hochberühmter Mann;[6] der
hatte als Prokonsul – und nicht als Arzt – den Siegeskranz
bei jenem Wettspiel auf mein krankes Haupt gelegt. Denn
Du allein heilst von solcher Krankheit, der Du «den Stolzen
widerstehst, den Demütigen aber Gnade gibst». Und bist 1 Petr
Du mir nicht auch durch diesen Alten beigestanden, niemals 5,5
aufhörend, meiner Seele heilend zu helfen?

Mit diesem Mann war ich in vertrauteren Umgang getre-
ten: seinen Gesprächen, die ohne besondern Wortschmuck,
aber durch die Lebhaftigkeit der Gedanken reizvoll und
tiefsinnig waren, lauschte ich fleißig und mit Spannung. Als
er einst durch meine Mitteilung erfuhr, daß ich mich mit den
Schriften der Horoskopsteller abgebe, ermahnte er mich mit
väterlicher Besorgnis, sie von mir zu tun und die Arbeit und
Mühen, die für Wesentliches nötig sind, nicht an diesen
nutzlosen Tand zu vergeuden. Er selber, sagte er, habe sich
damit abgegeben und in seiner Jugend daran gedacht, dar-
aus seinen Lebensunterhalt zu beziehen. Und da er den

[6] Es handelt sich um den später (Buch VI, vi, 8) genannten Vindicianus, einen bekannten Arzt unter Valentinian I.

Hippokrates verstanden habe, so hätte er gewiß auch diese Bücher verstehen können; wenn er sie aber verlassen habe, um sich der Medizin zu widmen, so nur weil er ihre gründliche Verkehrtheit erkannt und nicht als ein ernsthafter Mensch vom Betrug der Leute habe leben wollen. «Du aber», fuhr er fort, «hast ja die Redekunst als deinen Lebensunterhalt, und dieses Trugwerk betreibst du nur aus Liebhaberei, und nicht um dir damit dein Brot zu erwerben. Du kannst mir darin umso leichter Glauben schenken, als ich mir mit dessen Erlernen große Mühe gab, weil ich ganz davon leben wollte.» «Wie aber kommt es dann», so fragte ich ihn, «daß doch manches Vorausgesagte eintrifft?» Er erwiderte, so gut er konnte, es gäbe eine durch alle Dinge hindurch sich auswirkende Schicksalskraft; deshalb sei es nicht verwunderlich, daß wenn einer eine Seite eines Dichters aufschlägt, der von ganz andern Dingen singt und handelt, ein Vers ihm zufällig in die Augen springt, der auf erstaunliche Weise mit seiner eigenen Angelegenheit in Beziehung steht. So sei es auch verständlich, daß in einer Seele aus einem höheren Instinkt und im Unwissen dessen, was in ihr vorgeht, nicht künstlich, sondern schicksalshaft etwas ertönen kann, was mit den Umständen und Taten des Fragenden übereinstimmt.[7]

6. Diesen Hinweis ließest Du mir damals von diesem Mann, nein, durch ihn, zukommen, mir so im Geist vorzeichnend, was ich später durch eigenes Forschen mir aneignen sollte.[8] Damals freilich vermochte weder er noch mein

[7] Diese Anschauung stimmt mit der Vorstellung der kosmischen Sympathie bei den Neuplatonikern (Plotin IV, 4, 32 und 40–41) und schon den Stoikern (Poseidonios) überein.

[8] Contra Faustum Manichaeum Buch 13 (PL 42, 281 f.) und später: De Civitate Dei XVIII, 23, 1). Vgl. Prümm, Das Prophetenamt der Sybille in kirchlicher Literatur (in: Scholastik 4, 1929, 67–76). Divination im natürlichen wie im übernatürlichen Sinn hat Augustin zeitlebens stark beschäftigt; vgl. meinen Kommentar zu den Quaestionen über Prophetie und Verwandtes bei Thomas von Aquin (Dt.-lat. Thomas-Ausgabe Bd. 23, 1954). Die Alten pflegten, wenn sie ein Buch als Orakel aufschlugen, den Vergil dazu zu benützen («Sortes Vergilianae»); Augustin wird seine entscheidende Umwandlung einem solchen Aufschlagen der Paulusbriefe verdanken.

Busenfreund Nebridius, dieser ausgezeichnete, keusche junge Mann, der diese ganze Art des Weissagens verspottete, mich zu bewegen, die Sache aufzugeben. Noch überwog bei mir die Autorität jener Schriftsteller, und ich hatte bisher keinen sichern Beweis gefunden, der mir unzweideutig zeigte, daß das von den befragten Astrologen zuweilen richtig Gesagte sich dem Zufall oder dem Geschick und nicht der Sterndeutekunst verdankte.

2. TRAGÖDIE EINER FREUNDSCHAFT

Der Tod des Freundes

IV,7. In jenen Jahren, da ich begann, in meiner Vaterstadt zu lehren, hatte ich mir einen Freund gewonnen, gleichaltrig mit mir und in der gleichen Jugendblüte mitblühend, der mit mir zusammen studiert hatte und mir überaus lieb war. Als kleiner Knabe war er mit mir zusammen aufgewachsen, wir waren in die gleiche Schule gegangen und hatten gemeinsam gespielt. Doch war er damals noch nicht der Freund, der er mir später wurde, obschon auch später unsere Freundschaft keine vollkommene war, denn echt ist eine solche nur, wenn Du zwei Menschen aneinander bindest, die Dir beide verbunden sind in «der Liebe, die durch den uns geschenkten Heiligen Geist in unsern Herzen ausgegossen ist». Dennoch war sie uns gar köstlich, erwärmt durch die Glut gemeinsamer Neigungen. Ich hatte ihn vom wahren Glauben abgebracht, den er als Jüngling noch nicht in seiner Fülle und Tiefe erfaßt hatte, um ihn in die verderblichen abergläubischen Fabeleien einzuführen, die meine Mutter über mich weinen ließen. An meiner Seite wandelte er in die Irre, und mein Herz vermochte nicht mehr ohne ihn zu sein. Aber siehe, da hast Du, denen drohend, die Dir fliehend den Rücken kehren, Du «Gott der Rache» und zugleich Quell der Erbarmung, der uns auf erstaunliche Art zu Dir bekehrt, ihn diesem Leben entrissen, da er kaum ein Jahr in meiner Freundschaft verbracht hatte, die mir süßer war als alle Wonnen meines damaligen Lebens.

Röm 5,5

Ps 94,1

8. Wer zählt alles Preisenswerte auf, das einer auch nur als einzelner von Dir erfahren hat? Was hast Du damals getan, mein Gott, und wie unauslotbar war der Abgrund Deiner Ratschlüsse? Da er lange Tage mit Fieberqual bewußtlos im Todesschweiß dalag, wurde er, ohne es zu wissen, getauft; ich kümmerte mich nicht darum und nahm an, seine Seele würde eher die Dinge, die er von mir erhalten hatte, bewahren, als was sich am Leib des Bewußtlosen vollzog.[9] Aber es kam völlig anders. Er erholte sich und wurde gesund. Sobald ich mich mit ihm unterhalten konnte – was binnem kurzem geschah, da auch er es vermochte, denn ich wich nicht von ihm, sosehr bedurften wir einer des andern –, versuchte ich mit ihm zu scherzen, in der Meinung, er würde gleichfalls über eine ohne Sinne und Bewußtsein erhaltene Taufe scherzen; er wußte bereits, daß er sie erhalten hatte. Er aber blickte mich mit Entsetzen an, als wäre ich sein Feind und sagte mir mit einem seltsamen plötzlichen Freimut, wenn ich sein Freund bleiben wolle, möge ich solche Reden unterlassen. Ich war überrascht, und verwirrt hielt ich an mich: er sollte erst wieder zu Kräften kommen, wenn seine Gesundheit ganz wiederhergestellt wäre, könnte ich mit ihm nach meinem Belieben verfahren. Er aber ward meiner Torheit entrissen, um für einst zu meinem Trost bei Dir bewahrt zu sein: wenige Tage später, während ich abwesend war, erfaßt ihn das Fieber erneut, und er stirbt.

Warum solcher Schmerz

9. Da wurde mein Herz vor Schmerz verfinstert, und was immer ich ansah, war tot. Die Vaterstadt wurde mir unerträglich, das Mutterhaus eine seltsame Bitternis. Was immer ich mit ihm gemeinsam erlebt hatte, verkehrte sich ohne ihn in unerträgliche Qual. Überall suchten ihn meine Augen, doch er entzog sich. Und ich haßte alles, weil es ihn nicht enthielt, und kein Ding mir versprechen konnte: «Warte

[9] Augustins Freund war offenbar, wie er selbst, Katechumene; solche pflegte man in der Bewußtlosigkeit der Todesstunde zu taufen. Augustin wird später (De conjugiis adulterinis I, 26,33) dieses Vorgehen billigen; jetzt lacht er noch darüber, weil die Manichäer die Taufe verwarfen.

nur, er kommt!», wie es der Fall war, als er noch lebte und abwesend war. Ich selber war mir zu einer großen Frage geworden, und ich befrug meine Seele, warum sie traurig sei und mich so verwirre. Und sie wußte mir darauf nichts zu antworten. Und wenn ich ihr sagte: «Hoffe auf Gott», so Ps 41,6
gehorchte sie mir nicht, und tat recht daran, denn der geliebte Mensch, den sie verloren, war echter und besser als das Gespenst, auf das zu hoffen ich sie anwies. Einzig die Tränen taten mir wohl; sie waren die einzige Wonne, die mir an seiner Stelle verblieb.

V,10. Und nun, Herr, ist das längst vorbei, und die Zeit hat meine Wunde geheilt. Kann ich von Dir, der Wahrheit, vernehmen, das Ohr meines Herzens Deinem Munde nähernd, warum einem Unglücklichen Weinen so wohltut? Oder hast Du, der doch überall anwest, unser Elend weit weg von Dir gerückt, und verharrst in Dir selbst, während uns die Daseinserfahrungen umtreiben? Dennoch: dürfte unser Weinen nicht an Dein Ohr dringen, so verbliebe uns nichts zu hoffen. Wie also kann aus der Bitterkeit des Lebens eine süße Frucht gepflückt werden: dies Seufzen und Weinen und Stöhnen und Sich-Beklagen? Liegt die Süße darin, daß wir auf Dein Erhören hoffen? Gewiß, im Gebet unter Tränen ist es so, denn darin liegt eine Sehnsucht, bei Dir anzukommen. Aber konnte es bei meinem Schmerz um das Verlorene und meiner damaligen drückenden Trauer so sein? Ich hoffte ja nicht, ihn wieder aufleben zu sehen, nicht das erbat ich unter Tränen, ich klagte nur und weinte, denn ich war armselig und hatte alle Freude verloren. Oder soll man sagen: Weinen ist bitter, und nur weil alles, was wir sonst genossen, uns zum Ekel ward und wir dessen überdrüssig sind, ist uns wohl dabei?

Lebensüberdruß

VI,11. Doch weshalb von alldem reden? Denn jetzt ist nicht mehr die Zeit, Fragen zu stellen, sondern Dir zu bekennen. Elend war ich; jeder Geist ist elend, der durch Freundschaft mit Sterblichem gefesselt ist. Zerrissen wird er, wenn er's verliert; aber jetzt, da er's verloren hat, fühlt er sein Elend,

worin er doch schon vor dem Verlust weilte. So war mir damals zumute, und bitterlich weinend ruhte ich aus «in der
Ijob 3,20 Bitterkeit». Elend war ich, und liebte doch mein elendes Leben mehr als den verlorenen Freund. Ich hätte es wohl gern verändert, aber doch nicht lieber verloren als den Freund, oder auch bloß für ihn, wie man es von Orest und Pylades erzählt oder fabelt, die gleichzeitig füreinander sterben wollten, weil nicht gleichzeitig zu leben ihnen schlimmer erschien als der Tod. Aber in mir war ein gewisses dem widersprechendes Gefühl erwacht: einerseits ein äußerster Lebensüberdruß, anderseits eine Angst vor dem Tod. Ich glaube: je mehr ich den Freund liebte, umso mehr haßte und fürchtete ich den Tod, der ihn mir entrissen hatte, als meinen blutigsten Feind, und ich wähnte schon, er könnte plötzlich alle Menschen verschlingen, weil er jenen umbringen konnte. Ja, genau so war mir zumute, ich entsinne mich.

Sieh mein Herz, mein Gott, so ist es innen; sieh mein Erinnern, Du meine Hoffnung, der Du mich von der Makel solcher Empfindungen reinigst, indem Du meine Augen auf
Ps 25,15 Dich lenkst und «meine Füße aus der Schlinge befreist». Ich war erstaunt, die andern sterblichen Wesen am Leben zu sehen, weil der, den ich wie einen Unsterblichen geliebt hatte, gestorben war. Und mehr noch war ich verwundert, mich nach seinem Tod noch lebendig zu sehen, der ich ein
Horaz, Oden I, 3 zweiter Er war. Schön sagte ein Dichter von seinem Freund, er sei «die Hälfte seiner Seele». Auch ich fühlte, meine und seine Seele waren eine einzige in zwei Körpern gewesen;[10]
Ovid, Trist. 4.4,72 deshalb war mir das Leben ein Überdruß, denn ich wollte nicht hälftig leben und fürchtete mich doch vor dem Tod, damit der nicht endgültig sterbe, den ich so sehr geliebt hatte.

VII,12. O die Torheit, die es nicht versteht, Menschen auf menschliche Art zu lieben! Törichter Mensch, der Menschliches maßlos erleidet! Ein solcher war ich damals. Ich glühte, seufzte, weinte, war verstört, es gab weder Rast noch Besinnung. Ich trug eine zerrissene, blutige Seele in

[10] In seinen «Retractationes», in denen er sein gesamtes Schrifttum kritisch überprüft, bezeichnet er diese Stelle als Albernheit (ineptiae).

mir, die von mir getragen zu werden sich sträubte, aber ich fand keinen Ort, um sie hinzulegen, in keinem freundlichen Hain, bei keinem Spiel und Gesang, in keiner duftenden Landschaft, an keiner üppigen Tafel, bei keiner Wollust in Kammer und Bett, auch nicht bei Büchern und Versen fand sie Ruhe. Alles war mir zuwider, sogar das Licht. Alles, was nicht so war, wie er gewesen war, schien mir unerträglich und verhaßt, bloß nicht mein Gestöhn und meine Tränen; hier allein fand ich einige Ruhe. Sobald meine Seele das verlor, drückte mich die Überlast meines Elends.

Zu Dir, Herr, hätte ich sie erheben sollen, das wäre Heilung gewesen. Ich wußte es, aber ich wollte es nicht und konnte es auch nicht. Du warst ja, wenn ich an Dich dachte, nichts Haltbares und Festes. Du warst es auch gar nicht, sondern ein eitles Gespenst; mein Irrtum war mein Gott. Wenn ich versuchte, meine Seele dort niederzulegen, um ihr Ruhe zu verschaffen, glitt sie ins Leere ab und fiel wieder auf mich zurück, und ich war für mich selbst eine unselige Stätte geworden, an der ich nicht sein und von der ich nicht weichen konnte. Wohin hätte denn mein Herz vor meinem Herzen fliehen wollen? Wohin hätte ich von mir weg fliehen können, ohne mir selbst nachzufolgen?

Gleichwohl floh ich von der Heimat weg, würden doch meine Augen den Freund dort weniger suchen, wo sie nicht gewohnt waren, ihn zu erblicken. Ich verließ Thagaste und kam nach Karthago.[11]

Die Zeit heilt

VIII,13. Die Zeiten setzen nicht aus und rollen nicht wirkungslos über unser Fühlen hin.[12] Sie vollbringen in unserer Seele erstaunliche Dinge. So kamen sie und gingen «von

[11] Augustin teilt seinen Entschluß nur seinem Freund Romanianus mit, der ihm großmütig die nötigen Mittel dazu bereitstellt. Vgl. Contra academ. II,2.

[12] Während das achte Kapitel die heilende Wirkung der Zeit und den Übergang zu neuem Leben jugendlicher Freundschaft und Sympathie schildert, bilden Kapitel IX–XII eine nochmalige Herzensergießung anläßlich des Todes des Freundes. Aller Schmerz ist jetzt ins Religiöse gewendet und gibt seine letzte Frucht her.

Ps 61,9 einem Tag zum andern» und ankommend und vorübergehend streuten sie andere Hoffnungen, andere Erinnerungen in mich ein, und allmählich zogen sie mich in die alten Weisen der Ergötzung zurück, und mein Schmerz wich davor zurück. Was an seine Stelle trat, waren nicht sosehr andere Schmerzen, aber doch die Ursachen anderer Leiden. Denn weshalb hatte jener Schmerz sich so leichten Zugang zu meinem Innersten verschafft? Doch nur, weil ich meine Seele über Sand ausgegossen hatte, indem ich einen Sterblichen liebte, als müßte er niemals sterben.

Am meisten stellte mich der Trost anderer Freunde wieder her und bot mir Erholung, Freunde, mit denen zusammen ich Dinge liebte, statt Dich zu lieben, nämlich eine ungeheure Fabel und eine endlose Lüge, durch deren ehebrecherische Reizung unser Geist sich verderben ließ, weil sie unsere Ohren kitzelte. Mochte einer meiner Freunde sterben, die Fabel starb für mich nicht. Es gab aber bei ihnen anderes, was mich noch mehr gefangen nahm: gemeinsam zu plaudern, zu lachen, einander gefällig zu sein, gemeinsam schöne Bücher zu lesen, gemeinsam zu scherzen und sich Artigkeiten zu sagen, bisweilen anderer Meinung zu sein, ohne einander zu grollen, wie der Mensch es wohl auch gelegentlich bei sich selber erfährt, und diese seltenen Uneinigkeiten würzten die fast durchgängige Eintracht. Jeder war reihum des andern Lehrer und Schüler; Abwesende vermißte man schmerzlich, Zurückkehrende empfing man mit Freude; alle diese und ähnliche Zeichen, die von Herzen bei Liebe und Gegenliebe sich äußern, erfolgten durch die Miene, die Zunge, die Augen, durch tausend freundliche Gebärden, die die Geister wie immer neuer Zunder in ein gemeinsames Feuer versetzen und aus mehreren einen Einzigen erzeugen.

IX,14. All das schätzt man an Freunden, sosehr, daß unser Gewissen sich schuldig fühlt, wenn man einen Liebenden nicht wiederliebt, dem Liebe Schenkenden nicht solche zurückgibt, ohne vom Leib des andern etwas anderes zu begehren als die Zeichen des Wohlwollens. Daher das Trauern, wenn ein solcher stirbt, die leidvolle Nacht, der Umschlag der Wonne in Bitternis für das tränende Herz, und beim Lebensverlust der Sterbenden ein Sterbensweh der Überlebenden.

Selig, wer Dich liebt und seinen Freund in Dir und den Feind um Deinetwillen. Der allein verliert kein ihm teures Wesen, dem alle in dem Unverlierbaren teuer sind. Und wer ist dieser, wenn nicht unser Gott, der Gott, der Himmel und Erde erschuf und sie erfüllt, schuf er sie doch durch ein solches Erfüllen. Keiner verliert Dich, als wer Dich verläßt;
und wenn er Dich verläßt, wohin geht oder flieht er, wenn Ps
nicht von Deinem Wohlwollen zu Deinem Zorn? Denn wie 119,142
stieße er in seiner Strafe nicht wieder auf Dein Gesetz? Dein
Gesetz aber ist die Wahrheit, und die Wahrheit bist Du Joh
selbst. 14,6

3. SCHÖNHEIT. DIE ERSTE SCHRIFT

Schönheit ist nur Gott

X,15. «Herr der Heerscharen, kehr uns Dich zu und zeig
uns Dein Antlitz, so sind wir heil.» Denn wohin sich des Ps 80,8
Menschen Seele auch hinwenden mag, sie tut's zu ihrem Unheil, wenn es außer Dir ist, und heftete sie sich auch an Schönes außerhalb Deiner, außerhalb ihrer. Alle schönen Dinge wären nichts, gingen sie nicht von Dir aus. Sie werden, und sie vergehen; im Werden fangen sie an zu sein und wachsen heran, um vollkommen zu werden, aber in ihrer Fülle altern sie und vergehen. Nicht alle werden alt, aber alle gehen zugrunde. Treten sie also ins Dasein und streben ihrer Fülle zu: je rascher sie darauf zuwachsen, umso eiliger streben sie dem Nichtsein zu. Das ist die ihnen bestimmte Weise; soviel hast Du ihnen gewährt, denn sie sind Teile von Dingen, die nie gleichzeitig da sind, sondern durch Abtreten und Sich-Nachfolgen das Spiel des Alls aufführen, dessen Einzelrollen sie innehaben. Auf die gleiche Art vollendet sich durch tönende Zeichen hindurch unser Reden. Nie würde die ganze Aussage erreicht, wenn das einzelne Wort nicht verginge; hat es seine Rolle gespielt, muß es einem andern weichen.

So preise Dich denn «meine Seele» ob aller schönen Ps
Dinge, «Dich Gott, den Schöpfer des Alls»; doch hafte sie 146,2

nicht daran mit der klebenden Liebe der Leibessinne. Gehen sie doch, wohin sie schon immer gingen, und zerreißen dabei eine Seele mit süchtigen Begierden; denn sie strebt nach dem bleibenden Sein und möchte deshalb in den geliebten Dingen ausruhen. Aber sie findet darin keinen Ort, weil sie nicht stillstehn; sie entfliehen, und wer könnte ihnen mit Fleischessinnen nachfolgen? Wer kann sie auch nur wirklich fassen, selbst wenn sie da sind? Schwerfällig ist der fleischliche Sinn, eben weil er nur Fleischessinn ist, er hat seine Art und Grenze. Er reicht für anderes, wozu er gemacht ist; aber Vorübereilendes von seinem Beginn bis zu seinem gesetzten Ziel festzuhalten, dazu reicht er nicht hin. In Deinem göttlichen Wort, das sie schuf, vernehmen sie's: «Von hier an bis
Ijob 38,11 dorthin!»

XI,16. Sei nicht nichtig, meine Seele, laß dein geistiges Ohr nicht ertauben ob des lärmenden Aufruhrs deiner eigenen Nichtigkeit. Höre auch du: Gottes Wort selbst ruft dich zur Rückkehr, bei ihm ist die Ruhestätte, die nichts zu stören vermag, bei der Liebe, die kein Verlassen kennt, wenn sie nicht selber verläßt. Sieh, alles vergeht, um anderem Platz zu machen, und aus all diesen Teilen besteht das gebrechliche Weltall. «Ich aber», fragt das Wort Gottes, «scheide auch ich anderswohin?» In ihm errichte deine Bleibe, ihm vertrau all deine Habe an, du meine Seele, was immer dir von dort zugedacht ist, vor allem dann, wenn Trug dich ermüdet hat. Der Wahrheit überlaß alles, was Wahrheit dir zugedacht hat, du wirst dabei nichts verlieren, deine siechen Glieder werden aufblühen, deine Krankheiten heilen, was aus dir wegfloß, wird zurückgeholt und erneuert und dir innig vereint werden, dich nicht mehr hinabziehn, wohin es absank, sondern mit dir verharren und weilen, hinbezogen zum ewig verharrenden und verweilenden Gott.

17. Warum lebst du verkehrterweise deinem Leibe nach? Er vielmehr soll sich kehren und dir folgen. Was immer du durch ihn fühlst, ist nur Teil, und dir entgleitet das Ganze, dessen Stückwerk dich als solches berückt. Wären deine Fleischessinne fähig, das Ganze zu fassen, und hätte es nicht, dir zur Strafe, sein rechtes Maß als ein Teil des Alls erhalten, dann würdest Du nach dem Vergehen alles Gegenwärtigen

begehren, um so zu besserem Genuß des Gesamten zu gelangen. Die Worte, die wir artikulieren, hörst du mit einem gleichen fleischlichen Sinn und willst nicht, daß die einzelnen Silben stehenbleiben, sie sollen verfliegen, damit andere folgen und du das Ganze zu hören bekommst; so bei allem, wo ein Ganzes aus Teilen besteht, aber die Teile, aus denen es besteht, nicht immer gleichzeitig sind; mehr ergötzt das Alles als das Vereinzelte, wenn ein Alles wahrgenommen werden kann. Aber weit besser als all dies ist der Schöpfer von allem, und er vergeht nicht, denn es gibt nichts, was an seine Stelle träte.

XII,18. Wenn dir, meine Seele, die Körper gefallen, dann lobe Gott um ihretwillen und lenke deine Liebe zu ihrem Künstler empor, auf daß du ihm nicht in deinem Gefallen mißfällst. Wenn Seelen dir gefallen, so liebe sie in Gott, denn auch sie sind wandelbar und finden ihren Stand nur in ihm gefestigt; sonst gingen sie davon und vergingen. Liebe sie also in ihm und raffe ihrer, so viele du kannst, mit dir empor und sag ihnen: Ihn wollen wir lieben, er hat das alles geschaffen und ist nicht fern, er hat die Dinge nicht hingesetzt und sich dann entfernt; aus ihm stammend sind sie in ihm. Sieh, er ist dort, wo die Wahrheit gekostet wird. Er ist zuinnerst im Herzen, aber das Herz irrte weg von ihm. «Kehrt, ihr Sünder, ins Herz zurück» und hängt dem an, der Ps
euch geschaffen hat. Steht fest in ihm, so werdet ihr Bestand 119,176
haben, ruht in ihm aus, und ihr werdet Ruhe finden. Wozu (LXX)
streift ihr in Wildnisse? Wozu verlauft ihr euch? Das Gut, das ihr liebt, stammt von ihm; aber gut und wohltuend ist es nur, solang es in ihm ist; mit Recht wird es bitter, wenn zu unrecht etwas in der Abwendung von ihm geliebt wird, was doch aus ihm stammt. Wozu noch und noch auf gefährlichen und mühsamen Wegen wandeln? Die Ruhe ist nicht dort, wo ihr sie sucht. Sucht denn, was ihr sucht, doch ist es nicht dort, wo ihr es sucht. Ihr trachtet nach seligem Leben in Gefilden des Todes: dort ist es nicht. Wie sollte Leben selig sein, wo nicht einmal Leben ist?

19. Er, der unser Leben ist, stieg zu uns herab, trug unsern Tod und erschlug ihn durch den Überschwang seines Lebens. Und mit Donnerstimme rief er, wir sollten von dort

zu ihm heimkehren, in jenes stille Geheimnis, von dem her er zu uns kam, zunächst in den jungfräulichen Schoß, wo er sich die Menschennatur anvermählte, das sterbliche Fleisch, auf daß es nicht immer sterblich bleibe. Von dort «wie ein Bräutigam aus dem Brautgemach hervortretend,
Ps 19,6 frohlockte er wie ein Riese, um seine Bahn zu durchlaufen». Bei ihm gibt es kein Säumen, er lief, er rief laut mit Worten, mit Taten, mit Tod, mit Leben, mit Abstieg in die Unterwelt, mit Auffahrt zum Himmel, immerfort rufend, wir sollten heimkehren zu ihm. Er entschwand unsern Augen,
Jes 46,8 damit wir «zum Herzen zurückkehrten» und ihn dort fänden. Er schied, aber seht: «Er ist hier». Nicht lange weilte
Mk 13,21 er bei uns, aber er ließ uns nicht allein. Dorthin kehrte er heim, von wo er nie geschieden war, denn «die Welt wurde
Joh 1,3 durch ihn geschaffen, und er war in dieser Welt, und er kam
1 Tim 1,15 in diese Welt, um die Sünder zu retten». Ihn bekennt meine
Ps 41,5 Seele, und er «heilt sie», da sie «wider ihn gesündigt hat».
Ps 5,3 «Menschenkinder, wie lang ist noch schwer euer Herz?» Wollt ihr nach dem Abstieg des Lebens zu euch nicht aufsteigen und leben? Wohin aber steigt ihr denn auf, ihr,
Ps 73,9 die ihr oben zu sein wähnt und «euer Maul an den Himmel» gesetzt habt? Steigt herab, um aufsteigen zu können und um zu Gott empor zu gelangen, denn gefallen seid ihr, indem ihr gegen Gott aufstiegt.

Ps 84,7 Sag ihnen das, meine Seele, damit sie im «Tränental» weinen, und raffe sie so mit dir zusammen zu Gott weg, denn aus seinem Geist sagst du ihnen das, falls du es aus brennender Liebe sagst.

Die Schrift über «Das Schöne und das Angemessene»[13]

XIII,20. Das alles wußte ich damals nicht; ich liebte das niedrige Schöne, schritt dem Abgrund zu und sprach zu meinen Freunden: «Lieben wir etwas anderes als das Schö-

[13] Die verlorene Schrift, einem nicht weiter bekannten Rhetor gewidmet, verarbeitet auf originelle Weise platonische Themen, aber mit manichäischer Verengung auf das bloß Leibliche. Das «Schöne», das den Körper in seiner Totalität betrachtet, wird unterschieden von dem «Angemessenen», das die Harmonie der einzelnen Teile untereinander und in bezug

ne? Was also ist das Schöne? Was ist die Schönheit? Was lockt uns an und bindet uns an die von uns geliebten Dinge? Nur weil sie Anmut und Wohlgestalt an sich haben, ziehen sie uns an.»

Und ich bedachte es näher und sah ein, daß in den Körpern einerseits ein Moment der Ganzheit liegt, das sie schön erscheinen läßt, anderseits ein Moment der Angepaßtheit an etwas, wie ein Teil des Körpers zum ganzen paßt oder der Schuh zum Fuß und dergleichen mehr, was darum schön ist. Diese Erwägungen entsprangen meinem innersten Herzen, und ich schrieb ein Werk über «Das Schöne und Angemessene» in zwei oder in drei Büchern, Du weißt es, mein Gott, mir ist es entfallen, ich weiß die genaue Zahl nicht mehr. Ich besitze die Bücher auch nicht mehr, sie sind mir, ich weiß nicht wie, abhanden gekommen.

Widmung an Hierius

XIV,21. Was bestimmte mich, Herr, mein Gott, diese Bücher dem römischen Redner Hierius zu widmen? Ich kannte ihn nicht persönlich, war aber dem Mann wegen seines Rufes als Gelehrter zugetan, der so hell erstrahlte, und wegen ein paar seiner Worte, die mir gefallen hatten. Doch er gefiel mir auch wegen seiner Rühmung durch andere, die darüber staunten, daß er als Syrer und zuerst in der griechischen Redekunst ausgebildet, es zu dieser erstaunlichen Reinheit der Rede auch im Lateinischen gebracht hatte und außerdem in philosophischen Fragen höchst bewandert war. So lobt man denn einen Menschen und liebt ihn, ohne ihn zu kennen. Geht etwa diese Liebe vom Mund des Lobenden in das Herz des Hörers ein? Keineswegs, vielmehr entzündet sich an der Begeisterung des einen die des andern. Dann

auf das Ganze bestimmt, so werden beide Begriffe zwar unterschieden, aber auch ihre Einheit erkannt. In der Folge (Kp. xv,24) geht Augustin auf die Seele über, die er sich damals nur körperlich vorstellen konnte, und zerlegt sie in die beiden (manichäischen) Prinzipien des «Einen» (das dem guten Prinzip entsprach) und des Vielfältigen (das als «Zweiheit» dem Bösen entsprach). Damit erhält auch die Analyse des körperlich Schönen eine manichäische Färbung.

nämlich liebt man einen, der gelobt wird, wenn man überzeugt ist, daß des Lobenden Herz ohne Falsch ist, also liebende Zuneigung sein Lob erzeugt.

22. Ich liebte also Menschen aufgrund menschlicher Urteile, nicht aufgrund des Deinen, mein Gott, der Du niemanden betrügen kannst.

Warum aber lobte man diesen Hierius nicht wie einen trefflichen Wagenlenker, wie einen beim Volk vielgerühmten Tierfechter, sondern ganz anders, mit Gewichtigkeit und so, wie ich selber gern gelobt werden möchte? Ich wäre nicht gern wie ein Schauspieler gepriesen und begünstigt worden, obschon ich selber sie pries und begünstigte; ja ich wäre lieber unbekannt geblieben, als in solcher Art bekannt, wäre lieber gehaßt worden, als solche Sympathien zu genießen. Wo verteilen sich nur in der einen Seele diese Gewichte so mannigfaltiger, verschiedener Arten der Liebe? Wie kommt es, daß ich in einem andern etwas liebe, das ich im Grunde hassen müßte, weil ich es an mir selbst abweisen und fortwünschen würde, obschon wir doch beide Menschen sind? Es verhält sich ja nicht so, wie wenn einer ein gutes Pferd liebt, aber doch selber keines sein möchte, selbst wenn er es könnte. Es handelt sich vielmehr um einen Komödianten, der die gleiche Natur mit uns teilt. Liebe ich also an einem Menschen, was selber zu sein ich hassen würde, obschon ich doch Mensch bin? Ein gewaltiger Abgrund ist der Mensch für sich selbst. Die Haare seines Hauptes, Herr, hast Du gezählt, und keines geht Dir verloren, aber die Haare des menschlichen Hauptes sind leichter zu zählen als die Neigungen und Regungen seines Herzens.

23. Jener Redner gehörte zu der Art Menschen, die ich so liebte, daß ich ihnen gleich zu sein wünschte. Dabei trieb mich mein Stolz in die Irre, und ich wurde «von jedem Wind
Eph umgetrieben», während ich von Dir auf verborgenste Art
4,14 gelenkt wurde. Woher weiß ich, wie kann ich Dir mit Gewißheit bekennen, daß ich den Mann mehr aufgrund der Liebe der ihn Preisenden liebte als der Dinge wegen, die man an ihm lobte? Hätten ihn die gleichen Leute nicht gelobt, sondern ihn um der gleichen Dinge willen verächtlich getadelt, dann hätte ich mich für ihn nicht erwärmt und

begeistert. Und doch wären die Tatsachen keine andern gewesen und der Mensch selber auch nicht, nur die Neigung der Schildernden wäre verschieden gewesen. Seht, wie schwach und krank liegt eine Seele da, die ihren Standort noch nicht in der festen Wahrheit genommen hat. Wie der Redehauch aus der Brust von bloß Vermutenden weht, so wird sie gejagt und umhergetrieben, wendet sich hin und wieder zurück, umnebelt ist ihr das Licht, die Wahrheit erkennt sie nicht. Und doch liegt sie vor uns.

Mir war es ein großes Anliegen, daß meine Abhandlung und meine Gelehrsamkeit jenem Manne bekannt würden; hätte er sie anerkannt, so wäre ich noch heftiger entbrannt, hätte er sie abgelehnt, wäre mein eitles, Deiner Festigkeit unkundiges Herz tief verwundet worden. Das Schöne aber und Angemessene, wovon die Schrift handelte, beschäftigte weiterhin meinen Geist, ich betrachtete es mit Wohlgefallen, bewunderte es, auch wenn sonst niemand es mit mir tat.

Zum Inhalt der Schrift

XV,24. Aber den Hauptpunkt des Ganzen, der in Deiner Kunst liegt, Du Allmächtiger, «der allein das Bewunderns-
werte schafft», sah ich noch nicht. Mein Geist erging sich Ps
nur in körperlichen Formen, und ich bestimmte und unter- 72,18
schied das Schöne, das durch sich selber, und das Angemessene, das als zu etwas anderem passend gefällt, und belebte es mit Beispielen aus der Körperwelt. Von da ging ich zur Natur der Seele über, doch die falsche Ansicht, die ich vom Geistigen hatte, ließ mich die Wahrheit nicht erkennen. Zwar strahlte die Kraft des Wahren mir in die Augen, aber ich wandte die bebende Seele vom Leiblosen ab und hin zu Umrissen und Farben und schwellenden Formen; und da ich solches nicht im Geist zu sehen vermochte, wähnte ich, ich könne einen Geist überhaupt nicht wahrnehmen. Und wie ich ferner an der Tugend das Friedenstiftende liebte, am Laster das Zwiespalterregende haßte, glaubte ich dort die Einheit, hier aber eine gewisse Geteiltheit zu erkennen. In dieser Einheit schien mir der vernunfthafte Geist und das

Wesen der Wahrheit und des höchsten Gutes zu liegen; in der Geteiltheit des vernunftwidrigen Lebens aber vermutete ich Unseliger eine Art Substanz und Wesenheit des höchsten Bösen, die nicht bloß Substanz, sondern ein wahrhaftes Leben war, und doch nicht von Dir, meinem Gott, «aus dem
1 Kor 8,6 alle Dinge sind», stammte. So dachte ich in meinem Elend.

Jenes nannte ich die Monas, als etwas Geisthaftes ohne Geschlecht, dieses dagegen die Dyas, etwa den Zorn im Verbrechen, die Begierlichkeit in der Kuppelei; ich wußte nicht, was ich redete. Ich ahnte damals nicht und hatte noch nicht gelernt, daß das Böse keine Substanz und unser Geist nicht das höchste und unveränderliche Gut sein kann.[14]

25. Wie nämlich Verbrechen zustande kommen, wenn der sittliche Trieb des Geistes, der diesen zur Tat treibt, lasterhaft ist und sich frech und stürmisch brüstet, und üble Wollust, wenn der seelischen Neigung, die zu fleischlichen Lüsten drängt, keine Zügel mehr angelegt werden, so beflecken auch Irrtümer und falsche Meinungen das Leben, wenn die Vernunftseele selber verderbt ist. Die meine war damals so; ich wußte noch nicht, daß ein anderes Licht sie erleuchten muß, damit sie der Wahrheit teilhaft werde, da
Ps 18,29 sie selber nicht das Wesen der Wahrheit ist, «denn Du, Herr, entfachst meine Leuchte, Du, mein Gott, erhellst meine
Joh 1,16 Finsternis, und aus Deiner Fülle haben wir alle empfangen». Bist doch Du «das wahre Licht, das jeden in die Welt
Joh 1,9 kommenden Menschen erleuchtet». Denn in Dir «ist kein
Jak 1,17 Wandel und nicht der Schatten einer Veränderung».

26. Ich versuchte, mich zu Dir zu erheben, wurde aber von Dir zurückgestoßen, damit ich den Tod schmecken
Jak 4,6 lernte, «denn den Hochmütigen widerstehst Du». Was aber war überheblicher als meine in erstaunlicher Torheit vorgetragene Behauptung, ich sei wesenhaft, was Du bist? Denn während ich selber veränderlich war, wie ich es durchaus wußte, da ich in meinem Streben nach Weisheit aus einem

[14] An der Inhaltsangabe dieser Erstlingsschrift ist ersichtlich, daß Augustin in seinem weltanschaulichen System den manichäischen Dualismus schon jetzt mit einem pantheistischen Monismus zu verbinden strebt – die Terminologie, die er gebraucht, ist pythagoreisch –, was ihm den bald erfolgenden Übergang zum Neuplatonismus erleichtern wird.

weniger Guten ein Besserer zu werden strebte, so wollte ich doch lieber auch Dich veränderlich denken, als selber ein anderer sein als Du. Deshalb stießest Du mich zurück und widerstandest meiner eitlen Verbohrtheit. Ich aber blieb bei meinen vorgestellten körperlichen Formen, selber Fleisch, klagte ich das Fleisch an; «verstörter Geist», kehrte ich mich Ps
noch nicht zu Dir, und auf meinen Irrfahrten lief ich in etwas 78,39
herum, was weder in Dir noch in mir, noch in der Körperwelt existiert. Und diese Wahngebilde wurden mir nicht von deiner Wahrheit ersonnen, sondern von meiner Eitelkeit aus Körperlichem gebastelt. Den Kleinen, Deinen Gläubigen, meinen Mitbürgern, von denen weg ich, ohne es zu merken, verbannt war, sagte ich in meinem törichten Geschwätz: «Warum denn täuscht sich die Seele, wenn Gott sie geschaffen hat?» Ich wollte aber die Antwort nicht hören: «Warum täuscht sich denn Gott?» Lieber hielt ich daran fest, daß Deine unwandelbare Substanz gezwungen sei, sich zu täuschen, als daß ich gestanden hätte, meine veränderliche sei freiwillig abgeirrt und erlitte den Irrtum als Strafe.

27. Etwa sechs- oder siebenundzwanzig Jahre war ich alt, als ich diese Bücher verfaßte.[15] Körperliche Einbildungen rollte ich in mir umher, die meine Herzensohren umrauschten. Ich spannte diese aber doch hin, Du süße Wahrheit, zu Deinem innern Wohlklang, wenn ich über das Schöne und Angemessene nachsann. Ich wollte vor Dir stehen und «Dich hören und ob der Stimme des Bräutigams vor Glück Joh
erschaudern», aber ich konnte es nicht, da die Stimme mei- 3,29
nes Wahns mich nach außen drängte und das Gewicht meines Hochmuts mich in den Abgrund riß. Du gabst «meinem Gehör» noch nicht «Wonne und Freude», «meine Gebeine frohlockten» noch nicht, weil sie noch nicht «gede- Ps
mütigt» waren. 51,10

Aristoteles

XVI,28. Und was half es mir, daß ich mit etwa zwanzig Jahren, als mir eine Schrift des Aristoteles in die Hände fiel,

[15] Das Werk wurde somit um 380 verfaßt.

die «Die zehn Kategorien»[16] genannt wird – schon auf ihren Ruf hin, da mein Rhetoriklehrer in Karthago und andere, die für gelehrt galten, sie mit hochmutgeblähten Lippen empfahlen und ich gierig darauf gespannt war wie auf wer weiß was Großes und Göttliches –, ich sie ganz allein las und sie auch begriff? Ich sprach darüber mit andern, die mir gestanden, das Werk kaum begriffen zu haben, trotz der Hilfe bester Meister, die es ihnen nicht nur mündlich erklärten, sondern vielerlei Figuren dazu in den Staub zeichneten; aber sie konnten mir nichts beibringen, was ich nicht schon durch persönliche Lektüre eingesehen hatte.

Mir schien in diesen Büchern deutlich genug, was sie über die Substanzen, wie den Menschen, aussagten, und von dem, was diesen zukommt, etwa die Gestalt des Menschen, seine Größe, wieviel Fuß er mißt, seine Verwandtschaft, wessen Bruder er ist, wo er zu Hause ist oder wann er geboren wurde, ob er steht oder sitzt, beschuht oder bewaffnet ist, etwas tut oder erleidet und was der unzähligen Einzelheiten noch sind, wovon ich ein paar Beispiele gab, die sich in den neun angegebenen Gattungen oder in der Gattung der Substanz selber finden.

Kein Nutzen daraus

29. Was half mir all das? Es schadete mir bloß, denn in der Meinung, in den zehn Kategorien sei durchaus alles Seiende beschlossen, suchte ich auch Dich, meinen Gott, den wunderbar Einfachen und Unveränderlichen, so zu verstehen, als wärest Du Deiner Größe oder Schönheit unterworfen, als wären sie, wie bei einem Körper, in Dir als in einem Subjekt, während Du doch selber Deine Größe und Schönheit bist, ein Körper dagegen kraft seines Körperseins weder groß noch schön ist; er wäre ja immer noch Körper, auch wenn er weniger groß und weniger schön wäre. Was ich alles über Dich zusammendachte, war verkehrt, nicht Wahr-

[16] Die lateinische Übersetzung stammt von Marius Victorinus. Augustin war zusehr der platonischen Denkrichtung verhaftet, als daß ihn die Einteilung des Seienden in die Substanz und ihre neun Akzidenzien hätte interessieren können.

heit, war Gespinst meines Elends, nichts aus dem festen Gefüge Deiner Seligkeit. Wie Du's geboten hattest, so geschah es mir: die Erde brachte mir «Dornen und Disteln hervor» und nur im Schweiß des Angesichts gelang es mir, mein Brot zu gewinnen. Gen 3,18

30. Und was half es mir, alle Bücher, deren ich habhaft werden konnte, über die sogenannten «freien Künste» für mich allein gelesen und verstanden zu haben, mir, dem erbärmlichen Sklaven böser Lüste? Ich hatte meine Freude daran, wußte aber nicht, wo das Wahre und Gewisse in ihnen herkam. Den Rücken hatte ich dem Licht zugekehrt, das Antlitz dem davon Erleuchteten, so wurde mein Gesicht, mit dem ich das Erleuchtete wahrnahm, nicht selber erleuchtet. Das viele, was ich ohne viel Mühe und ohne Lehrer von der Kunst der Rede und des Vortrags, von Geometrie, Musik und Arithmetik einsah, Du kennst es, Herr, mein Gott, denn diese rasche Auffassungsgabe und Verstandesschärfe war ein Geschenk von Dir. Aber ich habe Dir kein Opfer daraus dargebracht, deshalb schlug sie mir nicht zum Nutzen, sondern zum Schaden aus. Ich verlangte den besten Teil meines Vermögens zu meinem Eigengebrauch, und statt «meine Kräfte bei Dir zu wahren», «zog ich hinaus in ein fernes Land», um sie fern von Dir mit dirnenhaften Gelüsten zu vergeuden. Was half mir ein solches Gut, da ich es schlecht gebrauchte? Denn ich merkte nicht einmal, was für Schwierigkeiten diese Wissenschaften sogar den wachsten und fleißigsten Schülern boten, bis ich sie ihnen zu erklären versuchte und der Gescheiteste unter ihnen sich als der am wenigsten Langsame erwies, meiner Erklärung zu folgen. Ps 59,10 Lk 15,13

31. Aber was half mir das alles, da ich Dich, Herr und Gott der Wahrheit, für einen leuchtenden und riesigen Körper hielt und mich selbst für eine Krume dieses Körpers? Äußerste Torheit! So war ich aber, und ich erröte nicht, mein Gott, Dir Deine Erbarmungen über mich zu bekennen und Dich anzurufen, ich, der ich mich damals nicht schämte, vor den Menschen meine Lästerungen auszubreiten und wider Dich zu bellen. Was half mir mein durch diese Wissenschaften so behend sich bewegender Geist, der ohne Bei-

stand eines menschlichen Lehrers soviele verschlüsselte Werke aufschloß, wenn ich in Sachen meines Heils so häßlich und mit lästerlicher Verkehrtheit solchen Irrtümern anhing? Oder war es Deinen Kleinen ein solcher Schaden, weit trägeren Geistes zu sein, wenn sie nicht weit von Dir, im Nest der Kirche gesichert, das Wachstum ihrer Federn abwarteten und die Flügel der Liebe nährten mit der Speise des wahren Glaubens?

O Herr, unser Gott, «im Schatten Deiner Flügel» wollen
Ps 17,8 wir hoffen, «schirme» uns und trage uns. Du wirst uns
63,8 Jes tragen, auch als ganz Kleine noch und «bis hin zu unsern
46,4 weißen Haaren». All unsere Kraft ist stark nur in Dir; ist sie die unsere, so wird sie zur Schwachheit. Unser Gutes lebt immer bei Dir, und weil wir uns abgekehrt haben, wurden wir verkehrt. Kommen wir jetzt zurück, Herr, damit wir nicht umkommen. Unser Gutes lebt bei Dir sonder Abfall, denn Du bist es selbst. Wir brauchen nicht zu fürchten, daß kein Ort für die Rückkehr sei, denn von diesem Ort sind wir abgefallen, doch während unserer Abwesenheit fällt unser Haus nicht zusammen, das Haus Deiner Ewigkeit.

FÜNFTES BUCH

ROM UND MAILAND

1. ENTTÄUSCHUNG AM MANICHÄISMUS

Eingangsgebet

I,1. Empfange das Opfer meiner Bekenntnisse, dargebracht von meiner Zunge, die Du geformt und erweckt hast, Deinen Namen zu bekennen. «Mache heil alle meine Gebeine», Ps 54,8
die rufen sollen: «Herr, wer ist Dir gleich?» Man lehrt Dich 7,3
nicht, was in einem vorgeht, wenn man Dir bekennt, denn ein Herz mag verschlossen sein, es schließt Dein Auge nicht aus, und der Menschen Härte stößt Deine Hand nicht zurück, denn Du kannst sie erweichen, wenn Du willst, sei's durch Dein Erbarmen oder durch Dein Gericht. Und «keiner kann sich vor Deiner Glut verbergen». Ps 19,7

Preisen aber soll Dich meine Seele, um Dich zu lieben, sie soll Deine Erbarmungen erzählen, um Dich zu preisen. Deine gesamte Kreatur unterbricht oder verschweigt nicht Dein Lob, jeder Geist lobt Dich durch den Mund der Dir Zugekehrten, die beseelte und unbeseelte Natur durch den Mund derer, die sie betrachten, damit auch unsere Seele, aus ihrer Schlaffheit erweckt, sich aufmache zu Dir, sich stützend auf Deine Werke und von ihnen übergehend zu Dir, der all dies wunderbar erschaffen hat. Hier ist Erquickung und wahre Stärke.

II,2. Laufen sollen sie und von Dir weg fliehen, die Ruhelosen und Ruchlosen. Du freilich siehst sie und dringst durch die Schatten. Sieh, das Ganze ist schön auch mit ihnen zusammen, selbst wenn sie für sich genommen häßlich sind.[1] Was Arges könnten sie Dir antun? Worin hätten sie Deine Herrschaft geschmälert, die vom Himmel bis in die letzten

[1] Der dem Neuplatonismus nahestehende Gedanke wird von Augustin oft wiederholt, so in Buch VII, XII, 18; im Gottesstaat XI, 23; in anderer Art wird er in Buch XIII der «Bekenntnisse» (XXXVIII, 43) mit der Unterscheidung von «gut» und «sehr gut» wiederholt.

Winkel gerecht und unversehrt bleibt? Und wo wären sie
Ps hingeflohen, auf der Flucht vor Deinem Antlitz? Oder wo
139,7 spürtest Du sie nicht auf? Wenn sie flohen, so um Dich, den sie Sehenden, nicht zu sehen, aber blindlings stießen sie doch gegen Dich – der Du keines von Deinen Geschöpfen verlässest –, die Ungerechten stießen an Dich und taten sich gerechterweise weh; sie wollten Deiner Milde entlaufen und prallten gegen Deine Gerechtigkeit und verfielen Deiner Strenge. Freilich wissen sie nicht, daß Du überall bist, kein Ort Dich umgrenzt und Du allein auch denen gegenwärtig bist, die sich weit von Dir entfernen. So mögen sie denn Umkehr halten und Dich suchen, da Du nicht, wie sie Dich verließen, gleicherweise Dein Geschöpf verlässest. Sie selber sollen Umkehr halten und Dich suchen, und dabei bist Du schon in ihrem Herzen, im Herzen der Dir Bekennenden, die sich Dir vor die Füße werfen und an Deinem Busen weinen nach so vielen mühseligen Wegen, und Dir ist es nicht schwer, ihre Tränen abzuwischen, und sie weinen noch mehr, aber jetzt sind es Freudentränen, weil Du, Herr, kein Mensch aus Fleisch und Blut bist, sondern Du, der sie schuf, sie neuschaffst und sie tröstest. Und wo war ich denn selbst, als ich Dich suchte? Du standest vor mir. Ich aber war vor mir selbst weggelaufen und fand mich nicht mehr, wieviel weniger Dich.

Faustus

III,3. Im Angesicht meines Gottes will ich erzählen, was mir im neunundzwanzigsten Jahre meines Lebens begegnete. Ein Bischof der Manichäer, Faustus, war nach Karthago
1 Tim gekommen, ein rechter «Teufelsstrick», von dem viele sich
3,7 fangen ließen durch seine verführerische sanfte Beredsamkeit.[2] Diese zwar lobend, wußte ich sie doch schon von der

[2] Faustus, wie Augustin Afrikaner, wurde von Augustin in den gleichen Jahren, da er an den Confessiones schrieb, in einem ausführlichen Werk in dreiunddreißig Büchern widerlegt (Contra Faustum Manichaeum, PL 42, 208–518). Nach dem Inhalt dieser Disputationen hat sich Faustus durch eine scharfsinnige Kritik des Alten Testamentes und Aufdeckung von Widersprüchen im Neuen ausgezeichnet. Vgl. A. Bruckner, Faustus von Mileve (Basel 1901).

Wahrheit der Dinge, die zu erfassen ich begierig war, zu unterscheiden. Ich sah weniger auf das Gefäß der Rede als auf die Wissensspeise, die mir der von den Seinen vielgerühmte Faustus vorsetzen konnte. Denn der Ruf, der ihm vorausging, hatte mir angekündigt, er sei in den erhabensten Wissenschaften sehr beschlagen und ein großer Kenner der freien Künste.

Vorteile der exakten Wissenschaften

Nun hatte ich schon vieles von den Philosophen gelesen und im Gedächtnis behalten und verglich jetzt einiges daraus mit den weitschweifigen Fabeln der Manichäer. Und das von jenen Vorgebrachte kam mir wahrscheinlicher vor, die immerhin soviel vermochten, daß sie «die Dinge der Welt verstanden», wenn schon sie «ihren Schöpfer durchaus nicht
finden konnten». «Denn groß bist Du, Herr, und Du blickst Wh
auf das Niedrige, das sich Hochdünkende aber schaust Du 13,9
von ferne an»; nur den «zermalmten Herzen» näherst Du
Dich. «Den Stolzen bist Du unzugänglich», selbst wenn ihre Ps
neugierige Kennerschaft die Sterne und die Sandkörner 34,19
gezählt, die Himmelsräume ausgemessen und die Sternenbahnen ausgekundschaftet hätte.

4. Mit ihrem Verstand und dem Scharfsinn, den Du ihnen gabst, forschen sie und machten vielerlei Entdeckungen, viele Jahre im voraus sagen sie Sonnen- und Mondfinsternis voraus, auf Tag und Stunde und Grad, ihre Berechnungen haben sich nicht getäuscht, das Angesagte hat sich verwirklicht. Die gefundenen Gesetze haben sie schriftlich niedergelegt, man liest sie noch immer, und sie dienen dazu zu bestimmen, in welchem Jahr und Jahresmonat, an welchem Monatstag und zu welcher Tagesstunde an welchem Teil ihrer Scheibe Mond und Sonne sich verdunkeln werden, und das Angesagte trifft ein.

Die Leute wundern sich darüber, die Unwissenden staunen es an, die Gelehrten jubeln und brüsten sich, und ihr gottloser Stolz fällt ab von Deinem ungeheuren Licht; die Sonnenfinsternis sehen sie voraus, aber die eigenen Verfinsterungen merken sie nicht – suchen sie doch nicht ehrfürch-

tig, woher sie die Einsicht haben, die solches erforscht –,
und selbst wenn sie fanden, daß Du sie schufst, so geben sie
sich Dir doch nicht hin, damit Du das Erschaffene erhaltest;
als hätten sie sich selber gemacht, geben sie Dir ihr Leben
Ps nicht hin, sie opfern nicht wie «die Vögel» ihre überheb-
9,8f. lichen Flüge, nicht wie «die Fische des Meeres» ihren Vor-
witz, mit dem sie die geheimen Pfade des Abgrunds durch-
streifen, nicht wie «das Vieh des Feldes» ihre Lüste,
Dt auf daß Du, Gott, als «verzehrendes Feuer» ihre toten
4,24 Sorgen verzehrst und sie selber neuschaffst für die Un-
sterblichkeit.

5. Sie kennen den Weg nicht, Dein Wort, durch das Du die
von ihnen berechneten Dinge und sie selber, die Berechnen-
den, erschaffen hast, ebensowenig die Sinne, die das Berech-
nete erfassen, und den Verstand, womit sie berechnen.
Ps «Deine Weisheit aber ist nicht zu berechnen.» Und Dein
147,5 eingeborener Sohn, der «für uns Weisheit und Gerechtigkeit
1Kor und Heiligung geworden ist», er wurde unter die Unsern
1,30 gerechnet und hat dem Kaiser Tribut bezahlt. Den Weg, auf
dem sie von sich selber absteigen könnten zu ihm, um durch
ihn zu ihm aufzusteigen, den kennen sie nicht. Dieser Weg
ist ihnen unbekannt; sie halten sich für so erhaben, so
leuchtend wie die Sterne, aber da liegen sie abgestürzt auf
der Erde und «ihr törichtes Herz hat sich verfinstert». Sie
sagen viel Richtiges über die Schöpfung, aber die Wahrheit,
die Künstlerin des Geschaffenen, suchen sie nicht mit Ehr-
furcht. Daher finden sie sie nicht, oder wenn sie sie finden
und Gott erkennen, verehren sie ihn nicht als Gott, danken
ihm nicht, sondern zerrinnen in ihren eiteln Gedanken,
nennen sich weise, sich das Deinige selber zuschreibend.
Während sie in ihrer blinden Verkehrtheit Dir zuzuschrei-
ben versuchen, was das Ihrige ist, übertragen sie ihre Lügen
auf Dich, die Wahrheit, und «vertauschen die Herrlichkeit
des unverweslichen Gottes mit dem Abbild der Gestalt von
vergänglichen Menschen, von Vögeln, Vierfüßlern und
Röm 1, Schlangen» und dienen huldigend den Kreaturen mehr als
21–25 dem Schöpfer.

6. Immerhin habe ich aus ihnen manch richtige Bemer-
kung über das Geschaffene behalten; mir begegnete hier

eine rationelle Methode, die mit Zahlen und Zeitordnung und feststellbaren Zeugnissen der Gestirne arbeitete. Dies verglich ich mit den Aussagen des Mani, der über all das endlos Ausschweifendes geschrieben hat, fand aber darin nichts über die Tagundnachtgleichen, die Sonnen- und Mondfinsternisse oder andere Phänomene, worüber die weltliche Wissenschaft mich belehrt hatte. Man gebot mir zwar zu «glauben», aber dieser Glaube entsprach in keiner Weise der rationell berechnenden Methode und auch dem Zeugnis meiner Sinne, sondern war ganz verschieden davon.

Grenzen der exakten Wissenschaften

IV,7. «Herr, Gott der Wahrheit», gefällt einer, der alles das Ps 31,6
weiß, Dir deswegen schon? Unselig wäre der Mensch, der, dies alles wissend, Dich nicht kännte; selig hingegen ist der Dich Kennende, auch wenn er jenes nicht weiß. Kännte einer Dich und das andere auch, er wäre darob nicht seliger, Deinetwegen allein ist er selig, wenn er, Dich erkennend, Dich entsprechend verherrlicht und Dir dankt und mit seinen Gedanken nicht ins Leere abschweift.

Denn so wie einer, der einen Baum hat und ob seiner Früchte Dir Dank sagt, obschon er nicht weiß, wieviel Klafter der Baum hoch und breit ist, besser dran ist als ein anderer, der ihn ausgemessen und seine Äste gezählt hat, aber ihn nicht besitzt und seinen Schöpfer weder kennt noch liebt, so ist auch der gläubige Mensch, «dem der Reichtum
der ganzen Welt gehört» und der, «scheinbar nichts habend, Spr
alles besitzt», selbst wenn er den Kreislauf des Großen Bären 17,6 (LXX)
nicht kennt, besser dran (nur ein Tor könnte daran zweifeln) 2 Kor
als einer, der den Himmel ausmißt, die Sterne zählt, die 6,10
Elemente wägt, Dich aber mißachtet, der Du «alles nach
Maß und Zahl und Gewicht verfügt hast». Wh 11,21

Überheblichkeit des Manichäismus

V,8. Wer hieß denn diesen Mani, wer immer er sei, über all das schreiben, was man nicht zu wissen braucht, um ehr-

fürchtig fromm zu sein? Sagtest Du doch dem Menschen:
Ijob 28,28 (LXX) «Schau, ehrfürchtig fromm sein, das ist Weisheit.» Das Frommsein konnte jenem abgehen, auch wenn er die ganze Wissenschaft gründlich besaß, aber eben diese letztere kannte er nicht und wagte trotzdem, sie schamlos vorzutragen, womit er bewies, daß er auch die Frömmigkeit nicht kannte. Eitelkeit ist es, dies Weltliche, auch wenn man es kennt, vorzutragen, Frömmigkeit dagegen ist das Bekenntnis zu Dir. Wenn also Mani, davon abweichend, weitschweifig sich über Dinge verbreitete, deren Unkenntnis ihm die wahrhaft Gelehrten nachweisen konnten, dann war klar, mit wie wenig Kompetenz er in weniger zugänglichen Materien reden konnte. Er wollte aber nicht als gering eingeschätzt werden, sondern versuchte sogar vorzugeben, der Heilige Geist, der Tröster und Gabenspender Deiner Gläubigen, wohne mit der ganzen Fülle seiner Autorität persönlich in ihm. Wenn er somit falscher Behauptungen über Himmel, Sterne, die Bewegung von Sonne und Mond überführt wurde, trat doch, obschon all das nicht zur religiösen Unterweisung gehörte, das Lästerliche seiner Ansprüche hinreichend hervor, da er nicht bloß Ungewußtes, sondern auch Falsches mit so überheblich eitlem Hochmut vortrug, daß er forderte, es solle von ihm wie von einer göttlichen Person aufgenommen werden.

9. Wenn ich irgendeinen meiner christlichen Brüder, der um diese Dinge nicht weiß und etwas verwechselt, anhöre, so nehme ich seine Ansicht geduldig hin, liegt doch darin nichts, was ihm schaden kann – auch wenn er etwa Lage und Wesen der körperlichen Dinge nicht kennt –, solange er nur von Dir, Herr, Schöpfer aller Dinge, nichts Unwürdiges glaubt. Das Unheil beginnt erst, wenn er wähnt, solcherlei gehöre zum Wesensbestand des echten Glaubens, und er hartnäckig Dinge vertritt, die er nicht weiß. Und doch wird auch solche Schwachheit in der Wiege des Glaubens von den mütterlichen Armen der Kirche aufgefangen, bis der Neugeborene zum «vollendeten Menschen» heranwächst und nicht mehr
Eph 4,13 f. «von jedem Wind der Meinung» herumgeweht wird.

Was aber jenen Lehrer, Stifter, Lenker, Führer und Meister angeht, der seinen Jüngern nahelegte, sie sollten überzeugt sein, nicht einem beliebigen Menschen, sondern Deinem Heiligen Geist zu folgen: wer wäre nicht der Ansicht, eine solche Überheblichkeit, die dazu noch irriger Aussagen überführt worden ist, verdiene bloß Abscheu und restlose Verwerfung?

Doch war ich noch nicht völlig überzeugt, man könne nicht auch gemäß seiner Lehre den Wechsel der Tag- und Nachtlängen, der Nacht und des Tages selbst und die Verfinsterungen der Gestirne und was ich dergleichen noch in andern Büchern gelesen hatte, erklären; wäre das möglich, dann bliebe mir ungewiß, ob sich die Sache so oder anders verhielte, und was meinen Glauben betraf, so hätte ich der Autorität des Mannes ob seiner vermeintlichen Heiligkeit den Vorzug gegeben.

Enttäuschende Begegnung mit Faustus

VI,10. Fast die ganzen neun Jahre hindurch, in denen ich irrenden Geistes die Manichäer hörte, erwartete ich mit ungeduldiger Sehnsucht die Ankunft des Faustus. Die andern, die ich bei Gelegenheit traf und denen ich entsprechende Schwierigkeiten vorlegte, wußten darauf keine Antwort, verwiesen mich aber auf Faustus als einen, der bei seiner Ankunft und im Verlauf eines Gesprächs sie mit größter Leichtigkeit lösen würde, sogar wenn ich ihm noch Schwierigeres vorlegte.

Als er nun endlich kam, erfand ich ihn als einen angenehmen und freundlich beredten Menschen, der über die Dinge, welche die andern auch vorzubringen pflegten, viel anziehender zu plaudern verstand. Aber wie hätte dieser artige Mundschenk kostbarer Becher meinem Durst abhelfen können? Von solcherlei Aussagen waren meine Ohren schon lange voll, sie erschienen mir nicht deshalb besser, weil besser vorgetragen, nicht wahrer, weil beredter dargelegt, die Seele schien mir noch nicht deshalb weise, weil das Mienenspiel passend, die Redeweise gefällig war. Die mich auf ihn vertröstet hatten, waren in den strittigen Fragen wenig urteilsfähig, so erschien er ihnen klug und weise, weil er so angenehm zu reden verstand.

Nun habe ich auch eine andere Art von Menschen gekannt, denen die Wahrheit selbst verdächtig vorkam, so daß sie ihr nicht beipflichten wollten, wenn sie sich in stilvoller, wortreicher Sprache darbot.[3] Mich selbst aber hattest Du, mein Gott, auf wunderbare verborgene Weise schon belehrt – wenn ich glaube, was Du mich gelehrt hast, so weil diese Belehrung wahr ist und kein anderer Wahrheitslehrer ist als Du, wo immer und woher immer ein solcher aufleuchten mag –, von Dir also hatte ich schon gelernt, etwas dürfe nicht deshalb wahr scheinen, weil es mit Redekunst vorgetragen wird, nicht deshalb falsch, weil die Lautzeichen den Lippen holpernd entquellen; aber umgekehrt auch etwas nicht darum wahr zu sein braucht, weil es ungeschlacht ausgedrückt wird, und nicht falsch, weil die Aussage anmutig ist. Vielmehr sei es mit Weisheit und Torheit so wie mit nützlichen und schädlichen Speisen, mit geschmückten und schmucklosen Worten aber so wie mit feinem und grobem Geschirr, auf dem beiderlei Speisen aufgetischt werden können.

11. So wurde meine Sehnsucht, mit der ich den Mann so lange erwartet hatte, zwar durch die bewegte Wärme seines Vortrags erfreut, der seine Gedanken in mühelos gefundene passende Wort einzukleiden verstand. Ich freute mich wirklich mit vielen andern zusammen, ja lobte und pries ihn noch mehr als diese, doch ärgerte ich mich, daß es mir in der großen Zuhörerschaft nicht möglich war, ihm die mich bedrängenden Fragen vorzulegen und in vertraulicher Rede und Gegenrede sie mit ihm zu besprechen. Als ich endlich Gelegenheit fand, mit meinen Vertrauten zu einer passenden Stunde sein Ohr zu gewinnen und einiges von meinen Anliegen vortragen konnte, da erfuhr ich, daß der Mann in den freien Künsten unerfahren war, außer in der Redekunst, und auch hier wußte er nur das Gewohnte. Er hatte ein paar Reden Ciceros gelesen und ganz wenige Bücher Senecas, ein bißchen die Dichter und jene Schriften seiner Sekte, die in einem anständigen Latein verfaßt waren; aber der tägliche Anlaß des Vortrags hatte ihm erlaubt, eine Redegewandtheit

[3] Augustin anerkennt nicht nur die gefällige Art des Faustus, sondern (im Gegensatz zur Verachtung vieler christlicher Schriftsteller für den gepflegten Stil) auch dessen Schreibweise.

zu erwerben, die durch sein zurückhaltendes Wesen und eine gewisse natürliche Anmut annehmbarer und verführerischer wurde.

Erinnere ich mich recht, Herr, mein Gott, Schiedsrichter über mein Gedächtnis? Vor Dir liegt mein Herz und Erinnern offen, der Du mich damals im Tiefverborgenen Deiner Vorsehung führtest und mir meine schändlichen Irrtümer schon «vor Augen stelltest», damit ich sie sähe und hassen lernte. Ps 50,21

Wachsende Entfremdung vom Manichäismus

VII,12. Sobald ich des Faustus Unzuständigkeit in jenem Wissensgebiet, worin ich ihn bewandert wähnte, hinreichend erkannte, begann ich daran zu verzweifeln, von ihm die Klärung und Lösung der mich bedrängenden Fragen zu erhalten. Er hätte füglich auch mit diesem Unwissen eine echte Frömmigkeit verbinden können, aber nur, wenn er nicht Manichäer gewesen wäre. Deren Schriften sind in der Tat voll von endlosen Fabeln über den Himmel, die Gestirne, die Sonne und den Mond.[4] Mein Wunsch wäre gewesen, daß Faustus sie mir genau erkläre, und zwar angesichts der von mir anderswo gelesenen, auf Berechnungen gründenden Darlegungen, um herauszufinden, ob die manichäischen Schriften vorzuziehen wären oder wenigstens auf ebenso befriedigende Art davon Rechenschaft geben könnten. Daß er dazu fähig wäre, glaubte ich bereits nicht mehr.

Trotzdem legte ich meine Sache seiner Erwägung und Beurteilung vor, er aber entzog sich bescheiden: er wage nicht, eine so schwere Bürde auf sich zu laden. Er kannte sein Unwissen und schämte sich nicht, es einzugestehen. Er war keiner von den zahlreichen Schwätzern, die ich hatte

[4] »Mani hat uns den Ursprung der Welt gelehrt: warum, auf welche Art, von wem sie verwirklicht worden ist, er hat uns erklärt, warum es den Tag gibt und warum die Nacht, er hat uns den Lauf der Sonne und des Mondes beigebracht. Nichts von alldem wurde uns weder von Paulus noch von irgendeiner Apostelschrift geoffenbart; darum halten wir Mani für den Parakleten.» So der Manichäer Felix bei seiner Disputation mit Augustin (PL 42, 525).

ertragen müssen, die mich hatten belehren wollen, ohne etwas Rechtes vorbringen zu können. Er hatte ein «Herz»,
Ps 78,37 das zwar nicht «aufgerichtet war zu Dir», aber doch sich selbst gegenüber auf der Hut war. Er war nicht ohne Einsicht in seine Einsichtlosigkeit, wollte sich nicht vermessen in eine Disputation einlassen, die ihn in die Enge trieb, aus der er keinen Ausgang fände und die ihm keinen Rückweg erlaubte. Dadurch gewann er noch in meinen Augen. Die Selbstbescheidung eines sich offenlegenden Geistes war schöner, als was ich zu wissen begehrte. Bei allen schwierigeren und heiklen Fragen fand ich ihn so.

13. Gebrochen war nun der Eifer für die manichäische Lehre. Während ich ihren übrigen Lehrern gegenüber immer mehr verzagte, da der Berühmteste unter ihnen bei den zahlreichen Fragen, die mich quälten, versagt hatte, fuhr ich trotzdem fort, mit ihm umzugehen, wegen seiner persönlichen Begeisterung für die Literatur, die ich als Rhetor in Karthago die jungen Leute lehrte; ich las mit ihm zusammen Sachen, von denen er gehört und die er zu kennen wünschte oder die ich seiner Geistesart für angemessen hielt. Trotzdem war mein ganzer Schwung, mit dem ich in jener Sekte fortzuschreiten beschlossen hatte, nach der Bekanntschaft mit dem Mann gänzlich gebrochen, nicht so, daß ich mich völlig von ihr getrennt hätte,[5] aber da ich einstweilen nichts Besseres sah, beschied ich mich, vorläufig bei dem zu bleiben, wohinein ich mich blindlings begeben, es sei denn, etwas leuchte auf, das zu erwählen besser wäre.

So hatte dieser Faustus, der für viele eine «Schlinge des
Spr 21,6 Todes» war, jene, in der ich gefangen war, gegen seinen Willen und ohne sein Wissen zu lösen begonnen. Deine Hände, mein Gott, hatten im Geheimnis Deiner Vorsehung meine Seele nicht fahren lassen, und meine Mutter ließ aus blutendem Herzen Tag und Nacht unter Tränen ihre Opfer
Joel 2,26 zu Dir aufsteigen, und Du hast an mir «auf wunderbare Art» gehandelt. Ja, Dein Werk ist es, mein Gott. Denn «des Menschen Schritte werden vom Herrn gelenkt, sein Weg

[5] Noch in Rom (vgl. das folgende Kapitel) ist Augustin in mehr als bloß gelegentlichem Kontakt mit ihnen; als «Hörer» genießt er ihre Gastfreundschaft und verkehrt mit den «Erwählten» (Kp. x).

entspricht seinem Willen». Woher käme Heil, wenn nicht Ps
aus Deiner das Geschaffene neuschaffenden Hand? 37,23

2. AUGUSTIN IN ROM

Gründe für die Abfahrt. Monicas Widerstand

VIII,14. Dein Wirken war es demnach, daß ich mich bestimmen ließ, nach Rom überzusiedeln, um lieber dort zu lehren, was ich schon in Karthago gelehrt hatte.

Was mich dazu bewog, will ich in meinem Bekenntnis vor Dir nicht übergehen, denn auch hierin möchte ich die tiefe Verborgenheit Deiner Ratschlüsse und die ständige Gegenwart Deiner Erbarmungen erwägen und rühmen.

Nicht deshalb ging ich nach Rom, weil meine Freunde mir für dort größere Einkünfte und ein erhöhtes Ansehen in Aussicht stellten – wenn ich gewiß auch für solche Gründe damals nicht unempfänglich war –, vielmehr war der Hauptgrund und beinah der einzige, daß, wie man mir versicherte, die jungen Leute dort in besserer Haltung studierten und durch eine strengere Zucht so in Ordnung gehalten würden, daß sie nicht wie wilde Horden in Vorlesungen hineinstürmten, die sie gar nicht hören; die Studenten werden dort nicht ohne Einwilligung des Lehrers zugelassen. In Karthago dagegen ist freche, zuchtlose Ausgelassenheit der Schüler die Regel, zynisch erzwingen sie sich Eintritt in den Kurs und werfen die im Interesse der Schüler aufgerichtete Ordnung über den Haufen. Mit erstaunlicher Dummheit erlauben sie sich tausend Schamlosigkeiten; das Gesetz müßte sie strafen, schützte sie nicht das Recht der Gewohnheit. Doch ein solcher Brauch enthüllt ihr sittliches Elend nur desto mehr, da sie wie etwas Erlaubtes Dinge begehen, die Dein ewiges Gesetz nie erlaubt, in der Einbildung, es straflos zu tun, während doch schon ihre Verblendung Strafe genug ist und sie unvergleichlich Schlimmeres erleiden, als was sie tun.

Als ich selber noch studierte, wollte ich mir solche Sitten nicht aneignen, jetzt als Dozent war ich gezwungen, sie von andern zu ertragen; das ist der Grund, weshalb ich auf

Empfehlung sachkundiger Leute dorthin wollte, wo solches nicht geduldet wird. In Wahrheit aber warst Du es, «meine
Ps 142,6 Hoffnung und mein Anteil am Land der Lebendigen», der mich zum Heil meiner Seele den Ort wechseln ließ, durch die Stacheln, die ich in Karthago zu fühlen bekam und die Lockungen Roms, die mich anzogen, und dies alles durch Leute, die das tote Leben lieben, hier durch törichtes Treiben, dort durch betörende Verheißungen; um «meine Schritte» zu bessern, bedientest Du Dich im geheimen ihrer und meiner eigenen Verkehrtheit. Denn die meine Ruhe störten, waren in ihrem wüsten Toben verblendet, die mich aber zu anderem einluden, hatten nur Irdisches im Sinn; ich selber, der hier einen wirklichen Jammer verwünschte, erstrebte dort ein nur vermeintliches Glück.

15. Weshalb ich von hier wegging und mich dorthin wandte, Du, Gott, wußtest es, aber Du sagtest es weder mir noch meiner Mutter, die meinen Weggang bitter beklagte und mich ans Meer begleitete. Aber ich betrog sie,[6] als sie sich leidenschaftlich an mich klammerte, um mich entweder zurückzubringen oder mit mir abzureisen; ich gab vor, ich wollte einen Freund nicht sitzenlassen, der einen günstigen Wind zur Abfahrt abwartete. Ich log meiner Mutter – und welcher Mutter! – und entkam. Auch das hast Du mir barmherzig verziehen, hast mich von widerlichem Schmutz Bedeckten vor den Wassern des Meeres bewahrt, um mich dem Wasser deiner Gnade entgegenzuführen, mich darin zu waschen, damit der Tränenstrom der mütterlichen Augen versiege, der vor Deinen Blicken täglich die Erde netzte.

Da sie demnach sich weigerte, ohne mich heimzukehren, überredete ich sie mit Mühe, die Nacht in einer dem Anden-

[6] Die Szene ist mit einer wahrhaft christlichen Sachlichkeit erzählt, da Augustin weder sich selbst noch die Mutter schont. Er hat unrecht getan, sie zu hintergehen; sie hat unrecht getan, sich, wie es bald darauf heißen wird, «in fleischlicher Sehnsucht an ihn zu hängen». Die Gegenwart der leidenschaftlichen Frau, die sich an ihn klammerte, ihm, dem Flüchtling, sogar nach Mailand nachreiste, keine Ruhe gab, bis er das Mädchen, mit dem er ein Jahrzehnt zusammengelebt, entlassen hatte, und die sich nach einer neuen, rechtmäßigen Frau für ihn umsah, mag nicht immer leicht gewesen sein. Der Sohn mußte wohl auch die Erfahrung der Weiblichkeit machen, «das Erbteil Evas» in ihr, der Heiligen, kennenlernen, um manche Seiten der Mutter Kirche besser zu verstehen und zu ertragen.

ken des hl. Cyprian geweihten Kapelle[7] zu verbringen. Während dieser Nacht machte ich mich heimlich davon. Sie blieb zurück, betend und weinend.

Was verlangte sie von Dir unter soviel Tränen, mein Gott, als daß Du mir nicht erlaubtest, mich einzuschiffen? Du aber erhörtest in Deinem tiefen Ratschluß den Kern ihrer Bitte und übergingst das Flehen der Stunde, um aus mir den zu machen, den sie allzeit erbat.

Der Wind erhob sich, blähte unsere Segel, unsern Blicken entschwand das Ufer, an dem am nächsten Morgen meine Mutter in wahnsinnigem Schmerz Deine Ohren mit Klagen und Stöhnen füllte, ohne daß Du es achtetest, mich aber zogst Du an meinen Leidenschaften fort, um eben diesen Leidenschaften ein Ende zu bereiten, während Du meiner Mutter allzu irdisches Begehren mit der Zuchtrute der Schmerzen straftest. Sie hing, wie alle Mütter, nur noch viel stärker, an meinem Zusammensein mit ihr und ahnte die Freuden nicht, die Du ihr durch meine Abwesenheit bereitetest. Sie ahnte es nicht, deshalb weinte und jammerte sie, Evas Erbteil erwies sich in diesen Qualen, da sie stöhnend das suchte, was sie unter Stöhnen geboren hatte. Nachdem sie mich des Betrugs und der Grausamkeit angeklagt hatte, begann sie erneut für mich zu beten, aber kehrte in ihr gewohntes Leben zurück, während ich nach Rom weiterfuhr.

Krankheit. Monicas Einsatz

IX,16. Und siehe da, dort empfing mich die Geißel einer körperlichen Krankheit; ich war schon auf dem Weg zur Unterwelt, beladen mit all den gegen Dich, gegen mich, gegen andere begangenen Sünden, zahlreichen und schweren, zur Kettenlast der Erbsünde hinzu, aufgrund deren wir 1 Kor
«alle in Adam» sterben. Noch hattest Du mir keine davon 15,22
in Jesus Christus vergeben, dieser hatte noch nicht am

7 Der heilige Cyprian, Bischof von Karthago († 258), von Augustin hoch verehrt, war ein Vorkämpfer der kirchlichen Einheit gewesen. Die erwähnte Gedächtniskirche am Meer war die älteste zu seinen Ehren errichtete.

Kreuz die Feindschaft, die ich durch meine Sünde gegen Dich hegte, aufgelöst. Wie hätte er es vermocht als das Scheinwesen am Kreuz, für das ich ihn damals hielt? So unwirklich also der Tod seines Fleisches mich dünkte,[8] so wirklich war der Tod meiner Seele; und so wirklich der Tod seines Fleisches war, so falsch war das Leben meiner Seele, die nicht daran glaubte.

Das Fieber stieg, ich war am Scheiden, am Zugrundegehen. Wohin ging's mit mir, wäre ich damals gestorben, wenn nicht ins Feuer und in die Qualen, die ich nach der Wahrheit Deiner Ordnung verdient hatte? Meine Mutter wußte nichts, während sie in Abwesenheit für mich betete. Du aber, überall zugegen, erhörtest sie dort, wo sie war, und erbarmtest Dich meiner, dort wo ich war, so daß ich die Gesundheit des Leibes wiedergewann, immer noch krank an meinem lästerlichen Herzen.

Nicht einmal in so schwerer Gefahr verlangte ich nach der Taufe; besser war ich als Knabe gewesen, als ich sie von meiner Mutter verlangte, wie ich es, mich erinnernd, schon bekannt habe. Ich war also in meiner Schändlichkeit gewachsen und spottete der von Dir angeratenen Arzneien. Doch Du ließest nicht zu, daß ich in einem solchen Zustand doppelt stürbe. Hätte das Herz meiner Mutter eine derartige Wunde empfangen, es wäre nie mehr geheilt. Ich kann ja gar nicht genug sagen, welche Liebesgesinnung sie für mich trug, mit wieviel größerer Qual sie mich im Geiste gebar als einst im Fleisch.

17. Nein, ich wußte nicht, wie sie hätte genesen können, hätte mein in solchen Umständen erfolgter Tod das Eingeweide ihrer Liebe durchbohrt. Wohin wären soviel Gebete
1 Thess gegangen, zahllose, «ununterbrochene»? Nirgendwohin als
5,17 Ps zu Dir. Aber hättest Du, Gott der Erbarmungen, das «zer-
51,19 knirschte und gedemütigte Herz» einer keuschen, nüchternen Witwe verschmäht, die soviel Almosen gab, Deinen Heiligen gefällig war und sie bediente, keinen Tag vergehen

[8] Der Erlöser der Manichäer war, wie meist in der Vorstellung der gnostischen Sekten, nur in einem Scheinleib erschienen und hatte daher auch nicht wahrhaft gelitten. Denn Materie gehört zum Reich der Finsternis.

ließ, ohne ihre Gabe zu Deinem Altar zu tragen, die zweimal am Tag, morgens und abends, regelmäßig Deine Kirche besuchte, nicht zu Klatsch und Altweiberschwatz, sondern um Dein Predigtwort zu hören und von Dir in ihren Gebeten erhört zu werden? Konntest Du die Tränen einer solchen Frau, die nicht Gold und Silber, nichts Schwankendes und Vergängliches von Dir erbat, sondern das Seelenheil ihres Sohnes, konntest Du, der sie so geschaffen hatte, sie verachten und ihr Deine Hilfe versagen? Gewiß nicht, Herr, Du warst ihr im Gegenteil nah und gingst nach der Ordnung vor, die Du im voraus geregelt hattest. Keinesfalls hast Du sie in ihren Voraussichten und Antworten, die ich erwähnte (während ich andere unerwähnt ließ), betrogen, die sie in ihrem treuen Herzen aufbewahrte und in ihren Gebeten Dir wie von Dir unterzeichnete Schuldscheine vorhielt. Da «Deine Erbarmung ewig währt», lässest Du Dich herab, Ps
solchen, denen Du alle Schulden vergibst, zum Schuldner 118,1
zu werden.

X,18. Du hast mich also damals von meiner Krankheit geheilt, hast den «Sohn Deiner Magd gesund gemacht», Ps
einstweilen dem Leibe nach, um Gelegenheit zu haben, ihm 116,16
ein besseres und verläßlicheres Heil zu schenken.

Gründe für lockere Verbindung mit Manichäern

Auch damals in Rom hatte ich Verbindungen mit jenen falschen und betrügenden[9] Heiligen, nicht bloß mit ihren «Hörern» – deren einer es war, in dessen Haus ich krank gelegen und gesundet war –, sondern auch mit denen, die sie «Auserwählte» nennen.

Bis dahin war ich immer noch der Meinung, daß nicht wir es sind, die sündigen, sondern eine andere, nicht weiter bekannte Natur; es schmeichelte meinem Hochmut, unschuldig zu sein und, wenn ich etwas Böses getan, mich dessen nicht anklagen zu müssen – auf daß Du «meine Seele heilest, weil ich Dir gesündigt habe» –, sondern ich zog es Ps 40,5

[9] Daß die «heiligen» Manichäer, die sehr aszetisch leben mußten, sich oft verstohlen diesen Verpflichtungen entzogen, sagt Augustin in De moribus Ecclesiae I, 19, 68 (PL 32, 1374).

vor, mich zu entschuldigen und etwas Fremdes anzuklagen, das zwar in mir, aber doch nicht ich war. In Wirklichkeit war ich freilich das Ganze; einzig meine Gottlosigkeit hatte mich innerlich zerspalten, und eben das war die Sünde. Sie war umso unheilbarer, als ich mich nicht für einen Sünder hielt; abscheuliche Bosheit war es, lieber Dich, den allmächtigen Gott, zu meinem Verderben in mir besiegt zu sehen, als mich, zu meinem Heil, überwunden von Dir.

Noch hattest Du keine «Wache vor meinen Mund gesetzt», «kein Tor der Zucht um meine Lippen», damit «mein Herz sich nicht in üble Rede verirre und Entschuldigungen
Ps 141,3 f. erfinde für seine Sünden, wie die Menschen, die Böses tun». Darum pflegte ich noch Umgang mit ihren «Auserwählten», freilich ohne die Hoffnung, von dieser Irrlehre noch irgendwelche Vorteile zu gewinnen. Ich hatte beschlossen, dabei zu bleiben, solang ich nichts Besseres fände, tat es aber mit geringerem Interesse und auf nachlässigere Art.

19. Es kam mir damals auch der Gedanke, jene Philosophen, die man «Akademiker» nennt, wären vielleicht doch die gescheitesten unter den Philosophen gewesen, da sie den Grundsatz vertraten, man müsse an allem zweifeln, weil der Mensch zur Erfassung einer Wahrheit unfähig sei. Dies hielt ich für ihre eigentliche Lehre, da sie gemeinhin so verstanden wird, ihre wahre Absicht hatte ich noch nicht durchschaut.[10]

Ich machte auch kein Hehl daraus, meinen Gastgeber von seiner übertriebenen Vertrauensseligkeit abzubringen, die er, wie ich fühlte, den Fabeln gegenüber hegte, wovon die Bücher der Manichäer voll sind. Trotzdem stand ich mit diesen Leuten auf vertraulicherem Fuße als mit solchen, die nicht zur Sekte gehörten, wenn ich sie auch nicht mehr mit der früheren Begeisterung verteidigte. So machte mich doch der Umgang mit ihnen – von denen eine gute Zahl sich in

[10] Die «Neue Akademie», deren Hauptvertreter Karneades (219–129 v. Chr.) war. Augustinus widerlegt sie in seiner Schrift Contra Academicos und zeigt darin, daß die Wahrheit erkennbar ist und die Glückseligkeit nicht in der bloßen Erforschung, sondern in der Erkenntnis der Wahrheit besteht. Daß der Skeptizismus nicht die wahre Lehre der «Neuen Akademie» gewesen sei, dürfte hier eine persönliche Ansicht Augustins sein.

Rom versteckt hielt – nachlässiger in der Suche nach etwas anderem, da ich keine Hoffnung mehr hatte, in Deiner Kirche, Herr Himmels und der Erde, Schöpfer alles Sichtbaren und Unsichtbaren, die Wahrheit zu finden. Es schien mir schändlich zu glauben, Du hättest die Gestalt eines menschlichen Leibes angenommen und wärest von den Grenzen unserer Körperglieder eingeschlossen. Wollte ich mir aber meinen Gott vorstellen, so wußte ich mir immer nur eine körperliche Masse auszudenken – etwas anderes schien mir gar nicht zu existieren –, das war der wichtigste, fast der einzige Grund meines Irrtums.

20. Damit hing zusammen, daß ich mir auch vorstellte, es gäbe eine gewisse Substanz des Bösen, scheußlich und gestaltlos, teils massiv (das nennen sie Erde), teils dünn und fein wie ein Luftkörper, dessen bösartiger Geist über die gesamte Erde hinschleicht. Und da doch ein gewisser Sinn für Gott mich zwang, es für unmöglich zu halten, daß ein guter Gott eine böse Natur hätte schaffen können, stellte ich mir zwei feindlich gegeneinander stehende Massen vor, beide unbegrenzt, die böse zusammengedrängter, die gute ausgedehnter, und aus diesem verhängnisvollen Ansatz ergaben sich für mich alle übrigen gotteslästerlichen Ansichten.

Wenn mein Geist den Versuch machte, zum katholischen Glauben umzukehren, fühlte er sich abgestoßen, weil das, was er dafür hielt, gar nicht der katholische Glaube war. Es schien mir ehrfurchtsvoller zu sein, Dich, meinen Gott, dem ich Dein Erbarmen mit mir bekenne, in all Deinen Teilen unbegrenzt vorzustellen, außer in dem, wo die Masse des Bösen Dir entgegentrat – hier mußte ich Dich begrenzt denken –, als anzunehmen, Du seiest durch die Form eines Menschenleibes von allen Seiten begrenzt. Es schien mir besser anzunehmen, Du habest nichts Böses geschaffen – dieses erschien meinem Unwissen nicht nur wie eine Substanz, sondern sogar wie etwas Körperliches, denn ich konnte mir den Geist nicht anders vorstellen denn als einen subtilen Körper, der durch den Raum hindurch sich verteilte –, als anzunehmen, das Wesen des Bösen, so wie ich es mir vorstellte, stammte von Dir. Auch unsern Erlöser, Deinen eingeborenen Sohn, sah ich als eine zu unserem Heil erfolgte Emanation aus Deiner ganz leichten Masse an, so daß ich von ihm nichts anderes glauben konnte, als was meine tolle Phantasie mir vorspiegelte. Ich dachte, ein solches Wesen habe nicht ohne Vermischung mit dem Fleisch aus der Jungfrau Maria geboren werden können, wie aber das (als Lichtnatur) Vorgestellte sich vermischen konnte, ohne sich zu beflecken, war mir unverständlich. Ich scheute mich deshalb, an seine Fleischwerdung zu glauben, um ihn nicht als vom Fleische befleckt ansehen zu müssen.

Heute werden Deine geistlichen Menschen lieb und freundlich über mich lächeln, während sie meine Bekenntnisse lesen; und doch – so war ich.

XI,21. Ferner hielt ich die Kritiken der Manichäer an Deinen Schriften für unwiderleglich, nur zuweilen kam mich die Lust an, einzelne Punkte einem darin Erfahrenen vorzulegen und zu sehen, was er davon hielt.

Die Rede eines gewissen Elpidius, der öffentlich gegen dieselben Manichäer auftrat, hatte bereits in Karthago einigen Eindruck auf mich gemacht, denn er führte Schrifttexte an, denen nicht leicht widersprochen werden konnte. Die Antworten der Manichäer schienen mir schwach. Übrigens gaben sie solche nicht gern in der Öffentlichkeit von sich, sondern sprachen zu uns privat. Nach ihnen wären die Schriften von weiß nicht welchen Leuten gefälscht worden, die das jüdische Gesetz auf den christlichen Glauben aufpfropfen wollten. Ein unverfälschtes Exemplar dafür brachten sie nicht ans Licht.[11] Ich aber, der mir bloß materielle Massen vorstellen konnte, wurde vorab von diesen bedrückt und erstickt; unter ihrer Last atemlos, suchte ich vergeblich, in der klaren und reinen Luft Deiner Wahrheit zu atmen.

Die römischen Studenten

XII,22. Indes hatte ich mit Eifer meinen Rhetorikunterricht aufgenommen, wozu ich ja nach Rom gekommen war; ich

[11] Schon zehn Jahre vor den Confessiones, in der Schrift De Moribus Ecclesiae Catholicae I, 29, 61 (387), verlangte Augustin die Vorlegung der angeblich unverfälschten biblischen Schriften.

versammelte bei mir zu Hause ein paar Schüler, denen und durch die ich allmählich bekannt wurde.

Dabei mußte ich erfahren, daß es in Rom einige Mißstände gab, die ich in Afrika nicht zu erdulden hatte. Zwar sagte man mir, das dortige Randalieren sittenloser junger Leute sei hier unbekannt. Dagegen vernahm ich, daß viele Studenten sich untereinander verständigten, um dem Lehrer kein Honorar zahlen zu müssen, gemeinsam zu einem andern überzugehen, aller Redlichkeit und Gerechtigkeit zum Hohn, nur um des lieben Geldes willen.

Auch diese wurden mir verhaßt, wenn auch nicht mit einem «vollkommenen Haß». Denn was ich an ihnen haßte, Ps
war wohl mehr der mir zugefügte Schaden als das von ihnen 139,22
auch andern zugefügte Unrecht.

Freilich sind solche Leute ehrlos, sie «huren von Dir weg», indem sie vergänglichem zeitlichem Tand anhangen, Ps
schmutzigem Gewinn, der den besudelt, der ihn anrührt, 73,27
eine flüchtige Welt umarmt und Dich, den Bleibenden, verachtet, der Du die buhlende Menschenseele heimrufst und der rückkehrenden verzeihst. Noch heute sind mir solche verkehrten und verdrehten Leute verhaßt, obschon ich sie um der möglichen Besserung willen liebe, damit sie dem Geld die zu lernende Wissenschaft vorziehen, und dieser Dich, mein Gott, der Du die Wahrheit bist und die Fülle alles sicheren Gutes und alles keuschen Friedens. Damals jedoch ertrug ich sie nicht, weil sie mir Böses antaten, statt daß ich den Wunsch hegte, sie um Deinetwillen zu bessern.

3. MAILAND. BEGEGNUNG MIT AMBROSIUS

Ernennung nach Mailand

XIII,23. Als nun von Mailand an den römischen Stadtpräfekten ein Ansuchen erging, jener Stadt einen Rhetoriklehrer zu besorgen, dem auch die kaiserliche Post zu benützen gestattet wäre, bewarb ich mich durch jene gleichen Freunde, die von manichäischen Torheiten trunken waren – mein Fortgang sollte auch zum Bruch zwischen uns führen, doch ahnten wir es beide nicht –, und als der damalige Stadtpräfekt Symmachus eine meiner Reden beifällig angehört hatte, schickte er mich dorthin.[12]

Besuch bei Ambrosius

In Mailand angekommen, besuchte ich Bischof Ambrosius,[13] der der ganzen Welt als einer der Besten und als Dein frommer Diener bekannt war. Seine Ansprachen boten damals Deinem Volk «das Mark Deines Weizens», das «Freudenöl» und «die nüchterne Trunkenheit»[14] Deines Weines. Du selber führtest mich ohne mein Wissen zu ihm, damit ich durch ihn als ein Wissender zu Dir geführt würde.

Der Mann Gottes empfing mich väterlich und begrüßte meine Ankunft mit dem ganzen Wohlwollen eines Bischofs.

Ich begann ihn zu lieben, zunächst nicht als einen Lehrer der Wahrheit – ich hatte ja jede Hoffnung verloren, sie in Deiner Kirche zu finden –, sondern als einen, der mir mit Güte entgegenkam. Mit Eifer wohnte ich seinen öffentlichen Belehrungen bei, freilich ohne die rechte Absicht, sondern um seine Beredsamkeit zu erkunden, ob sie auf der Höhe ihres Rufes stand, ob sie diesem über- oder unterlegen war. Ich hing gespannt an seiner Rede, dem Inhalt folgte ich gleichgültig, ja verachtend, die Schönheit seiner Sprache berückte mich, obschon sie weniger heiter und einschmeichelnd war als die des Faustus. Was den Gehalt anging, gab es keinen Vergleich; jener war irrend in manichäische Lügen

[12] Daß Augustin von Symmachus, einem geschworenen Heiden und Christengegner, empfohlen wurde, zeigt, wie weit er noch von jedem Verdacht des «Katholisierens» entfernt war. Die Ernennung erfolgte im Herbst 384; im Sommer des Jahres hatte sich die zweite Phase des Streites um den Victoria-Altar abgespielt, für dessen Wiederaufstellung Symmachus beim Kaiser Valentinian plädiert hatte. Ambrosius war es zuzuschreiben, daß der Schritt erfolglos blieb. Vielleicht war die Empfehlung des Symmachus einer der Gründe für die Zurückhaltung des Bischofs dem jungen Rhetor gegenüber.

[13] Ambrosius (339–397), als Schriftsteller, Redner und Kirchenpolitiker gleich bedeutend, aus vornehmer römischer Familie, ehemals Staatsbeamter, war unvermutet zum Bischof von Mailand gewählt worden (374). Als Freund und Berater dreier Kaiser wußte er trotzdem stets die Unabhängigkeit der Kirche zu wahren.

[14] «Sobria ebrietas», eine Wendung aus einem Morgenhymnus des Ambrosius. Der Ausdruck hat eine lange Geschichte (vgl. H. Lewy: Sobria ebrietas, Gießen 1929).

abgeschweift, dieser verkündete die gesündeste Lehre vom Heil. Aber «das Heil ist fern den Sündern», wie ich damals einer war. Und doch näherte ich mich ihm, langsam und unvermerkt. Ps 119,155

Der geistliche Schriftsinn

XIV,24. Denn wenn ich ohne Verlangen war, das zu erlernen, wovon er sprach, sondern nur auf die Form seiner Rede achtete – noch als ich am Zugang des Menschen zu Dir verzweifelte, war mir dieses eitle Interesse geblieben –, drangen mir doch zugleich mit den geschätzten Worten auch die vernachlässigten Inhalte in die Seele. Es gelang mir nicht, beides zu trennen; während ich mein Herz auftat, um sein beredtes Wort entgegenzunehmen, ging mir gleichzeitig, wenn auch nur allmählich, auf, wie wahr er sprach.

Ich begann zunächst zu bemerken, daß das Vorgetragene sich durchaus vertreten ließ und daß der katholische Glauben, den ich bisher den manichäischen Angriffen nicht für gewachsen ansah, sich ohne Schande verteidigen ließ. Am meisten bewegte mich die Auslegung verschiedener dunkler Stellen des Alten Testamentes, deren buchstäblicher Sinn mir tödlich erschien. Nachdem ich ihn zahlreiche Texte dieser Bücher auf geistliche Weise auslegen gehört hatte,[15] warf ich mir meine Entmutigung vor, sofern sie mich glau-

[15] Courcelle hat den Nachweis erbracht, daß Augustin in Mailand die allegorischen und neuplatonisch gefärbten Predigten des Ambrosius über «das Sechstagewerk», über «Isaak oder die Seele», die «Wohltat des Todes» (alle von 386) und die ebenfalls stark allegorischen und alexandrinischen Homilien über Lukas (von 387) angehört haben muß. Er ist also dem Neuplatonismus von Anfang an in christlicher Gewandung begegnet. Damit ist die Ansicht (die dem Text der Confessiones widerspricht) auch historisch widerlegt, Augustin habe sich zuerst zu einer rein philosophischen neuplatonischen Gotteslehre «bekehrt» und sei erst später, vielleicht erst nach den Schriften von Cassiciacum, innerlich Christ geworden. Die Brücke zur Kirche wurde ihm durch Ambrosius' Predigten gebaut; ohne deren allegorische Auslegung der Schriftstellen, über die er nicht hinweggekommen war, hätte Augustin freilich sehr viel schwerer zur Schrift und zur Kirche hin gefunden. Doch muß hier beachtet werden, daß der ursprüngliche christliche Sinn von «allegoria» die Auslegung des Alten Bundes auf Christus hin meinte (vgl. Henri de Lubacs Origenesbuch «Geist aus der Geschichte» 1968) und in diesem Sinn theologisch völlig legitim war (vgl. Joh 5,46–47).

ben ließ, es sei keinerlei Einspruch möglich gegen die Verächter und Spötter wider das Gesetz und die Propheten.

Doch hielt ich mich damit noch nicht für gezwungen, den katholischen Weg deshalb zu betreten, weil auch er gescheite Anwälte haben mochte, die ausführlich und nicht widersinnig erhobene Einwände zu widerlegen verstanden, und schon deshalb die angenommene Lehre verlassen zu müssen; die Parteien hielten sich bei der Verteidigung die Waage. Die katholische Kirche erschien zwar nicht mehr besiegt, aber nicht deswegen schon siegreich.

Bruch mit der Irrlehre

25. Fortan jedoch war ich hartnäckig darauf bedacht, ein unwiderlegliches Argument zu finden, um die Manichäer des Irrtums zu überführen. Hätte ich eine Geistsubstanz denken können, wären im Augenblick alle jene Erfindungen aufgelöst und von meiner Seele ausgefegt worden. Aber ich konnte es nicht. Immerhin schien mir, was den Stoff dieser Welt und die ganze den fleischlichen Sinnen zugängliche Natur anging, die Ansicht einer Großzahl von Philosophen weit wahrscheinlicher zu sein, wovon mich manche Überlegungen und Vergleiche überzeugten.

So zweifelte ich an allem, nach Art der Akademiker, wie man sie zu deuten pflegt, und schwankte zwischen allen Meinungen, wobei ich beschloß, wenigstens die der Manichäer fallen zu lassen; ich meinte, in dieser Zweifelskrise an der Sekte nicht länger festhalten zu können, der ich bereits eine Anzahl von Philosophen vorzog; dennoch weigerte ich mich, diesen letztern, die den Heilsnamen Christi nicht kannten, die Heilung meiner siechen Seele anzuvertrauen.

Ich beschloß deshalb, in der mir von den Eltern schon nahegelegten Katholischen Kirche solange Katechumene zu bleiben, bis mir eine Gewißheit aufginge, welche Richtung mein Weg einschlagen sollte.

SECHSTES BUCH

BERÜHRUNG DES GLAUBENS

1. DIE VORURTEILE WEICHEN

Gebet

I,1. «Du meine Hoffnung von Jugend auf», wo warst Du mir, und wohin warst Du mir entschwunden? Hattest Du mich denn nicht erschaffen, verschieden von den vierfüßigen Tieren und klüger als die Vögel des Himmels? Und ich wandelte durch Finsternisse auf schlüpfrigen Wegen, suchte Dich außerhalb meiner und fand den Gott meines Herzens nicht, versank in Meerestiefe und verlor das Vertrauen und die Hoffnung, je das Wahre zu finden. Ps 71,5

Monicas Ankunft

Schon war meine Mutter zu mir gestoßen,[1] stark in ihrer Frömmigkeit, mir über Länder und Meere folgend, in allen Gefahren ihre Sicherheit bei Dir findend. Sie hatte sogar in Stunden der Seenot den Matrosen Vertrauen eingeflößt, die sonst den meerfremden Reisenden in der Verwirrung Mut zusprechen müssen; sie versprach ihnen eine heile Ankunft, weil Du es ihr in einem Gesicht so versprochen hattest.

Sie fand mich in großer Not: ich verzweifelte daran, die Wahrheit zu finden. Als ich ihr aber eröffnete, ich sei nicht mehr Manichäer, aber noch nicht katholischer Christ, frohlockte sie darüber nicht wie über eine unverhofft frohe Botschaft. Sie fand zwar einige Sicherheit über diese Seite meines Elends, in der ich einem Toten gleich war, aber einem Toten, den sie vor Dir beweinte, auf daß Du ihn auferwecktest, und den sie Dir auf der Bahre ihrer Gedanken vorstellte, damit Du wie dem Sohn der Witwe befehlest: «Jüngling, ich sage dir, stehe auf», und er auflebte und zu sprechen begänne und Du ihn seiner Mutter zurückgäbest. Lk 7,12f.

[1] Ungefähr im Juni 385.

Kein Freudensturm also ließ ihr Herz aufjubeln, daß zu einem so großen Teil sich schon vollzogen hatte, worum sie Dich täglich unter Tränen anflehte; die Wahrheit hatte ich noch nicht erlangt, doch war ich der Falschheit entronnen. Weil sie aber gewiß war, Du würdest auch das Fehlende noch gewähren, antwortete sie mir in großer Ruhe und das Herz voller Zuversicht, sie vertraue in Christus darauf, mich als treuen Katholiken zu sehen, ehe sie aus diesem Leben scheide. Das sagte sie mir; vor Dir aber, Du Quell der Erbarmungen, vergoß sie innigere Tränen und Gebete, auf daß Du Deine Hilfe beschleunigest und meine Finsternisse erhellest und ich eifriger zur Kirche eile und an des Ambro-
Joh 4,14 sius Lippen hänge, diesem «Quell, der ins ewige Leben sprudelt».

Gal 4,14 Sie liebte diesen Mann «wie einen Engel Gottes», denn sie hatte erkannt, daß er es war, der mich unterdessen in diesen noch unsichern, schwankenden Zustand geführt hatte, von dem sie mit Sicherheit annahm, ich müßte ihn durchlaufen, einen Zustand zwischen Krankheit und Gesundung, nicht ohne den gefährlichen Augenblick, den die Ärzte als die Krise bezeichnen.

Monicas Fügsamkeit

II,2. Als eines Tages Monica, wie sie es in Afrika gewohnt war, zum Gedächtnis der Heiligen Mehlbrei, Brot und reinen Wein auf die Gräber brachte, der Türhüter aber Einspruch erhob, denn der Bischof hatte dies hierzulande verboten, nahm sie dieses Verbot mit soviel frommem Gehorsam entgegen, daß ich selber erstaunt war über die Leichtigkeit, mit der sie lieber eine eigene Gepflogenheit aufgab, als sich zur Richterin über das Verbot des Bischofs aufzuwerfen. Trunksucht hatte keine Macht über ihren Geist, die Liebe zum Wein stachelte sie nicht auf, das Rechte zu lassen, wie so viele Männer und Frauen, denen die Rühmung der Nüchternheit ebenso ekelhaft ist wie Trinkern ein Glas Wasser.

Sie aber, wenn sie ihren Korb mit den für das Gedenkmahl vorgesehenen Speisen gebracht hatte, die sie im voraus kostete, um sie dann zu verteilen, gönnte sich nur eine kleine Schale gemischten Weines, wie ihr nüchterner Gaumen ihn mochte; schienen ihr mehrere Gräber Verstorbener die gleiche Ehrung zu verdienen, so trug sie immer den gleichen Becher herum, der nicht nur stark gewässert, sondern schon ganz lau war, wenn sie ihn in kleinen Schlücken mit den anwesenden Verwandten teilte; es war ihr um Andacht, nicht um Genuß zu tun.

Sobald sie deshalb vernahm, daß der berühmte Prediger und Meister der Frömmigkeit diesen Brauch abgeschafft hatte, auch bei solchen, die ihn mit Mäßigkeit übten, damit den Unmäßigen keinerlei Anlaß zu Gelagen gegeben werde, und auch weil diese Art von Totenmählern («parentales») dem Aberglauben der Heiden sosehr glich, stand sie bereitwillig davon ab und lernte anstelle eines Korbs mit Erdenfrüchten ein Herz voller desto lauterer Gebete zu den Martyrergräbern zu tragen.[2] So konnte sie fortan den Bedürftigen umso mehr Almosen geben, und sie feierte dort die Gemeinschaft mit dem Leib des Herrn, dessen Passion nachahmend die Martyrer hingeopfert und gekrönt worden waren.

Und doch glaube ich, Herr, mein Gott – und so empfindet mein Herz in dieser Sache vor Dir –, daß meine Mutter ihre Gewohnheit nicht so leicht aufgegeben hätte, wenn ein anderer als Ambrosius, den sie so schätzte, das Verbot erlassen hätte. Um meines Heiles willen war sie ihm so zugetan; er aber liebte sie wegen ihres tieffrommen Wandels, in dem sie «glühenden Geistes» gute Werke tat und oft Röm
zur Kirche ging; wenn er mich sah, brach er oft in ihr Lob 12,11
aus, beglückwünschte mich, eine solche Mutter zu haben,

[2] Augustinus hatte in dieser Angelegenheit persönlich den Bischof konsultiert (Ep. ad Casulanum 36, 14, 32 und Ep. ad inquisitiones Ianuarii 54, 2, 3). Es wird dies der erste Besuch bei Ambrosius seit dem offiziellen Antrittsbesuch gewesen sein. Dieser gab keinen Grund für seine Verfügung an, sondern sprach mit bischöflicher Autorität (nulla reddita ratione, auctoritate sua sola...), was für Augustinus eine neue Ursache gewesen sein mag, von ihm Distanz zu halten. Später, da er selbst Bischof von Hippo sein wird, wird er sich seinerseits für die Abschaffung der erwähnten Bräuche einsetzen.

ohne freilich zu ahnen, welchen Sohn sie an mir besaß: einen, der an allem zweifelte und es für unmöglich hielt,
Ps 16,11 «den Weg des Lebens» zu finden.

Ambrosius unzugänglich

III,3. Auch seufzte ich ja noch nicht im Gebet um Deine Hilfe; mein unruhiger Geist war einzig zum Forschen hin und zur Diskussion angespannt. Selbst Ambrosius hielt ich für einen nach weltlichen Maßstäben glücklichen Mann, da ihm die Mächtigen soviel Ehre erwiesen; einzig seine Ehelosigkeit schien mir beschwerlich. Worin aber seine Hoffnung bestand, welche Kämpfe er wider die Versuchungen seiner hohen Würde zu bestehen hatte, welche Tröstungen er in der Anfechtung fand, welch lustvollen Geschmack er in seinem verborgenen Herzensmund beim dauernden Überdenken Deines Brotes empfand, davon hatte ich keinen Begriff und nicht die geringste Erfahrung.

Auch er ahnte nichts vom Aufruhr in mir und vom Abgrund an Gefahr, der mir drohte; es gelang mir nicht, von ihm zu erfragen, was ich wünschte, so wie ich es wünschte. Ein Haufen geschäftiger Leute, für deren Sorgen er sich zur Verfügung hielt, trennte mich von seinem Ohr und Mund; war er nicht von ihnen vereinnahmt, so benützte er die verbleibende dürftige Zeit, sich körperlich zu erholen oder seinen Geist mit Lesung zu fördern.

Wenn er las, glitten seine Augen über die Blätter hin.[3] Sein Herz erforschte den Sinn, Stimme und Zunge aber ruhten. Oft, wenn wir anwesend waren – denn niemandem war der Zutritt verwehrt, und Besucher wurden nicht angemeldet –, sah ich ihn so still ins Lesen versunken, anders nie. Wir blieben lange wortlos sitzen, wer hätte einen so Gesammelten zu stören gewagt, gingen weg und vermuteten, er wolle in der kurzen Zeit, da er, vom Lärm fremder Zumutungen befreit, seinen Geist erholen konnte, sich nicht ablenken lassen; er hütete sich vielleicht auch davor, daß ein interessierter, aufmerksamer Zuhörer angesichts einer dunk-

[3] Man pflegte damals laut zu lesen.

len Stelle beim gelesenen Autor ihn zwänge, gewisse schwierige Stellen zu erklären oder durchzugehen, und daß die so verbrachte Zeit ihn hinderte, alle Bücher, die er sich vorgenommen hatte, zu lesen. Außerdem konnte die Schonung seiner leicht sich verunklärenden Stimme mit ein Grund seines schweigsamen Lesens sein. Was auch immer seine Absicht sein mochte, sie konnte bei einem solchen Mann nur gut sein.

4. Sicher aber bot sich mir keine Gelegenheit, Dein so heiligmäßiges Orakel, sein Herz, zu konsultieren, außer wenn etwas rasch abgehandelt werden konnte. Aber mein Umgetriebensein hätte von seiner Seite eine lange Muße dazu erfordert, um vor ihm hingeschüttet zu werden, und die fand sich nie. Ich hörte ihn wenigstens jeden Sonntag dem Volk «das Wort der Wahrheit trefflich auslegen», und 2 Tim 2,15
immer fester wurde in mir die Überzeugung, daß die Knoten schlauer Verleumdungen, die unsere Betörer wider die heiligen Bücher knüpften, aufgelöst werden können.

Neue Einsichten

Als ich zudem erfuhr, daß die Aussage: «der Mensch ist von Dir nach Deinem Bild erschaffen», von Deinen geistlichen Gen 9,6
Kindern – von denen, die die katholische Kirche als Werkzeug Deiner Gnade wiedergeboren hatte – nicht so gedeutet wurde, daß ihr Glaube und ihre Vorstellung Dich gleichsam in die Umrisse eines menschlichen Körpers eingekerkert halten mußten – mochte ich einstweilen auch keine noch so schwache und verworrene Ahnung haben, was eine geistliche Substanz war – so mußte ich trotz meiner Freude darüber erröten, daß ich so viele Jahre hindurch nicht gegen den katholischen Glauben, sondern gegen Gespenster fleischlicher Einbildungen gebellt hatte. Ich war so vermessen und frivol gewesen, eine Sache, die ich ernsthaft hätte erforschen müssen, als etwas Feststehendes anzuklagen. Und Du, Erhabener und doch Allernächster, Verborgenster und doch Gegenwärtigster, der Du nicht kleinere und größere Glieder hast, sondern überall als ein Ganzes weilst und doch nirgends im Raum beschlossen bist, Du hast mit einer kör-

perlichen Form nichts gemein, hast aber dennoch den Menschen, der vom Haupt zu den Füßen im Raum steht, nach Deinem Bild geschaffen.

IV,5. Da ich also nicht wußte, worin diese Ebenbildlichkeit mit Dir bestand, hätte ich anklopfen und fragen sollen, wie dieser Glaube zu verstehen wäre, statt höhnisch das abzuweisen, wofür ich sie hielt. Je mehr die Sorge, was ich nun als gewiß anzunehmen hätte, an mir nagte, um so mehr schämte ich mich, so lange durch ein Versprechen sicheren Wissens betrogen und getäuscht worden zu sein und soviel Ungewisses in kindischem Irrtum als Gewißheit herumgeschwatzt zu haben. Daß meine Aussagen falsch waren, wurde mir erst später klar. Aber sicher war, daß das Unsichere damals von mir für sicher gehalten wurde, als ich mit blinden Vorhaltungen Deine katholische Kirche angriff und noch nicht verstand, daß sie das Sichere lehrte und keineswegs das, was ich so heftig angriff. Daher meine Beschämung und meine Umkehr und Freude darüber, mein Gott, daß Deine Kirche, der einzige Leib Deines einzigen Sohnes, in der mir als Kind der Name Christi beigebracht wurde, keinen Geschmack an kindischem Gefasel hat und in ihrer wahren Lehre nichts besaß, was Dich, den Schöpfer aller Dinge, in einem wenn auch noch so großen und weiten, aber doch allseits vom Umriß menschlicher Glieder umgrenzten Raum einschloß.

6. Ich freute mich auch, daß ich jetzt die alten Schriften des Gesetzes und der Propheten nicht mehr mit Augen zu lesen brauchte, denen sie ehemals als absurd erschienen, als ich Deine Heiligen anschuldigte, sie läsen sie so; dachten sie doch in Wirklichkeit ganz anders. Mit Freude hörte ich, wie Ambrosius in seinen Predigten an das Volk diesem mit größtem Nachdruck als Regel einprägte, daß «der Buch-
2 Kor 3,6 stabe tötet, der Geist dagegen lebendig macht», und gleichzeitig von Texten, deren Wortlaut Verkehrtes zu lehren schien, den mystischen Schleier hob und den geistigen Sinn aufdeckte, wobei er nichts sagte, woran ich mich gestoßen hätte, aber doch Dinge vortrug, deren Wahrheit ich bisher nicht gewußt hatte. Freilich hielt ich mein Herz noch vor jeder Zustimmung zurück, aus Furcht vor dem Abgrund,

aber gerade diese Zurückhaltung hieß für mich Tod. Denn ich wollte in Bezug auf die unsichtbaren Dinge die gleiche Sicherheit erlangen, wie daß sieben plus drei zehn sind. So unsinnig war ich zwar nicht, daß ich auch dies letztere für unverstehbar hielt, doch ich verlangte gleiche Gewißheit für alles übrige, mochte es Körperliches sein, das meinen Sinnen nicht anwesend war, oder Geistiges, das ich mir nur als körperlich vorstellen konnte.

Der Glaube hätte mich heilen können; dann hätte mein Geistesauge sich irgendwie geläuterter auf Deine Wahrheit hin ausrichten können, die da ständig verharrt und keinerlei Schwächung erleidet. Aber es geschieht eben häufig, daß wer die Erfahrung eines schlechten Arztes gemacht hat, davor zurückschreckt, selbst einem guten sich anzuvertrauen; so auch meine kranke Seele: nur durch Glauben hätte sie gesunden können, aber aus Furcht, falsch zu glauben, verweigerte sie die Behandlung, stieß Deine Hände von sich, der Du die Arzneien des Glaubens bereitest und sie für die Krankheiten der ganzen Welt mit so starker Wirkkraft verteilt hast.

Glaube ist stets die Grundlage

V,7. Immerhin gab ich fortan der katholischen Lehre den Vorzug. Ich überzeugte mich, daß diese katholische Lehre mich mit mehr Maßhaltung und ohne Täuschungsabsicht dazu bewog zu glauben, was nicht bewiesen wurde – ob es nun einen solchen Beweis gab, der aber nicht jedermann zugänglich war, oder ob es keinen gab –, während bei den Manichäern die Glaubenssucht durch eine vermessene Verheißung von Wissenschaftlichkeit lächerlich wird, und nachträglich soviel Fabelhaftes und Absurdes, das unbeweisbar bleibt, zu glauben befohlen wird.

Dann hast Du allgemach, Herr, mit mildester und barmherzigster Hand mein Herz zu behandeln und zurechtzusetzen begonnen und mich bewogen zu überlegen, wie unzählige Dinge ich glauben mußte, ohne sie zu sehen oder ihrem Entstehen beigewohnt zu haben, so vieles etwa über die Geschichte der Völker, so vieles, was Länder und Städte betraf, die ich nie gesehen hatte, so vieles, was wir auf den Glauben von Freunden, von Ärzten, von so und so vielen anderen hin annehmen, ohne welchen Glauben wir hienieden gar nichts ausrichten könnten, schließlich, mit wie unerschütterlichem Glauben ich überzeugt war, von welchen Eltern ich abstammte, was ich nicht wissen konnte, aber auf Treu und Glauben hin annahm.[4]

So überzeugtest Du mich, jene nicht anzuklagen, die aufgrund Deiner Bücher glauben, deren Autorität Du bei fast allen Völkern so fest begründet hast, sondern vielmehr jene, die nicht daran glauben, und auf die nicht zu hören, die einen fragen: «Woher weißt du denn, daß diese Bücher durch den Geist des einen und allwahrhaftigen Gottes dem Menschengeschlecht übergeben worden sind?» Ja, dies vor allem war zu glauben, weil keine Streitlust arglistiger Einwände, deren ich so viele bei den einander widersprechenden Philosophen gelesen hatte, mir jemals den Glauben an Dein Dasein zu entreißen vermochte – was immer Du auch sein mochtest, denn ich wußte es nicht – oder an Dein Walten in den menschlichen Dingen.

Autorität der Schrift

8. Solchen Glauben hatte ich, zuweilen kraftvoller, zuweilen schwächlicher; aber ich war stets überzeugt, daß Du bist und Dich um uns kümmerst, auch wenn ich nicht wußte, was von Deinem Wesen zu halten war oder welcher Weg zu Dir wies oder heimführte.

Und da wir zu schwach waren, um die Wahrheit mit einem klaren Vernunftschluß zu finden, und aus diesem Grund der Autorität der Heiligen Schriften bedurften, hatte ich bereits zu glauben begonnen, daß Du keinesfalls dieser Schrift eine so weltweite Autorität zugebilligt hättest, wäre es nicht Dein Wille gewesen, daß man aufgrund ihrer Dir glaube, Dich durch sie suche.

[4] Die Tatsache eines «natürlichen Glaubens» und seiner Notwendigkeit für ein normales privates und öffentliches menschliches Leben, die entsprechende Tatsache einer «natürlichen Tradition» haben von Anfang an einen wichtigen Bestandteil der Apologetik der Kirchenväter gebildet. Vgl. Augustin, De fide rerum quae non videntur (PL 40, 171–180).

Das scheinbar Widersinnige, das mich an jenen Schriften abzustoßen pflegte, schrieb ich, nach Anhören plausibler Erklärungen der betreffenden Stellen,[5] bereits der Tiefe ihrer Mysterien zu, und ihre Autorität erschien mir um so ehrwürdiger und heiligen Glaubens werter, als sie zwar jedermann lesen durfte, sie jedoch gleichzeitig die Würde ihres Geheimnisses einem tieferen Verständnis vorbehielt; in offensten Worten und schlichtester Redensart bot sie sich einem jeden dar und zog doch zugleich die Aufmerksamkeit derer, die nicht «leichten Sinnes» sind, auf sich; so empfing sie alle Menschen in ihrem offenen Schoß, während sie ein paar durch wenige enge Öffnungen zu Dir hinführte, weit mehr aber, als wenn sie ihre hohe Autorität nicht besessen und nicht die große Masse in den Schoß ihrer heiligen Demut eingeborgen hätte.

Solchermaßen überlegte ich, und Du standest mir bei, ich seufzte zu Dir empor, und Du hörtest mich, ich trieb dahin, und Du lenktest mich, ich wandelte auf der breiten Straße der Welt dahin, doch Du verließest mich nicht.

Der fröhliche Bettler

VI,9. Ich lechzte nach Ruhm, nach Gewinn, nach der Ehe, aber Du lachtest meiner. Ich litt in diesen Begierden bitterste Not, und Deine Gunst wurde um so sinnfälliger, als Du mich weniger Befriedigung finden ließest in dem, was nicht Du war.

Schau mein Herz, Herr, der Du gewollt hast, daß ich mich all dieser Dinge erinnere und sie Dir bekenne. Fortan soll meine Seele Dir anhangen, die Du von der zähen tödlichen Leimrute losgerissen hast.

Wie elend sie war! Du aber stachst sie, damit sie des Wundschmerzes innewerde, alles verlassend sich zu Dir wende, «der Du über allem bist», und ohne den alles nichts Röm
wäre, damit sie sich bekehre und gesunde. 9,5

[5] Der «eigentliche Sinn» der Schrift, durch Ambrosius erschlossen, ist und bleibt auch für den Bischof Augustin der entscheidende; er entspricht der mehr-als-menschlichen, göttlichen Tiefe des inspirierten Buches. Vgl. dazu: Henri de Lubac, Geist aus der Geschichte, a. a. O. Kp. 9, 437ff.; Kp. 4, 169–181. Vgl. auch J. Schildenberger, Vom Geheimnis des Gotteswortes (Heidelberg 1950).

Wie elend war ich also, und wie gut stelltest Du es an, daß ich an jenem Tag meine Unseligkeit fühlte, da ich mich anschickte, meine Lobrede auf den Kaiser zu halten,[6] in der es nicht ohne Lügen abging und die dem Lügner die Gunst der Bescheid-Wissenden einbringen sollte. Ob dieser Sorgen schlug mir das Herz, das in verzehrenden Überlegungen fieberte, als ich ein Mailänder Quartier durchschreitend auf einen armen Bettler stieß, der, vermutlich schon betrunken, fröhlich scherzte. Ich dagegen stöhnte und unterhielt meine mich begleitenden Freunde mit den zahlreichen von unserem Wahn verursachten Plackereien; all unsere Mühen, die mich damals bedrückten, da ich von Begierden gestachelt meine unselige Bürde schleppte und sie beim Schleppen noch drückender machte, sollten uns doch nicht anderswohin bringen, als wo dieser Bettler schon angelangt war und wir vielleicht nie hinkämen. Was der mit ein paar erbettelten Münzen bereits erreicht hatte, das erstrebte ich auf so vielen beschwerlichen Kurven und Umwegen: die Freuden eines zeitlichen Glücks.

Gewiß, die wahre Freude besaß er nicht. Ich aber strebte mit all meinem Ehrgeiz nach einer viel weniger wahren. Jedenfalls war er fröhlich, während ich mich ängstigte; er war sorglos, während ich bebte. Hätte mich einer gefragt, was mir lieber sei: mich freuen oder in Sorgen sein, ich hätte erwidert: Mich freuen. Aber hätte er weitergefragt: ob ich sein möchte wie jener oder lieber ich selbst, so hätte ich, freilich verkehrterweise, mich selbst mit all meinen Sorgen und Ängsten gewählt. Wäre das richtig gewesen? Nein, ich hätte mich ihm nicht vorziehen dürfen, weil ich der Gelehrtere war, denn daraus zog ich keine Freude, ich wollte bloß den Leuten gefallen, nicht sie belehren, nein, ihnen bloß gefallen. Darum hast Du mit der Rute Deiner Zucht «mein
Ps 42,11 Gebein zerschlagen».

[6] Eine derartige Lobrede hatte Augustinus zu Beginn des Jahres 385 auf den Konsul Bauton vor einer gewaltigen Menschenmenge zu halten gehabt (Contra litt. Petiliani 3, 25). Bauton war ein Gegner des Ambrosius; möglicherweise ein Grund, warum Augustin das Ereignis übergeht. Die jetzige Rede ist vermutlich im November 385 vor Valentinian II. gehalten worden.

10. Also weg mit euch, die ihr mir sagt: «Wichtig ist nur, woran man seine Freude hat. Der Bettler hatte die seine im Dusel, du wolltest die deine aus dem Ruhm gewinnen.» Aus welchem Ruhm, Herr? Einem, der nicht bei Dir ist. So war denn jenes Menschen Freude nicht die wahre, aber auch mein Ruhm war kein wahrer, er verdrehte mir noch mehr den Geist. Jener würde noch in der gleichen Nacht seinen Rausch ausschlafen, mit dem meinen hatte ich mich niedergelegt und war aufgestanden, würde mich wieder hinlegen und wieder aufstehen: ach, wie viele Tage hindurch!

Worauf es ankommt, ist: worüber einer sich freut, ich weiß es; und die Freude glaubender Hoffnung steht unendlich hoch über der richtigen Freude dieses Bettlers. Trotzdem bestand damals zwischen uns beiden noch ein Unterschied: jener Bettler war der glücklichere, nicht nur weil er von Seligkeit troff, während mir Sorgen die Eingeweide auszehrten, sondern auch weil er sich mit guten Wünschen an die Leute seinen Wein verschafft hatte, während ich mir durch Lügen Überheblichkeit beizulegen suchte.

Vieles in diesem Sinn teilte ich meinen Freunden mit, und dabei überlegte ich oft, wie mir dabei zumute war, und das Ergebnis war: übel. Und ich litt darunter, was mein Befinden verschlimmerte. Wenn irgendein Glück mir lächelte, so mochte ich nicht danach greifen, war es doch, beinah noch eh erfaßt, verflogen.

2. BUCH DER FREUNDE
Alypius

VII,11. Wir klagten einander unser Leid, wir, die freundschaftlich zusammenlebten; am meisten und vertrautesten unterhielt ich mich mit Alypius und Nebridius über diese Dinge.

Alypius stammte aus meiner Vaterstadt,[7] seine Eltern

[7] Alypius wurde um 394 Bischof von Thagaste, kurz bevor Augustin Bischof von Hippo wurde (395). Die Kapitel VII–X dürften eine Verarbeitung der von Augustin für Paulin von Nola verfaßten kurzen Biographie sein.

waren angesehene Bürger. Er war jünger als ich, hatte sogar meine Kurse gehört, als ich in Thagaste und danach in Karthago zu lehren begann. Er liebte mich sehr, weil ich ihm gut und gelehrt vorkam; ich liebte ihn, weil er reiche Anlagen zur Tugend besaß, die für seine jungen Jahre hervorstachen. Aber der Strudel des karthagischen Lebens, das für leichtes Theater sich hinreißen läßt, hatte ihn für den Unsinn der Zirkusspiele eingenommen.

Zur Zeit, da er sich jämmerlich darin umtrieb, ich aber daselbst öffentlich die Rhetorik lehrte, folgte er meinen Stunden noch nicht, einer Spannung wegen, die zwischen seinem Vater und mir entstanden war. Ich hatte von seiner verhängnisvollen Neigung zum Zirkus erfahren; für mich war es eine schwere Sorge, daß eine so schöne Hoffnung mir verlorengehen könnte, wenn nicht gar schon verloren war. Aber weder das Wohlwollen des Freundes noch das Recht des Lehrers boten mir eine Gelegenheit, ihn zu warnen, ein Druckmittel, ihn zurückzuholen; denn ich meinte, er sei mir gegenüber nicht anders gesinnt als sein Vater, was indes nicht stimmte. Er setzte sich in dieser Beziehung über den väterlichen Willen hinweg, fing an, mich zu grüßen, betrat auch meinen Hörsaal, hörte eine Weile zu und zog sich dann zurück.

12. Nun war es tatsächlich meinem Gedächtnis entschwunden, daß ich ihn hatte bereden wollen, doch nicht durch blinde und heftige Leidenschaft für leichtfertige Spiele seine gute Begabung zu verscherzen. Du freilich, Herr, der Du Deine ganze Schöpfung steuerst, hast nicht vergessen, daß er dereinst unter Deinen Söhnen Vorsteher Deines Geheimnisses werden sollte; und damit man seine Besserung Dir allein zuschriebe, hast Du sie zwar durch mich, aber ohne mein Wissen gewirkt.

Als ich nämlich eines Tages am gewohnten Platz saß, meine Schüler vor mir, trat er ein, grüßte, setzte sich und begann auf das eben Behandelte zu achten. Ich hatte zufällig einen Text vor mir, zu dessen Erklärung es mir nützlich schien, ein Bild aus den Zirkusspielen beizuziehen, um meinen Gedanken deutlicher und eingängiger zu machen, wobei ich eine beißend spöttische Bemerkung über jene einflocht, die sich von dieser Tollheit hinreißen lassen. Du weißt es, Herr, unser Gott, daß ich in diesem Augenblick nicht daran dachte, Alypius von dieser Pest heilen zu wollen. Aber er bezog es auf sich und dachte, ich hätte es einzig um seinetwillen gesagt; und wenn ein anderer es zum Anlaß genommen hätte, mir gram zu sein, so griff es der edle Jüngling auf, um sich selber zu zürnen und mich darob inniger zu lieben.

Du selbst hattest ja einst gesagt und es Deinen Schriften einverleibt: «Schilt den Weisen, und er wird dich dafür lieben.» Nun hatte ich selbst ihn nicht gescholten, Du aber, Spr 9,8
der Du Dich nach der Dir bekannten Ordnung aller, der Wissenden und der Unwissenden bedienst – und es war die rechte Ordnung – hast aus meinem Herzen und meiner Zunge glühende Kohlen bereitet, um so die Schwären eines hoffnungsvollen Geistes auszubrennen und zu heilen. Wer Dein Erbarmen nicht achtet, das ich Dir aus tiefstem Gemüt bekenne, lasse ab von Deinem Lob.

Und wirklich schwang sich Alypius auf diese Worte hin aus der tiefen Grube heraus, in die er sich völlig hatte sinken und von ihr seltsam wollüstig umnachten lassen, er schüttelte mit starker Zucht seinen Geist, alle Schlacken des Zirkus fielen von ihm ab, und fortan betrat er diesen nicht mehr. Dann brachte er seinen widerstrebenden Vater dazu, daß er ihm erlaubte, mich zum Lehrer zu nehmen, jener gab nach und gewährte es. Er begann von neuem meinem Unterricht zu folgen und wurde mit mir zusammen in den Aberglauben der Manichäer verstrickt, er schätzte die Sittenstrenge, die diese zur Schau trugen und die er für echt und ehrlich hielt, obschon sie in Wahrheit erheuchelt und auf Verführung angelegt war, wie sie denn auch wertvolle Leute einfingen, die den Kern der Tugend noch nicht erfassen können und durch oberflächliches Licht verführt werden, das einen Anschein und ein Trugbild der Tugend bietet.[8]

VIII,13. Freilich verließ er den ihm von den Eltern so gerühmten irdischen Weg noch nicht, er war mir nach Rom

[8] Je mehr sich Augustin von den Manichäern entfernt, desto härter wird sein Urteil über sie und ihre Sitten. Man vergesse aber nicht, daß er kurz vorher die Haltung des Faustus rühmend gekennzeichnet hatte.

vorausgegangen, um dort Recht zu studieren, und hier war es nun der Gladiatorenkampf, der ihn auf unfaßliche Art in Bann schlug.

In der Tat, während er diese Art von Darbietungen abwies und geradezu verabscheute, schleppten ihn ein paar seiner Freunde und Mitschüler, die von einem Gastmahl zurückkamen und ihn auf der Straße trafen, mit heiterer Gewalt zum Amphitheater an einem der Tage, da diese grausamen und blutrünstigen Spiele abgehalten wurden. «Wenn ihr meinen Leib dorthin schleppt und dort festhaltet», sagte er ihnen, «meint ihr, ihr könnt damit auch meinen Geist und meinen Blick auf diese Schauspiele hinlenken? Ich werde ihnen beiwohnen, als wäre ich nicht da, und so über sie und euch triumphieren.» Sie hörten es und zogen ihn nichtsdestoweniger mit sich, vielleicht um zu sehen, ob er das wirklich durchhalten könnte.

Als sie ankamen und, wo sie konnten, Platz genommen hatten, brodelte alles um sie her in wilder Lust. Er hielt die Augen geschlossen und verbot seinem Geist, sich in diese Greuel zu stürzen. Hätte er nur auch seine Ohren verstopft! Ein Zwischenfall im Kampf löste einen ungeheuren Schrei im ganzen Volk aus, was ihn heftig traf; von Neugier überwältigt und sich bereit wähnend, das Erblickte, was immer es wäre, zu verachten und zu besiegen, öffnete er die Augen, seine Seele erlitt eine schwerere Wunde als jener, den er zu sehen begehrte, an seinem Körper, er fiel jämmerlicher als der andere, dessen Fall den Schrei hervorgerufen; dieser war in sein Ohr eingedrungen und hatte sein Auge entsiegelt, um so einen Geist zu treffen und niederzuschlagen, der eher kühn als stark gewesen war, umso schwächer, als er zusehr auf sich selber statt auf Dich gezählt hatte. Sobald er das Blut erblickte, trank er auch die Grausamkeit in sich ein, und statt sich abzuwenden, starrte er hin, sog, ohne es zu merken, die wilde Wut in sich ein, ergötzte sich am freventlichen Kampf und berauschte sich an der blutrünstigen Wollust. Er war nicht mehr der, der gekommen war, sondern einer aus der Masse, zu der er gestoßen war, und ein rechter Genosse derer, die ihn mitgeführt hatten.

Was weiter? Er schaute, schrie, entbrannte, trug den Wahnsinn mit sich fort, der ihn stachelte wiederzukehren, nicht bloß denen nach, die ihn mitgeschleppt hatten, sondern ihnen voran und andere nach sich ziehend. Und trotzdem hast Du ihn mit Deiner höchst starken und höchst erbarmenden Hand herausgerissen und ihn gelehrt, nicht auf sich, sondern auf Dich zu vertrauen. Das jedoch erst viel später.

IX,14. Immerhin blieb ihm diese Erfahrung in der Erinnerung haften, um später als ein Heilmittel zu wirken, ähnlich jener anderen damals, da er noch bei mir in Karthago studierte. Als er einmal am Mittag auf dem Forum über die Rede nachsann, die er entsprechend den herkömmlichen Übungen der Schüler halten sollte, fügtest Du es, daß er von den Forumswächtern als Dieb festgenommen wurde. Ich denke, daß Du das aus keinem andern Grunde zuließest, mein Gott, als damit dieser Mann, dem eine solche Zukunft bevorstand, die Erfahrung machte, wie wenig in Rechtshändeln einer den andern aufgrund voreiliger Leichtgläubigkeit verurteilen darf.

Er war vor dem Gerichtsgebäude auf- und abgegangen, Schreibtafel und Griffel in der Hand, als ein junger Mann, einer der Schüler, der wirkliche Dieb, mit einem Beil unter dem Mantel herankam, ohne daß der andere es bemerkte, sich an das Bleigitter über der Wechslerstraße heranmachte und das Blei abzuschlagen begann. Die unten sitzenden Wechsler hörten das Geräusch, verständigten sich leise und sandten Leute hinauf, um den etwa dort sich Befindlichen zu fassen. Der Dieb hörte die Stimmen, ließ sein Instrument liegen und machte sich, um nicht damit gefunden zu werden, davon. Alypius, der ihn nicht hatte eintreten sehen, bemerkte seinen raschen Weggang, wollte wissen, was vorgefallen, er betritt den Ort, findet das Beil und betrachtet es verwundert; da kommen die Abgesandten, finden ihn allein mit dem Eisen in der Hand, dessen Geräusch sie herbeigeführt hat; sie nehmen ihn fest, schleppen ihn ab und rühmen sich angesichts der zusammengelaufenen Forumsanwohner, einen offensichtlichen Dieb gepackt zu haben, und so wird er weggeführt, um vor Gericht gestellt zu werden.

15. Doch der Lehre sollte damit genug sein, denn sogleich, Herr, kamst Du der Unschuld zu Hilfe, deren einziger Zeuge Du warst. Als er nämlich zur Haft oder zur Bestrafung abgeführt wurde, begegneten sie einem Architekten, dem die Oberaufsicht über die öffentlichen Gebäude anvertraut war. Die Mitlaufenden freuten sich, gerade ihn anzutreffen, der sie schon mehrmals des Diebstahls vom Forum verschwundener Gegenstände verdächtigt hatte; jetzt sollte er endlich erfahren, wer der wirkliche Dieb war.

Nun hatte dieser Mann aber Alypius mehrmals im Hause eines gewissen Senators angetroffen, bei dem er häufig zu Besuch war. Er erkannte ihn sogleich, nahm ihn bei der Hand, enfernte sich mit ihm von der Menge und fragte ihn nach dem Grund dieses Mißgeschicks, vernahm den Vorfall und gebot allen sich wild Gebärdenden und Drohenden mit ihm zu kommen. Sie kamen zum Haus des Jünglings, der die Sache angestellt hatte. Ein junger Sklave stand vor der Tür, so klein noch, daß er, ohne das Geringste für seinen Meister zu befürchten, alles verraten zu dürfen meinte, war er doch den Schritten seines Herrn auf dem Forum gefolgt. Alypius erinnerte sich seiner und sagte es dem Architekten. Dieser zeigt dem Kleinen das Beil und fragt, wem es gehört. «Uns», sagt der Kleine sogleich. Man fragte ihn weiter aus und er deckte alles auf.

So fiel die ganze Anklage auf dieses Haus, zur Beschämung der Menge, die schon über Alypius zu triumphieren begonnen hatte. Und der künftige Verwalter Deines Wortes und spätere Richter über so viele Streitfälle in Deiner Kirche ging um eine Erfahrung reicher und belehrter aus der Sache hervor.

X,16. Ich hatte ihn also in Rom vorgefunden, er hing mir mit starken Banden an. Er reiste mit mir nach Mailand, um mich nicht zu verlassen und um auch mit seinen Rechtskenntnissen, die er mehr auf den Wunsch seiner Eltern als seinen eigenen erworben hatte, etwas anzufangen. Schon dreimal war er Beisitzer gewesen, mit einer Uneigennützigkeit, die andere verwunderte, während er sich noch mehr über solche wunderte, die das Gold höher schätzten als die Rechtschaffenheit. Sein Charakter wurde nicht bloß durch

Verführung zu Begierlichkeit auf die Probe gestellt, sondern auch durch den Stachel der Einschüchterung. In Rom war er Beisitzer des Staatsschatzmeisters für Italien. Damals gab es einen sehr einflußreichen Senator, der sich viele Leute teils durch Spenden, teils durch Drohungen gefügig gemacht hatte. Er wollte sich, wie er's aufgrund seiner Macht gewohnt war, irgend etwas erlauben, was gesetzlich verboten war. Alypius widersetzte sich. Man versprach ihm Belohnung, er lachte nur verächtlich. Man versuchte es mit Drohungen, er trat sie mit Füßen. Jedermann wunderte sich über so ungewöhnlichen Mut, der einen so wichtigen Mann, der solche Macht besaß und unzählige Gunsterweise erzeigen, aber ebenso schaden konnte, weder zum Freund haben wollte noch ihn als Feind fürchtete. Selbst der Richter, dessen Beisitzer Alypius war, stimmte der Sache zwar nicht zu, wollte sich aber nicht öffentlich widersetzen, sondern schob die Verantwortung auf Alypius, der seine Zustimmung hindere, denn in der Tat hätte dieser, falls der Richter zugestimmt hätte, demissioniert.

Nur eines hätte ihn beinahe verführt: die Leidenschaft für die Literatur; er hätte sich auf Kosten des prätorischen Gerichts Bücher abschreiben lassen können. Allein er befragte die Gerechtigkeit, besann sich eines Bessern und hielt es für angebrachter, sich an die Billigkeit zu halten, die solches verbot, als an die Machtstellung, die es gestattet hätte. Es ging nur um eine Kleinigkeit. Aber «wer im Kleinen treu ist, ist es auch im Großen», und das Wort aus dem Munde Deiner Wahrheit ist keineswegs eitel: «Wenn Lk
ihr im ungerechten Mammon nicht treu wart, wer wird euch 16,10f.
dann den wahren geben? Und wenn ihr im Fremden nicht treu wart, wer wird auch das Eurige geben?»

So war der Mann, der mir damals anhing und mit mir zusammen überlegend schwankte, für welche Lebensweise wir uns entscheiden sollten.

17. Auch Nebridius, der seine Heimat in der Nähe von Karthago verlassen hatte und auch dieses selbst, wo er sich häufig aufhielt, sowie den schönen väterlichen Landsitz, sein Haus und seine Mutter, die ihm nicht folgen wollte, war mit nach Mailand gezogen, zu keinem andern Zweck, als um zusammen mit mir in eifrigem Streben nach Wahrheit und Weisheit zu leben. Glühend suchte er nach den Bedingungen eines glückseligen Lebens, war ein scharfsinniger Erforscher der schwierigsten Fragen; er sehnte sich zusammen mit mir danach und wurde ebenso umgetrieben. So waren wir alle drei gemeinsam notleidend, hungrigen Mundes einander unsern Mangel zustöhnend, auf Dich harrend, daß «Du
Ps ihnen zur rechten Zeit ihre Nahrung reichtest». In der
104,27 Bitternis, die aufgrund Deiner Barmherzigkeit unser weltliches Treiben begleitete, bei unsern Fragen, zu welch letztem Sinn wir all dies erlitten, wurde es dunkel um uns; seufzend wandten wir uns ab und sagten: «Wie lang soll das noch dauern?» Immerfort stand die Frage vor uns, dabei aber gaben wir unsere Lebensweise nicht auf, sahen wir doch nichts Standfestes, woran wir uns hätten klammern können, wenn wir sie verließen.

3. EHE ODER GEMEINSAMES LEBEN?

Inneres Schwanken

XI, 18. Ich selber war tief und unruhig betroffen, wenn ich die lange Zeit ermaß von meinem neunzehnten Jahr an, da ich vom Verlangen nach Weisheit ergriffen worden war, bereit, falls ich sie gefunden hätte, alle leeren Hoffnungen auf eitle Begierden und allen verlogenen Wahn preiszugeben. Und nun war ich dreißig Jahre alt und tappte noch immer im gleichen Schlamm herum, gierig nach flüchtig Gegenwärtigem, das mich zerstreute, derweil ich mir sagte: Morgen werd ich's finden, wird es sich faßbar zeigen, und dann halte ich's fest! Irgendein Faustus wird kommen und wird alles klären. O ihr großen Männer der Akademie!

Können wir wirklich nichts Sicheres ergreifen, um ein rechtes Leben zu führen? Ach nein, forschen wir sorgsamer nach, verzweifeln wir nicht! Immerhin erscheinen die Dinge, die mir in den Büchern der Kirche absurd erschienen, nicht mehr sinnlos, sie können auf andere und annehmbare Weise gedeutet werden. So will ich denn meinen Fuß dorthin setzen, wohin mich meine Eltern als Kind wiesen, solange bis die durchsichtige Wahrheit mir aufgeht. Aber wo soll ich suchen und wann? Ambrosius hat keine Zeit, ich habe keine zum Lesen. Und wo soll ich Bücher hernehmen? Woher und wann sie kaufen? Wem sie entleihen? Man müßte die Zeit einteilen können, sich Stunden nehmen für das Heil der Seele. Eine große Hoffnung wenigstens hat sich aufgetan: der katholische Glauben lehrt nicht, was ich meinte, wessen ich ihn fälschlich zieh. Für die ihn Kennenden ist es frevelhaft, sich Gott durch die Gestalt eines menschlichen Leibes begrenzt zu denken. Wir aber zögern anzupochen, damit auch das übrige sich öffne. Die Vormittagsstunden sind von den Schülern beschlagnahmt, doch was fangen wir mit der restlichen Zeit an? Warum weihen wir sie nicht der Forschung? Aber wann sollten wir dann gewichtige Freunde besuchen, deren Unterstützung wir brauchen? Wann sollten wir vorbereiten, was uns die Schüler abkaufen sollen? Wann uns erholen und den Geist vom Gedränge der Sorgen ausruhen lassen?

19. Doch weg mit alldem! Fort mit all diesen hohlen Eitelkeiten! Befassen wir uns mit der einzigen Suche nach Wahrheit. Das Leben ist ein Elend, der Tod ist ungewiß, da er uns unversehens überfällt, wie scheiden wir dann von hier? Und wo lernen wir nach, was wir hier versäumt haben? Oder werden wir für unsere Säumnis nicht büßen müssen? Wie aber, wenn der Tod selbst zugleich mit aller Empfindung auch alle Sorge abschnitte und beendete?[9] Auch das müßte erwogen werden.

Aber fort mit einem solchen Gedanken. Nicht umsonst, nicht eitel breitet sich die hohe Autorität des christlichen Glaubens über die ganze Welt aus. Nie hätte ein Gott so

[9] Die Ansicht Epikurs.

Großes und Edles für uns vollbracht, wenn mit dem leiblichen Tod auch die Seele zugrunde ginge.

Weshalb also dieses Zögern, das Hoffen auf Weltliches zu lassen und uns ganz der Suche nach Gott und dem seligen Leben zu widmen? Doch gemach: auch das Irdische hat seinen Reiz, seine nicht geringe Süßigkeit; nicht leicht sollte man das Streben danach aufgeben, es wäre ja schmählich, hinterher doch wieder dorthin zurückzukehren. Und schon scheint mir ein ehrenvoller Posten zu winken – was sollte man sich darüberhinaus noch wünschen? Außerdem gibt es eine Menge einflußreicher Freunde, man bräuchte sich nicht einmal sonderlich zu bemühen und könnte ein Präsidiat [10] gewinnen. Und dazu eine Frau mit etwas Vermögen nehmen, um unsere Ausgaben nicht zu sehr zu belasten, dann würde auch die Begierlichkeit ein vernünftiges Maß bekommen. Viele große, durchaus vorbildliche Männer haben sich innerhalb einer Ehe dem Streben nach Weisheit gewidmet.

20. Während ich so redete und die Winde wechselten und mir das Herz da und dorthin trieben, verstrich die Zeit, ich verschob meine «Bekehrung zum Herrn hin» und ich zog
Sir 5,8 es «von Tag zu Tag» hinaus, in Dir zu leben. Was ich nicht verschob, war täglich in mir selber zu sterben. Das glückselige Leben liebte ich, aber ich scheute mich, es an seinem wahren Ort aufzusuchen; von ihm abgewandt fahndete ich danach. Ich wäre allzu unglücklich, dachte ich, wenn ich die Umarmung einer Frau entbehren müßte; ich dachte nicht an die Arznei Deiner Barmherzigkeit, um davon geheilt zu werden, ich hatte sie ja noch nicht erfahren. Ich meinte, Enthaltsamkeit sei Sache der eigenen Kräfte, die ich mir nicht zutraute; ich war töricht genug zu übersehen, daß, wie geschrieben steht, niemand enthaltsam sein kann, wenn Du
Wh 8,21 es ihm nicht schenkst. Und sicherlich hättest Du es geschenkt, wenn ich mit seufzendem Herzen an Dein Ohr geklopft und mit kraftvollem Glauben meine Sorge auf Dich geworfen hätte.

[10] Der «Präsidat» ist die Funktion eines Praeses, deren es im Westen des Reiches 31 gab. Sie bildeten die dritte Klasse von Aufsehern einer Provinz nach den Consultores und den Correctores.

Frage der Ehe. Alypius' Keuschheit

XII,21. Tatsächlich war es Alypius, der mich davon abhielt zu heiraten; er wiederholte mir dauernd, wir könnten, wenn ich es täte, keinesfalls mehr in gesicherter Muße der gemeinsamen Liebe zur Weisheit nachleben, wie es seit langem unser Wunsch war. War er doch selbst damals schon auf diesem Gebiet völlig keusch, was höchst verwunderlich war, da er doch als Jüngling die Erfahrung des Beischlafs gemacht hatte; aber er hatte sich davon nicht fesseln lassen, sondern die Sache eher bedauert und fortan verschmäht und lebte seither in völliger Enthaltsamkeit.

Ich aber widerstand ihm und verwies auf das Beispiel Verheirateter, die sich der Weisheit widmeten, vor Gott Verdienste erwarben und dabei treue, geliebte Freunde behielten. Von deren Großmut war ich freilich weit entfernt; an das Siechtum des Fleisches gefesselt, schleppte ich mit tödlicher Wonne meine Fessel, hatte Angst, sie könnte sich lösen, und wies die Worte des mir gut Zuredenden zurück, als hätte er mit seiner Hand, die mich lösen wollte, eine Wunde berührt. Obendrein sprach durch mich selber hindurch die Schlange zu Alypius und legte durch mein Reden geknüpfte süße Schlingen auf seinen Weg, worin sich sein ehrlicher, freier Schritt verwickeln sollte.

Augustin bedrängt ihn

22. Er wunderte sich in der Tat, daß ich, den er nicht wenig schätzte, sosehr am Leim der Wollust kleben blieb, und wann immer wir miteinander darüber sprachen, ihm versicherte, es sei mir völlig unmöglich, enthaltsam zu leben. Wenn ich seine Verwunderung sah, erklärte ich ihm, es herrsche ein großer Unterschied zwischen dem, was er kurz und verstohlen erfahren hatte, so daß er sich dessen kaum mehr entsann und es mühelos verachten konnte, und den Genüssen, an die ich gewohnt war; wenn diese den ehrbaren Namen der Ehe erhielten, dürfe er sich nicht wundern, falls ich ein solches Dasein nicht verachten könne. Die Wirkung

war, daß er selber die Ehe zu begehren begann, wobei ihn nicht die Begierde nach solcher Wollust, sondern die Neugier trieb. Er begehrte, so sagte er, zu wissen, was denn das Ding sei, ohne das mein Leben, das ihm gefiel, so wie es war, mehr eine Qual als ein Leben wäre. Seine von dieser Fessel freie Seele staunte ob meiner Knechtschaft; das Staunen verwandelte ich in die Lust, die Erfahrung zu machen, und diese Lust hätte ihn vielleicht der Knechtschaft, die ihn verblüffte, unterworfen, wollte er doch ein Verlöbnis mit
Sir 3,26 dem Tod eingehen, und «wer die Gefahr liebt», erliegt ihr.

In Wirklichkeit fand keiner von uns in der Pflicht, die eheliche Ordnung zu wahren und für Kinder zu sorgen, einen Beweggrund, höchstens einen ganz schwachen. Nein! Bei mir war es großenteils die Gewohnheit, eine unersättliche Begierde zu stillen, die mich mit hartem Griff gefangen hielt und quälte; bei ihm war es die Verwunderung, die ihn der Gefangenschaft entgegenzog.

So stand es mit uns, bis Du, Allerhöchster, der Du unsern Lehm nicht im Stich läßt, uns Erbärmlichen Dein Erbarmen zeigtest auf wundersamen und verborgenen Wegen.

Monica sucht eine Braut

XIII,23. Man drängte mich unablässig, eine Gattin zu nehmen. Schon bewarb ich mich, schon erhielt ich das Versprechen, vor allem dank der Bemühungen meiner Mutter: einmal verheiratet, würde die heilsame Taufe mich reinwaschen;[11] sie freute sich, mich dieser täglich geneigter zu finden, und meinte, in meinem Glauben ihre Gelübde und Deine Verheißungen endlich in Erfüllung gehen zu sehen.

Und gewiß hat sie, auf meine Bitte und ihr eigenes starkes Verlangen hin täglich aus ganzem Herzen zur Dir gebetet, Du möchtest ihr in einem Gesicht etwas von meiner kommenden Ehe zeigen. Du hast das niemals getan. Sie sah zwar

[11] Die wird das Hauptmotiv Monicas bei ihrer Brautsuche gewesen sein; das Konkubinat war staatlich unter gewissen Bedingungen anerkannt und kirchlich nicht durchaus verworfen. Vgl. dazu Solignac I, 677–679.

eitle, illusorische Bilder, Produkte einer darum sich bemühenden menschlichen Einbildungskraft. Sie erzählte mir davon, doch nicht mit der üblichen Zuversicht, wie wenn Du ihr etwas zeigtest, sondern ohne selber etwas darauf zu geben. An einem bestimmten, mit Worten unerklärlichen Geschmack, sagte sie, könnte sie zwischen Deiner Offenbarung und ihrem eigenen träumenden Geist unterscheiden.

Aber es wurde weitergedrängt; um das Mädchen wurde gefreit, und da es auch gefiel, ihm aber zwei Jahre zum heiratsfähigen Alter[12] fehlten, wartete man zu.

Pläne für eine Lebensgemeinschaft

XIV,24. Wir waren eine ganze Gruppe von Freunden, die als einzelne und in Gesprächen einen Plan ausgeheckt hatten: um die Beschwerden und Umtriebe des menschlichen Lebens zu meiden, hatten wir beinah schon beschlossen, fern von der Menge ein ruhiges Leben zu führen. Wir hatten es uns so gedacht: allen Einzelbesitz würden wir zusammenlegen und daraus ein einziges Vermögen bilden. Aufrichtige Freundschaft würde erwirken, daß nicht dies dem einen, jenes dem andern gehörte, sondern aus allem zusammen Eines würde, das Ganze sollte jedem, alles allen gehören.

Wir mochten unser etwa zehn sein, die so zusammenleben wollten, ein paar davon waren sehr reich, Romanianus vor allem,[13] unser Mitbürger und von Jugend auf mir sehr zugetan, der damals in schwerer Sorge seiner Geschäfte wegen an den kaiserlichen Hof gekommen war. Er betrieb unsern Plan am eifrigsten und mit starker Überzeugungskraft, zumal sein Vermögen das unsere bei weitem übertraf.

Wir hatten zudem beschlossen, daß jedes Jahr zwei von uns als Verwalter alles Nötige zu besorgen hätten, so daß die andern im Frieden leben könnten. Als man aber überlegte, ob die Frauen, die einige schon besaßen oder die wir zu nehmen vorhatten, dies alles billigen würden, zerrann uns

[12] Das heiratsfähige Alter für Mädchen war nach dem Gesetz zwölf Jahre.
[13] Vgl. Anm. 17 zu Buch III.

das ganze schöne Projekt unter den Händen, brach in Stücke und wurde aufgegeben. Und das Seufzen und Stöhnen begann von neuem, die Wanderung auf den breiten, ausgetre-
Spr tenen Wegen der Welt, «viel Sinnen» war «in unseren Her-
19,21 Ps zen», aber «Dein Ratschluß verbleibt in Ewigkeit». Von
33,11 Ps diesem her spottetest Du unserer Pläne und bereitetest die
145,15 Deinen: uns «Speise zu geben zur rechten Zeit», «Deine
Hand zu öffnen» und unsere Seelen mit «Segen» zu sättigen.

Die bisherige Gefährtin zieht sich zurück

XV,25. Inzwischen mehrten sich meine Sünden. Und als man mir als ein Hindernis für die Ehe die Gefährtin meines Lagers von der Seite riß, ward mein Herz, das ihr anhing, zerrissen und blutete verwundet. Sie kehrte nach Afrika zurück; sie gelobte Dir, keinen andern Mann mehr zu kennen, und hinterließ mir den natürlichen Sohn, den sie mir geboren hatte.[14]

Ich Unseliger aber, der nicht einmal eine Frau nachahmen konnte, fand den Aufschub, wonach ich die Geworbene erst nach zwei Jahren erhalten sollte, unerträglich und verschaffte mir, da ich kein Liebhaber der Ehe, sondern ein Sklave der Leidenschaft war, eine andere Gefährtin, natürlich nicht als Gattin, sondern um gleichsam die gleiche oder noch gesteigerte Krankheit meiner Seele zu unterhalten und andauern zu lassen und sie kraft ununterbrochener Gewohnheit in den ehelichen Bereich hinüberzuführen.

Dabei heilte meine erste Wunde nicht, die mir der Losriß von der früheren Gefährtin geschlagen hatte, aber nach einer Zeit grimmen, entzündeten Schmerzes wurde sie brandig, gleichsam kälter und verzweifelter schmerzend.[15]

Verworrene Wege

XVI,26. Dir sei Lob, Dir Dank, Du Quell der Erbarmung! Ich selbst wurde unglücklicher, Du aber kamst näher. Ganz

[14] Adeodat, von dem im Buch IX die Rede sein wird.

[15] Eine der schmerzlichsten Stellen der Confessiones, an der die Fragwürdigkeit alles Menschlichen hart und tragisch durchschlägt. Monicas halbe

allmählich griff Deine Hand nach mir, mich aus dem Schlamm zu ziehen und zu waschen. Ich wußte es nicht. Noch tiefer in den Schlund fleischlicher Lust zu stürzen, davor hielt mich nur die Angst vor dem Tod und vor Deinem kommenden Gericht zurück, die durch alle meine wechselnden Ansichten hindurch doch mein Herz nie verlassen hatte.

Sprach ich mit meinen Freunden Alypius und Nebridius über das höchste Gut und das höchste Übel, so hätte ich in meinem Herzen dem Epikur die Palme gereicht, wenn ich nicht geglaubt hätte, daß die Seele nach dem Tod weiterlebt und es eine Vergeltung für ihre Taten gibt, was Epikur zu glauben ablehnt. Und so frug ich mich: wenn wir unsterblich wären und in ewig dauernder Körperlust, ohne Furcht, sie zu verlieren, lebten: wären wir dann nicht selig, und was sollten wir anderes suchen? Ich verstand nicht, daß gerade dies zum großen Elend gehörte, so versunken und verblendet sich das Licht der Rechtheit und einer selbstlos zu umfangenden Schönheit nicht vorstellen zu können, ein Licht, das das fleischliche Auge nicht sieht, weil es nur von unserem Innersten her sichtbar wird.

In meinem Elend erwog ich nicht, aus welcher Quelle es mir zufloß, daß ich über so häßliche Dinge doch so genußreich mit meinen Freunden sprechen, und weshalb ich ohne Freunde nicht glücklich sein konnte, selbst bei der Befriedigung, die ich damals aufgrund all der fleischlichen Lüste empfand. Aber ich liebte diese Freunde um ihrer selbst willen und fühlte wohl, daß ich auch von ihnen so geliebt wurde. Was waren diese Pfade doch verworren! Weh der verwegenen Seele, die da hofft, in der Abwendung von Dir etwas Besseres zu finden. Sie wendet sich hin und wendet

Intrigen – sie bringt es zu keiner echten Vision, aber drängt doch dahin und ist dabei schlecht beraten, denn nicht die Ehe und eine andere Frau sollten den Sohn retten –, das «Unglück» Augustins, dessen unrechtmäßiges Verhältnis sich nicht unbedingt zu seinen Ehren löst, schließlich der Schmerz des Mädchens, das sich zurückzieht und keinem Mann mehr angehören will, zweifellos die hellste Gestalt in dieser fatalen Episode. Der Schmerz, von dem Augustin redet, ist merkwürdig ichbezogen; man hätte hier ein kräftigeres Schuldbekenntnis erwartet.

sich wider, auf den Rücken, die Seite, den Bauch, aber alles ist gleich hart. Du allein bist Ruhe. Und Du bist wirklich da, befreist uns von armseligen Irrtümern, stellst uns auf Deinen Weg und tröstest und sagst: «Lauft nur, ich bin's, der euch trägt, ich führe euch zum Ziel, ja ich trage euch
Jes 46,4 hin.»

SIEBTES BUCH

ERLEUCHTUNG DURCH DIE PHILOSOPHIE

1. METAPHYSISCHE PROBLEME

Noch immer kein geistiger Gottesbegriff

I,1. Schon war sie gestorben, meine üble und frevle Jugend; ich trat in das Alter der Reife, aber je länger ich lebte, umso schmählicher wurde meine Unfähigkeit: ich konnte mir keine Substanz vorstellen außer in der Gestalt, wie man sie mit irdischen Augen zu sehen gewohnt ist.

Dich, mein Gott, stellte ich mir nicht mehr in der Gestalt eines Menschenleibes vor, seitdem ich ein bißchen Weisheit zu hören bekam; ich hatte das immer vermieden und war froh, dasselbe im Glauben unserer geistlichen Mutter, Deiner katholischen Kirche, gefunden zu haben. Aber wie anders sollte ich mir Dich vorstellen? Ich wußte es nicht.

Ich, ein Mensch, und was für einer, wollte Dich mir vorstellen, Dich, den höchsten, einzigen, wahren Gott! Daß Du unverweslich, unverletzlich und unveränderlich bist, das glaubte ich aus ganzem Herzen. Denn ich sah klar und war sicher – ich weiß nicht woher und wie –, daß Verwesliches geringer ist, als was nicht verwesen kann. Was unverletzlich ist, erhob ich bedenkenlos über das Verletzliche, und das Unveränderliche hielt ich für besser, als was der Veränderung unterliegt.

Mein Herz empörte sich heftig gegen alle meine Phantasiebilder; ich versuchte, mit einem Hieb den ganzen mich umflatternden Schwarm von Unreinem aus dem Blick meines Geistes zu verscheuchen; aber kaum vertrieben, war er, im selben Augenblick, schon wieder da, überschwemmte mein Gesichtsfeld und verdunkelte es. So war ich gezwungen, dieses unverwesliche, unverletzliche und unveränderliche Wesen, das ich über das Verwesliche, Verletzliche und Veränderliche erhob, mir doch wieder, wenn auch nicht in Gestalt eines Menschenleibs, körperlich vorzustellen: in örtlichen Räumen innerhalb oder auch außerhalb der Welt, ins Unendliche ausgedehnt, denn alles, was ich nicht derart räumlich mir vorstellte, schien mir ein Nichts, und zwar ein reines Nichts, nicht nur eine Leere, wie wenn man einen Körper weghebt, und es bleibt ein jedes Körpers, sei er irdisch oder flüssig oder luftartig oder himmlisch, beraubter Raum, aber immerhin doch ein leerer Ort, etwas wie ein ausgedehntes Nichts.

2. So war denn mein Inneres verschwollen, ich war mir selber nicht durchsichtig; alles, was nicht durch einen bestimmten Raum hin sich erstreckte oder ergoß oder aufschwoll, was die eine oder andere dieser Bestimmungen nicht annehmen konnte, schien mir ein schieres Nichts. Durch die gleiche Art von Gestalten, wie meine Augen sie zu durchschweifen pflegten, durch ebensolche Bilder schweifte mein Geist; ich sah nicht, daß die Geisteskraft, mit der ich eben jene Bilder formte, nichts ihnen Gleiches war, und doch hätte sie sie nicht zu formen vermocht, wäre sie nicht selbst etwas Bedeutsames.

So dachte ich mir auch Dich, Du Leben meines Lebens, als eine gewaltige Masse, die allenthalben durch unendliche Räume die ganze Welt durchdrang, in jeder Richtung grenzenlos und unermeßlich, so daß die Erde und der Himmel und alles Dich enthielten und in Dir ihre Grenzen fänden, während Du selbst keine hast.

Wie das Sonnenlicht im Luftkörper, der Atmosphäre oberhalb der Erde, kein Hindernis findet, das es nicht ohne Bruch oder Riß durchdränge, obschon es ihn ganz erfüllt, so stellte ich mir vor, könntest Du nicht nur die Körperlichkeit des Himmels, der Luft, des Meeres, sondern auch die der Erde durchdringen, die in all ihren größten und kleinsten Teilen durchdringbar ist, um Dich Gegenwärtigen aufnehmen zu können, der Du durch geheime Einhauchung von innen und von außen alles von Dir Geschaffene lenkst.

Solches wähnte ich, da ich mir nichts anderes vorstellen konnte, es war aber falsch. Auf diese Art hätte ja ein größerer Teil der Erde einen größeren Teil von Dir enthalten, ein kleinerer einen kleineren, alle Dinge wären von Dir so erfüllt gewesen, daß der Leib eines Elephanten mehr gefaßt hätte als der eines Spatzes, im Maße als jener ausgedehnter ist als dieser und mehr Raum einnimmt, und so hättest Du Dich aufgestückelt, großen Teilen der Welt große Teile Deiner selbst, kürzeren kürzere vergegenwärtigend. Aber so ist es nicht. Bloß hattest Du «meine Finsternisse» noch nicht erleuchtet. Ps 18,29

Endgültige Abkehr vom Manichäismus

II,3. Mir hätte das genügen können, Herr, gegen diese betrogenen Betrüger und diese geschwätzigen Stummen – da Dein Wort nicht aus ihnen sprach –, was seit langem, schon seit Karthago, Nebridius ihnen entgegenzuhalten pflegte; wir alle, die ihn anhörten, waren davon beeindruckt: Was sollte Dir ein unfeststellbares Geschlecht der Finsternis auf seiten der feindlichen Masse, das die Manichäer Dir entgegenzusetzen pflegen, anhaben können, wenn Du in keinen Kampf gegen sie eintreten wolltest? Sagte man, es hätte Dir einen Schaden zufügen können, so wärst Du verletzlich und verweslich; sagte man dagegen, es hätte Dir nichts Böses zufügen können, dann war keinerlei Anlaß für einen Kampf mehr da, einen Kampf, worin ein Teil oder ein Glied oder ein Schößling von Dir sich den feindlichen Mächten, die Du nicht geschaffen hattest, vermischen müßte, um von ihnen so verderbt und zum Schlimmern verändert zu werden, daß er aus Seligkeit in Elend verfiel und der Hilfe bedürfte, um davon befreit und geläutert zu werden. Und das wäre dann die menschliche Seele, der Dein Wort zu Hilfe käme: sie befleckt, jenes rein, sie verderbt, jenes unverfälscht – und doch selber auch verderbbar, weil beide aus der gleichen Substanz stammten. Wenn diese Leute also Dich, was immer Du wärst, nämlich Deine Substanz, durch die Du bist, für unverderblich erklärten, dann war alles von ihnen Vorgebrachte falsch und abscheulich; erklärten sie Dich hingegen als verderblich, dann sprachen sie schon von Anfang an falsch und vom ersten Wort an verabscheuenswert.

Das hätte demnach schon genügt, mich von der innern Bedrückung, die sie auf mich ausübten, zu befreien, blieb ihnen doch kein Ausweg ohne eine gräßliche Lästerung von Herz und Zunge, wenn sie von Dir so dachten und sprachen.

Die ungelöste Frage des Bösen

III,4. Obwohl mir innerlich als klar und sicher galt, daß Du, unser Gott, der wahre Gott bist, der nicht nur unsere Seele, sondern auch unsern Körper geschaffen hat, und nicht nur unsere Seele und unsere Körper, sondern alle Seelen und Wesen, so wußte ich doch bisher keine befriedigende Lösung für den Ursprung des Bösen. Doch was dieser Ursprung auch sein mochte, ich sah, daß man ihn suchen mußte, ohne deswegen den unveränderlichen Gott für veränderlich zu halten, sollte ich nicht selber werden, was ich suchte: böse. So suchte ich danach in der sichern Gewißheit, daß die Lehre der Manichäer falsch war; ich floh sie jetzt aus ganzem Herzen, denn ich sah, daß sie auf ihrer Suche nach dem Grund des Bösen voller Bosheit waren, da sie es vorzogen zu denken, Dein Wesen erleide Böses, anstatt anzunehmen, ihr eigenes tue Böses.

5. Ich gab mir dabei alle Mühe, einzusehen, was man mir vortrug:[1] daß der freie Wille der Grund sei für unser Tun des Bösen, und Dein gerechtes Gericht der Grund für unser Leiden, doch vermochte ich diesen Grund nicht klar einzusehen.[2] Wenn ich mein Geistesauge aus der Tiefe emporrichten wollte, versank ich doch wieder, wiederholte mein Bemühen und versank doch wieder und wieder.

Eins hob mich Deinem Licht entgegen: ich war so sicher, einen Willen zu haben, wie daß ich lebte. Wenn ich etwas wollte oder nicht wollte, war ich vollkommen sicher, daß ich und kein anderer es war, und hier, so merkte ich immer

[1] Diese entscheidende, alles umstellende Einsicht verdankt Augustin den Predigten des Ambrosius.

[2] Augustin sucht dauernd nach einem positiven Grund für das Böse (causa efficiens), er wird die Lösung darin finden, daß es dafür nur eine causa deficiens gibt: De Civ. Dei XII, 7–8.

deutlicher, mußte der Grund meiner Sünde liegen. Was ich aber wider Willen tat, das (meinte ich) erlitt ich eher, als daß ich es tat, aber ich hielt das nicht für Schuld, sondern für Strafe, die, wie ich alsbald mir eingestand, mich nicht ungerecht traf, da ich Dich für gerecht hielt.

Aber dann fragte ich mich wieder: Wer hat mich geschaffen? Ist es nicht mein Gott, der nicht nur gut, sondern das Gute selbst ist? Woher also kommt mir, daß ich das Böse will, das Gute nicht will? Etwa, damit ich Strafe gerechterweise erleide? Wer hat dann diese Pflanzung der Bitternis in mich eingesetzt und gesät, wenn ich doch als Ganzer von meinem liebevollsten Gott herstamme? Hat's der Teufel getan, woher kommt dann dieser? Und wenn er selbst durch eine Verkehrung seines Willens aus einem guten Engel zum Teufel wurde, woher stammt in ihm der böse Wille, der ihn teuflisch machte, wenn doch der ganze Engel vom allerbesten Schöpfer herstammt? Solches Grübeln drückte mich abermals nieder und wollte mich fast ersticken. Aber ich ließ mich nicht bis zu dieser Hölle des Zweifels hinabziehen, wo keiner mehr Dich lobt und wo man lieber annimmt, Du erlittest das Böse, als daß der Mensch selber es tut.

Gott und das Böse

IV,6. Auf diese Art gab ich mir Mühe, auch das übrige zu finden, so wie ich schon gefunden hatte, daß das Unverwesliche besser sei als das Verwesliche, worauf ich bekennen konnte, Du seist unverweslich, was immer Du im übrigen sein mochtest. Hat doch nie eine Seele zu denken vermocht, noch wird es je eine vermögen, etwas sei besser als Du, der Du das höchste und beste Gut bist. Da nun das Unzerstörbare mit voller Wahrheit und Sicherheit dem Zerstörbaren überlegen ist – wie ich selber es bereits erkannte –, so hätte ich mir, wärest Du nicht unzerstörbar gewesen, etwas ausdenken können, was besser wäre als mein Gott.

Dort also, wo ich einsah, daß das Unverderbliche dem Verderblichen vorzuziehen sei, dort mußte ich weitersuchen und von dorther überlegen, wo das Böse seinen Sitz hat, das heißt, woher die Verderbtheit selbst stammt, die in keiner

Weise Dein Wesen schädigen kann. Denn auf keinerlei Art versehrt die Verderbnis unsern Gott, weder durch Wollen noch durch Notwendigkeit, noch durch Zufall, denn er ist ja Gott, und was er für sich will, ist das Gute, und er selbst ist dieses Gute, Verderbtheit aber ist nichts Gutes.

Auch wirst Du gegen Deinen Willen zu nichts gezwungen, denn Dein Wille ist nicht größer als Deine Macht; größer wäre er nur, wenn Du selber größer wärest als Du; sind doch in Gott Gottes Wille und Macht selber Gott. Und was könnte für Dich, der Du alles weißt, unvorhergesehen sein? Kein Wesen existiert, außer weil Du es kennst. Doch wozu so viele Worte, um zu beweisen, daß Gottes Wesen nicht verderbbar ist, da es doch, falls es das wäre, nicht Gott wäre.

V,7. Forschend nach dem Ursprung des Bösen, forschte ich böse und sah das Böse in meinem Forschen nicht.

Unter dem Blick meines Geistes breitete ich alle Kreatur aus, was immer man darin wahrnehmen kann, wie Erde und Meer und Luft und Gestirne und Bäume und die sterblichen Tiere, alles Unsichtbare auch, wie das Firmament des Himmels und alle seine Engel und geistigen Wesen; aber auch diese, gemäß meiner Einbildungskraft, da und dort im Raum verteilt. Und ich formte aus Deiner Schöpfung eine einzige riesige Masse, bestehend aus den wirklichen Körpern und aus denen, die ich den Geistern zugeschrieben hatte. Diese Masse ließ ich gewaltig groß sein, nicht so groß, wie sie in Wirklichkeit war, was ich ja nicht wissen konnte, sondern so groß, wie es mir gefiel, wobei ich sie doch allseits begrenzt ließ. Dich aber, Herr, ließ ich diese Masse von jeder Seite übersteigen und sie durchdringen, und zwar als in jeder Hinsicht unendlich. So etwa, wie wenn ein Meer allüberall wäre, durch alle Unendlichkeiten nichts als dieses Meer, das innerhalb seiner einen Schwamm, einen beliebig großen, aber doch endlichen, hätte, der natürlich in all seinen Teilen des unendlichen Meeres voll wäre.

So dachte ich mir Deine endliche, aber von Dir, dem Unendlichen, erfüllte Kreatur, und ich sprach: Dies also ist Gott, und dies das von Gott Geschaffene, und Gott ist gut und über all das gewaltig erhaben; dennoch hat dieser Gute

Gutes erschaffen, und auf diese Weise umgibt und erfüllt er es. Wo also bleibt das Böse, auf welchen Wegen hat es sich eingeschlichen? Was ist seine Wurzel, was sein Same? Oder sollte es gar nicht existieren? Weshalb aber fürchten und vermeiden wir dann, was nicht ist? Aber selbst wenn wir uns umsonst fürchteten, wäre die Furcht doch sicher ein Übel, das unser Herz grundlos peinigt und quält; ja, das Übel wäre umso schlimmer, als kein Grund zur Furcht bestünde und wir uns dennoch fürchten. So gibt es entweder das Böse, das wir fürchten, oder das Böse besteht darin, daß wir fürchten.

Woher also stammt es, da der gute Gott dies alles doch gut erschuf? Gewiß hat er, das größere, höchste Gut, geringere Gute geschaffen, aber doch sind Schöpfer und alles Geschaffene gut; woher also das Böse? War vielleicht irgendeine Materie, aus der er es schuf, böse? Er formte und ordnete sie zwar, ließ aber etwas in ihr zurück, was er nicht zum Guten wendete. Auch hier: Weshalb? War er vielleicht unfähig, sie als ganze zu wandeln und zu verändern, so daß nichts Böses verbliebe, er, der doch allmächtig ist? Und schließlich: Warum sollte er überhaupt etwas daraus machen und zog es nicht aufgrund seiner selben Allmacht vor, daß es gar keine Materie gäbe? Oder konnte sie entgegen seinem Willen existieren? Oder wenn sie ewig war, warum ließ er durch unendliche zurückliegende Zeiten sie derart existieren, um so lange nachher zu beschließen, etwas aus ihr zu bilden? Oder ferner: Wenn er plötzlich etwas ins Werk setzen wollte, hätte er, der Allmächtige, nicht besser daran getan, sie verschwinden zu lassen, so daß er allein das ganze Wahre, das höchste, unendliche Gute wäre? Oder wenn es für ihn, den Guten, nicht gut war, nicht auch etwas Gutes herzustellen und zu erschaffen, warum hat er dann die böse Materie nicht aufgehoben und vernichtigt, um an ihrer Stelle eine gute zu schaffen? Er wäre doch nicht allmächtig, wenn er etwas Gutes nicht anders hinsetzen könnte als mit Hilfe einer Materie, die er nicht selber erschaffen hatte.[3]

[3] An dieser Stelle wird nicht nur der manichäische, sondern auch der platonische Begriff der Materie christlich überwunden.

Solcherlei wälzte ich in meiner armen Brust, beschwert noch von nagender Sorge, in Furcht, zu sterben, ohne die Wahrheit gefunden zu haben. Trotzdem stand in meinem Herzen der Glaube der katholischen Kirche an «Deinen
2 Petr Christus, unsern Herrn und Erlöser» fest, wenn auch in
2,20 vielem noch formlos und außerhalb der Lehrnorm schwankend; mein Geist jedoch ließ ihn nicht fahren, trank ihn vielmehr täglich tiefer in sich hinein.

Abkehr von der Astrologie

VI,8. Auch mit den trügerischen Weissagungen und dem gottlosen Gerede der Astrologen hatte ich schon gebrochen.[4] Auch darüber mögen Dir, Du mein Gott, aus meiner innersten Seele Deine Erbarmungen ihr Bekenntnis ablegen!

Du warst es, Du ganz allein – denn wer ruft uns aus dem Tod jeden Irrtums zurück als das Leben, das kein Sterben kennt, und die keines Lichtes bedürftige Weisheit, die alle bedürftigen Geister erleuchtet und die Welt regiert bis zu den vom Wind entführten Blättern der Bäume? –, Du hast meinen starrköpfigen Widerspruch gegen den klugen Greis Vindicianus und den herrlichen jungen Geist des Nebridius geheilt. Jener versicherte entschieden, dieser mit einigem Zögern, aber doch wiederholt, eine Kunst, die Zukunft vorauszusehen, gäbe es überhaupt nicht, nur die menschlichen Vermutungen hätten zuweilen orakelnde Kraft; wenn man vieles sagt, tritt manches davon ein, auch wenn die Redenden es nicht vorauswissen.

Du hast mir also einen Freund verschafft, der zwar die Astrologen nicht selten befragte, ihre Schriften übrigens nicht sonderlich kannte, sie aber doch, wie gesagt, aus Neugier befragte und außerdem von einer Begebenheit wußte, die er von seinem Vater vernommen hatte; wie sehr diese dazu angetan war, meinen Glauben an diese Kunst zu erschüttern, ahnte er selber nicht. Der Mann hieß Firminus, war vornehm erzogen und in der Redekunst bewandert, er

[4] Die Abwendung von der Astrologie wird in diesem Zusammenhang wohl deshalb erwähnt, weil auch sie das Böse nicht erklären kann.

konsultierte mich als seinen lieben Freund in gewissen persönlichen Dingen, die seine hochgespannten weltlichen Erwartungen betrafen, und fragte mich, was ich von seinen sogenannten Konstellationen halte.

Ich, der bereits begonnen hatte, der Ansicht des Nebridius zuzuneigen, weigerte mich zwar nicht, meine Vermutungen auszusprechen, dem gemäß, was mir in den zögernden Sinn kam, fügte jedoch bei, ich sei schon fast überzeugt, das alles sei lächerlich und wertlos.

Da erzählte er mir, sein Vater sei für derartige Schriften sehr eingenommen gewesen und habe einen Freund gehabt, der sich ebenso eifrig damit abgab. Mit gleicher Glut arbeiteten sie zusammen und feuerten einander für diese Spielereien an, so daß sie selbst die Zeitpunkte beobachteten, da ihre Haustiere niederkamen, und die entsprechenden Himmelsstellungen aufzeichneten, um sich Erfahrungen in dieser vermeintlichen Kunst beizulegen.

Er hatte also von seinem Vater erfahren, daß, als seine Mutter mit ihm, Firminus, schwanger war, eine Magd des Freundes seines Vaters ebenfalls in Erwartung war, was ihrem Herrn, der selbst das Werfen seiner Hündinnen peinlich genau beobachtete, nicht verborgen bleiben konnte.

Während der eine bei seiner Gattin, der andere bei seiner Magd die Tage, die Stunden und deren kleinste Bruchteile mit sorgsamster Beobachtung wahrnahm, traf es sich, daß beide Frauen zur gleichen Zeit niederkamen, so daß die beiden Freunde die bis ins einzelnste gleichen Konstellationen, einer für den Sohn, der andere für den Sklaven, feststellen mußten. Denn als bei den Frauen die Wehen begannen, waren die Freunde übereingekommen, sich gegenseitig auf dem Laufenden zu halten. Sie hatten Boten bereitgestellt, damit jedem die erfolgte Geburt gemeldet würde, für sie, da jeder Herr in seinem Haus war, ein Leichtes. Die Boten trafen sich, so erzählte er, gerade mittenwegs im gleichen Abstand zwischen den beiden Häusern, so daß keiner der beiden eine verschiedene Gestirnsstellung oder einen Zeitunterschied hätte feststellen können.

Und doch war Firminus in der wohlhabenden Lage der Seinen geboren und wandelte auf den gesicherten Straßen der Welt dahin, häufte Reichtümer an, wurde zu Ehrenstellen erhoben, während der Sklave zeit seines Lebens unter dem Joch seines Standes seinem Herrn diente, wie Firminus, der ihn kannte, selber erzählte.

9. Ich hörte mir das an und hielt es für wahr, denn der Erzähler war glaubwürdig, und dabei brach mein ganzer Widerstand in sich zusammen. Als erster suchte ich Firminus selbst von seinem Vorwitz abzubringen. Ich hätte doch, so sagte ich ihm, um Wahres vorauszusagen, bei der Einsichtnahme in seine Konstellationen die Vorrangstellung seiner Eltern unter ihresgleichen, ihren Adelsstand in der Stadt, seine freie Geburt, seine gute Erziehung und liberale Ausbildung ersehen müssen; hätte mich aber der Sklave über die gleichen Konstellationen befragt, die ja auch die seinen waren, so hätte ich darin im Gegenteil den niedrigen Familienstand, das Sklaventum und alles übrige vom ersten Verschiedene und Weitentfernte entdecken müssen. Somit hätte ich von den gleichen Gegebenheiten ausgehend, falls ich die Wahrheit sprechen wollte, Verschiedenes ansagen müssen; hätte ich Gleiches ausgesagt, so wären meine Voraussagen falsch gewesen. So ergäbe sich mit Gewißheit, daß wahre Aussagen aufgrund der Prüfung von Konstellationen sich nicht der Kunst, sondern dem Zufall verdanken; falsche dagegen nicht der Unkenntnis in der Wissenschaft, sondern dem Trug des Zufalls.

Erster Aufschwung zu Gott

10. So gewann ich freien Weg. Ich sann über die Dinge nach, damit nicht einer von diesen Abwegigen, die aus solchen Praktiken Kapital schlugen und die ich schon längst angreifen und bloßstellen wollte, mir entgegnen könnte, Firminus oder sein Vater hätten mir etwas Falsches berichtet. Ich lenkte meine Aufmerksamkeit auf Zwillinge, die zumeist so rasch nacheinander aus dem Mutterleib treten, daß der Zeitabstand – welche Bedeutung man ihm in der Ordnung der Dinge auch zuschreiben mag – der menschlichen Beobachtung entgeht und im Horoskop, das der Astrolog stellt, um Richtiges auszusagen, nicht verzeichnet werden kann. Dies

Richtige aber trifft er nicht, denn zwei gleiche Horoskope deutend, hätte er über Esau und Jakob, die doch ein so verschiedenes Schicksal hatten, das Gleiche aussagen müssen. Somit hätte er Falsches geweissagt, oder falls Richtiges, so nicht das gleiche, obschon er das gleiche Bild vor Augen gehabt hätte. Nicht die Kunst also, sondern der Zufall läßt ihn das Rechte treffen.

Denn Du, Herr, gerechtester Lenker des Alls, handelst durch eine geheime Eingebung, die den Fragenden wie den Befragten unbekannt bleibt, so daß jeder Befragende das vernimmt, was er gemäß den geheimen Verdiensten der Seele aus dem Abgrund Deines gerechten Gerichtes zu vernehmen verdient. Und darauf soll der Mensch nicht entgegenhalten: «Was ist das? Wozu das?» Er soll das nicht, nein, er soll das nicht; ist er doch nur Mensch.

Dauernde Suche nach dem Ursprung des Bösen

VII,11. Schon hattest Du also, «mein Helfer», mich aus diesen Banden befreit, während ich auf der Suche nach dem Ursprung des Bösen war. Doch kein Ausweg zeigte sich. Nur ließest Du nicht zu, daß meine umherschweifenden Gedanken mich von dem Glauben entfernten, kraft dessen ich festhielt: daß Du bist, daß Dein Wesen unveränderlich ist, daß Du Dich um die Menschen kümmerst und sie richtest und in Christus, Deinem Sohn, unserem Herrn, und in den Heiligen Schriften, wie die Autorität Deiner heiligen katholischen Kirche sie darbietet, den Weg des Heils zu dem Leben angelegt hast, das nach dem irdischen Tode folgt.

Während für mich dies alles sicher und unerschütterlich feststand, suchte ich fieberhaft nach dem Ursprung des Bösen. Was für Qualen für mein in Wehen liegendes Herz, welches Gestöhn, Du mein Gott! Dein Ohr vernahm es, aber das ahnte ich nicht.

Während ich in der Stille inständig suchte, drang es laut zu Deinem Erbarmen empor: das stumme Zermalmtwerden meines Geistes, Du allein wußtest, was ich litt, aber keiner der Menschen. Wie wenig verrieten meine Lippen selbst meinen besten Freunden davon. Hätte der ganze Tumult meines Innern an ihr Ohr dringen können? Weder die Zeit

noch mein Mund hätten dazu hingereicht. Aber das Ganze
gelangte an Dein Ohr, «das Gebrüll meines stöhnenden
Herzens», und «vor Dir lag meine Sehnsucht, und das Licht
Ps meiner Augen war nicht bei mir». Denn es war innen, ich
38,9f. aber außen, und einen Ort hat es nicht. Ich dagegen starrte
nur auf die örtlichen Dinge, unter denen ich keinen Ort für
Ruhe fand. Sie boten mir keinen Raum an, dem ich zubilligen konnte: «Ja, das reicht, das ist gut», ließen mich aber
auch nicht dort einkehren, wo ich ein Hinreichendes gefunden hätte.

Stand ich doch über ihnen, jedoch unter Dir. Du wärst
meine wahre Freude gewesen, hätte ich mich Dir unterworfen, der Du mir das unterhalb meiner Geschaffene unterworfen hattest. Das wäre der rechte Ausgleich, die gesicherte
Gen Mitte meines Heils gewesen: «Zu Deinem Bild hin» zu
1,26 bleiben und, Dir dienend, meinen Leib zu beherrschen.

Aber da ich hochmütig gegen Dich aufstand und wider
meinen Herrn anstürmte «mit einem steifen Nacken als
Ijob Schild», erhoben sich auch jene niederen Dinge über mich
15,26 und drückten mich hinab, und nirgends gab es Erleichterung und Atemholen. Von allenthalben drangen sie, wenn ich hinsah, auf mich ein, scharen- und haufenweise. Wenn ich aber zurückwich, vertraten die Körperbilder mir wieder den Rückweg, als sagten sie: «Wohin willst du, Unwürdiger, Befleckter?»

Das alles kam von meiner Wunde, denn «Du hast den
Ps Stolzen wie einen Verwundeten gedemütigt». Meine Aufge-
89,11 blasenheit schied mich von Dir, und mein gedunsenes Antlitz verschloß mir die Augen.

Sir VIII,12. Du aber, Herr, «bleibst in Ewigkeit», doch «du
18,1
Ps 85,6 zürnst uns nicht auf ewig», denn Du hast Dich der Erde und
Asche erbarmt, und es war «Deinen Augen ein Wohlgefal-
Ps 61,9 len», meine Mißgestalt neuzugestalten. Mit inwendigen Stacheln triebst Du mich voran, damit ich so lange geduldlos blieb, bis daß Du mir durch ein inneres Schauen zur Gewißheit wurdest. Was Geschwulst an mir war, sank unter der Pflege Deiner verborgenen Hand in sich zusammen, und die verwirrte, verdunkelte Sehkraft meines Geistes genas von Tag zu Tag durch die scharfe Salbe heilsamer Schmerzen.

2. DER NEUPLATONISMUS

Was er bringt und was ihm fehlt[5]

IX,13. Als erstes wolltest Du mir zeigen, wie sehr Du «den Stolzen widerstehst, den Demütigen aber Gnade» gibst, und Jak 4,6
mit wie großem Erbarmen Du den Menschen den Weg der Demut gewiesen hast, indem «Dein Wort Fleisch geworden ist und unter den Menschen gewohnt hat». Zu diesem Joh 1,14
Zweck hast Du mir durch einen von maßlosem Stolz geblähten Menschen[6] gewisse aus dem Griechischen ins Lateinische übersetzte Bücher der Platoniker verschafft.[7]

In diesen las ich zwar nicht geradezu wörtlich, aber doch im genau gleichen Sinn, der durch zahlreiche und vielfältige Beweise gestützt war: «Im Anfang war das Wort, und das Wort war bei Gott, und Gott war das Wort: dieses war im Anfang bei Gott. Alles ist durch es geworden, und ohne es wurde nichts; was wurde, war in ihm Leben, und das Leben war das Licht der Menschen, und das Licht leuchtet in der Finsternis, und die Finsternis hat es nicht begriffen.» Und auch dies: des Menschen Seele legt zwar «Zeugnis ab vom

[5] Dieses ganze Kapitel, das zum erstenmal vom Einfluß der neuplatonischen Schriften auf Augustins Entwicklung berichtet, ist aus der Perspektive des späteren Christen und Bischofs geschrieben. Erst Simplician (Buch VIII, 1) wird ihn auf den Zusammenhang zwischen Plotin und Johannes aufmerksam machen: der Vergleich zwischen beiden, der bei Augustin öfter wiederkehrt, dürfte aus den Gesprächen mit ihm stammen. – In seinen früheren Werken hatte Augustin zunächst viel positiver von den neuplatonischen Schriften gesprochen. Texte bei Solignac I, 103.

[6] Daß es sich, wie Courcelle (a.a.O. 153–155) meint, um den christlichen Platoniker Mallius Theodorus, dem er seinen früheren Traktat «Über das selige Leben» gewidmet hatte, handeln müsse, ist nicht sicher zu beweisen.

[7] Welches die von Augustin gelesenen neuplatonischen Werke waren, ist nicht mit Gewißheit auszumachen. Sicher eine Anzahl Bücher von Plotin (vgl. die über Courcelle hinausgehenden Nachweise bei Solignac I, 682–689), vielleicht auch Prophyrios. Im «Gottesstaat» nennt Augustin als «vornehmste» Platonnachfolger Plotin, Jamblich, Porphyr und Apuleius (VIII,12). Sicher hat er von Plotin gelesen: «Vom Schönen» (I, 6), «Vom Ursprung des Übels» (I, 8), «Von den drei grundlegenden Hypostasen» (V, 1), «Von der Entstehung und der Reihenfolge der Wesen, die auf das Erste folgen» (V, 2), «Von der Vorsehung» (III, 2–3). Aber die Liste braucht nicht vollständig zu sein.

Licht», ist aber «nicht selber Licht», sondern das Wort-Gott ist «das wahre Licht, das jeden Menschen, der in die Welt kommt, erleuchtet. Und die Welt ist durch es geworden, und die Welt hat es nicht erkannt». Dies aber: «Er kam in sein Eigentum, und die Seinen nahmen ihn nicht auf, denen aber, die ihn aufnahmen, gab er die Macht, Kinder Gottes zu
Joh 1,1–12 werden, denen, die an seinen Namen glauben»: das habe ich dort nicht gelesen.

14. Ferner las ich, daß das Wort, Gott, «nicht aus dem Fleisch, nicht aus dem Blut, nicht aus dem Willen des Mannes noch aus dem Willen des Fleisches, sondern aus Gott
Joh 1,13 geboren wurde». Aber daß «das Wort Fleisch geworden ist
Joh 1,14 und unter uns gewohnt hat», das las ich dort nicht.

Wohl fand ich in diesen Büchern auf manche und vielfältige Weise gesagt, daß der Sohn «in der Gestalt des Vaters es nicht für einen Raub hielt, Gott gleich zu sein», da er es von Natur ist. Aber daß er «sich selbst entleerte, Gestalt des Sklaven annahm und in Menschengestalt erfunden wurde, sich selbst erniedrigte, gehorsam geworden bis zum Tod, bis zum Tod am Kreuz»: weshalb Gott ihn «von den Toten erhöhte und ihm einen Namen gab, der über alle Namen ist, damit im Namen Jesu jedes Knie sich beuge, der Himmlischen, Irdischen und Unterirdischen, und jede Zunge beken-
Phil 2,6–11 ne: Jesus, der Herr, ist in der Herrlichkeit des Vaters»: das enthielten jene Bücher nicht.

Daß in der Tat vor aller Zeit und oberhalb aller Zeit Dein eingeborener Sohn unveränderlich und Dir gleich ewig
Joh 1,16 besteht und daß die Seelen «aus seiner Fülle empfangen», um selig zu sein, und daß sie durch Anteilnahme an der in sich bleibenden Weisheit erneuert werden, um weise zu sein: das steht dort. Daß er aber «zur rechten Zeit für die Gottlo-
Röm 5,6 sen gestorben ist» und daß Du «Deinen einzigen Sohn nicht
Röm 8,32 geschont, sondern ihn für uns alle ausgeliefert hast»: das steht dort nicht.

Denn «das hast Du den Weisen verborgen und es den
Mt 11,25 Geringen offenbart», damit zu ihm kämen «die Mühseligen und Belasteten», und er sie erquicke, denn er «ist sanft und
Mt 11,28 demütig von Herzen» und «läßt die Sanften in der Gerech-
Ps 25,9 tigkeit wandeln und lehrt die Milden seine Wege», er, der

unsere Niedrigkeit und unsere Mühsal sieht und uns «alle
unsere Sünden» vergibt. Ps
Die aber, die auf dem Kothurn eines angeblich höheren 25,18
Wissens einherstolzieren, hören nicht zu, wenn er sagt:
«Lernt von mir, denn ich bin sanft und demütig von Herzen,
und ihr werdet Ruhe finden für eure Herzen.» Auch wenn Mt
sie Gott «erkennen, so verehren sie ihn doch nicht als Gott» 11,29
oder sagen ihm «keinen Dank», sondern verlieren sich in
ihren eigenen Gedanken, und ihr «törichtes Herz verdunkelt
sich: sie nennen sich Weise, und dabei werden sie Toren». Röm
15. Deshalb las ich dort auch, «die Glorie Deiner Unver- 1,21f
gänglichkeit» sei verkehrt worden in Idole und allerhand
Abbilder, «in Angestaltung an das Bild des verweslichen
Menschen, von Vögeln und Vierfüßlern und Schlangen», Röm
die Speise Ägyptens, um deretwillen Esau sein Erstgeburts- 1,23
recht verlor; hat doch Dein erstgeborenes Volk den Kopf
eines Vierfüßlers verehrt, «das Herz Ägypten zugewandt», Apg
Dein Bild, ihre Seele, beugend vor dem Bild eines «heufres- 7,39 Ps
senden Kalbes». Ich fand diese Speise dort, aber aß nicht 106,20
davon.[8] Hat es Dir, Herr, doch gefallen, die Schmach der
Hintansetzung von Jakob wegzunehmen, so daß «der Ältere
dem Jüngern dienen» mußte, und Du hast die Heiden in
Dein Erbe gerufen.

Ich war von der Heidenschaft her zu Dir gekommen, und
ich richtete mein Augenmerk auf das Gold, das auf Dein
Geheiß hin Dein Volk aus Ägypten mitnehmen sollte, weil Ex
dieses Gold Dir gehörte, wo immer es sein mochte. Durch 3,22 11,2
Deinen Apostel hast Du den Athenern gesagt, daß wir in
Dir «leben und uns regen und sind», wie auch gewisse von Apg
ihnen gesagt haben, und von dorther stammten sicherlich 17,28
jene Bücher. Ich achtete nicht auf die Idole der Ägypter,
denen diese mit ihrem Gold opferten, «die die Wahrheit
Gottes in Lüge verwandelten und lieber dem Geschöpf als
dem Schöpfer Dienst und Verehrung leisteten». Röm 1,25

8 Augustin ist vom Polytheismus der Platoniker abgestoßen.

X,16. Von dorther aufgefordert, zu mir selbst zurückzukeh-
ren, trat ich unter Deiner Führung in mein Innerstes ein[9]
Ps und konnte es, weil Du Dich zu «meinem Helfer gemacht»
30,11 hast. Ich trat ein, erblickte mit meinem Seelenauge, wie
schwach es auch war, oberhalb dieses Auges meiner Seele, oberhalb meiner Vernunft ein unveränderliches Licht, nicht dieses gewöhnliche, das allem Fleisch sichtbar ist, keines das gleichen Wesens, nur stärker war, wie wenn es zum Beispiel viel, viel heller schiene und alles mit seinem Glanz erfüllte. Nein, so war es nicht, sondern anders, völlig anders als all unsere Lichter.

Und es war auch nicht über meinem Verstand wie das Öl über dem Wasser oder der Himmel über der Erde, sondern weit erhabener, weil es mich geschaffen hat, und ich war geringer, weil von ihm geschaffen. Wer die Wahrheit kennt, weiß darum, und wer darum weiß, kennt die Ewigkeit. Die Liebe kennt sie.

O ewige Wahrheit, o wahre Liebe und liebe Ewigkeit! Du bist mein Gott, zu Dir seufze ich auf, Tag und Nacht, und als ich Dich erstmals erkannte, nahmst Du mich empor, damit ich sähe, daß es einen zu Sehenden gibt, daß aber der noch nicht ist, der ihn sehen kann. Und heftig in mich einstrahlend, schlugst Du die Schwäche meines Blickes zurück, und ich erbebte vor Liebe und Schauder, und ich entdeckte, daß ich fern von Dir war, im Land der Unähnlichkeit,[10] als hörte ich Deine Stimme aus der Höhe: «Ich

[9] Mit diesem «Eintritt ins Innere» dürfte das getroffen sein, was Augustin als Wichtigstes den Neuplatonikern entnahm. Aber seine ganze Analyse im Buch X und zahlreiche spätere Bemerkungen fordern den Christen auf, keinesfalls in diesem Innern – und sei es noch so weiträumig wie das «Gedächtnis» – stehenzubleiben. «Transcende te ipsum» wird die stete Mahnung im Psalmenkommentar sein; damit ist jeder Idealismus durch die Einsicht, daß Gott «größer ist als unser Herz», überwunden.

[10] Die «regio dissimilitudinis» hat eine lange Vorgeschichte, die bei Platon beginnt (Staat 237d), sie findet sich bei Athanasius und Eusebius und wird durch das Mittelalter (Bernhard, Wilhelm von St. Thierry) bis ins 17. Jahrhundert weitertradiert. Daß Augustin sie hier erwähnt, ist deshalb wichtig, weil er darin den seinshaften Abstand zwischen dem lebendigen Gott der Bibel und der Kreatur erkennt, er deshalb schwerlich in den in

bin die Speise der Starken; wachse, dann wirst Du von mir essen. Und du wirst mich nicht in dich wandeln, wie die Speise deines Fleisches, sondern du wirst dich in mich verwandeln.»

Ich sah ein, daß Du «den Menschen um seiner Bosheit
willen in Zucht genommen hast» und meine «Seele wie ein
Spinngeweb dorren ließest». Ich fragte: «Ist die Wahrheit Ps
denn nichts, daß sie weder durch endliche noch durch un- 39,12
endliche Räume sich erstreckt?» Du aber riefst von wei-
tem: «Nein! Ich bin, der ich bin.» Ich vernahm es, wie man Ex
etwas mit dem Herzen vernimmt, und es gab nicht die 3,14
geringste Möglichkeit, daran zu zweifeln. Eher zweifelte ich,
daß ich lebe, als daß die Wahrheit nicht sei, die «durch die
geschaffenen Werke hindurch verstanden» erblickt wird. Röm 1,20

Lösung der Frage nach dem Bösen

XI,17. Und dann überschaute ich alles übrige, was unter Dir liegt, und sah, daß es weder völlig Sein noch völlig Nichtsein war. Es ist zwar, weil es aus Dir stammt, ist aber nicht, weil es nicht ist, was Du bist. Denn vollwirklich ist, was unveränderlich verharrt.

«Mir aber ist es gut, Gott anzuhangen», denn verharre ich Ps
nicht in ihm, so verharre ich auch nicht in mir. Er aber, «in 73,28
sich verharrend, erneuert alle Dinge». Und «Du bist mein Wh
Herr, weil Du meiner Güter nicht bedarfst». 7,27 Ps 16,2

XII,18. Und nun wurde mir auch klar, daß die vergänglichen Dinge gut sind. Wären sie im höchsten Maße gut, so wären sie unvergänglich; hätten sie nichts Gutes an sich, so könnten sie auch nicht verderben. Verderbnis schadet; würde sie aber das Gute nicht mindern, so entstünde kein Schaden. Entweder schadet Verderbnis nicht, aber das ist nicht möglich; oder – und das ist völlig gewiß – wird

den «Bekenntnissen» geschilderten Aufschwüngen zu Gott eine (pantheistische, plotinische) Einigung mit der Gottheit angestrebt haben kann, im Gegensatz zu der von Courcelle vertretenen These. Der immer wieder erwähnte Rückschlag wird an dieser Stelle gewiß vorwiegend der noch verbleibenden Sündigkeit zugeschrieben, denn auch im Ostiaerlebnis (Buch IX, x) gibt es keine bleibende Schau: es wird auf die Auferstehung verwiesen.

jegliches, das verdirbt, eines Guten beraubt. Würde es jedes Guten beraubt, so wäre es nichts mehr. *Ist* es aber und kann nicht mehr verderben, dann ist es besser, weil es ohne Verderbnis verharrt. Was aber wäre unsinniger, als zu behaupten, ein Ding, das jedes Gute verloren hat, wäre dadurch besser geworden? Wenn es somit eines jeden Guten beraubt ist, dann ist es nichts mehr; somit ist es, solange es ist, gut. Was immer also existiert, ist gut, und das Böse, nach dessen Ursprung ich suchte, ist keine Substanz, denn wäre es eine Substanz, so wäre sie gut. Es wäre entweder eine unverderbliche Substanz und damit ein großes Gut oder eine verderbliche, die, wenn sie nicht gut wäre, auch nicht verderben könnte.

So sah ich denn, und es wurde mir offenbar, daß Du alle Dinge als gut erschaffen hast und keinerlei Substanz existiert, die Du nicht geschaffen hast. Und da Du nicht alle Dinge gleichgestaltig erschufst und sie doch alle sind, so sind sie sowohl in ihrer Einzelheit wie in ihrer Gesamtheit
Gen 1,31 gut, denn unser Gott hat «alles sehr gut» geschaffen.[11]

XIII,19. Für Dich gibt es keinerlei Böses. Und nicht nur für Dich, auch für die Gesamtheit Deiner Schöpfung nicht, denn es gibt nichts, was von außen her eindringen und die Ordnung, die Du ihr auferlegt hast, stören könnte. In ihren Teilen aber wird einiges, weil es mit anderen nicht übereinstimmt, für schlecht gehalten. Mit anderen stimmt es wieder überein und ist dann gut: auch in sich selbst sind diese Teile gut. Und alle diese Elemente, die miteinander nicht übereinstimmen, gehören zum unteren Teil des Alls, den wir Erde nennen, sie hat ihren wolkigen und windigen Himmel, der zu ihr paßt.

Und fern sei von mir, noch zu sagen: «Das sollte nicht sein», denn sähe ich die niederen Dinge allein, ich würde mir zwar die bessern dazu wünschen, aber schon allein um jener willen müßte ich Dich loben. Das zeigen «auf Erden alle

[11] Mit dieser durch Plotin vermittelten Einsicht ist der Manichäismus endgültig überwunden und damit auch die apologetische Formel gefunden, mit der Augustin in allen antimanichäischen Schriften argumentiert. Sie macht den Quälereien über das Wesen des Bösen, die den Anfang des Buches (bis Kp. VIII) erfüllt hatten, gleichfalls ein Ende.

Ungeheuer und Abgründe, das Feuer, der Hagel, der Schnee, das Eis, der Braus des Unwetters, die Deinem Wort gehorchen, die Berge und alle Hügel, die Fruchtbäume und alle Zedern, die wilden und zahmen Tiere, die Kriechtiere und befiederten Vögel, die Könige der Erde und alle Nationen, die Fürsten und alle Richter der Erde, Jünglinge und Jungfrauen, Greise und junge Männer: sie alle loben Deinen Namen». Ps 149, 7–12

Aber da man Dich auch «in den Himmeln» lobt, so mögen Dich, unser Gott, «in den Höhen alle Deine Engel loben, alle Deine Mächte, die Sonne und der Mond, alle Sterne und das Licht, die Himmel der Himmel und die Wasser, die über den Himmeln sind, sollen Deinen Namen loben». Ps 149, 1–5 Ich sehnte mich seither nicht mehr nach bessern Dingen, denn im Gedanken umfing ich sie alle; die obern sind gewiß besser als die untern, aber besser ist ihre Gesamtheit als die obern allein, so ersah ich's mit besserem Verständnis.

XIV,20. «Nicht gesunden Geistes» sind jene, denen etwas Ps 38,4.8 an Deiner Schöpfung mißfällt, wie es mir selber zugestoßen war, als mir vieles, was Du geschaffen hast, mißfiel. Und da mein Geist es nicht wagte, an meinem Gott Mißfallen zu empfinden, weigerte er sich, Dir zuzuschreiben, was immer ihm nicht gefiel. Von da war er zur Meinung gelangt, es gebe zwei Substanzen, und fand dabei keine Ruhe und redete irr. Und davon wieder abgekommen, erfand er sich einen durch alle örtlichen Räume ins Unendliche ausgegossenen Gott und dachte, das wärest Du, hatte ihn im Herzen aufgestellt und war so wieder zu einem Götzentempel geworden, einem Greuel vor Dir.

Als Du aber, ohne daß ich es wußte, meinen kranken Kopf heilen wolltest und mir «die Augen geschlossen» hattest, damit «sie das Eitle nicht sähen», entschwand ich Ps 119,37 mir für ein Weilchen, mein Wahn war betäubt, dann wachte ich auf und erblickte Dich, Du Unendlicher, als einen ganz Andern, und diese Schau entstammte nicht dem Fleische.

XV,21. Dann blickte ich auf andere Dinge hin und sah, daß sie sich Dir verdanken, ihr Sein, ihre Endlichkeit in Dir haben, nicht im örtlichen Sinn, sondern weil Du in Deiner

Wahrheit alles wie in Deiner Hand hältst, und sie alle sind wahr, sofern sie sind; und Falschheit gibt es nicht, außer man hält etwas für seiend, was es nicht ist.

Und ich sah, daß ein jegliches angemessen ist, nicht nur bezüglich seines Ortes, sondern auch seiner Zeit, und daß Du, der allein ewig ist, nicht nach unermeßlichen Zeiträumen zu wirken begonnen hast, denn alle vergangenen und kommenden Zeiträume könnten nicht vergehen und nicht kommen, wenn Du nicht stets und bleibend am Wirken wärest.[12]

XVI,22. Und von Erfahrung belehrt, begriff ich, daß es nicht zu verwundern braucht, wenn einem kranken Gaumen selbst das Brot zum Überdruß wird, das für einen gesunden Genuß ist, und kranken Augen das Licht lästig ist, das für gesunde wohltätig wirkt.

So mißfällt Deine Gerechtigkeit den Bösen, nicht zu reden von Vipern und Würmern, die Du gut und dem niedrigen Teil Deiner Schöpfung angemessen erschufst. Zu ihnen passen auch die Sünder, je unähnlicher sie Dir sind, während sie den obern Teilen sich anpassen, je ähnlicher sie Dir werden.

Und ich suchte, was die Sünde wäre, und fand nicht eine Substanz, sondern das Abgekehrtsein eines Willens von Dir,
Sir Gott, eines, der «seine innersten Güter» ins Niedrige weg-
10,10 wirft und sich im Außensein aufbläht.

XVII,23. Ich staunte darüber, daß ich Dich schon liebte und kein Hirngespinst mehr, aber ich stand noch nicht fest genug, um meines Gottes zu genießen. Ich wurde nur zu Dir, meiner Schönheit, emporgerissen, aber alsbald wieder durch mein Schwergewicht ins Irdische hinabgeschleudert, und dieses Gewicht war die fleischliche Angewöhnung.

Doch die Erinnerung an Dich blieb bei mir, und ich zweifelte keinen Augenblick, wem ich anzuhangen hätte; bloß war ich noch keiner, der anhangen konnte, weil «der verwesliche Leib die Seele beschwert und die irdische Be-
Wh hausung auf den vieldenkenden Geist drückt»: Dennoch
9,15 war ich gewiß, daß «Dein Unsichtbares seit Grundlegung

[12] In Buch XI wird der Gedanke breit ausgeführt.

der Welt durch die geschaffenen Dinge als Begriffenes angeschaut wird, Deine ewige Kraft und Gottheit». Röm 1,20

Denn als ich suchte, weshalb ich die Körper, die himmlischen oder irdischen, schön fand und wonach ich mit Sicherheit über Wandelbares urteilen und sagen konnte: «Das ist, wie es sein soll, und jenes nicht», anläßlich dieser Frage, weshalb mein Urteil so ausfiel, hatte ich die unveränderliche wahrhaftige Ewigkeit der Wahrheit oberhalb meines wandelbaren Geistes gefunden.

Ich stieg so stufenweise empor von den Körpern zu der durch den Körper fühlenden Seele und von da zu deren innerer Kraft, der die Körpersinne das Äußere melden – bis wohin auch die Tiere gelangen –, und von da weiter zum Verstandesvermögen, dem das von den Körpersinnen Erfaßte zur Beurteilung übergeben wird. Dieses Vermögen erkannte sich in mir als noch immer veränderlich und erhob sich zu seiner geistigen Selbstdurchdringung und lenkte die Vorstellungskraft von ihren Angewöhnungen ab, entzog sich den Widersprüchen des Getümmels der Phantasie, um dabei zu entdecken, von welchem Licht es selbst überströmt wurde. Wenn es, ohne zweifeln zu können, verkündete, das Unveränderliche sei dem Veränderlichen vorzuziehen: woher kannte es dann das Unveränderliche? Hätte es dieses nicht irgendwie gekannt, es hätte es unmöglich mit Sicherheit dem Veränderlichen vorziehen können; und so gelangte es zu dem, was *ist:* im Blitz eines erschaudernden Anblicks.

Damals habe ich wahrlich Dein «Unsichtbares» als «einsehbar durch das Geschaffene hindurch» erschaut, aber den Röm 1,20 Blick darauf festzubannen vermochte ich nicht, und wenn der Rückschlag meiner Schwäche mich ins Gewohnte zurückversetzte, trug ich in mir nur ein liebendes Andenken, gleichsam wie den erregenden Duft einer Speise, die zu genießen ich noch nicht fähig war.

Noch fehlt Christus

XVIII,24. Nun suchte ich einen Weg, die hinreichenden Kräfte zu gewinnen, Deiner zu genießen, doch fand ich sie solange nicht, bis ich «den Mittler zwischen Gott und den

1 Tim 2,5 Menschen, den Menschen Jesus Christus» gefunden hatte,
Röm 9,5 «der über alles der in Ewigkeit gesegnete Gott ist», ihn, der
Joh 14,6 da ruft: «Ich bin der Weg, die Wahrheit und das Leben.»
Und die Speise, die aufzunehmen ich unfähig war, vermisch-
Joh 1,14 te er mit dem Fleisch, da «das Wort Fleisch geworden ist»,
damit für unsere Kindesschwäche sich in Milch verwandle
Deine Weisheit, durch die Du alle Dinge geschaffen hast.

Denn noch war ich nicht demütig genug, um Jesus, den Demutsvollen, meinen Gott, zu besitzen, und verstand noch nicht, was seine Schwachheit uns lehren sollte. Denn Dein Wort, die ewige Wahrheit, das von hoch herab die obern Teile Deiner Schöpfung beherrscht, erhebt sie, als ihm untertan, zu sich. In den untern Teilen dagegen hat es sich aus unserem Lehm eine dürftige Wohnung gebaut, um jene, die ihm unterworfen werden sollen, von sich selber loszulösen und sie auf seine Seite überzuführen; die Schwellungen heilend und die Liebe fördernd, damit sie nicht durch Selbstvertrauen sich noch weiter entfernten, sondern ihrer Schwachheit innewürden, wenn sie zu ihren Füßen die schwach gewordene Gottheit erblickten, ermattet durch Teilnahme an unsern «Fellgewändern». Matt und ergeben sollten sie sich vor ihr niederwerfen, während die Gottheit, sich aufrichtend, sie mit sich erhöbe.

XIX,25. Ich dagegen war anderer Meinung. In Christus, meinem Herrn, sah ich nichts weiter als einen Menschen von überragender Weisheit, dem keiner gleichkam. Dies zumal, weil er – wunderbar von einer Jungfrau geboren, um uns zu zeigen, wie das Zeitliche im Hinblick auf die Erlangung göttlicher Unsterblichkeit zu verachten sei – mir aufgrund einer göttlichen Sorge für uns eine hohe Lehrautorität erlangt zu haben schien.

Welches Heilsgeheimnis aber die Aussage «das Wort ist
Joh 1,14 Fleisch geworden» in sich schloß, das konnte ich noch nicht einmal ahnen. Ich wußte von ihm nur, was auch in den von ihm handelnden Schriften überliefert ist, daß er aß und trank, daß er schlief und wanderte, sich freute und trauerte, Gespräche führte, daß sein Fleisch mit Deinem Wort nicht anders verbunden sein konnte als zusammen mit einer menschlichen Seele und einem menschlichen Geist. Jeder,

der die Unwandelbarkeit Deines Wortes erkannt hat, weiß das; auch ich hatte sie, so gut ich's vermochte, erkannt und besaß darüber keinerlei Zweifel. In der Tat: die leiblichen Glieder einmal durch den Willen bewegen, sie ein andermal nicht bewegen, jetzt etwas fühlen, dann wieder nichts, jetzt weise Worte durch Zeichen äußern, dann im Schweigen verharren: das ist einer Seele und einem Geist, die wechselhaft sind, eigen.

Hätte man ihm solches fälschlich zugeschrieben, so würde das Ganze der Lüge verdächtig und in den genannten Büchern verbliebe nichts Verläßliches für einen heilsamen Glauben. Weil aber darin die Wahrheit steht, anerkannte ich in Christus den ganzen Menschen, nicht bloß einen menschlichen Leib oder samt diesem eine geistlose Seele. Aber von diesem Menschen nahm ich an, er sei nicht die Wahrheit in Person, sondern bloß durch eine besondere Erhabenheit der menschlichen Natur und eine vollkommere Teilnahme an der Weisheit allen andern überlegen.

Alypius dagegen meinte, die Katholiken glaubten an einen bloß mit Fleisch bekleideten Gott, so daß neben beidem in Christus nichts sei; er dachte, eine Seele und einen Geist schreibe man ihm nicht zu. Und da er doch ganz überzeugt war, daß die von Christus überlieferten Dinge ohne ein geschaffenes Lebens- und Geistesprinzip nicht erklärbar waren, bewegte er sich langsamer auf den christlichen Glauben zu. Als er aber später einsah, daß dies die Häresie der Apolinaristen war, schloß er sich freudig dem katholischen Glauben an.

Was mich betrifft, so gestehe ich, daß ich erst einige Zeit später erfuhr, wie im Verständnis des Satzes «das Wort ist Fleisch geworden» der katholische Glaube vom Irrtum des Photin sich unterscheidet. In der Verwerfung der Irrlehrer tritt ja deutlich hervor, was Deine Kirche für wahr hält und was die gesunde Lehre ist. «Denn es sollte ja auch Häresien geben, damit die Erprobten offenbar werden» unter den Schwachen. 1 Kor 11,19

XX,26. Als ich so die Schriften der Platoniker gelesen hatte und von ihnen aufgefordert worden war, die unstoffliche Wahrheit zu suchen, als ich Dein «Unsichtbares durch das
Röm Geschaffene hindurch einsehbar» erschaut und auch beim
1,20 Rückprall begriffen hatte, was die Finsternis meiner Seele noch nicht zu betrachten erlaubte, da war ich gewiß, daß Du bist und unendlich bist, aber nicht durch endliche oder unendliche Räume ergossen, daß Du wahrhaft und Dir immerdar gleich bist, in keinem Teil und durch keine Bewegung ein Anderer oder anders, während alles übrige aus Dir stammt, aus dem einzigen, stichhaltigen Grund, daß es ist. Von all dem war ich überzeugt und doch noch zu schwach, Deiner voll zu genießen.

Ich schwatzte drauflos wie ein Kenner, und hätte ich nicht
Tit 1,4 in «Christus, unserem Retter» Deinen Weg gesucht, so wäre ich kein Eingeweihter, sondern ein Todgeweihter geworden. Denn schon hatte ich begonnen, als ein Weiser erscheinen zu wollen, ich, der voll war meiner Strafe und sie nicht beweinte und darüber hinaus mich gar meiner Weisheit rühmte. Wo blieb jene auf dem Fundament der Demut, das Christus Jesus ist, aufbauende Caritas? Wann hätten jene Bücher sie mich gelehrt? Daß Du mir diese aber, noch bevor ich Deine Schriften erwog, in die Hände spieltest, hatte wohl diesen Grund: ich sollte den Eindruck, den sie auf mich machten, im Gedächtnis behalten, damit ich, wenn ich später mich Deinen Schriften gefügt und Dein heilender Finger meine Wunden geschlossen hätte, begreifen und unterscheiden lernte, welcher Abstand besteht zwischen Überheblichkeit und Bekenntnis, zwischen denen, die sehen, wohin man gehen sollte, aber nicht wissen wie, und Dem, der der Weg zur seligen Heimat ist, die man nicht nur wahrnehmen, sondern auch bewohnen soll.

In der Tat, wäre ich zuerst mit Deinen heiligen Schriften vertraut und Du wärest mir durch den Umgang mit ihnen süß geworden, dann hätten mich diese Bücher, wenn ich erst später auf sie gestoßen wäre, vielleicht von der festen Grundlage meiner Frömmigkeit losreißen können; oder wäre ich in der heilsamen Gesinnung, die ich durch Deine Schriften erhielt, verblieben, so hätte ich vielleicht gemeint, man könne eine solche auch aus dem alleinigen Studium der platonischen Bücher gewinnen.

Paulus

XXI,27. So griff ich also mit größter Begierde nach den ehrwürdigen Schriften Deines Geistes und allen übrigen zuvor nach dem Apostel Paulus.[13]

Meine Bedenken, daß er sich zuweilen zu widersprechen und nicht mit den Zeugnissen von Gesetz und Propheten übereinzustimmen schien, schwanden bald; ich sah das einheitliche Antlitz der heiligen Worte vor mir auftauchen und lernte «mit Zittern zu frohlocken». Ps 12,7

Ich machte mich ans Lesen und fand, daß alles Wahre, das ich bei den Platonikern gefunden hatte, hier mit dem ständigen Hinweis auf Deine Gnade gesagt wurde, damit einer, der sieht, sich nicht «rühme, als habe er nicht empfangen», 1Kor
und zwar nicht nur das Gesehene, sondern sein Sehen selbst 4,7
– denn was hat er, das er nicht erhalten hätte? Und ferner erfolgte der Hinweis, damit er Dich, den Immergleichen, zu sehen nicht nur ermahnt, sondern auch dazu geheilt werde, Dich festhalten zu können, und somit schließlich, wer aus der Ferne noch nicht sehen kann, wenigstens auf dem Wege wandle, um näherzutreten, zu sehen und festzuhalten. In der Tat, selbst wenn der Mensch vom «Gesetz nach dem innern Menschen» mitergötzt wird: was fängt er mit dem «andern

[13] Der Platonismus hat den intellektuellen Durchbruch geleitet, aber die Umkehr des Lebens hat er nicht zu bewirken vermocht. Augustin ist sich völlig bewußt, daß es auf beides zugleich ankommt; deshalb greift er mit solcher Gier (avidissime arripui) nach Paulus. Wieder, wie schon einmal, ist eine intellektuelle Bekehrung von sofortiger Hinwendung zur Schrift begleitet, aber diesmal auf höherer Stufe. Wie sich das Studium der Neuplatoniker über längere Zeit erstreckt hat, so wird auch das Paulusstudium, von dem das achte Buch noch zweimal berichtet (in Kp. v und xii), durch längere Zeit hindurch dauernd fortgesetzt. Es wird einen Augenblick unterbrochen durch den Besuch des Ponticianus (viii, 6), bei der Wiederaufnahme wird das 13. Kapitel des Römerbriefs entscheidend. Einstweilen muß ihn besonders das immer wieder zitierte 7. Kapitel mit der Schilderung des Doppelgesetzes im Menschen beschäftigt haben.

Gesetz in seinen Gliedern» an, das «dem Gesetz seines
Geistes widerstrebt und ihn gefangennimmt, dem Gesetz
Röm 7,22f. der Sünde, das in seinen Gliedern lebt»?

Denn Du, Herr, bist gerecht, «wir aber haben gesündigt,
Dan 3,27f. Unrecht getan», gottlos gehandelt, und Deine Hand hat sich
lastend auf uns gelegt. Zu Recht sind wir dem uralten
Sünder ausgeliefert worden, dem Fürsten des Todes, weil er
unsern Willen überredet hat, sich seinem Willen anzuglei-
Joh 8,44 chen, mit dem er «in Deiner Wahrheit nicht feststand». Was
soll nun der elende Mensch tun? Wer wird ihn «vom Leib
Röm 7,24 dieses Todes befreien» außer Deine Gnade durch unsern
Herrn Jesus Christus, den Du gleichewig mit Dir gezeugt
Spr 8,22 und als den «Anfang Deiner Wege geschaffen» hast, in
Joh 14,30 welchem «der Fürst dieser Welt» nichts Todeswürdiges fand
und ihn trotzdem umbrachte, wodurch der «Schuldschein,
Kol 2,14 der wider uns zeugte, vernichtet» wurde?

Jene Bücher enthalten das alles nicht. Auf ihren Seiten
findet man nicht das Antlitz dieser Frömmigkeit, solche
Tränen des Bekennens, das, was Dir geopfert wird: «der
Ps 51,19 zerknirschte Geist, das in sich gehende, gedemütigte Herz»,
Apk 21,2 die Erlösung des Volkes, die bräutliche Stadt, das Angeld
2Kor 5,5 des Heiligen Geistes, den Kelch unseres Heils.

Niemand stimmt dort den Gesang an: «Wird sich mein
Herz nicht Gott unterwerfen? Denn von ihm stammt mein
Heil, er ist mein Gott und meine Rettung, er nimmt mich
Ps 62,2f. auf, nicht länger werde ich schwanken.» Niemand vernimmt
dort den Anruf: «Kommt zu mir, ihr Mühseligen!» Sie
verschmähen es, von ihm zu lernen, daß er mild und demü-
tig von Herzen ist. «Denn Du hast dies den Weisen und
Mt 11,28f. Klugen verborgen und es den Geringen offenbart.»

Ein anderes ist es, von einem grünenden Gipfel aus die Heimat des Friedens zu erblicken, aber den Weg dorthin nicht zu finden und im Unwegsamen sich vergeblich zu mühen, wo ringsum fahnenflüchtige Ausreißer lauern und nachstellen, angeführt von ihrem Fürsten, dem Löwen und Drachen; ein anderes, auf dem Weg dorthin auszuharren, im Schutz des wachsamen himmlischen Kaisers, wo nicht von Deserteuren der himmlischen Wehrmacht geräubert wird; denn diese meiden den Weg, als sei er eine Folter.

All das drang auf unfaßliche Weise mir bis ins innerste Eingeweide, während ich den Geringsten Deiner Apostel las. Ich war Deiner Werke ansichtig geworden und erschauerte davor.

ACHTES BUCH

VOR DEN TOREN DER KIRCHE

1. DIE LEBENSBEISPIELE

Danksagung

I,1. Mein Gott, laß mich in Danksagung gegen Dich Deiner
Erbarmungen über mich gedenken. Übergossen werde
Ps «mein Gebein» von Deiner Liebe, und es ruft: «Herr, wer
35,10 ist Dir gleich? Du hast meine Fesseln gebrochen, ein Opfer
Ps des Lobes will ich Dir darbringen.» Wie Du sie zerbrochen
116,16 hast, will ich erzählen, und wenn sie es hören, werden alle
Deine Anbeter sagen: «Gepriesen sei der Herr im Himmel
Ps und auf Erden, groß und wunderbar ist sein Name.»
8,2.10 Deine Worte hatten sich in meinem Herzen verankert,
und von allen Seiten war ich von Dir umwallt. Deines
ewigen Lebens war ich gewiß, obschon ich es nur «im
1 Kor Rätsel» und wie «durch einen Spiegel» hindurch erschaut
13,12 hatte. Indes war all mein Zweifeln über die Unvergänglichkeit Deines Wesens geschwunden, weil daraus alle Wesen hervorgehen, mein Sehnen ging nicht mehr danach, Deiner gewisser zu werden, sondern fester in Dir gegründet zu sein.

In meinem weltlichen Leben aber schwankte alles. Das Herz mußte vom alten Sauerteig gereinigt werden; der Weg, der Erlöser selbst, zog mich an, aber auf seiner Enge auszuschreiten schien noch verdrießlich.[1]

[1] Das vorliegende Buch wird, nach der Reinigung des Verstandes im VII. Buch, von derjenigen des Herzens und des Willens handeln. Bloße Bibellesung reicht nicht aus; es müssen die lebendigen Beispiele anderer hinzukommen, die in ähnlicher oder noch schwierigerer Lage den Schritt zum Glauben und zur Kirche gewagt haben.

Beschluß, Simplicianus aufzusuchen

Da gabst Du mir ein, und meinen Augen erschien es gut, Simplicianus[2] aufzusuchen. Er machte mir den Eindruck, Dein guter Diener zu sein, und Deine Gnade strahlte von ihm aus. Auch hatte ich gehört, er habe Dir von Jugend auf treu gedient, doch war er damals schon alt und hatte in der langen Zeit, während der er mit echtem Eifer Deinem Weg zu folgen gesucht, so schien mir, viel Erfahrung gesammelt und vieles gelernt, und so war es auch. Ich wünschte deshalb, ihm meine Bedrängnisse vorzulegen, damit er mir die Mittel für einen in meiner Lage Befindlichen eröffne, Deine Bahn zu wandeln.

Zwischen zwei Lebensformen

2. Ich sah ja, wie voll Deine Kirche war, aber der eine schlug diesen Weg ein, der andere einen andern. Mir jedoch mißfiel mein weltliches Treiben, es war mir zur schweren Bürde geworden, weil die sinnliche Lust mich nicht mehr so hinriß wie früher, als die Gier nach Ehre und Geld mir half, jene so lockende Sklaverei zu ertragen. Meine Freude an diesen Dingen hatte, verglichen mit Deiner Köstlichkeit und «der Schönheit Deines geliebten Hauses», ihren früheren Anreiz Ps 26,8
nicht mehr.

Doch blieb ich dem Weib noch zäh verbunden, der Apostel verbot mir die Heirat nicht, obschon er mich zu etwas Besserem hin mahnte und sehr gewünscht hätte, alle Menschen wären wie er. Ich jedoch, dem nicht gewachsen, wollte Vgl.
mich weicher betten, und dieser einen Sache wegen schlug 1 Kor
ich mich auch in allem übrigen voll Überdruß herum, in 7,27f.
lastenden Sorgen. Gab es doch noch andere Dinge, die ich nicht leiden mochte, aber mit meinem Eheleben in Einklang bringen mußte; nahm ich dieses auf mich, so war ich eng

[2] Im Juli 386 besucht Augustin diesen frommen Priester und sieht ihn seither öfters («solebamus»: Civ. Dei X, 29). Simplicianus führt ihn in einen christlichen Neuplatonismus ein; dieselbe Schule verdankte ihm auch Ambrosius, dem er als Greis 397 auf den Bischofsstuhl von Mailand nachfolgte. Von Augustin ist ein Brief an Simplicianus erhalten (Nr. 37); ihm ist die wichtige Schrift «De diversis quaestionibus ad Simplicianum» von 396 bis 397 (PL 40, 101–148) gewidmet.

gebunden. Der Mund der Weisheit hatte mich zwar belehrt,
es gäbe «Verschnittene, die sich selber um des Himmelrei-
ches verschnitten» hätten, aber dann war beigefügt: «Wer
Mt es fassen kann, der fasse es.»
19,12 Sicherlich sind «eitel alle Menschen, denen die Weisheit
Gottes fehlt und die aus den sichtbaren guten Wesen Den
Wh nicht zu finden vermögen, der ist». Aber in solcher Eitelkeit
13,1 war ich nicht mehr, ich hatte sie überschritten, dank dem
Zeugnis aller Kreatur hatte ich Dich, unsern Schöpfer und
Dein Wort gefunden, das mit Dir zusammen der eine Gott
ist, das Wort, durch das Du alles geschaffen hast.

Es gibt noch eine weitere Art von Gottlosen: «Sie er-
kannten zwar Gott, gaben ihm aber nicht die Gott gebüh-
Röm rende Ehre und Danksagung.» Auch hier war ich gefallen,
1,21 Ps aber «Deine Rechte hatte mich ergriffen» und mich von dort
18,36 weg instand gesetzt zu genesen, denn Du sprichst zum
Ijob Menschen: «Siehe, die Hingabe an Gott ist die Weisheit»
28,28 Röm und: «die sich für weise hielten, sind Toren geworden.»
1,22 Und so hatte ich schon die kostbare Perle gefunden, und ich
hätte sie, nach Verkauf meines ganzen Besitzes, erwerben
sollen. Aber ich zögerte.

Simplicianus erzählt die Bekehrung des Marius Victorinus

II,3. Ich ging also zu Simplicianus, der dem amtenden Bischof Ambrosius beim Empfang der Gnade Vater gewesen war und den dieser wirklich wie einen Vater verehrte. Ich erzählte ihm die Mäander meiner Irrwege. Als ich ihm aber berichtete, ich hätte gewisse Schriften der Platoniker gelesen, die vormals Victorinus[3] übersetzt hatte, ein römischer Rhetor, der, wie ich hörte, als Christ gestorben war, da wünschte er mir Glück, daß ich nicht auf die Bücher anderer Philosophen verfallen war, die «gemäß der Elemente dieser

[3] Marius Victorinus, Afrikaner, um 340 nach Rom gekommen, etwa 355 Christ geworden, in der Verchristlichung der neuplatonischen Gottes- und Logoslehre ein bedeutsamer Vorgänger Augustins. Kaiser Julian der Apostat verbot ihm die Lehrtätigkeit. Über ihn vor allem P. Hadot, Einleitung zu «Traîtés théologiques sur la Trinité», Sources Chrétiennes 68/69 (1960).

Welt» voll Trug und Täuschung waren. Hier dagegen würde auf jegliche Weise Gott und sein Wort nahegebracht. Kol 2,8

Um mich dann in die Demut Christi, die den Weisen verborgen, den Einfältigen geoffenbart ist, einzuführen, gedachte er eben dieses Victorinus, den er in Rom aufs beste gekannt und von dem er mir Dinge erzählte, die ich hier nicht verschweigen möchte. Denn die Geschichte dieses Mannes ist ein herrliches Lob Deiner Gnade.

Der alte Mann war hochgelehrt und besaß eine vollendete Kenntnis aller freien Künste. Er hatte die Meinungen vieler Philosophen gelesen und durchbesprochen, war der Lehrer zahlreicher Senatoren, ja er hatte für seine glänzende Lehrtätigkeit etwas von der Welt als Höchstgeschätztes erhalten: ein Standbild auf dem römischen Forum, war aber bis in die hohen Jahre ein Verehrer der Götter geblieben und hatte an den abgöttischen Gottesdiensten teilgenommen, worauf sich damals fast der ganze römische Adel eifrig einließ und selbst das Osiriskind und allerhand göttliche Ungeheuer, ja auch den Kläffer Anubis verehrte, die einst

«gegen Neptun und Venus und gegen Minerva» Verg. Aen. 698ff.

die Waffen erhoben hatten, Götter, die Rom einst besiegt hatte, nun aber anbetete. Das hatte der alte Victorinus viele Jahre lang mit donnernder Rede verteidigt, und doch errötete er nicht, zum Knecht Jesu zu werden und zum Kleinkind an Deinem Taufbrunnen, den Nacken unter das Joch der Demut zu beugen und die Stirn zu senken vor der Schmach des Kreuzes.

4. O Herr, «Herr, der Du die Himmel geneigt hast und herabstiegst, die Berge berührt hast, und sie rauchen»: wie hast Du nur den Weg zu seinem Busen gefunden? Er las, wie Simplicianus erzählte, die Heiligen Schriften, durchforschte sie aufs eifrigste und genaueste, dem Simplicianus aber sagte er nicht öffentlich, sondern im Geheimen und vertraulich: «Wisse, daß ich bereits ein Christ bin.» Dieser erwiderte: «Das glaube ich nicht, und ich werde dich solange nicht unter die Christen zählen, als ich dich nicht in einer Kirche Christi erblicke.» Er entgegnete scherzend: «So sind es Mauern denn, die den Christen ausmachen?» Und er wiederholte öfter, er sei bereits Christ, doch Simplicianus Ps 144,5

gab die gleiche Antwort, worauf der andere auf den Scherz
mit den Mauern zurückkam.

Er fürchtete nämlich, seine Freunde zu beleidigen, stolze
Dämonenanbeter, die aus der Höhe ihrer babylonischen
Würde wie Libanonzedern, die der Herr «noch nicht zer-
Ps 29,5 schmettert hatte», seiner Meinung nach, heftige Feindschaft
auf ihn niederschmettern würden. Als er dann aber durch
Lesung und innere Sehnsucht Festigkeit gewann und fürch-
tete, er könnte von Christus «vor seinen Engeln» verleugnet
Lk werden, wenn er ihn «vor den Menschen» zu bekennen sich
12,9 fürchtete, ja sich schwerer Sünde schuldig glaubte, wenn er
sich des Mysteriums der Demut Deines Wortes schämte,
während er dies angesichts der lästerlichen Mysterien der
stolzen Dämonen als ihr stolzer Nachahmer nicht tat, da
schämte er sich des Wahns und errötete vor der Wahrheit
und sagte unverhofft zu Simplicianus (wie dieser erzählte):
«Gehen wir zur Kirche, ich will Christ werden.»

Dieser, außer sich vor Freude, ging mit ihm hin, und als
er einmal mit den ersten Mysterien der Lehre vertraut ge-
macht worden war, gab er bald darauf auch seinen Namen
für die Wiedergeburt der Taufe,[4] zum Staunen Roms, zur
Freude der Kirche. Die Hochmütigen «sahen es und zürn-
ten, knirschten mit den Zähnen und vergingen vor Ärger».
Für Deinen Diener aber war Gott «seine Hoffnung, und er
Ps kümmerte sich nicht um Eitelkeit und trügerischen Wahn».
112,10 5. Schließlich kam die Stunde des Glaubensbekenntnis-
ses,[5] das von denen, die zu Deiner Gnade hinzutreten wol-
len, auswendig gelernt und angesichts des ganzen gläubigen
Volkes von Rom von erhöhter Stelle aus aufgesagt wird.
Die Priester, erzählte Simplicianus, boten dem Victorinus
an, es in einem kleinen Kreis abzulegen, wie man es einigen,
die aus Schüchternheit unsicher werden, vorzuschlagen
pflegte. Aber er zog es vor, das Bekenntnis seines Heils
angesichts der ganzen heiligen Versammlung vorzutragen.

[4] Zu Beginn der Fastenzeit wurden die Namen derjenigen eingetragen, die in der Osternacht getauft werden sollten. Sie mußten sich anmelden (und wurden damit zu «Anwärtern», competentes), und die Leiter der Kirche hatten ihre Anwartschaft zu billigen.

[5] Die Zeremonie der «redditio symboli». (Vgl. PL 21, 339.)

Was er als Lehrer der Rhetorik vorgetragen hatte, war ja nicht das Heil gewesen, und doch hatte er es öffentlich vorgetragen. Um wieviel weniger dürfe er sich scheuen, angesichts der frommen Menge sich zu seinem Heil zu bekennen, er, der sich nicht gescheut hatte, mit seinem Wort auf den törichten Haufen einzureden! Als er so hinaufstieg, um den Glauben zu bekennen, da rief jeder, sofern er ihn kannte, seinen Namen dem Nachbarn zu – und wer kannte ihn nicht? –, bis ein allgemeiner Freudenruf von allen Lippen empordrang: «Victorinus, Victorinus!» Mit einemmal wurde ein gemeinsamer Jubelschrei daraus, brach aber ab in der Erwartung, ihn zu hören. Er trug den wahren Glauben mit strahlender Sicherheit vor; da hätten ihn alle in ihr Herz hineinziehen wollen, es war ein Reigen der Liebe und Freude: dies waren die Hände, die ihn an sich reißen wollten.

Vom Glück der Konversion

III,6. Guter Gott, was geht im Menschen vor, daß er sich über das Heil einer Seele, an der er verzweifelte, über ihre Befreiung von einem großen Unheil mehr freut, als wenn ihm die Hoffnung immer verblieb oder die Gefahr geringer war? Auch Du selber, erbarmender Vater, freust Dich mehr «über einen, der Buße tut, als über neunundneunzig Gerechte, die der Umkehr nicht bedürfen». Wir hören es mit großer Lk
Freude, wenn wir vernehmen, wie auf jubelnder Schulter 15,4f.
der Hirt das verirrte Schaf heimträgt und wie die Drachme zurückgelegt wird in Dein Schatzhaus unter der gemeinsamen Freude der Nachbarinnen der Frau, die sie wiederfand. Tränen treibt uns die Festfreude «Deines Hauses» hervor, Ps 26,8
wenn uns in Deinem Hause die Geschichte von Deinem jüngeren Sohn vorgelesen wird, «weil er ein Toter war und wieder aufgelebt ist, verloren war und gefunden wurde». Ja, Lk
Du freust Dich wirklich in uns und in Deinen Engeln, die 15,32
heilig sind, weil sie heilig lieben. Du freilich bist immer der Gleiche, denn auch die Dinge, die sich nicht immer gleich verhalten, hast Du immer auf die gleiche Weise gekannt.

7. Was geht in der Seele vor sich, daß sie mehr Freude darüber empfindet, Dinge, die ihr wert sind, erst zu erringen oder wiederzugewinnen, als wenn sie sie schon immer beses-

sen hätte? Das bezeugt ja auch vieles andere; alles ist voller Beweise dafür, die da rufen: «So ist es!» Es triumphiert der siegreiche Kaiser; aber ohne zu kämpfen hätte er nicht gesiegt, und je größer in der Schlacht die Gefahr war, umso größer ist die Freude beim Triumph. Der Sturm schleudert die Schiffenden hin und her, und der Schiffbruch droht; alle erbleichen vor dem nahen Tod. Da stillen sich Himmel und Meer, und der Jubel ist übergroß, weil die Angst so groß war. Ein geliebter Mensch ist krank, sein Puls verheißt nichts Gutes; alle, die ihn gesund sehen möchten, erkranken seelisch mit ihm; es wendet sich zum Bessern, und wenn er auch noch nicht mit der früheren Kraft ausschreitet, herrscht dennoch schon eine Freude, wie sie vordem nicht war, als er gesund und kräftig einherging.

Selbst sinnliche Freuden des menschlichen Lebens gewinnen die Menschen nicht einfach durch unerwartete und ungewollte Mühsal hindurch, sondern durch willentlich herbeigeführte. Essen und Trinken bereiten keinerlei Vergnügen, wenn nicht die Beschwer von Hunger und Durst vorausging. Selbst Trinker nehmen Gesalzenes zu sich, damit ein lästig brennender Durst entstehe, den trinkend zu löschen Lust ist. Schon verlobte Bräute werden der Sitte gemäß nicht sogleich übergeben, damit der Gatte das Geschenk nicht als etwas Billiges betrachte, wonach er als erwartender Bräutigam nicht geschmachtet hätte.

8. So ist es bei der schändlichen und verwerflichen Liebe, so aber auch bei der erlaubten und gewährten, so schließlich in der reinsten und lautersten Freundschaft, so ist es bei dem, der «tot war und wieder auflebte, verloren war und
Lk 15,32 gefunden wurde»; immer ist die Freude größer, wenn eine tiefere Beschwerde vorausging. Woher kommt das denn, Herr, mein Gott, wenn Du doch ewig für Dich selbst Freude bist und manche Dich umgebende Wesen aus Dir unablässige Freuden schöpfen? Warum wechseln in diesem Teil der Welt Absinken und Wiederaufrichten, Beleidigungen und Wiederversöhnungen? Sollte das ihr Maß sein, der Anteil,
Mt 24,31 den Du ihnen gabst, da Du «von den höchsten Himmeln» bis zu den Tiefen der Erde, vom Anfang der Zeitalter bis zu ihrem Ende, vom Engel herab bis zum Wurm, von der

ersten Bewegung bis zur letzten jeder Art von Gutem und allen Deinen gerechten Werken den geeigneten Ort anweisest und jedes zu seiner Zeit auftreten läßt?

Ach wie hoch erhaben bist Du in den Höhen, wie unergründlich tief in den Abgründen! Nirgendwo entziehst Du Dich, doch mit wieviel Mühen gelangen wir heim zu Dir.

IV,9. Wohlan, Herr, wecke uns auf, ruf uns zurück, entzünde und entrücke, glute und entzücke! Laßt uns lieben und eilen! Kehren nicht viele aus einem tiefern Schlund von Blindheit zu Dir zurück als Victorinus, nähern sich und treten ins Licht, und wenn sie's empfangen, erhalten sie von Dir die Macht, Deine Kinder zu werden?

Sind sie aber dem Volke weniger bekannt, ist freilich auch weniger Freude bei denen, die sie kennen. Ist doch die Freude, wenn sie von vielen geteilt wird, in den einzelnen überströmender, da sie sich gegenseitig anlachen und entflammen. Und ferner sind die von vielen Gekannten auch für viele ein Antrieb zum Heil, man sieht sie, und zahlreiche folgen ihnen nach. Deshalb ist die Freude der schon Vorausgegangenen groß, denn sie freuen sich nicht allein.

Keinesfalls werden in Deinen Gezelten die Reichen vor den Armen aufgenommen, die Edeln vor den Unedeln, da Du doch viel eher «das Schwache dieser Welt erwählt hast, um das Starke zu beschämen, und das Unedle dieser Welt und das Verächtliche und das Nichtseiende, als ob es wäre, um das Seiende zunichte zu machen». 1 Kor 1,27f.

Und doch war es dieser «Geringste Deiner Apostel» selbst, durch dessen Mund Du diese Worte geäußert hast, 1 Kor 15,9 der durch seine Waffen den Provinzhauptmann [Sergius] Paulus entwaffnet, unter das «sanfte Joch» Deines Christus Mt 11,29 gebeugt und in die Provinz des großen Königs eingeführt hat, er, der seinen früheren Namen Saulus in Paulus zu wandeln beliebte, um einen so großen Sieg zu kennzeichnen. Denn gründlicher wird der Feind in dem besiegt, den er am stärksten festhält und durch den er die meisten fesselt. Stärker hält er ja die Stolzen aufgrund ihrer Glanzstellung fest und durch diese viele andere aufgrund ihrer Geltung.

Je dankbarer man also die Sinnesänderung des Victorinus betrachtete, den der Teufel wie eine uneinnehmbare Festung

in Besitz gehalten hatte, sowie die Zunge desselben Mannes, deren machtvolle und scharfe Geschosse viele niedergestreckt hatten, umso lauter mußten Deine Söhne jubeln, daß unser König den Starken gefesselt hatte, und sie nun sahen, wie die ihm abgenommenen «Gefäße» geläutert und zu Deiner Ehre verwendet und «nützlich wurden zu jedem
2 Tim 2,21 guten Werk».

Fleisch wider Geist[6]

V,10. Sobald mir Dein Diener Simplicianus die Geschichte des Victorinus erzählt hatte, entbrannte ich vor Verlangen, es ihm nachzumachen. Mit dieser Absicht hatte er sie ja auch erzählt. Und als er hinzufügte, daß zur Zeit des Kaisers Julian ein Gesetz den Christen verbot, Literatur und Rhetorik zu dozieren, und daß Victorinus, sich diesem Gesetz unterwerfend, es vorgezogen hatte, lieber das Schulgerede zu verlassen als Dein Wort, durch das «Du die Zungen der
Wh 10,21 Kinder beredt» machst, da erschien mir sein Glück nicht geringer als sein Mut, da er einen Anlaß gefunden hatte, sich ganz Deinem Dienst zu widmen.

Das war es ja, wonach ich mich sehnte, ich, der nicht durch fremde Ketten, sondern durch das Eisen meines eigenen Willens gefesselt war. Der Feind hielt meinen Willen gefangen, aus ihm hatte er mir eine Kette gemacht und hielt mich eng gebunden. Aus einem verkehrten Wollen war die Begierlichkeit entstanden, und wer der Begierlichkeit dient, verfällt der Gewohnheit, und wer dieser nicht widersteht, verfällt der Notwendigkeit. Durch diese Dinge, wie Kettenglieder aneinander geschmiedet – darum sprach ich von Kette –, hielt mich eine harte Knechtschaft fest.

Der neue Wille, der in mir aufgewacht war: Dir umsonst zu dienen und Deiner allein zu genießen, Gott, der Du einzig untrüglich beglückst, war noch nicht stark genug,

[6] Das ganze Kapitel bewegt sich innerhalb der Problematik von Römer 7, aber da der psychologische Zwiespalt nicht mehr manichäisch gedeutet werden kann, drängt er nun mächtig einer Lösung entgegen. Die Reflexion Augustins über sich selbst ist eingeschoben zwischen zwei für ihn wichtige Bekehrungsschichten.

den früheren, durch sein Alter gefestigten, zu überwinden. So stritten denn zwei Willen in mir, der eine alt, der andere neu, jener fleischlich, dieser geistlich, und ihr Widerstreit zerriß meine Seele.

11. So verstand ich aus eigener Erfahrung, was ich gelesen
hatte: wie «das Fleisch gegen den Geist begehrt und der
Geist gegen das Fleisch». Mein Ich war freilich in beiden, Gal
aber stärker schon in dem, was ich in mir billigte, als in dem, 5,17
was ich in mir mißbilligte; hierin war ich schon weniger ich selbst, da ich dies zu einem großen Teil mehr unwillig erlitt, als mit Willen tat; trotzdem war die Gewohnheit angriffiger gegen mich geworden, und zwar deshalb, weil ich wollend dorthin gelangt war, wohin ich gar nicht wollte. Und wer kann sich rechtens beschweren, wenn dem Sünder die gerechte Strafe nachfolgt? Zudem hatte ich die alte Entschuldigung nicht mehr; früher schien es mir, ich könnte Dir noch nicht in Weltverachtung dienen, weil ich die Wahrheit noch nicht deutlich ersah. Jetzt war diese bereits gewiß, ich aber, noch an die Erde gebunden, weigerte mich, in Deinen Kriegsdienst einzutreten, ich hatte Angst, mich allen hindernden Gepäcks zu entledigen, wo man doch eher fürchten muß, damit belastet zu werden.

12. So drückte mich die Last der Welt, wie es beim Schlafen zu gehen pflegt, als sanfte Nötigung; die Überlegungen, die ich Deinetwegen anstellte, glichen der Anstrengung derer, die erwachen möchten, sich aber, von der Bürde der Schläfrigkeit übermannt, wieder sinken lassen. Und wenn auch niemand immerfort schlafen möchte und jeder Vernünftige den wachen Zustand vorzieht, so zögert der Mensch doch oft genug, den Schlaf abzuschütteln, wenn schwere Betäubung die Glieder hemmt. Und obschon der Schlaf bereits mißfällt, weil es Zeit zum Aufstehen wäre, genießt man ihn trotz allem umso lieber. So wußte ich mit Sicherheit, es wäre besser, mich Deiner Liebe hinzugeben, als meiner Begierlichkeit nachzugeben. Aber das eine gefiel mir und empfahl sich, das andere tat wohl und siegte. Wahrlich, ich wußte Dir nichts zu antworten, wenn Du mir
sagtest: «Steh auf, du Schläfer, und erhebe dich von den Eph
Toten, und Christus wird dich erleuchten»; wenn Du mir 5,14

von allen Seiten die Wahrheit Deiner Worte erwiesest, hatte ich, von der Wahrheit besiegt, nichts zu antworten außer lallenden, schlaftrunkenen Worten: «Gleich, ja ja gleich», «nur noch ein Augenblickchen», aber diesem «gleich, gleich» folgte nie ein Sofort, und das Augenblickchen zog sich in die Länge.

Umsonst «fand ich Lust an Deinem Gesetz gemäß dem innern Menschen», da ein anderes «Gesetz in meinen Gliedern» gegen «das Gesetz meines Geistes» stritt «und mich dem Gesetz der Sünde in meinen Gliedern» unterwarf. Das Gesetz der Sünde ist nichts anderes als der gewaltige Zwang der Gewohnheit, von dem der Geist auch gegen seinen Willen hingeschleppt und festgehalten wird, und dies zu Recht, da er sich willig darauf eingelassen hat. Wer hätte mich Elenden «von dem Leib dieses Todes» befreien können, wenn nicht Deine «Gnade durch Jesus Christus unsern
Röm Herrn»?
7,22–25 VI,13. Auf welche Weise Du mich nun aus der Fessel des Verlangens nach Beischlaf, das mich so eng umstrickte, und auch aus der Knechtschaft der weltlichen Geschäfte befreit hast, das will ich jetzt erzählen «und Deinem Namen beken-
Ps 54,8 nen, Herr, mein Helfer und Erretter».

Ich betrieb das Gewohnte in wachsender Ängstlichkeit und seufzte tagtäglich nach Dir; ich besuchte oft Deine Kirche, sobald die Geschäfte, unter deren Bürde ich stöhnte, es mir gestatteten. Alypius lebte bei mir, frei zur Zeit von seinen Rechtsgeschäften, nachdem er zum dritten Mal Beisitzer gewesen war; er wartete, wem er seine Ratschläge verkaufen könnte, so wie ich meine Redekunst zum Kauf anbot, wenn eine solche überhaupt durch Lehren beigebracht werden kann. Nebridius seinerseits hatte sich aus Freundschaft für uns bereit erklärt, sich einem uns sehr verbundenen Mann, Verecundus, einem Mailänder Bürger und Grammatiker, als Unterlehrer zur Verfügung zu stellen, dessen dieser dringend bedurfte und den er im Namen unserer Freundschaft erbeten hatte. Nicht also war es Gewinnsucht, die Nebridius dazu veranlaßte, denn er hätte als Literaturkenner weit Besseres erreichen können, sondern er, der willfährige und liebenswürdige Freund, wollte aus

Wohlwollen unser Ansinnen nicht zurückweisen. Er ging dabei übrigens mit Zurückhaltung vor, indem er es vermied, mit «gemäß der Welt» hochgestellten Persönlichkeiten umzugehen, wodurch er alle Unruhe seines Geistes vermied, für den er so viele Stunden als möglich zur Forschung, zum Lesen und zum Gespräch über die Weisheit unbehelligt freihalten wollte. Eph 2,2

Ponticianus berichtet von den ägyptischen Mönchen

14. Eines Tages nun – ich weiß nicht mehr, weshalb Nebridius nicht anwesend war – trat bei mir und Alypius ein gewisser Ponticianus ein,[7] Landsmann von uns, da er aus Afrika war; er bekleidete im Palast eine angesehene Stellung; was er von uns wollte, weiß ich nicht mehr. Wir setzten uns, um zu plaudern, wobei er zufällig ein auf einem Spieltisch liegendes Buch bemerkte; er griff danach, fand für ihn ganz unerwartet den Apostel Paulus, denn er hatte ein Werk meines beschwerlichen Berufs erwartet. Er lächelte, sah mich an und beglückwünschte mich verwundert, daß er ein solches und gerade dieses Buch unverhofft bei mir entdeckt hatte. War er doch selber ein Christ, der zu seinem Glauben stand, und er lag oft vor Dir, meinem Gott, in vielen langen Gebeten auf den Knien.

Ich sagte ihm, daß ich mich sorgfältig mit diesen Schriften beschäftigte; das Gespräch brachte ihn dazu, von Antonius, dem ägyptischen Mönch, zu erzählen,[8] dessen Namen bei Deinen Knechten in hohem Ansehen stand, uns aber bis dahin unbekannt geblieben war. Als er das merkte, erzählte

[7] Anfang August 386.

[8] Antonius der Große, dessen Leben der heilige Athanasius beschrieben hat, ist der «Mönchsvater» schlechthin. Er starb 356 über hundertjährig. Seinem Beispiel folgend, hatte sich das Mönchtum in der ägyptischen Wüste und bald auch anderswo blühend ausgebreitet. Augustin hatte bis dahin noch nichts von alldem gehört; er wird aber von diesem Augenblick an ein eifriges Interesse am Mönchtum zeigen, das unter seinen Augen von Ambrosius betreute Kloster in Mailand besuchen und in dem der Zeit der Confessiones unmittelbar folgenden römischen Aufenthalt die dortigen Klöster ansehen, um nach seiner Überfahrt in seine Heimat mit seinen Freunden ein klösterliches Leben zu beginnen, das er auch als Bischof fortsetzen wird.

er uns Unwissenden weiteres über diesen großen Mann, verwundert über unsere Unkenntnis. Wir aber staunten, als wir von «Deinen Wundern» hörten, die sich in jüngster Vergangenheit fast in unserer Zeit so wohlbezeugt im rechten Glauben und in der katholischen Kirche zugetragen hatten. Das Staunen war gegenseitig, wir wunderten uns, daß so Großes sich zugetragen, er darüber, daß wir nichts davon gehört hatten.

15. So kam seine Rede auf die Fülle der Klöster, auf deren Lebensart, die ein Wohlgeruch vor Dir ist, auf die Einsiedeleien, die eine Fruchtbarkeit der Wüste sind. Auch davon ahnten wir nichts. Selbst in Mailand gab es ein Kloster voll heiliger Brüder außerhalb der Stadtmauer. Ambrosius betreute es, ohne daß wir es wußten.

Jener aber breitete sich über das Thema aus und sprach immer weiter, wir hörten schweigend zu. So berichtete er, er sei eines Nachmittags, vermutlich in Trier,[9] als der Kaiser sich nachmittags bei den Zirkusspielen aufhielt, mit drei Kameraden in den Gärten an den Stadtmauern spazieren gegangen; es gab sich, daß sie sich in zwei Gruppen getrennt hatten, er mit einem andern nach hier, die zwei übrigen nach dort; diese beiden seien auf eine Hütte gestoßen, wo ein paar Deiner Diener wohnten, «Arme im Geist», «denen das
Mt 5,3 Reich Gottes gehört». Dort hätten sie ein Buch vorgefunden, das des Antonius Leben erzählte. Einer von ihnen begann es zu lesen, und schon gerät er in Staunen, entflammt und überlegt beim Lesen, ob er nicht das gleiche Leben ergreifen, seine weltlichen Dienste verlassen und Dir allein dienen wolle. Sie gehörten aber beide zu den sogenannten

[9] Courcelle versucht den Nachweis, daß die beiden in Trier Bekehrten aller Wahrscheinlichkeit nach niemand anders sind als der große Hieronymus und sein Gefährte Bonosus (a.a.O. 181–187). Augustin war gerade in den Jahren, da er die Confessiones schrieb, mit dem ersteren in Briefwechsel getreten (397). Daß er ihn erwähnt, ohne seinen Namen zu nennen, dürfte Einfall zarter Freundlichkeit sein. Da alle übrigen Konversionsbeispiele, die er anführt, solche von berühmten Männern sind und er selbst in Kp. IV über die Wichtigkeit von «großen Konversionen» gehandelt hat, erscheint die Annahme fundiert. Bald darauf wird auch noch die eben erfolgte Konversion des reichen Staatsbeamten Paulinus bei der Taufe des Alypius gerühmt werden (Courcelle, a.a.O. 187, 217), so daß alle bekanntesten Zeitgenossen sich im Umkreis der Confessiones erwähnt finden.

kaiserlichen Kommissaren. Plötzlich, von heiliger Liebe erfüllt und von ernüchteter Scham vor sich selbst entzürnt, blickte der Lesende seinen Freund an und sprach zu ihm: «Sag mir doch bitte, was erstreben wir denn mit all unsern Mühen? Was suchen wir? Wofür schinden wir uns ab? Können wir am Hof noch etwas Besseres erhoffen, als ‹Freunde des Kaisers›[10] zu werden? Und ist an einer solchen Stellung nicht alles zerbrechlich und voller Gefahr? Und durch wieviel Gefahren hindurch gelangt man nicht zu dieser noch größeren Gefahr? Und wann gelangt man schon hin? Ein Freund Gottes dagegen kann ich, falls ich will, im Augenblick werden.»

So sprach er, und während die Wehen des neuen Lebens ihn umtrieben, schweiften seine Augen auf das Buch zurück; er las weiter und wurde innerlich, wo Du ihn sahst, ein anderer, und es erwies sich bald, daß sich sein Geist von dieser Welt losgelöst hatte. Denn noch während er las und seine Herzenswogen brandeten, stöhnte er einmal auf, sah die Entscheidung vor sich und entschied sich für das Bessere. Und schon als der Deine sprach er zu seinem Freund: «Was mich betrifft, so habe ich mich von unserer bisherigen Hoffnung logerissen und beschlossen, Gott zu dienen, und zwar gleich jetzt, gleich an diesem Ort fang ich an. Verdrießt es dich, mich nachzuahmen, so hindere mich wenigstens nicht.» Der andere erwiderte, er bleibe bei ihm als der Genosse eines so hohen Lohns und trefflichen Dienstes. Und beide, schon Dir gehörig, konnten mit dem nötigen Geld ihren «Turm bauen», indem sie alles verließen und Dir nachfolgten. Lk 14,28

Ponticianus und sein Begleiter, die sich zusammen in einem andern Teil des Gartens ergingen, machten sich nun auf die Suche nach den beiden, fanden den Ort und ermahnten die Gefundenen, es sei Zeit heimzukehren, da es schon Abend war. Die beiden berichteten von der getroffenen Entscheidung, auf welche Weise ein solcher Entschluß in ihnen entstanden und gereift wäre, und baten, ihnen nicht gram zu sein, auch wenn sie ihnen nicht folgten. Diese

[10] Ein erwählter Kreis von Beratern des Kaisers.

änderten zwar ihr Leben nicht, weinten aber, wie Ponticianus erzählte, über sich selbst, wünschten den beiden freundlich ein gutes Geschick, empfahlen sich ihren Gebeten und kehrten dann, ihr Herz auf Erden weiterschleifend, in den Palast zurück. Die zwei dagegen verblieben, ihr Herz im Himmel festhaltend, in der Hütte zurück. Beide hatten Bräute, die, als sie in der Folge den Vorfall erfuhren, Dir ebenfalls ihre Jungfrauschaft weihten.

2. DIE ENTSCHEIDUNGSKRISE

Wirkung des Berichts

VII,16. Das erzählte Ponticianus. Du aber, Herr, kehrtest, während er redete, mich wider mich selbst und holtest mich von hinter meinem Rücken hervor, wo ich mich versteckt hatte, um mich selber nicht sehen zu müssen, und stelltest mich vor mein Gesicht, um mich sehen zu lassen, wie häßlich ich war, wie entstellt und schmutzig, voller Flecken und Geschwüre. Ich sah's und war entsetzt, und es gab keine Möglichkeit mehr, mir selbst zu entfliehen; wenn ich versuchte, den Blick von mir abzuwenden, dann traf mich erneut dieses Menschen Bericht; Du stelltest mich abermals vor mich hin und bohrtest mich in meine Augen ein, damit ich meiner Bosheit ansichtig würde und sie haßte. Ich wußte wohl um sie, aber verhehlte sie mir, schloß die Augen und vergaß sie.

17. So war es damals: je inniger ich diese Männer liebte, von deren heilsamer Gesinnung ich gehört hatte, weil sie sich Dir so ganz dargebracht hatten, um von Dir geheilt zu werden, umso verächtlicher und hassenswerter erschien ich mir selbst, verglichen mit ihnen. Schon etwa zwölf Jahre waren mit mir vergangen, seit ich mit meinen neunzehn Jahren den Hortensius des Cicero gelesen und zur Weisheitsliebe erwacht war, und immer wieder hatte ich es hinausgeschoben, auf irdische Lust zu verzichten, um ihrer Suche nachzugehen: nicht erst das Finden, schon das For-

schen nach ihr war doch dem Fund von Schätzen, der Macht über Völker und erst recht den auf jeden Wink im Überfluß beiströmenden leiblichen Vergnügen vorzuziehen.

Ich armseliger Mann dagegen, schon von meinem Jünglingsalter an armselig, hatte von Dir bereits Keuschheit erbeten mit Worten wie: «Gib mir Keuschheit und Zucht, nur nicht gleich!» Ich fürchtete, allzuschnell von Dir erhört und von der Krankheit des Begehrens geheilt zu werden, an dessen Sättigung mir mehr lag als an der Heilung. So war ich die «schlimmen Wege» eines gottlosen Wahns hingewandelt, ohne darauf irgendwelche Gewißheit zu haben, sie bloß allem übrigen vorziehend, das ich nicht ehrfürchtig erforschte, sondern eher feindlich bestritt. Sir 2,16

18. Ich hatte gemeint, nur deshalb Deine Nachfolge unter Verachtung weltlichen Hoffens von Tag zu Tag aufzuschieben, weil mir noch nichts Sicheres erschienen sei, um meine Schritte daraufhin zu lenken. Nun aber war der Tag gekommen, da ich nackt vor mir stand und mein Gewissen mich anfuhr: «Wo bleibt dir die Sprache? Du behauptest doch, das Gepäck der Eitelkeit bloß wegen der Ungewißheit des Wahren nicht abwerfen zu wollen. Aber jetzt bist du sicher, und sie lastet noch immer auf dir, während andern, die sich weniger lang mit Suchen vertan und kein ganzes Jahrzehnt und mehr mit solchem Grübeln verbracht haben, schon an den freieren Schultern die Flügel wachsen!»

So sprach es in meinem Innern, und abscheuliche Scham zernagte mich angesichts der Geschichte des Ponticianus. Als dieser seine Erzählung beendet und das Geschäft, das ihn hergebracht, erledigt hatte, kehrte er heim, ich aber in mich zurück.

Was mußte ich mir nicht alles sagen? Mit was für Hieben geißelten meine Gedanken nicht meine Seele, damit sie mir, der ich Dir nachzufolgen versuchte, gehorche? Sie bockte, versteifte sich und wußte dafür keine Entschuldigung. Alle guten Gründe waren erschöpft und widerlegt, ihr blieb nur ein stummes Zittern, sie fürchtete wie den Tod, dem Fluß der Gewohnheit zu entsagen, die sie doch bis zum Tod erschöpfte.

VIII,19. Inmitten dieses schweren Kampfes[11] in meinem innern Haus, der sich in der letzten Kammer meines Herzens so heftig entfacht hatte, drang ich mit verstörtem Antlitz und Geist auf Alypius ein und schrie: «Wie?, ertragen wir das? Hast du's gehört? Einfache Leute ermannen sich und reißen den Himmel an sich, und wir mit unserer herzlosen Wissenschaft wälzen uns in Fleisch und Blut? Schämen wir uns, weil sie vorausgingen, ihnen zu folgen, oder ist es nicht vielmehr eine Schande, ihnen nicht einmal zu folgen?»

So ungefähr redete ich, dann riß mich mein innerer Aufruhr von ihm los, der mich bestürzt und schweigend ansah, denn meine Worte klangen fremd. Stirn, Wangen, Augen, Färbung, Stimmklang verrieten mehr über meinen Zustand als die hervorgestoßenen Worte.

Zu unserer Herberge gehörte ein kleiner Garten, der wie das ganze Haus uns zur Verfügung stand, denn unser Gastgeber, dem das Haus gehörte, bewohnte es nicht. Dorthin hatte mich der innere Sturm getrieben, niemand würde dort den mit mir selbst begonnen harten Kampf stören, bis zu dem Austrag, den Du kanntest, ich nicht. Ich delirierte, um zu gesunden, starb dahin, um zu leben, des Bösen an mir bewußt, des Guten, das mir binnen kurzem zukommen sollte, unbewußt.

Ich zog mich somit in den Garten zurück, und Alypius folgte mir auf dem Fuß. Ich blieb zwar auch in seiner Gegenwart mit meinem Geheimnis allein, aber wie hätte er mich in dieser Verstörung allein lassen können?

Wir setzten uns soweit wie möglich vom Hause weg. Ich in höchster Entrüstung darüber, daß ich nicht auf Dein Geheiß und Deinen Bund zuging, Du mein Gott, wohin
Ps doch «all mein Gebein» zu gehen wünschte und was es bis
35,10 in den Himmel rühmte, wohin man nicht auf Schiffen oder mit Viergespannen oder Füßen geht, und wären der Schritte

[11] In den Kapiteln VIII–XI wird, vor der Entscheidungsszene in Kp. XII, nochmals eine psychologische Meditation über den damaligen Zustand eingeschoben; wiederum steht das 7. Römerbriefkapitel im Mittelpunkt: Wie erreicht der Zwiespältige die gesunde Ganzheit des Wollens?

so wenige wie vom Haus bis zu unserem Sitz. War doch zum Aufbruch und Hingelangen nichts weiter erfordert als der Wille, sich aufzumachen, aber ein fester und ganzer Wille, und kein halbwunder, der sich einmal dahin und einmal dorthin wendet und dessen aufstrebender Teil sich gegen den andern, erliegenden, kehrt.

20. Im Gedräng des Zögerns vollführte ich viele Gebärden, wie sie Menschen oft gerne täten, aber nicht tun können, sei es, daß ihnen die Glieder versagen oder weil sie angekettet oder vor Krankheit schlaff oder sonst behindert sind. Raufte ich mir das Haar, schlug mir die Stirn, umspannte die Knie mit verschlungenen Fingern, so tat ich das freiwillig. Ich hätte es wollend aber nicht zu tun vermocht, falls mir die Glieder versagt hätten. So tat ich ja vieles, worin das Wollen dem Können nicht gleichkam, tat nur das eine nicht, was ich unvergleichlich lieber getan und was ich, sofern ich bloß wollte, alsbald auch gekonnt hätte. Wäre bloß der Wille bereitgestanden, so hätte ich es eben gewollt. Das Können war hier eins mit dem Wollen, der Wille selber war schon die Tat. Dennoch geschah es nicht; leichter gehorcht der Körper dem weisenden Wink der Seele, mit dem sie ein Glied bewegt, als daß die Seele sich selber gehorchte, um ihren starken Willen durch bloßes Wollen ins Werk zu setzen.

Der Wille im Kampf mit sich selbst

IX,21. Woher dies Ungeheuerliche? Und was ist sein Sinn? Dein Erbarmen erleuchte mich, damit ich fragen kann; vielleicht können mir die geheimen Strafen der Menschen und die tiefverhüllten Bedrängnisse der Adamskinder einigen Aufschluß geben.

Woher dies Ungeheuerliche, und was ist sein Sinn? Der Geist befiehlt dem Leib, und dieser gehorcht sogleich; der Geist befiehlt sich selbst und erfährt Widerstand. Der Geist befiehlt der Hand, sich zu regen, und das geht so leicht, daß Befehl und Ausführung kaum unterscheidbar sind. Und der Geist ist doch Geist, während die Hand Leib ist. Der Geist befiehlt dagegen dem Geist zu wollen, er ist derselbe Geist, und er tut es doch nicht. Woher dies Ungeheuerliche, und was ist sein Sinn? Er befiehlt, sage ich, zu wollen, und würde doch nicht befehlen, wenn er nicht wollte, aber er führt nicht aus, was er will.

Aber er will eben nicht ganz, so befiehlt er auch nicht als ganzer. Er befiehlt nur, soweit er will, und das Befohlene erfolgt in dem Maß nicht, als er nicht will. Denn der Wille befiehlt dem Willen zu sein, und zwar nicht als ein anderer Wille, sondern als er selbst. Somit befiehlt er nicht voll, deshalb geschieht das Befohlene nicht; denn wäre er voll, so bräuchte er gar nicht zu befehlen, um zu sein; er wäre ja schon.

Darum ist es nichts Ungeheuerliches, wenn man teils will, teils nicht will, sondern eine Krankheit des Geistes, daß er, von der Wahrheit emporgehoben, sich nicht als ganzer erhebt, weil die Gewohnheit ihn niederhält. Somit sind zwei Willen da, weil keiner von beiden der ganze Wille ist; was der eine besitzt, fehlt dem andern.

X,22. «Verderben sollen, o Gott, von Deinem Antlitz
Ps 68,3 weg» – wie die «eitlen Schwätzer und Seelen-Verführer» verderben – jene, die zwei miteinander beratende Willen feststellen und daraufhin behaupten, es gebe zwei Naturen mit entgegengesetztem Geist, die eine sei gut, die andere böse. Sie selber sind böse, wenn sie so Böses ansetzen, sie wären gut, wenn sie Wahres dächten und damit einiggingen, so daß Dein Apostel ihnen sagen könnte: «Einst wart ihr
Eph 5,8 Finsternis, jetzt seid ihr Licht im Herrn.»

Licht wollten sie zwar sein, aber nicht im Herrn, vielmehr in sich selbst, da sie der Meinung waren, das Wesen der Seele sei dasselbe wie Gott; so wurden sie tiefere Finsternis, da sie sich in erschreckender Anmaßung weiter von Dir, dem wahren Licht, entfernten, «das jeden in diese Welt kommen-
Joh 1,9 den Menschen erleuchtet». Paßt auf, was ihr sagt, schämt euch; «tretet zu Ihm hinzu, und ihr werdet erleuchtet wer-
Ps 34,6 den, und euer Antlitz braucht nicht zu erröten».

Als ich damals bei mir überlegte, wie ich dem Herrn, meinem Gott, nach längst gefaßtem Vorsatz dienen könnte, da war ich es, der wollte, ich es, der nicht wollte. Ich war es. Weder mein Wollen noch mein Nichtwollen waren voll,

deshalb stritt ich mit mir, und so zerriß ich mich selbst. Der Riß erfolgte gegen meinen Willen, zeigte jedoch keineswegs die Gegenwart einer fremden Geistnatur an, sondern nur meine Strafe. Nicht ich rief ihn also hervor, sondern «die in mir wohnende Sünde» als Strafe für eine freier begangene Röm 7,17
Sünde, war ich doch ein Sohn Adams.

23. Gäbe es nämlich so viele entgegengesetzte Naturen als sich selbst widerspenstige Willen, so wären es ihrer nicht zwei, sondern viele. Wenn einer überlegt, ob er lieber zu einem ihrer Konventikel oder ins Theater geht, so rufen sie schon: «Seht da die beiden Naturen, die gute würde hierher führen, die böse zieht ihn dorthin. Woher sonst käme dieses Zögern der unter sich streitenden Willen?» Ich aber sage: beide sind böse: der zu jenen Leuten führt und der zum Theater lockt. Sie sind der Meinung, gut sei nur, was zu ihnen hin lenkt. Wie verhält es sich denn, wenn einer der Unsern überlegt und zwei Willen sich in ihm streiten, und er schwankt, ob er ins Theater will oder in unsere Kirche: werden dann nicht auch jene mit ihrer Antwort schwanken? Entweder antworten sie (aber das wollen sie nicht), der gute Wille führe in unsere Kirche, wie er diejenigen hinführt, die in ihre Geheimnisse eingeweiht sind und darin verharren, oder sie behaupten, zwei böse Naturen und böse Geister könnten im gleichen Menschen gegeneinander streiten, womit sich das von ihnen üblicherweise Gesagte, der eine sei gut, der andere böse, als falsch erwiese, oder sie müßten sich zur Wahrheit bekehren und nicht länger leugnen, daß wenn ein Mensch überlegt, sein einziger Geist von zwei gegensätzlichen Willensbestrebungen bedrängt wird.

24. Wenn sie demnach im gleichen Menschen zwei Willen sich widerstreiten sehen, sollen sie doch nicht länger behaupten, zwei verschiedene Geister, aus entgegengesetzten Substanzen und Prinzipien herstammend, der eine gut, der andere böse, kämpften gegeneinander. Denn Du, wahrhaftiger Gott, verurteilst sie, widerlegst und überführst sie: in dem Fall zum Beispiel, da zwei böse Willen sich entgegenstehen, wenn einer überlegt, ob er einen Menschen durch Gift oder mit dem Dolch umbringen will, ob er dieses oder jenes Grundstück ausrauben soll, falls er nicht beides aufs Mal

haben kann, ob er aus Wollust ein Vergnügen erkaufen oder lieber sein Geld als Geizhals behalten will, ob er, wenn beides auf den gleichen Tag fällt, eher den Zirkus oder das Theater besucht, oder (ich füge noch ein Drittes hinzu) in ein fremdes Haus stehlen geht, falls Gelegenheit dazu besteht, oder (noch ein Viertes) nicht lieber einen Ehebruch begeht, falls auch dazu sich ein Anlaß bietet: Gesetzt also, dies alles biete sich gleichzeitig an und erscheine gleich begehrenswert, obschon es nicht gleichzeitig durchführbar ist: dann wird die Seele durch vier widereinander streitende Regungen zerrissen – oder durch mehr noch, da so vieles begehrt werden kann –, und selbst die Manichäer nehmen doch für gewöhnlich keine solche Mengen verschiedener Substanzen an.

Nicht anders bei den guten Regungen. Ich frage sie, ob es gut sei, sich an der Lesung des Apostels zu freuen, ob es gut sei, sich an einem ernsten Psalm zu erquicken, gut, das Evangelium zu erörtern? Auf jede dieser Fragen antworten sie mit Ja. Nun, wenn man all das zu einer gleichen Zeit erfreulich findet, ziehen dann nicht verschiedene Willensregungen durch des Menschen Herz, während es berät, was es am liebsten in Angriff nehmen möchte, bis es sich endlich zu einem entschließt und so den bisher gespaltenen Willen ganz auf dies eine richtet?

So ist es auch, wenn die Freude an der Ewigkeit von oben her lockt und die Lust an einem zeitlichen Gut die Seele unten festhält: dann will die ganze Seele nicht mit ganzem Willen dies oder jenes, sie wird von einer peinlichen Qual zerrissen: die Wahrheit läßt sie das Erste vorziehen, während die Gewohnheit sie vom andern nicht absehen läßt.

Der letzte Kampf

XI,25. So war ich krank und zerquälte mich in bitteren Selbstvorwürfen, zerrte hin und her an meiner Kette, um sie endlich zu sprengen. Sie saß nur noch locker, aber hielt doch noch fest. Du aber, Herr, drängtest weiter in meinen verborgenen Tiefen, Dein gestrenges Erbarmen geißelte mich doppelt mit Angst und mit Scham, damit ich nicht wieder losließe und das verbleibende schmale Bißchen hängenbliebe und neue Kraft gewänne und mich fester bände. Denn ich sagte innen in mir: «Jetzt gleich, jetzt gleich wird es sein», und mit Worten ging ich schon auf die Entscheidung zu. Beinah tat ich's bereits, und tat es doch nicht, aber fiel auch nicht auf den früheren Platz zurück, sondern hielt in der Nähe inne, atemholend. Ich setzte von neuem an und kam schon ein wenig näher und nochmals näher. Und fast rührte ich dran und hielt es fest. Aber ich war noch nicht dort und berührte es nicht und hielt es nicht fest, zögernd dem Tod abzusterben und dem Leben zu leben.

Das eingewöhnte Schlimmere war stärker in mir als das ungewohnte Bessere, der Zeitpunkt, an dem ich ein anderer werden sollte, flößte, je näher er rückte, einen desto tieferen Schauder ein; doch warf er mich nicht zurück, sondern hielt mich in der Schwebe.

26. Die nichtigen Nichtigkeiten, die eitlen Eitelkeiten, Koh 1,2
meine alten Freundinnen hielten mich zurück; sie zupften an meinem Fleischesrock und murmelten: «Läßt du uns fahren?» Und: «Von dem Augenblick an wird dir dies und jenes ewig versagt sein.» Ach, was waren das für Dinge, all das «dies und jenes», was sie mir vorgaukelten, Du mein Gott? Dein Erbarmen wende es ab von der Seele Deines Knechtes. Was für Schmutz legten sie nahe, was für Schandbares.

Ich hörte sie schon kaum mehr, es waren keine freimütigen, von vorn mir entgegenkommende Einwände, sondern eine Art Gezischel von hinter dem Rücken, das mich, während ich wegging, gleichsam verstohlen lockte, mich nochmals umzudrehen. Trotzdem hemmten sie mich, der ich zögerte, mich loszureißen, sie abzuschütteln und mit einem Sprung dorthin zu gelangen, von wo man mich rief. Heftig fuhr die Gewohnheit mich an: «Glaubst du, es ohne sie zustande zu bringen?»

27. Aber das sprach sie bereits mit matter Stimme. Denn von der Seite, wohin ich mein Antlitz gewendet und wohin überzugehen ich bebte, enthüllte sich die keusche Würde der Enthaltsamkeit, heiter, nicht zügellos, fröhlich, ehrbar einladend: ich möchte nicht länger zögern, sondern kommen,

fromme Hände, gefüllt mit Scharen guter Beispiele, nach mir ausstreckend, um mich in die Arme zu schließen.

Es gab da so viele Jünglinge und Mädchen, eine Menge jüngerer Leute und solche jeden Alters, ernste Witwen und bejahrte Jungfrauen, und in allen war die Enthaltsamkeit keineswegs unfruchtbar, sondern eine fruchtbare Mutter vieler Kinder aus bräutlichen Freuden mit Dir, Herr, als dem Bräutigam. Und sie lächelte mir zu mit leise mahnendem Spott, als wollte sie sagen: «Kannst du wirklich nicht, was diese Männer und Frauen konnten? Meinst du, sie könnten es aus sich selbst und nicht im Herrn, ihrem Gott? Der Herr, ihr Gott, hat sie mir gegeben. Was bleibst du in dir stehen, wo du doch nicht stehen kannst? Wirf dich in ihn, hab keine Angst; er entzieht sich nicht, so daß du hinfällst, wirf dich getrost, er fängt dich auf, und er heilt dich.»

Ich schämte mich sehr, da ich das Geflüster der Eitelkeiten noch immer vernahm und in Zaudern hing. Sie aber hob wieder an und schien mir zu sagen: «Werde taub für deine unreinen irdischen Glieder, damit sie ertötet werden. Sie reden dir von Genüssen, aber andern als denen des Gesetzes
Ps 119,85 des Herrn, Deines Gottes.»

Dieses Streitgespräch in meinem Herzen war nur ein Kampf meiner selbst gegen mich selbst. Alypius, immer an meiner Seite, erwartete schweigend den Ausgang dieser ungewohnten Erregung.

Tränen und Flehgebete

XII,28. Sobald aber das tiefe Nachdenken mein ganzes Elend aus seinen verborgenen Gründen hervorgezogen und
Ps 19,15 «vor den Blick meines Herzens» gebracht hatte, erhob sich ein schwerer Sturm, der einen gewaltigen Tränensturz mit sich brachte. Um ihn ganz und laut sich ergießen zu lassen, stand ich auf und verließ Alypius – Einsamkeit schien mir geeigneter für das Werk der Tränen –, zog mich weiter zurück, damit auch die Gegenwart des Freundes mich nicht bedrücke.

So stand es um mich. Jener begriff es; ich hatte irgend etwas geäußert, mit schon tränenbeschwerter Stimme, und war dann aufgestanden. Er blieb sehr betroffen an der Stelle zurück, wo wir gesessen hatten.

Ich warf mich unter einen Feigenbaum nieder und ließ
meinen Tränen freien Lauf; Ströme brachen aus meinen
Augen, ein Dir wohlgefälliges Opfer, und ich sagte Dir
vieles, nicht in diesen Worten, aber in diesem Sinn: «Und
Du, Herr, wie lange noch? Wie lange noch? Wirst Du mir Ps 7,4
bis ans Ende zürnen? Ach, gedenke nicht meiner alten
Sünden.» Denn nur sie, ich fühlte es, hielten mich noch Ps
zurück. Jämmerliche Worte stieß ich aus: «Wie lange, wie 79,5.8
lange noch? Immer nur morgen? Warum denn nicht heute?
Warum nicht zu dieser Stunde das Ende meiner Schmach?»

Nimm, lies

29. Sprach es und weinte in der bittern Zerknirschung meines Herzens. Und auf einmal hörte ich aus einem Nachbarhaus[12] die Stimme eines Knaben oder Mädchens wiederholt sagen: «Nimm, lies, nimm, lies.» Sogleich veränderte sich mein Gesicht, und ich begann angestrengt darüber nachzudenken, ob Kinder bei irgendeinem Spiel etwas derartiges zu singen pflegen; doch ich entsann mich nicht, es je gehört zu haben. Ich dämmte die Tränenflut und stand auf, ich wußte keine andere Deutung, als daß Gott mir

[12] Die Ausgabe von Knöll im Corpus Viennense setzt, nach der ältesten Handschrift, an Stelle von domus vicina (Nachbarhaus): domus divina (Haus Gottes, göttliche Wohnung); Courcelle adoptiert diese Lesart. Sie ist weniger pittoresk, hätte aber den Vorteil, dem endlosen Streit um die Deutung des erzählten Vorfalls – Sinnestäuschung? Kinderspiel? bloße literarische Fiktion? usf. – ein Ende zu bereiten. Sicher ist, daß das «Tolle, lege» (Nimm und lies) eine alte Formel in der griechischen Literatur ist (J. Geffcken, Augustinus' Tolle-lege-Erlebnis; Archiv f. Rel.-Wissenschaft 31, 1934, 1–13). Auch der Feigenbaum könnte ein Hinweis auf Joh 1,48 sein; die «Knaben- oder Mädchen»-Stimmen könnten Wiederaufnahme des Motivs in Kp. XI sein, wo die gleichen Worte (pueri et puellae) vorkommen. Endlich deutet Augustin sogleich die gehörte Stimme als eine von Gott her kommende (divinitus). Aber die Deutung Courcelles ist nicht unwidersprochen geblieben. Zum Ganzen: H.-L. Marrou, La querelle autour du «tolle, lege», in: Revue d'Histoire ecclésiastique 53 (1955) 47–56.

befehle, ein Buch zu öffnen und die Stelle zu lesen, auf die ich als erste stieße.

Ich hatte nämlich von Antonius vernommen, er habe aus einer zufällig aufgeschlagenen Stelle im Evangelium eine persönliche Mahnung herausgehört, als sei ihm bei der Lesung zugesprochen worden: «Geh, verkauf alles, was du hast, und gib es den Armen, und du wirst einen Schatz im
Mt Himmel haben, und komm und folge mir nach.» Auf diesen
19,21 Wahrspruch hin habe er sich sogleich zu Dir bekehrt.

So kehrte ich eilends zu dem Platz zurück, wo Alypius saß, dort hatte ich nämlich beim Aufstehen das Buch des Apostels hingelegt. Ich nahm es, schlug es auf und las die erste Stelle, worauf meine Augen fielen: «Nicht in Schmausereien und Trinkgelagen, nicht in Beischlaf und Unzucht, nicht in Streit und Gezänk, sondern zieht den Herrn Jesus Christus an und pflegt nicht den Leib zur Erregung der
Röm Begierlichkeit.» Weiter wollte ich nicht lesen, es war nicht
13,13f. nötig. Denn kaum hatte ich den Satz zu Ende gelesen, ergoß sich wie ein Licht die Gewißheit in mein Herz, und alle Schatten des Zweifels waren zerstoben.

Alypius folgt

30. Ich legte den Finger oder ein anderes Zeichen dazwischen, schloß das Buch und mit nunmehr ruhigem Antlitz setzte ich Alypius ins Bild. Er seinerseits verriet mir nun, was in ihm vorging – ich ahnte es nicht –, folgendermaßen: Er wollte wissen, was ich gelesen hatte; ich zeigte es ihm. Er las weiter, als ich selber gelesen hatte; ich kannte die Folge nicht. Dort stand: «Des Schwachen im Glauben aber
Röm nehmt auch an.» Alypius wandte das auf sich selber an und
14,1 ließ es mich wissen. Durch diese Ermahnung wurde er gefestigt; ohne Unruhe nahm er sich das Rechte vor und ganz entsprechend seinen Sitten, durch die er mir schon längst zum Bessern hin weit voraus war, schloß er sich mir ohne Zaudern an.

Die Freude der Mutter

Darauf gehen wir zur Mutter: wir sagen es ihr, sie freut sich. Wir erzählen ihr, wie alles sich zutrug, sie jubelt und triumphiert, und sie pries Dich, «der Du mächtig bist über all unser Bitten und unser Verstehen hinaus», denn sie sah, wie Eph
viel mehr Du ihr für mich gewährt hast, als sie mit ihren 3,20
gewohnten Bitten und armen Tränen und Seufzern zu erreichen vermochte.

Du bekehrtest mich in der Tat so zu Dir, daß ich keine Gattin mehr suchte noch sonst etwas, das man in dieser Welt erhofft. Nun stand ich auf jenem Richtscheit des Glaubens, auf dem sie mich gemäß Deiner Offenbarung vor Jahren erblickt hatte. Du «hattest ihre Trauer in Freude verwan- Ps
delt», eine viel überströmendere, als sie sie erbeten, eine viel 30,12
köstlichere und keuschere, als sie sie von den Enkelkindern meines Fleisches erwartet hatte.

NEUNTES BUCH

BEKEHRUNG. MONICAS TOD

1. DIE ZEIT NACH DER KONVERSION

Danksagung

I,1. «O Herr, Dein Knecht bin ich, Dein Knecht und der Sohn Deiner Magd. Meine Ketten hast Du zerrissen, Dir
Ps 116, 16f. will ich ein Lobopfer darbringen.» Mein Herz und meine Zunge sollen Dich loben, «all mein Gebein soll Dir sagen: Herr, wer ist Dir gleich?» Das soll es rufen, Du aber antwor-
Ps 35,10.3 te mir und «sprich zu meiner Seele: Dein Heil bin ich».

Was war ich für ein Mensch? Gibt es ein Böses, das ich nicht tat, oder wenn ich's nicht tat, so doch sagte, oder wenn ich's nicht sagte, doch wollte? Du aber, Herr, bist gütig und voll Erbarmen; mit Deiner Rechten hast Du die Tiefe meiner Verderbnis ausgelotet und aus dem Grund meines Herzens einen Ausbund von Unrat entleert.

Alles bestand darin, daß Du nicht wolltest, was ich wollte, ich aber wollen sollte, was Du wolltest. Wo war die langen Jahre hindurch, aus welcher heimlichen Tiefe wurde er in einem Augenblick zurückgerufen, mein freier Wille, mit dem ich unter Dein sanftes Joch meinen Nacken beugen und die Schultern Deiner leichten Last darbieten sollte, Christus
Ps 19,15 Jesus, «mein Helfer und mein Erlöser?»

Wie köstlich kam es mir plötzlich vor, all der süßen Nichtigkeiten ledig zu sein. Was fahren zu lassen ich gefürchtet hatte, das ziehen zu lassen war jetzt Freude. Du warst es, der es aus mir hinauswarf, Du, die wahre und höchste Köstlichkeit. An die Stelle des Vertriebenen tratest Du ein, Du, köstlicher als alle Lust, aber nicht für Fleisch und Blut; Du, strahlender als alles Licht, doch innerlicher als jedes Geheimnis; Du, erhabener als jede Ehrung, nicht aber für die in sich selbst Erhabenen.

Schon war mein Geist befreit von allen nagenden Sorgen; von Ehrsucht und Gewinnsucht, von Sichwälzen in Wollust und Sichkratzen ob des Juckens der Räude. Und ich redete stammelnd mit Dir, meinem Ruhm, meinem Reichtum, meinem Heil, mit Dir, meinem Herrn und Gott.

Diskrete Aufgabe des Lehrstuhls

II,2. Es schien mir richtig vor Deinem Angesicht, mein Amt nicht geräuschvoll abzubrechen, sondern den Dienst meiner Zunge auf sanfte Art vom Jahrmarkt der Geschwätzigkeit zurückzuziehen, damit junge Leute, die nicht «Dein Gesetz», nicht Deinen Frieden «anstrebten», sondern verlogenen Tratsch und Gerichtsgezänk, sich nicht länger für ihr Getobe Waffen aus meinem Munde kauften. Zum Glück waren es nur noch wenige Tage bis zu den Weinlese-Ferien;[1] ich beschloß, sie durchzustehen, um dann gewohnheitsgemäß zu schließen und, von Dir losgekauft, mich nicht länger mehr selbst zu verkaufen.[2] (Ps 119,70)

Unser Entschluß war somit vor Dir gefaßt; vor den Menschen, ausgenommen unserem engen Kreis, war er es noch nicht. Wir hatten vereinbart, die Sache nicht unbedacht bekannt zu geben, wenngleich Du uns, die «aus dem Tal der Tränen» emporstiegen und den «Stufenpsalm» sangen, «scharfe Pfeile und glühende Kohlen» gegeben hattest «gegen die hinterlistige Zunge», die unter dem Vorwand guten Rates gern widerspricht, und, wie man's mit Speisen tut, uns aus Liebe auch verschlungen hätte. (Ps 84,6) (Ps 120,1 f.)

3. Du hattest unser Herz mit dem Pfeil Deiner Liebe durchbohrt,[3] wir trugen Deine Worte steckend in unsern Eingeweiden. Das Beispiel Deiner Diener, die Du uns aus Finstern zu Leuchtenden, aus Toten zu Lebenden gemacht hattest, lag gehäuft in unserem Erinnerungsschatz; es glühte

[1] Die Ferien begannen um den 22. August und dauerten bis zum 15. Oktober. Wir stehen noch immer im Jahr 386.

[2] Zudem konnte Augustin als Christ nicht länger ein kaiserliches Gehalt beziehen.

[3] Auf Grund dieser Stelle pflegt Augustin in der Kunst mit einem pfeildurchbohrten und brennenden Herzen dargestellt zu werden.

und brannte die schwere Betäubung weg, damit wir nicht
wieder hinabfielen, fachte uns vielmehr so tüchtig an, daß
Ps jeder aus «listiger Zunge» stammende Widerspruch uns nur
120,2f. stärker entzünden, nicht aber löschen konnte. Aufgrund
Deines von Dir über alle Länder hin geheiligten Namens
gab es indes auch Leute, die unser Vorhaben und unsere
Pläne lobten, und so hätte es nach Überheblichkeit ausgesehen,
wenn ich die nahe Ferienzeit nicht abgewartet, sondern
mich vorzeitig vom öffentlichen, allen Blicken ausgesetzten
Amt zurückgezogen hätte; alle, die auf mein Benehmen
blickten, hätten, wenn ich den nahen Ferientermin noch
vorgezogen, viel zu reden gehabt: der Anschein wäre entstanden,
ich wollte mich wichtig machen. Und wozu sollte
ich mich dem ganzen Vermuten und Reden über mein
Vorhaben aussetzen, wodurch doch nur «unser gutes Vor-
Röm haben gelästert» worden wäre?

14,16 4. Hinzu kam, daß im gleichen Sommer die Überanstrengung
der Vorlesungen mir auf die Lunge geschlagen hatte;
ich hatte Mühe zu atmen, Brustschmerzen verrieten, daß sie
angegriffen war; ein längeres klares Sprechen war nicht
mehr möglich. Das hatte mich zuerst beunruhigt, es hätte
mich genötigt, die Bürde meines Lehramtes niederzulegen
oder, falls ich geheilt und wiederhergestellt werden sollte,
dieses wenigstens zu unterbrechen.

Als aber der volle Wille, «zur Verfügung zu sein und zu
Ps sehen, daß Du der Herr bist», in mir aufkam und sich
46,11 festigte – Du weißt es Herr –, begann ich mich zu freuen,
daß eine ungeheuchelte Entschuldigung hinzukam, das Mißvergnügen
der Leute zu dämpfen, die mir um ihrer Söhne
willen keine freie Stunde gönnten. Voll Freude ertrug ich
deshalb jene Zwischenzeit – es mochten an die zwanzig Tage
sein –; dennoch brauchte es Tapferkeit, sie durchzustehen,
denn der alte Eifer war verflogen, der mir sonst die schwere
Bürde tragen half, und wäre nicht die Geduld an seine Stelle
getreten, ich wäre erlegen.

Sollte einer Deiner Knechte, meiner Brüder, behaupten,
ich hätte mich versündigt, weil ich, schon fest zu Deinem
Dienst entschlossen, eine Stunde länger «auf dem Lehr-
Ps 1,1 stuhl» der Lüge gesessen hätte, so will ich ihm nicht wider-

sprechen. Hast Du, barmherzigster Herr, mir diese Sünde nicht auch mit all den übrigen, schrecklichen und tödlichen im heiligen Wasser vergeben und nachgelassen?

Angebot des Verecundus

III,5. Verecundus war voller Unruhe angesichts dessen, was unser Glück ausmachte; der Bande wegen, die ihn fest umklammert hielten, sah er sich von unserer Gemeinschaft ausgeschlossen. Er, der noch nicht Christ war, hatte eine gläubige Gattin; sie war es, die mehr als alles übrige für ihn eine Hemmung auf dem von uns eingeschlagenen Weg war. Er wollte, wie er sagte, auf keine andere Weise Christ sein als auf jene, die ihm versagt war.

Doch gütig, wie er war, bot er uns für die Zeit unseres Hierseins sein Landgut an. Du wirst es ihm lohnen, Herr, am Tag der Vergeltung der Gerechten, so wie Du ihm schon hier sein Los zubereitet hast. Während unserer Abwesenheit – wir weilten damals schon in Rom – fiel er in schwere körperliche Krankheit, wurde in ihrem Verlauf gläubiger Christ und schied so aus diesem Leben. Auf diese Weise hast Du nicht nur für ihn, sondern auch für uns Mitleid bekundet; wir sollten an die außerordentliche Liebenswürdigkeit des Freundes nicht zurückdenken, ohne ihn unserer Gruppe zuzählen zu können, etwas anderes hätte uns unerträglichen Schmerz bereitet.

Dank Dir, unser Gott! Wir sind Dein; das beweisen uns Deine Ermahnungen wie Deine Tröstungen. Getreu Deiner Verheißung wirst Du dem Verecundus als Entgelt für sein Landgut Cassiciacum, wo wir fern vom Weltgetriebe Ruhe in Dir fanden, Dein liebliches, ewig grünendes Paradies geben – Du vergabst ihm ja seine Sünden hienieden –, Dein Paradies auf «Deinem milchströmenden, fruchtbaren Berg.» Ps 68,16

Nebridius' Schicksal

6. Verecundus war also damals bekümmert; Nebridius dagegen freute sich mit uns. Auch er war noch nicht Christ und in die Fallgrube des verderblichen Irrtums gefallen, das

wahrhafte Fleisch Deines Sohnes für ein Scheingebilde zu halten. Er erholte sich jetzt davon und wurde, obschon noch mit keinem der herrlichen Geheimnisse vertraut, zu einem eifrigen Wahrheitssucher. Nicht lange nach unserer Bekehrung trat auch er zum katholischen Glauben über und diente Dir in vollkommener Keuschheit und Enthaltsamkeit in Afrika bei den Seinen; nachdem sein ganzes Haus durch ihn zum Glauben übergegangen war, hast Du ihn aus den Ban-
Lk den des Fleisches gelöst. Nun lebt «in Abrahams Schoß» –
16,22 was immer darunter zu verstehen sein mag – mein Nebridius, mein getreuer Freund, der Deine auch, Herr, der aus einem Freigelassenen Dein Adoptivsohn geworden ist. Dort lebt er, denn wo sollte eine solche Seele sonst leben? Dort lebt er, wonach er mich unerfahrenes Menschenkind so häufig gefragt hat. Sein Ohr neigt sich nicht mehr an meinen Mund, vielmehr neigt sich sein geistlicher Mund über Deinen Quell und trinkt, soviel seine Begier nur vermag, von Deiner Weisheit und ist ohne Ende selig. Und doch glaube ich nicht, daß er davon so trunken ist, daß er mich vergäße, da Du, Herr, der ihn tränkt, unser eingedenk bist.

So also stand es mit uns. Wir trösteten Verecundus, der trotz seiner Freundschaft über die Art unserer Bekehrung traurig war, und ermahnten ihn zu der seinem Stand, dem ehelichen Leben, gebührenden Treue. Bei Nebridius warteten wir, wann er uns folgen werde. Er war schon nah daran, es zu tun, stand auf der Schwelle, als endlich auch diese Tage zu Ende gingen. Sie schienen lang und zahlreich für unser Sehnen nach Ruhe und Freiheit, um Dir mit allen Fibern zu singen: «Dir sagte mein Herz: Dein Antlitz hab ich gesucht,
Ps 27,8 Dein Antlitz, Herr, will ich weiterhin suchen.»

Cassiciacum[4]

IV,7. Dann kam der Tag, an dem ich mich endgültig vom Rhetorberuf lösen sollte, aus dem ich mich in Gedanken

[4] Es wäre verkehrt, die Zeit in Cassiciacum als eine noch vorwiegend der Philosophie gewidmete anzusehen und die eigentliche Konversion Augustins später anzusetzen. Zumal die intensive Beschäftigung mit den Psalmen (IV, 8 ff.) spricht dagegen.

schon längst gelöst hatte. Nun geschah's: Du befreitest meine Zunge von dem, wovon Du mein Herz befreit hattest, und voll Freude benedeite ich Dich, während ich mit all den Meinen[5] zum Landgut aufbrach.

Was ich damals an literarischen Arbeiten verfaßte, diente Dir freilich bereits, atmet aber noch den Hochmut der Schule, bleibt gleichsam in einer Schwebe; diese Bücher, in denen ich mich mit den gegenwärtigen Personen unterhielt oder auch mit mir selbst vor Dir allein, zeugen davon.[6] Von der Unterhaltung mit dem abwesenden Nebridius zeugen die Briefe.

Wann aber finde ich hinreichende Zeit, all Deine großen Wohltaten in jener Zeit uns gegenüber aufzuzählen, zumal es mich drängt, von andern, noch größern zu sprechen? Aber mein Gedächtnis erinnert mich – und es wird mir süß, Herr, es Dir zu bekennen –, wie Du mich mit äußern Stacheln vollends gezähmt und auf welche Art Du mich eingeebnet hast, indem Du die Berge und Hügel meiner Gedanken demütigend abtrugst, die krummen Wege gerade, das Rauhe glatt machtest, wie Du auch den Bruder meines Herzens Alypius dem Namen «Deines einzigen Sohnes, unseres Herrn und Erlösers Jesus Christus» unterwarfst, 2 Petr 3,18
dem er zuerst in unsern Schriften keinen Platz einräumen mochte. Denn lieber war ihm der Duft der «Zedern» unserer Lehranstalten, die doch «der Herr» schon «zerschmettert» Ps 29,5
hatte, als das Heilkraut der Kirche wider geistliches Schlangengift.

Die Psalmen. Psalm 4

8. Wie sehr hab ich, Du mein Gott, nach Dir gerufen, als ich die Psalmen Davids las, diese Gesänge vertrauender Hingabe, diese Klänge frommer Ehrfurcht, die jeden Hoch-

[5] Es waren: Augustin, seine Mutter, sein Bruder Navigius, sein Sohn Adeodatus, seine Vettern Lastidianus und Rusticus, sein Freund Alypius und zwei Schüler: Licentius, Sohn des Romanianus, und Trigetius.

[6] Es sind die Schriften «Gegen die Akademiker», «Das selige Leben», «Über die Ordnung», «Alleingespräche», später kamen hinzu: «Der freie Wille», «Der Lehrmeister».

mutsgeist ausschließen. Ich war noch ein Neuling in der echten Liebe zu Dir, ein Katechumene in ländlicher Muße zusammen mit dem Katechumenen Alypius, begleitet von meiner Mutter, weiblich in ihrem Gehaben, männlich in ihrem Glauben, begabt mit der Sicherheit des Alters, mütterlich in ihrer selbstlosen Liebe und ihrer geistlichen Frömmigkeit.

Wie hab ich in jenen Psalmen nach Dir gerufen, wie setzte mich ihre Lesung in Flammen, gern hätte ich sie der ganzen Welt vorgetragen, um den Hochmut der Menschheit niederzuschlagen. Aber man singt sie ja schon auf der ganzen Welt,
Ps 19,7 «niemand kann sich bergen vor Deiner Glut».

Mit wie heftigem, herbem Schmerz war ich gegen die Manichäer erbost und zugleich voll Mitleid mit ihnen: sie wußten nichts von diesen heilenden Geheimnissen und tobten gegen Arzneien, an denen sie hätten genesen können. Wären sie doch ohne mein Wissen irgendwo in der Nähe gewesen und hätten sie mein Gesicht gesehen, meine Rufe vernommen, wenn ich in jener Beschaulichkeit den vierten Psalm las, und wie dieser mir zusetzte: «Da ich Dich anrief, erhörtest Du mich, Gott meiner Gerechtigkeit, in der Enge hast Du mir Raum gewährt; erbarme Dich meiner, Herr,
Ps 4,2 und erhöre mein Flehen.» Hörten sie's doch ohne mein Wissen, damit sie nicht wähnten, ich spräche ihretwegen, was ich zwischen den Psalmworten Dir sagte. Ich hätte es ja nicht gesagt, sicher nicht so gesagt, wenn ich gefühlt hätte, daß sie mich sehen und hören; und hätte ich's sogar gesagt, sie hätten's nicht so verstanden, wie ich mit mir und zu mir in Herzensvertrautheit vor Dir sprach.

9. In erschauernder Furcht und zugleich in Hoffnung
Ps 31,8 und Jubel sprach ich von «Deiner Barmherzigkeit», Vater. Aus meinem Blick und Wort brach das alles hervor, wenn «Dein gütiger Geist», uns zugewandt, zu uns sagte: «Ihr Menschenkinder, wie lange noch schweren Herzens? Wozu
Ps 4,3 liebt ihr die Eitelkeit und läuft der Lüge nach?» Das hatte ich ja getan: hatte die Eitelkeit geliebt und war der Lüge nachgelaufen. Aber Du, Herr, hattest längst «Deinen Heiligen erhöht, ihn von den Toten erweckend und zu Deiner
Ps 4,4 Rechten setzend», damit er von oben den verheißenen «Trö-

ster, den Geist der Wahrheit» sende. Er hatte ihn schon Eph
gesandt, ich wußte es bloß noch nicht. Er hatte ihn gesandt, 1,20
war er doch schon erhöht, von den Toten erstehend und
zum Himmel auffahrend. Vorher «gab es den Geist noch
nicht, weil Jesus noch nicht verherrlicht war». So ruft denn
der Prophet: «Wie lange noch schweren Herzens, wozu liebt Joh
ihr die Eitelkeit und lauft der Lüge nach? Wißt denn, daß 7,39
der Herr seinen Heiligen erhöht hat.» Er ruft: «Wie lange Ps
noch?», und zugleich: «Wißt denn!» Ich hatte so lange Zeit 4,3 f.
die Nichtigkeit geliebt und war der Lüge nachgelaufen;
daher beim Anhören meine erschauernde Furcht: werden
doch solche angeredet, wie ich einer war, das wußte ich
wohl; Eitelkeit und Lüge waren in den Trugbildern gewesen,
die ich für Wahrheit gehalten hatte.

Im schmerzlichen Erinnern stöhnte ich tief und schwer;
ach, hätten sie's doch gehört, die noch immer Eitlem und
Verlogenem in Liebe nachgehen, vielleicht hätte es sie erschüttert
und sie hätten das Ganze ausgespien, hätten zu Dir
geschrien und Du hättest sie erhört; ist doch eines wahren
menschlichen Todes Der für uns gestorben, der «unser
Anwalt bei Dir ist». Röm 8,34

10. Ich las ferner: «Zürnt, aber sündigt nicht.» Wie er- Ps 4,5
griff es mich, mein Gott, hatte ich doch schon gelernt,
meiner Vergangenheit zu zürnen, um künftig nicht mehr zu
sündigen. Ich zürnte mit Recht, da ja nicht eine fremde
Natur aus dem Geschlecht der Finsternis durch mich hindurch
gesündigt hatte, wie die Manichäer behaupten, die
sich selbst nicht zürnen und sich deshalb «einen Schatz an
Zorn für den Tag des Zornes und der Kundgabe Deines
gerechten Gerichts ansammeln.» Und auch meine «Güter» Röm
waren nicht mehr außer mir, ich suchte sie nicht mehr mit 2,5
fleischlichen Augen an der äußern Sonne. Die sich an Äußerem
freuen wollen, entgleiten sich leicht und zerrinnen ins
Sichtbare, Zeitliche, dessen Bilderwelt sie gierenden Geistes
belecken. O daß sie ihres Hungers überdrüssig würden und
fragten: «Wer wird uns das Gute zeigen?» Man müßte ihnen Ps 4,7
antworten, so daß sie's hörten: «Eingeprägt ist in uns das
Licht Deines Angesichts, Herr.» Ps 4,7

Denn sicherlich sind wir nicht selber das Licht, das «jeden

Joh 1,9 Menschen erleuchtet», wir werden vielmehr von Dir erleuchtet, wir, die «einst Finsternis waren», um fürderhin Licht in Dir zu sein. O sähen sie doch das Ewige drinnen! Ich, der davon gekostet, knirschte, es ihnen nicht zeigen zu können. Brächten sie mir doch in ihren Dir fernen Blicken
Ps 4,5 ihr Herz mit der Frage: «Wer zeigt uns das Gute?»

Denn dort, wo ich gegen mich zürnte, in meinem Innengemach, wo ich zerknirscht war, meinen alten Menschen geopfert und im Versuch, mich zu erneuern, meine Hoffnung auf Dich gesetzt hatte, dort hattest Du angefangen, mir köstlich zu sein, und hattest «mir Freude ins Herz gesenkt». Was ich außen las und innen erkannte, das rief ich hinaus. Und ich wollte nicht länger mich in die irdischen Dinge zerteilen, Zeit verschlingend und von Zeiten ver-
Ps 4,8 schlungen, da ich fürder in der ewigen Einfalt «Weizen, Wein und Öl» von ganz anderer Art besaß.

11. Und beim folgenden Vers stieß ich einen lauten Herzensruf aus: O «im Frieden!» O «im Wesen selbst!»[7] O, was
Ps 4,9 sagt er noch? «Ich entschlummere und sinke in Schlaf!» Denn: Wer sollte uns widersprechen, wenn das «geschriebene Wort sich erfüllt»: «Der Tod ist verschlungen in den
1 Kor 15,54 Sieg»? Und Du bist das reine Wesen, Du, der keinen Wandel kennt. In Dir ist die Ruhe, in der sich alle Mühsal vergißt, weil kein anderer neben Dir ist, weil Du der Einzige bist und nicht vielerlei anderes neben Dir angestrebt zu werden braucht, weil «Du mich vielmehr, Herr, mich vereinfälti-
Ps 4,9 gend,[8] in der Hoffnung eingegründet hast.»

Ich las das und brannte, aber fand kein Mittel, es den Tauben und Toten zu Gehör zu bringen, zu denen ich gehört hatte, ich Verworfener, verbitterter blinder Beller gegen die Heiligen Schriften, die von himmlischem Honig troffen und Dein Licht ausstrahlten. «Der Feinde» dieser
Ps 139,21.19 Schriften «gedenkend, grämte ich mich».

7 Im Psalmwort «in idipsum» sieht Augustin «das höchste und unveränderliche Gut, das Gott ist, ausgedrückt» (De Trin. III, 11, 8).

8 Zu dieser Übersetzung berechtigt Enarr. in Ps 4, § 10 (Labriolle).

Eine Heilung

12. Wann werde ich mich aller Einzelheiten jener Ferientage erinnern können? Eins habe ich nicht vergessen und will es auch nicht verschweigen: das Herbe Deiner Geißel und die wundersame Eile Deines Erbarmens.

Du plagtest mich damals mit einem Zahnschmerz, der sich so gesteigert hatte, daß ich nicht mehr reden konnte. Da kam mir der Gedanke, alle im Haus Anwesenden zu bitten, für mich zu Dir, Du Gott alles Heils, zu beten. Ich schrieb es auf ein Wachstäfelchen und gab es ihnen zum Lesen. Und kaum hatten wir die Knie zum Gebet gebeugt, war der Schmerz verschwunden. Und was für ein Schmerz! Und wie war er geschwunden? Ein Entsetzen faßte mich, ich muß es gestehen, Herr, Du mein Gott, denn von Kind auf hatte ich nichts dergleichen erlebt. Auf diese Weise gruben sich die Zeichen Deiner Macht in mein tiefstes Herz ein, und freudigen Glaubens pries ich Deinen Namen. Aber eben dieser Glaube beruhigte mich nicht hinsichtlich meiner früheren Sünden, waren sie doch noch nicht durch die Taufe vergeben.

Brief an Ambrosius

V,13. Am Ende der Weinleseferien gab ich meinen Lehrstuhl öffentlich auf, damit die Mailänder sich für ihre Schüler einen andern Worthändler bestellen konnten: Ich hätte mich entschlossen, Dir zu dienen; fühlte mich aber auch wegen meiner Atemnot und meinen Brustschmerzen diesem Amt nicht mehr gewachsen.

In einem Brief an den heiligen Mann, Deinen Diener Ambrosius, deutete ich meine früheren Irrtümer, aber auch meine jetzige Sehnsucht an, bat ihn, mir jene Deiner Schriften zu bezeichnen, die ich vor allem lesen sollte, um besser bereit und gerüstet zu sein, eine so große Gnade zu empfangen. Er verwies mich auf den Propheten Jesaja, ich denke, weil er klarer als die übrigen das Evangelium und die Berufung der Heiden ankündigt.

Aber da ich den Anfang nicht verstehen konnte und

meinte, das ganze Buch würde so sein, ließ ich davon ab, um es später aufzugreifen, wenn ich mit der Sprache des Herrn vertrauter geworden wäre.

Die Taufe. Der Sohn Adeodat

VI,14. Als dann die Zeit gekommen war, meinen Namen eintragen zu lassen,[9] begaben wir uns vom Land wieder nach Mailand. Auch Alypius war bereit, mit mir zusammen in Dir wiedergeboren zu werden; er hat sich die Demut, die Deinen Sakramenten ansteht, angeeignet und seinen Leib so kraftvoll beherrscht, daß er mit ungewohntem Wagemut den eisigen Boden Italiens barfuß beging.

Auch den Knaben Adeodatus nahmen wir mit, meinen Sohn nach dem Fleische, die Frucht meiner Sünde. Du hattest ihn aufs beste geschaffen: er war etwa fünfzehnjährig und übertraf mit seiner Begabung manche gewichtigen und gelehrten Männer. Ich bekenne Dir, Herr, mein Gott, nur Deine eigenen Gaben, Dir, dem Allschöpfer und Vielgewaltigen, der unserem Gestaltlosen Wohlgestalt geben kann; war doch in dem Knaben außer meiner Sünde nichts von mir. Daß wir ihn in Deiner Zucht erzogen, das hatte uns kein anderer als Du selbst eingegeben. Ich bekenne Dir nur Deine Taten.

Es gibt ein Buch von mir, das den Titel «Der Lehrmeister»[10] trägt. Er ist es, der darin mit mir Zwiesprache führt. Du weißt, daß alles, was dort als Meinung meines Mitredners angeführt wird, von ihm, dem Sechzehnjährigen stammt. Und manches noch Erstaunlichere habe ich mit ihm

[9] Man ließ seinen Namen als Taufanwerber (competentes) zu Beginn der Fastenzeit eintragen (im Jahr 387 am 10. März). Die Taufe Augustins, Alypius' und Adeodats fand am Karsamstag (24. April 387) statt. Über die Zwischenzeit berichtet Augustin nichts mehr. Man kann annehmen, daß er den Katechumenenunterricht bei Ambrosius selber erhalten hat. Dennoch scheint ihr Verhältnis auch jetzt und später nicht sehr intim geworden zu sein; als Augustin 396 ein Buch des Ambrosius braucht, wendet er sich nicht an diesen selbst, sondern an Paulin von Nola. – Anderseits ist Augustin im Winter vor seiner Taufe mit eher weltlichen Themen beschäftigt: Grammatik und Musik. Auf diese einzugehen, war im Zusammenhang der Confessiones kein Anlaß.

[10] De Magistro, um 389 in Afrika entstanden.

erlebt. Seine Begabung war für mich geradezu erschreckend, wer außer Dir hätte so Wundersames vollbracht?

Gar bald hast Du sein Leben von der Erde weggenommen; nun kann ich mich seiner desto gelassener erinnern; weder für seine Kindheit noch für sein Jünglingsalter, noch für sein Mannestum brauche ich etwas zu fürchten. Ihn also gesellten wir uns zu – in der Gnade war er uns gleichaltrig –, um ihn weiter in Deiner Lehre zu erziehen.

Und wir erhielten die Taufe,[11] und die Sorgenlast des vergangenen Lebens fiel von uns ab. Ich selber war damals unersättlich im Kosten Deiner wunderbaren Süße, im Betrachten Deiner tiefen Ratschlüsse für das Heil des Menschengeschlechts. Wie weinte ich bei Hymnen und Gesängen auf Dich, den sanfttönenden Stimmen Deiner Kirche. Die Weisen strömten in mein Ohr, und ihre Wahrheit flößte sich ein in mein Herz und erzeugte dort eine innige Frömmigkeit; die Tränen flossen und taten mir wohl.

Die ambrosianischen Hymnen

VII,15. Es war nicht lange her, daß die Kirche von Mailand diese Art von Tröstung und Ermunterung übernommen hatte. In heiligem Eifer sangen die Stimmen und Herzen der Brüder zusammen. Vor einem Jahr erst oder wenig mehr hatte Justina, die Mutter des jungen Kaisers Valentinian, begonnen, Deinen Stellvertreter Ambrosius zu verfolgen[12] aufgrund ihrer Häresie, zu der die Arianer sie verführt hatten. Des Nachts hielt das fromme Volk in der Kirche Wache, bereit, mit Deinem Diener, dem Bischof, zu sterben. Meine Mutter, Deine Magd, lebte hier dem Gebet und war die erste, sich in Sorgen und Wachen hervorzutun. Wir andern, noch nicht erwärmt von der Glut Deines Geistes, waren doch aufgewühlt vom Schreck und der Erregung der Stadt. Damals wurde das Singen von Hymnen und Psalmen

[11] Die Taufe spendete Ambrosius selbst, wie Augustin an mehreren andern Stellen bezeugt.

[12] Die Verfolgung des Ambrosius erfolgte im Februar 386. Er hatte sich geweigert, der Kaiserin eine der Mailänder Kirchen zu übergeben, die eine solche für die Arianer gefordert hatte.

nach der Weise der Ostkirche eingeführt, um die Ermattung des Volkes vor Trauer und Überdruß zu verhindern. Seither hat sich der Brauch bis heute erhalten und ist von vielen, ja den meisten Kirchgemeinden der Welt übernommen worden.

Entdeckung der Martyrerleiber

16. Zur selben Zeit hast Du Deinem erwähnten Bischof in einem Gesicht kundgetan, an welcher Stätte die Leiber der Martyrer Protasius und Gervasius verborgen lagen, die Du lange Jahre unverwest in Deiner geheimen Schatzkammer verwahrt hattest, um sie zur rechten Zeit hervorzuholen und dadurch dem Wüten einer Frau, die doch Kaiserin war, Einhalt zu gebieten.[13] Denn als die Leiber entdeckt, ausgegraben und mit gebührender Ehre in die ambrosianische Basilika überführt wurden, wurden nicht nur von unreinen Geistern Besessene geheilt – was die Geister selbst eingestanden –, sondern auch ein bekannter Bürger der Stadt, seit Jahren erblindet, fragte nach dem Grund des stürmischen Jubels des Volkes, erfuhr ihn, stand auf, bat seinen Führer, ihn an den Ort zu führen, erhielt dort die Erlaubnis, mit seinem Schweißtuch die Bahre mit «den sterblichen Leibern
Ps 126,15 Deiner vor Deinen Augen kostbaren Heiligen» zu berühren, tat es, legte das Tuch an seine Augen, die sich sogleich aufschlossen. Die Kunde verbreitete sich rasch, feurige, strahlende Loblieder drangen zu Dir, und wenn das Gemüt der Feindin sich nicht zum heilenden Glauben durchrang, so stand sie fortan doch von der wilden Verfolgung ab.

Dank sei Dir, mein Gott. Woher und wohin hast Du mein Gedächtnis geleitet, damit ich Dir auch dies Große bekenne, das ich hinter mir gelassen und vergessen hatte? Damals, als «der Duft Deiner Salben» entströmte, eilten wir Dir gleich-
Hhl 1,3 wohl noch «nicht nach»; ich weinte vor allem beim Anhören Deiner Hymnen, nach soviel Geseufze zu Dir atmete ich jetzt auf, soweit der offene Äther eine Strohhütte durchwehen kann.

[13] Die auch sonst gut bezeugte Geschichte von der Reliquienauffindung hat ebenfalls ein Jahr vor der Taufe Augustins stattgefunden, 17.–19. Juni 386.

VIII,17. «Der Du die Gleichgesinnten im selben Hause wohnen lässest», hast auch Evodius unserer Gemeinschaft zugesellt, einen jungen Mann aus unserer Vaterstadt. Er hatte als kaiserlicher Kommissar gedient, hatte sich noch vor uns zu Dir bekehrt und war getauft worden; den weltlichen Dienst verlassend, hatte er sich für den Deinen gegürtet. Wir lebten zusammen mit dem heiligen Vorsatz, beieinander wohnen zu bleiben,[14] suchten nach dem günstigsten Ort, wo wir Dir dienen könnten und brachen gemeinsam nach Afrika auf. Und da wir in Ostia an der Tibermündung ankamen, starb meine Mutter.[15] Ps 68,7

2. DAS BUCH MONICA

Ihre Jugend

Ich übergehe vieles, denn ich möchte voraneilen. Empfange, mein Gott, meinen Lobpreis und Dank für das Unzählige, was ich verschweige. Aber ich möchte nichts von dem übergehen, wovon mein Inneres schwanger geht und was Deine Dienerin betrifft, die mich im Fleische trug, damit ich ins zeitliche, und im Herzen, damit ich ins ewige Licht geboren würde.

Nicht von ihren, sondern von Deinen Gaben an sie will ich reden. Sie hatte sich ja nicht selbst geschaffen oder erzogen. Du schufst sie, weder Vater noch Mutter wußten, was für ein Wesen sie zur Welt bringen würden. «In Deiner Furcht» hat sie der Stab Deines Christus erzogen, die Zucht Deines Eingebornen, in einem gläubigen Haus, einem treuen Glied Deiner Kirche. Ps 5,8

Sie rühmte übrigens weniger den Eifer ihrer Mutter für ihre Erziehung als den einer schon hinfälligen Dienerin, die

[14] Evodius ist der Gesprächspartner der während des zweiten römischen Aufenthalts geschriebenen Dialoge Augustins. Er wurde später Bischof.

[15] Mit dem hier beginnenden «Nekrolog» (bis zum Ende des IX. Buches) auf seine Mutter beschließt Augustin den biographischen Teil seiner Confessiones. Möglicherweise benützt er dafür eine schon früher von ihm verfaßte Schrift.

ihren Vater noch als Kind auf ihrem Rücken getragen, wie heranwachsende Mädchen die Kleinen zu tragen pflegen. Deshalb und ihres Alters und ihrer trefflichen Gesinnung in diesem christlichen Hause wegen wurde sie von der Herrschaft in Ehren gehalten. So hatte man ihr auch die Sorge für die Töchter des Hauses überlassen; sie nahm das sehr ernst und hielt sie, wenn nötig, mit heilig-heftiger Strenge in Zucht und lehrte sie mit nüchterner Klugheit. Außer der Zeit, da die Töchter mit den Eltern zusammen ein bescheidenes Mahl einnahmen, erlaubte sie ihnen auch bei starkem Durst keinen Trunk Wasser, um keine schlechten Gewohnheiten aufkommen zu lassen. Und das mit dem weisen Wort: Jetzt trinkt ihr Wasser, weil ihr nicht an den Wein herankommt; aber wenn ihr einmal verheiratet seid und über Speisekammer und Keller verfügt, wird euch das Wasser verleiden, aber die Lust zu trinken behält ihr.

Durch solch vernünftige Warnung und gebietende Autorität dämpfte sie das Gierige eines zarten Alters, ja sie auferlegte dem Durst der Mädchen ein geordnetes Maß, so daß man Unpassendes nicht mehr begehrte.

18. Dennoch war ihr, wie Deine Dienerin mir, ihrem Sohn, erzählte, unversehens die Lust am Wein gekommen. Wie es bei einem verständigen Mädchen üblich ist, sandten ihre Eltern sie, den Wein aus der Kufe zu holen; doch bevor sie den ungemischten Wein in die Flasche goß, nippte sie, wenn sie das Schöpfmaß von oben eingetaucht hatte, ein klein wenig mit gespitzten Lippen daran; mehr zu trinken hätte ihr widerstanden. Sie tat es nicht aus Trunksucht, sondern im Mutwillen ihres Alters, das gern in Keckheit übersprudelt, was die Erwachsenen in den Kinderseelen zumeist zu dämpfen vermögen.

Und so setzte sie dem Bißchen täglich ein kleines Bißchen hinzu, da «wer das Geringe verachtet, allmählich zu Fall
Sir kommt», bis sie der Gewohnheit verfiel, beinah volle
19,1 Schöpfgefäße begierig hinunterzugießen. Wo blieb da die kluge Alte mit ihrem strengen Verbot? Hätte sie etwas gegen die schleichende Sucht vermocht, wäre nicht Dein Heilmittel gewesen, Herr, der über uns wacht? Auch im Fernsein des Vaters, der Mutter, der Erzieher, warst Du

gegenwärtig, Du, der uns erschaffen hat, der uns anruft, der auch zum Besten der Seelen durch Vorgesetzte mancherlei wirkt.

Was hast Du damals getan, mein Gott! Wie hast Du gesorgt und geheilt? Hast nicht Du jemand andern angeregt, einen harten, scharfen Vorwurf zu äußern als ein heilendes Eisen, hervorgeholt aus Deinen geheimen Vorräten, und so mit einem Hieb die ganze Fäulnis beseitigt? In der Tat: eine Magd, die sie zur Kufe zu begleiten pflegte, ereiferte sich gegen die junge Herrin, wie es vorkommt, wenn man zu zweit allein ist, und beschimpfte sie bitter ob des Vergehens, indem sie sie eine Säuferin schalt. Diese, vom scharfen Stachel durchbohrt, erkannte ihr Vergehen, verurteilte es auf der Stelle und legte es ab.

Wie schmeichelnde Freunde einen verderben können, so bessern tadelnde Feinde nicht selten. Du aber vergiltst ihnen nicht das, was Du mit ihrer Hilfe wirkst, sondern was sie selber beabsichtigten. Die erzürnte Magd wollte ihre junge Herrin beleidigen, nicht bessern, darum tat sie es heimlich, sei es, weil sich hier und jetzt so gut streiten ließ, sei es, weil sie Angst hatte, die Sache so spät aufgedeckt zu haben.

Du aber, Herr, der Du über die Himmlischen und die Irdischen waltest, die wilden Wasser zu Deinen Zwecken lenkst und die schäumenden Flüsse des Weltlaufs ordnest, hast durch die Wut einer Seele eine andere geheilt, damit keiner, der solches wahrnimmt, es der eigenen Kraft zuschreibe, wenn einer, den er bessern will, sich auf sein Wort hin bekehrt.

Ihre Gattenliebe

IX,19. Sie, die so keusch und nüchtern erzogen ward und viel mehr durch Dich den Eltern unterwürfig gemacht als durch die Eltern Dir, wurde im heiratsfähigen Alter einem Mann übergeben und diente ihm als ihrem Herrn. Sie bemühte sich, ihn für Dich zu gewinnen, indem sie durch ihr sittsames Gehaben ihm von Dir sprach; durch dieses machtest Du sie für ihren Gatten schön und ehrfürchtig, liebenswert und bewunderungswürdig. Seine eheliche Untreue ertrug sie so, daß sie nie darob ein Zerwürfnis mit ihm hatte. Sie hoffte auf Dein Erbarmen über ihn, daß er, einmal gläubig geworden, zur Keuschheit gelange.

Übrigens war er im ganzen gutmütig, konnte jedoch im Zorn hitzig werden. Sie aber verstand, dem zornigen Mann nie zu widerstehen, durch keine Tat und nicht einmal durch ein Wort. Hatte er sich wieder beruhigt und war wieder zugänglich geworden, legte sie ihm Rechenschaft ab über ihr Verhalten, falls er sich unbedacht hatte hinreißen lassen. Und wenn manche vornehme Frauen, die mildere Männer hatten, in ihren entstellten Gesichtern Spuren von Schlägen trugen und sich im vertrauten Gespräch über das Gehaben ihrer Männer beklagten, so schob meine Mutter die Schuld auf deren Zunge und gab ihnen scherzend die ernsthafte Weisung, sie hätten seit dem Tag, da man ihnen den Ehevertrag verlesen hatte, daraus ersehen sollen, daß sie Dienerinnen geworden wären, sich deshalb, ihres Standes eingedenk, nicht stolz wider ihre Herren aufwerfen dürfen.

Wenn die Damen darob staunten – sie wußten, was für einen jähzornigen Mann sie aushalten mußte –, daß man noch nie gehört oder einem Anzeichen hätte entnehmen können, Patricius hätte seine Frau geschlagen oder es hätte auch nur einen Tag lang häuslichen Streit gegeben, und wenn man sie vertraulich um eine Erklärung dafür bat, so schilderte sie ihr oben beschriebenes Verhalten. Und die sich danach richteten, lobten sie nach gemachter Erfahrung; die es nicht befolgten, blieben Mißhandlungen ausgesetzt.

Ihre Versöhnlichkeit

20. Selbst ihre Schwiegermutter, die anfänglich durch das Geschwätz der Mägde gegen sie aufgebracht war, gewann sie durch ihre Nachgiebigkeit und ihre dauernde Geduld und Milde, sosehr, daß jene die bösen Reden der Mägde dem Sohn aufdeckte, die den Frieden zwischen ihr und der Schwiegertochter störten, und deren Bestrafung verlangte.

Patricius, der Mutter gehorchend und auf die Zucht im Hause und den Frieden unter den Seinen bedacht, strafte die Betreffenden gemäß dem Willen der Angeberin mit Ruten, und diese versprach jeder, die ihr zu Gefallen etwas Abträgliches über ihre Schwiegertochter äußerte, den gleichen Lohn. Da keine es fortan wagte, lebten beide Frauen im denkbar besten Einvernehmen miteinander.

21. «Du mein Herr und mein Erbarmer» hast Deiner Ps
Sklavin, in deren Schoß Du mich schufst, ein weiteres gro- 59,18
ßes Geschenk gemacht: Wo immer sie konnte, bot sie sich Uneinigen und Zerstrittenen als Friedensstifterin an, dergestalt, daß wenn sie von beiden Parteien viel Bitteres vernahm, wie das in Gegenwart einer Freundin und in Abwesenheit der Feindin zu geschehen pflegt, wenn bissige Reden die ganze Tiefe des Hasses verraten, sie der andern nichts weiter berichtete, als was zur Versöhnung dienlich sein konnte.

Ich würde darauf nicht beharren, hätte ich nicht selbst aus eigener trauriger Erfahrung Unzählige kennengelernt, die, aufgrund der widerlichen Ansteckung einer weit verbreiteten Sünde, erbosten Feinden die Worte erboster Feinde weitersagen, ja sogar Ungesagtes hinzufügen, während es doch einem humanen Menschen zu wenig sein sollte, menschliche Feindschaft durch böse Reden zu schüren oder zu vertiefen, vielmehr sollte er besorgt sein, solche durch gutes Reden zum Erlöschen zu bringen.

So war meine Mutter, von Dir als innerstem Lehrmeister in der Schule des Herzens unterwiesen.

Dienerin aller

22. Zum Schluß gelang es ihr, ihren Mann, der sich schon dem Ende seines Lebensweges näherte, für Dich zu gewinnen, und so brauchte sie, da er gläubig war, nicht mehr zu bedauern, was sie vom noch Ungläubigen erduldet hatte.

Sie war in Wahrheit die Magd Deiner Diener. Wer immer sie kannte, fand Anlaß, sie vielfach zu loben, und darin Dich zu ehren und zu lieben. Denn man spürte Deine Gegenwart in ihrem Herzen. Die Früchte ihres heiligen Wandels bezeugten es. Sie war «die Frau eines einzigen Mannes» gewesen, «hatte ihren Eltern treu vergolten», «ihr Haus in Got- 1 Tim
tesfurcht geführt», besaß «ihr Zeugnis in guten Werken». 5,9f.

Sie erzog ihre Söhne so, daß sie immer neu in Wehen um sie lag, sooft sie sah, daß sie von Dir abwichen.

Schließlich hat sie für uns alle, die wir kraft Deiner Gnade uns Deine Diener nennen dürfen und vor ihrem Tod nach Erhalt der Taufgnade schon in Dir versammelt lebten, so treu gesorgt, als hätte sie uns alle geboren, und uns so gedient, als wäre sie eines jeden Tochter gewesen.

Die Beschauung in Ostia[16]

X,23. Schon nahte der Tag, da sie aus diesem Leben scheiden sollte – Du kanntest ihn, während wir nicht darum wußten. Da traf es sich, sicher aufgrund Deiner verborgenen Fügung, daß wir beide, sie und ich, allein an ein Fenster gelehnt standen, angesichts des zum Hause gehörigen Gartens. Es war in Ostia an der Tibermündung, wo wir, dem Gedränge entrückt, nach der Mühsal der langen Reise uns Kräfte für die Überfahrt sammelten.

Wir unterhielten uns also allein, in einem innigen Beisammensein, und «das Vergangene vergessend, ausgespannt
Phil nach dem, was vor uns liegt», aber in der Gegenwart Deiner
3,13 Wahrheit, suchten wir fragend nach Dir: was Du bist, was das ewige Leben der Heiligen sein mag, das «kein Auge geschaut, kein Ohr gehört und das in keines Menschen Herz
1 Kor aufgestiegen ist». Der Mund unseres Herzens lechzte groß
2,9 offen nach Deinem von oben rieselnden Wasser Deiner
Ps Quelle, der «Quelle des Lebens», die «bei Dir ist», um
36,10 unserem Fassungsvermögen gemäß benetzt das Erhabene in den Blick zu bekommen.

16 Das berühmte Kapitel wiederholt sachlich die schon in Mailand unternommenen Aufstiege zu Gott; die Worte sind beinah dieselben; im Unterschied zu Mailand ist die Stimmung beruhigter, die bei Augustin sonst fast immer erwähnte «Enttäuschung», das Nicht-fest-halten-Können der Vision, ist diesmal weggelassen. Auch durch das Dialogische unterscheidet sich die Ostia-«Vision» von den sonstigen, obwohl die Wendung am Schluß («solcherlei sprach ich») zeigt, daß das Ganze unter der betonten Führung Augustins stattgefunden haben muß. Paul Henry, La vision d'Ostie (Paris 1938) hat gezeigt, daß platonische Stilmomente ganz dem christlichen Kern der Erfahrung untergeordnet sind.

24. Das Gespräch führte uns zu diesem Ergebnis: die Freude der irdischen Sinne mag noch so groß sein, noch so köstlich im irdischen Lichte schimmern, mit dem Jubel jenes Lebens ist sie nicht zu vergleichen, ja nicht einmal erwähnenswert. Und mit brennenderem Herzen uns zum «Wesenhaften» aufschwingend, durchwanderten wir stufenweise alle körperlichen Dinge, ja den Himmel selbst, von wannen Sonne und Mond und Sterne auf die Erde herableuchten. Und in unserem Innern stiegen wir noch höher, Deine Werke erwägend, besprechend und bewundernd, und gelangten zu unsern Geistseelen, aber überstiegen auch diese, um das Gefild unvergänglicher Fülle zu erreichen, auf dem Du Israel mit der Speise der Wahrheit ewig weidest. Ez 34,14
Dort ist das Leben die Weisheit, durch die all diese Dinge geschaffen werden, die gewesenen wie die kommenden; sie selbst aber kennt kein Werden, sie ist so, wie sie war und immer sein wird. Oder besser: in ihr ist kein Gewesensein und kein Kommen, sondern einzig das Sein, weil sie ewig ist. Denn was war und was sein wird, ist nicht ewig. Und während wir so voll Sehnsucht über die Weisheit sprachen, rührten wir leise mit einem vollen Schlag des Herzens an sie. Wir seufzten und ließen dort festgebunden «die Erstlinge des Geistes», und wir fielen zurück auf das Geräusch unserer Röm 8,23
Lippen, wo das Wort einen Anfang hat und ein Ende. Was wäre schon Deinem Wort vergleichbar, Du, unser Herr, das ohne Altern in Dir verharrt und dabei alles erneuert?

25. Wir sagten uns also: «Wenn einer das Getöse des Fleisches zum Schweigen brächte, wenn alle Bilder der Erde, der Wasser und der Lüfte schwänden, selbst die Himmel verstummten und die Seele selbst schwiege und selbstvergessen sich überstiege, wenn die Träume und die Offenbarungen der Einbildungskraft und alle Sprachen und alle Zeichen und alles, was durch Vorübergang sich ereignet, völlig in Schweigen versänke – denn wenn die Seele zu hören versteht, sagen ihr alle Dinge: «Nicht wir haben uns selber erschaffen, sondern der in Ewigkeit bleibt, er ist unser Schöpfer» – , wenn sie also, nachdem sie das gesagt, ver- Ps 100,3.5
stummten, weil sie ihr eigenes Lauschen zu ihm, der sie schuf, erhöben, und er selber zu sprechen begänne: nicht

durch sie hindurch, sondern einzig aus sich selbst, so daß wir sein Wort vernähmen, und dies nicht durch Menschenzunge noch durch Engelstimmen, nicht durch Wolkendonner noch durch Rätsel und Gleichnis, vielmehr wir ihn selber, den wir in den Dingen lieben, ohne dabei die Dinge zu vernehmen – wie wir uns eben jetzt ausstreckten und mit einem augenblickshaften Gedanken an die allem überlegene bleibende Weisheit rührten –, wenn dies Dauer gewänne und alle übrigen, weit geringeren Schauungen schwänden und einzig diese den sie Erblickenden hinrisse und erfüllte und in innere Wonnen versenkte: wenn dies das ewige Leben wäre, was diese augenblickshafte Einsicht war, die wir erseufzt hatten: entspräche das nicht dem Sinn der Einladung: «Geh
Mt 25,21 ein in die Freude Deines Herrn»? Und wann das? Wird es
1 Kor 15,51 dann sein, wenn «wir alle auferstehen, aber nicht alle verwandelt werden»?

Todesahnungen

26. Solcherlei sprach ich, wenn auch nicht in der gleichen Art und mit denselben Worten. Gleichwohl weißt Du, Herr, daß an jenem Tag, da wir dergestalt redeten und im Gespräch die Welt uns mit all ihren Lockungen versank, meine Mutter sagte: «Sohn, was mich angeht, so hat nichts mehr Reiz für mich in diesem Dasein. Was ich hier treiben soll, wozu ich noch hier bin, ich weiß es nicht. Meine Hoffnung in dieser Welt ist aufgezehrt. Eines nur ließ mich wünschen, noch etwas länger zu leben: dich, ehe ich stürbe, als katholischen Christen zu sehen. Überreich hat Gott mir's gewährt: ich darf dich als seinen Diener sehen, der nun sogar auch das Erdenglück preisgegeben hat. Was tu ich noch hier?»

Letzte Worte und Tod

XI,27. Was ich ihr erwiderte, weiß ich nicht mehr genau, zumal fünf Tage danach oder wenig später sie sich fieberkrank zu Bett legte. Während ihres Krankseins erlitt sie eines Tages eine Ohnmacht, und ihr Geist verlor für kurze Zeit das Bewußtsein. Wir eilten herbei, aber bald hatte sie sich erholt, sah uns an, mich und meinen Bruder, der bei ihr stand, und sagte wie einer, der etwas sucht: «Wo war ich?» Dann sah sie, daß wir vor Trauer ratlos waren, und sagte: «Hier begrabt eure Mutter.» Ich schwieg und hielt die Tränen zurück; mein Bruder aber meinte in wenigen Worten, es wäre doch schöner, wenn sie nicht in der Fremde, sondern zu Hause verscheiden würde. Sie vernahm es, ihr Gesicht wurde angstvoll, ihre Blicke verwiesen ihm solche Gedanken, worauf sie mich ansah und sagte: «Hör doch, was er sagt.» Und dann zu uns beiden: «Begrabt diesen Leib wo immer, macht euch seinetwegen keinerlei Sorge. Ich habe nur eine Bitte: daß ihr am Altar des Herrn meiner gedenkt, wo ihr auch seid.» Als sie dies, so gut sie noch konnte, erklärt hatte, verstummte sie, die Krankheit verschlimmerte sich, sie litt zunehmend.

28. Ich aber dachte an Deine Geschenke, Gott, Unsichtbarer, die Du in die Herzen Deiner Gläubigen senkst und die dort wundersame Früchte tragen. Ich freute mich und dankte Dir. Was ich schon wußte, kam mir erneut in den Sinn: die dauernde Besorgnis um das Grab, das sie für sich neben dem Leib ihres Mannes vorgesehen und schon bereitet hatte. Beide hatten so einträchtig zusammengelebt, daß sie dies ihrem Glück hinzufügen wollte – solche Mühe hat der menschliche Geist, das Göttliche zu erfassen –, die Nachwelt sollte sich erinnern, daß nach der langen Seereise die gleiche Erde die Erdenreste der ehelich Vereinten bedeckte.

War dieser nichtige Wunsch durch die Fülle Deiner Güte in ihrem Herzen erloschen? Ich weiß es nicht. Freudig staunte ich, da ich dessen gewahr wurde, obschon sie ja schon während unseres Gesprächs am Fenster gesagt hatte: «Was tu ich noch hier?» und dabei nicht erkennen ließ, sie möchte in der Heimat sterben. Später erfuhr ich, daß sie schon bei unserer Ankunft in Ostia, im Gespräch mit einigen Freunden – ich war abwesend – über die Verachtung des Lebens und die Wohltat des Sterbens gesprochen hatte. Sie staunten über die Tugend dieser Frau – Du hast sie ihr geschenkt – und fragten sie, ob es ihr nicht arg wäre, ihren Leib fern von ihrer Vaterstadt zu lassen, worauf sie erwiderte: «Nichts ist von Gott fern, man braucht nicht zu fürchten, daß Er am Ende der Welt nicht wüßte, woher er mich erwecken soll.»

So wurde dann am neunten Tag ihrer Krankheit, in ihrem sechsundfünfzigsten Jahr, im dreiunddreißigsten meines Lebens ihre gottverbundene, edle Seele von ihrem Leibe gelöst.

Die lange Trauer des Sohnes

XII,29. Ich schloß ihr die Augen. In meinem Herzen sammelte sich ein gewaltiges Weh, das in Tränen überströmen wollte, aber gewaltsam gebot mein Geist, so daß meine Augen den Quell in sich zurücktranken und trocken blieben. Dieser Kampf war sehr mühsam. Im Augenblick, da die Mutter ihr Leben aushauchte, hatte der Knabe Adeodatus laut aufgeweint, sich dann aber, auf unsern gemeinsamen Verweis hin, still verhalten. Auf gleiche Weise wurde, was in mir noch knabenhaft war und in Tränen ausbrechen wollte, durch ein Wort des männlichen Herzens zurückgedrängt und zum Schweigen gebracht. Denn es schien uns ungehörig, diesen Trauerfall durch Klagen, Tränen und Stöhnen zu feiern, weil damit meistens das elende Los der Sterbenden und gleichsam ihr gänzliches Zunichtewerden beklagt werden soll. Aber meine Mutter starb weder elend noch starb sie ganz. Dessen waren wir sicher aufgrund des Zeugnisses ihres Wandels und ihres «ungeheuchelten Glau-
1 Tim bens».
1,5
30. Daß mich ein so schwerer Schmerz im Innern drückte, stammte daher, daß die so wundervolle geliebte Gewohnheit, mit ihr zusammenzuleben, plötzlich zerrissen war und eine klaffende Wunde zurückließ. Zwar durfte ich mich am Zeugnis erfreuen, daß sie mir bei der Pflege während ihrer letzten Krankheit zärtlich ausstellte: sie nannte mich einen guten Sohn und erwähnte mit großer Rührung, sie habe nie ein hartes Wort oder eine Anklage gegen sie aus meinem Mund vernommen. Dennoch, Du mein Gott, der uns beide geschaffen hat, welcher Vergleich bestand zwischen der Ehrung, die ich ihr erwies, und ihrer Hingabe für mich? Weil ich deshalb ihre so große Tröstung entbehren mußte,

war meine Seele wund, mein Dasein wie in Stücke gerissen, das aus meinem und ihrem ein einziges geworden war.

31. Nachdem die Tränen des Knaben gestillt waren, griff Evodius nach dem Psalter und begann den Psalm «Dein Erbarmen und Deine Gerechtigkeit will ich singen, Herr», Ps 101,1
und wir, das ganze Haus, antworteten ihm. Auf die Todeskunde hin waren viele Brüder und fromme Frauen zusammengeströmt. Während die Leiche nach der Sitte von den dazu Bestellten besorgt wurde, sprach ich an einem schicklichen Ort mit solchen, die mich nicht allein lassen wollten, über der Gelegenheit Angemessenes und linderte mit diesem Balsam der Wahrheit die Qual, die Du kanntest; die Zuhörer ahnten sie nicht, sie lauschten mir gespannt und hielten mich wohl für gefühllos. Ich hingegen warf mir, wo keiner von ihnen, sondern nur Du mich hörtest, meine Gefühlsweichheit vor und drängte die Flut der Trauer zurück; sie wich ein Weilchen, stürzte wieder nach vorn, aber nicht bis zum Ausbruch der Tränen und zur Verzerrtheit der Züge, doch war mir bewußt, was ich im Herzen niederhielt. Und da ich gar unwillig war, daß menschliches Schicksal soviel über mich vermochte, was nach der gesetzten Ordnung und unserem sterblichen Los unumgänglich ist, erlitt ich ein zweites Leiden über mein Leiden hinaus, ein doppelter Schmerz härmte mich.

32. Da die Leiche endlich fortgetragen war, gingen wir mit und kehrten zurück, doch ohne Tränen. Auch während der Dir dargebrachten Gebete, der Darbringung des Opfers unseres Loskaufs vor der Leiche neben der Grabstätte (in die sie der Ortssitte gemäß versenkt wurde), auch während dieser Gebete weinte ich nicht, war bloß den ganzen Tag im Verborgenen umdüstert; verwirrten Geistes bat ich Dich, so gut es ging, um Hilfe in meinem Schmerz. Du gabst sie nicht, wohl um mir an diesem Beispiel einzuprägen, daß auch für einen Geist, der sich nicht mehr von Trugworten ernährt, jede Angewöhnung eine Fessel ist.

Es schien mir gut, ein Bad zu nehmen; ich hatte sagen gehört, «balnea» hießen die Bäder deshalb, weil die Griechen das Wort «balaneion» für etwas brauchten, was die Seele von Kummer befreit. Aber sieh, Du Vater «der Wai-

Ps 68,6 sen», auch das bekenne ich Deinem Erbarmen, daß ich nach meinem Bad genau der gleiche war wie vorher; die bittere Trauer war aus meinem Herzen nicht herauszuschwitzen. Dann schlief ich und fand beim Erwachen meinen Schmerz weithin geläutert. Und auf meinem einsamen Lager erinnerte ich mich, wie wahr die Verse Deines Ambrosius sind: denn Du bist es:

Du Gott und Schöpfer alles Seins,
Du lenkst den Himmel, schmückst den Tag
mit angemessem schönem Licht,
die Nacht mit gnadenvollem Schlaf.

Daß die gelösten Glieder Ruh
für neue Arbeit tüchtig macht,
erquicke den bedrückten Geist
und lindre alle Traurigkeit.

33. Dann kehrten allmählich meine Gedanken zurück zu Deiner Dienerin, ihrem frommen Wandel vor Dir, ihrem heilig-gütigen, nachgiebigen Verhalten uns gegenüber, dessen ich so plötzlich beraubt war. Und auf einmal durfte ich vor Dir weinen: über sie und für sie, über mich und für mich. Ich ließ den verhaltenen Tränen freien Lauf; mochten sie nun strömen, wie sie wollten, ein Flußbett unter meinem Herzen, das darauf ruhen konnte. Dort war nichts weiter als Dein Gehör, nicht das eines Menschen, der meinen Tränen hochmütige Deutung gegeben hätte.

Heute, Herr, bekenne ich es schriftlich vor Dir. Lese es, wer mag, und deute er es, wie er will. Sieht er einen Fehler darin, daß ich meine Mutter eine kurze Zeit beweinte, sie, die ich einstweilen nicht mehr mit Augen sah, sie, die mich jahrelang beweint hatte, damit meine Augen Dich sähen, so spotte er meiner nicht, sondern weine lieber, falls er echte Liebe hat, über meine Sünden zu Dir, Vater aller Brüder Deines Sohnes.

XIII,34. Als nun mein Herz schließlich von der Wunde geheilt war, in der man eine fleischliche Anhänglichkeit erblicken konnte, vergieße ich heute vor Dir, unserem Gott, Tränen ganz anderer Art, solche, die einem erschütterten Geist entströmen, wenn er die Gefährdung aller in Adam Sterbenden erwägt.

Zwar führte meine Mutter, schon im irdischen Fleisch durch Christus zum Leben gebracht, ein Dasein, das durch ihren Glauben und ihren Wandel Dir zum Lob gereichte; dennoch wage ich nicht zu sagen, daß seit Du sie in der Taufe wiedergeboren hast, kein Deinem Gebot widersprechendes Wort ihrem Munde entfahren wäre. Und die Wahrheit, Dein Sohn, hat gesagt: «Spricht einer zu seinem Bru-
der: du Tor, wird er des höllischen Feuers schuldig.» Weh Mt
deshalb auch einem löblichen Menschenleben, wolltest Du 5,22
es ohne Rücksicht auf Dein Erbarmen durchforschen. Doch weil Du Dich nicht darauf versteifst, unsere Sünden aufzustöbern, hoffen wir vertrauensvoll auf einen Platz bei Dir. Wer aber seine echten Verdienste vor Dir aufzählt, was zählt er anderes auf als Deine Geschenke? O daß die Menschen sich doch als Menschen erkännten, daß «wer sich rühmt,
sich rühme im Herrn!» 2 Kor

35. So will ich denn, Du «mein Lob» und mein Leben, 10,17 Ps
«Gott meines Herzens», einen Augenblick lang ihre guten 118,14 Ps
Taten, für die ich Dir freudig danke, beiseite legen und Dich 73,26
jetzt für die Sünden meiner Mutter anflehen. Erhöre mich aufgrund Dessen, der die Arznei für unsere Wunden war, der ans Kreuz geheftet wurde und nun «zu Deiner Rechten
sitzt» und «für uns eintritt». Röm

Ich weiß, daß meine Mutter Barmherzigkeit geübt und 8,34
von Herzen ihren Schuldnern ihre Schulden vergeben hat; vergib auch Du ihr ihre Schulden, wenn sie solche während so vieler Jahre seit der heilsamen Taufe begangen hat. Ver-
gib, Herr, vergib bitte, «geh nicht ins Gericht» mit ihr. Ps
«Erbarmen triumphiere über das Gericht», da doch Deine 143,2 Jak
Worte wahr sind und Du den Erbarmungsvollen Erbarmen 2,13
verheißen hast. Waren sie es, so hast Du es gegeben, Du, der

«Du Dich derer erbarmst, deren Du Dich erbarmst, und
Röm denen verzeihst, denen Du verzeihen willst».
9,15 36. Und ich glaube, Du hast schon getan, worum ich
Dich bitte, aber «nimm auch die freiwilligen Opfer meines
Ps Mundes an, o Herr». Denn als der Tag ihrer Auflösung
119,108 nahte, dachte meine Mutter nicht daran, ihren Leib in Kostbarkeiten zu hüllen, ihn einzubalsamieren, sie verlangte kein erlesenes Grabmal, kümmerte sich um keine Bestattung in der Heimat. Nichts derartiges verlangte sie von uns, sondern bloß, ihrer am Altar zu gedenken, dem zu dienen sie keinen einzigen Tag unterlassen hatte. Sie wußte, daß dort das heilige Opferlamm verteilt wird, das den «gegen uns lauten-
Kol den Schuldschein getilgt» und über den Feind gesiegt hat,
2,14 der unsere Fehler zusammenzählt und sucht, was er gegen uns vortragen kann, aber bei Jenem, in dem wir siegen, nichts findet. Wer könnte ihm sein unschuldig vergossenes Blut wieder anlasten, wer ihm das Lösegeld wieder einhändigen, mit dem er uns losgekauft hat?

An dieses Mysterium unseres Loskaufs hat Deine Magd ihre Seele mit den Banden des Glaubens festgemacht. Niemand reiße sie los von Deinem Schutz. Weder «Löwe noch Drache» dränge sich mit Gewalt oder List zwischen sie und Dich. Sie würde übrigens nicht entgegnen, sie sei nicht schuldig – sonst könnte der schlaue Feind sie widerlegen und an sich ziehen –, sie würde nur sagen, die Schulden seien ihr von Dem vergeben worden, dem niemand erstatten kann, was er, ohne etwas zu schulden, für uns erstattet hat.

37. So sei sie denn im Frieden mit ihrem Gatten zusammen, vor welchem und nach welchem sie keinem vermählt
Lk war; ihm hat sie gedient und Dir «Frucht» gebracht «in
8,15 Geduld», sosehr, daß sie auch ihn für Dich gewann. Und
1 Petr
3,1 gib, mein Herr, mein Gott, Deinen Dienern, meinen Brüdern, Deinen Söhnen, meinen Herren, denen ich mit meinem Herzen, meiner Stimme, meinen Schriften diene, ein, daß alle, die diese Zeilen lesen, Deiner Dienerin Monica und ihres einstigen Gatten Patricius, durch deren Fleisch Du mich, ohne daß ich wüßte wie, in diese Welt eingeführt hast, an Deinem Altar zu gedenken. Frommen Sinnes mögen sie meiner Eltern in diesem vergänglichen Lichte gedenken, die

zugleich unter Deiner Vaterschaft in der katholischen Mutter meine Brüder und im ewigen Jerusalem meine Mitbürger sind, zu dem empor vom Ausgang bis zur Rückkehr Dein pilgerndes Volk seufzt. Dann wird ihr durch das Gebet vieler ihr letzter Wunsch an mich reichlicher dank meiner Bekenntnisse als durch meine eigenen Gebete erfüllt.

ZEHNTES BUCH

BEKENNTNIS DES SELBST

1. SICH HEUTE VOR GOTT BEKENNEN

Gott erkennen

I,1. «Erkennen werde ich Dich», Du mein Erkenner, «Dich
1 Kor 13,12 erkennen, wie ich selber erkannt bin». Du Kraft meiner Seele, tritt ein in sie und mache sie Dir gefügig, damit Du
Eph 5,27 ihrer inne wirst und sie besitzest «ohne Makel und Runzel». Das ist meine Hoffnung, deshalb rede ich und freue mich in dieser Hoffnung, wann immer meine Freude echt ist.

Alles andere im Leben ist umso weniger beweinenswert, je mehr darob geweint wird, und umso beweinenswerter, je weniger Tränen seinetwegen fließen.

Ps 51,8 Joh 3,21 «Hast Du doch die Wahrheit geliebt», und «wer sie tut, kommt ans Licht». Also will ich sie tun in meinem Herzen, angesichts Deiner durch mein Bekenntnis,[1] und das schriftlich vor vielen Zeugen.

Gott bekennen

II,2. Und was wäre Herr, «vor dessen Augen» der Abgrund
Hebr 4,13 des menschlichen Bewußtseins «nackt ist», verborgen an mir, selbst wenn ich es Dir nicht bekennen wollte? Ich würde bloß Dich vor mir verbergen, nicht mich vor Dir.

[1] Zur Stellung des X. Buches im ganzen Werk siehe Einleitung. Der Anfang zeigt klar, was Augustin unter «Bekenntnis» verstanden haben will, und damit den Sinn seines ganzen Unternehmens. Er bekennt zunächst vor Gott – im doppelten Sinn von Lobpreis und Selbstanklage – aber mitfolgend auch vor den Menschen, wobei er letzteres in seiner Fragwürdigkeit rechtfertigt. Der Anlaß kann, wie einleitend gesagt, die Auseinandersetzung mit den Donatisten gewesen sein. Er bekennt jetzt nicht mehr mit seiner Vergangenheit, sondern mit seiner Gegenwart: seiner menschlichen Natur in ihrer geschöpflichen Tiefe zuerst (Kp. VI–XXVII), dann mit ihrer verbleibenden Schwäche (Kp. XXVIII–XXXIX).

Nun aber, da mein Stöhnen davon zeugt, daß ich mir mißfalle, strahlst Du auf, Du gefällst, wirst geliebt und ersehnt. Sosehr, daß ich meinethalben erröte, mich verwerfe und Dich statt dessen erwähle. Weder Dir noch mir mag ich außerhalb Deiner gefallen.

Dir also, Herr, liege ich offen da, wer immer ich sei. Und zu welchem Ende ich Dir bekenne: ich hab es gesagt. Ich will es auch nicht mit fleischlichen Worten und Tönen tun, sondern mit Worten der Seele und dem Schall der Gedanken, wie er an Dein Ohr dringt.

Denn so ich schlecht bin, ist nichts anderes möglich, als Dir zu bekennen, daß ich mir mißfalle; so ich aber recht bin, hab ich Dir nichts anderes zu bekennen, als daß ich mir's nicht zuschreibe, «denn Du, Herr, segnest den Gerechten», Ps 5,13
doch nicht ehe Du den «Gottlosen gerechtfertigt hast.» Röm 4,5

Mein Bekenntnis vor Dir, mein Gott, erfolgt deshalb vor Deinem Angesicht im Schweigen und doch im Nichtschweigen: Es schweigt das Gerede, das Herz aber schreit. Auch will ich den Menschen nichts Rechtes sagen, was nicht Du zuerst von mir vernommen: mehr noch: Du vernimmst auch nichts von mir, was Du mir nicht vorher schon zugesprochen.

Vor den Menschen bekennen

III,3. Was also habe ich mit den Menschen zu schaffen, daß sie meine Bekenntnisse hören sollten, als wären sie es, die «alle meine Schwächen» heilen könnten? Ein neugieriges Ps 103,3
Volk, das fremdes Leben zu kennen begehrt, das eigene aber nicht bessern mag.

Weshalb wollen sie von mir wissen, wer ich bin, sie, die von Dir nicht hören wollen, wer sie sind? Und woher wissen sie, wenn sie mich über mich selber reden hören, ob ich Wahres sage, da doch keiner der Menschen weiß, «was im Menschen vor sich geht, außer dem Geist des Menschen, der in ihm ist»? Würden sie Dir zuhören, wenn Du über sie 1 Kor 2,11
sprichst, dann könnten sie nicht sagen: «Der Herr lügt.» Was heißt in der Tat, Dich über sich reden hören als: sich selber erkennen? Und kein Erkennender kann sagen: «Das ist falsch», sonst würde er lügen.

1 Kor 13,7 Aber weil die christliche «Liebe alles glaubt», deshalb werde auch ich im Kreise derer, die von ihr zur Einheit verbunden werden, Herr, Dir bekennen, so daß Menschen mich hören – denen ich freilich nicht beweisen kann, daß ich Wahres sage –, die doch glauben werden, wenn die Liebe mir ihre Ohren auftut.

Nutzen und Fragwürdigkeit solchen Bekennens

4. Du aber, mein Arzt im Innersten, mach mir klar, wozu ich es tue. Denn die Bekenntnisse über meine vergangenen Sünden, die Du vergeben und zugedeckt hast, um mich in Dir zu beglücken, meine Seele durch Glaube und Sakrament verwandelnd, erwecken im Leser oder Hörer das Herz, damit es sich nicht in Verzweiflung schlafen lege und sage: «Ich kann nicht», sondern aufwache in Liebe zu Deinem Erbarmen und zur Köstlichkeit der Gnade, kraft welcher jeder Schwache, der durch sie sich seiner Schwachheit bewußt wird, erstarkt. Die Guten freuen sich, wenn sie von vergangenen Fehlern solcher hören, die sie abgelegt haben: nicht ob der Fehler freuen sie sich, sondern weil sie einst waren und jetzt nicht mehr sind.

Zu welchem Nutzen also, mein Gott, dem ich täglich mein Gewissen bekenne, fester auf Dein Erbarmen vertrauend als auf die eigene Unschuld: zu welchem Nutzen bekenne ich auch vor den Menschen angesichts Deiner, sogar schriftlich, nicht bloß was ich war, sondern was ich jetzt bin? Den Sinn der vergangenen Bekenntnisse habe ich erkannt und erwähnt. Aber was ich jetzt, während meines Bekennens, bin, das möchten manche wissen, die mich kannten oder auch nicht kannten, die etwas von mir oder über mich hörten, aber ihr Ohr ist nicht an meinem Herzen, dort, wo ich wirklich bin, wie ich bin. Sie wollen aus meinem Bekenntnis erfahren, was ich in meinem Innern bin, wohin weder ihr Auge noch ihr Ohr noch ihr Geist Zugang hat. Sie sind trotz allem bereit, mir zu glauben. Aber werden sie auch erkennen? Die Liebe, die sie gut sein läßt, sagt ihnen, ich werde sie beim Bekenntnis über mich nicht belügen, und diese Liebe in ihnen ist es, die mir glaubt.

IV,5. Aber zu welchem Nutzen wollen sie das? Wollen
sie mein Glück mit mir teilen, wenn sie erfahren, wie nahe
ich Dir aufgrund Deiner Gnade gekommen bin, und für
mich beten, wenn sie vernehmen, wiesehr mich mein
Schwergewicht noch zurückhält? Ja, solchen will ich mich
offenlegen. Ist es doch kein geringer Nutzen, Herr, mein
Gott, wenn es «viele sind, die Dir um unsertwillen danksa-
gen» und wenn viele für uns beten. Möge brüderlicher Sinn 2 Kor
an mir lieben, was Du zu lieben lehrst, und an mir beklagen, 1,11
was nach Dir beklagenswert ist. Der Brudersinn handle so,
kein Fremder, keiner der «Söhne von Fremden, deren Mund
Eitles sprach und deren Rechte eine solche der Ungerechtig-
keit ist», sondern die brüderliche Seele, die sich mit mir Ps
freut, wenn sie mir zustimmen kann, sich meinetwegen 144,7f.
betrübt, wenn sie mich tadeln muß: ob sie zustimmt oder
tadelt: sie liebt mich.

Solchen will ich mich offenlegen. Aufatmen mögen sie beim Guten in mir, aufseufzen beim Argen in mir. Mein Gutes ist nur Dein Werk und Deine Gabe, das Arge ist meine Verfehlung und Dein Gericht. Aufatmen mögen sie dort, aufseufzen hier; Lobpreis und Klage müssen zumal aus dem Herzen der Brüder, Deinen Weihrauchfässern, zu Dir aufsteigen.

Du aber, Herr, erfreut von diesem Wohlgeruch Deines
heiligen Tempels, «erbarme Dich meiner nach Deiner gro-
ßen Barmherzigkeit» um Deines Namens willen. Nie gibst Ps 51,3
Du ein begonnenes Werk auf: vollende das unvollkommene
in mir.

6. Das ist der Sinn meiner Bekenntnisse, die nicht länger zeigen sollen, wie ich war, sondern wie ich bin; ich will sie nicht bloß vor Dir in verborgenem Jubel gemischt mit Zittern, in verborgener Trauer gemischt mit Hoffnung ablegen, sondern auch für die Ohren der glaubenden Menschenkinder, den Gefährten meiner Freude und Teilhabern meiner Sterblichkeit, meinen Mitbürgern und Wandergenossen auf der Pilgerschaft, ob sie früher lebten oder später leben werden oder mein Dasein begleiten. Sie sind Deine Diener, sind meine Brüder; nach Deinem Wunsch Deine Söhne, meine Herren, denen ich nach Deinem Willen zu

dienen habe, wenn ich mit Dir von Dir leben will. Es hätte mir nicht genügt, wenn Dein Wort es nur mit Worten befohlen hätte; es mußte mit Taten vorangehen. Ich tue es in Taten und in Worten, aber im Schutz Deiner Flügel; die Gefahr wäre allzu groß, läge meine Seele nicht unter Deinen Flügeln geborgen und wäre Dir meine Schwäche nicht wohlbekannt.

Ich bin nur ein Kind, aber mein Vater lebt ewig und beschützt mich verläßlich. Der Gleiche ist es ja, der mich gezeugt und der mich schützt, und Du selbst bist alles Gute, was an mir ist, Du Allmächtiger, der schon bei mir ist, ehe ich bei Dir bin. So will ich denn jenen, die Du mich bedienen heißest, zeigen, nicht wie ich war, sondern wie ich jetzt bin
1 Kor 4,3 und immer noch bin. «Aber ich richte mich nicht selber.»
In dieser Gesinnung höre man mich.

Nur in Gott kann der Mensch sich bekennen

V,7. Du bist es ja, Herr, der mich richtet. Denn wenn auch «keiner der Menschen weiß, was im Menschen ist als der
1 Kor 2,11 Geist, der im Einzelnen ist», so gibt es im Menschen doch etwas, was selbst der menschliche Geist, der in ihm ist, nicht weiß. Nur Du, Herr, weil Du ihn schufst, weißt alles. Ich dagegen, sosehr ich mich vor Dir geringachte und als Erde und Asche betrachte, weiß doch etwas über Dich, was ich über mich nicht weiß. Sicherlich: «Wir schauen jetzt erst
1 Kor 13,12 durch Spiegel und in Rätsel», noch nicht «von Angesicht zu Angesicht», deshalb bin ich, solang ich fern von Dir pilgre, mir selber näher als Dir. Dennoch weiß ich von Dir, daß Du in keiner Weise verletzbar bist, von mir dagegen weiß ich nicht, welchen Anfechtungen ich zu widerstehen vermag und welchen nicht. Aber Hoffnung besteht, weil «Du treu
1 Kor 10,13 bist und uns nicht über unsere Kraft versucht werden läßt», sondern mit der Versuchung auch den Ausgang schaffst, so daß wir durchhalten können.

Ich will also bekennen, was ich von mir weiß, bekennen auch, was ich nicht weiß; was ich von mir weiß, weiß ich bloß, wenn Du mich darüber erleuchtest, was ich aber von mir nicht weiß, ist mir solange unbekannt, bis «meine Finsternisse» angesichts Deiner «wie heller Mittag» werden. Jes 58,10

2. AUF DER SUCHE NACH GOTT

Was liebe ich, wenn ich Gott liebe?

VI,8. Nicht mit zweifelndem, sondern mit sicherem Bewußtsein, Herr, liebe ich Dich. Du hast mein Herz mit Deinem Wort durchbohrt, und von da an liebte ich Dich. Aber auch Himmel und Erde und alles in ihnen rufen mir allseits zu, ich solle Dich lieben, sie lassen nicht ab, es allen zu sagen, «so daß diese unentschuldbar sind». Röm 1,20

Doch tiefer noch bist Du der Erbarmer; wenn Du Dich eines Menschen erbarmst, Dich dem als der Gnädige erzeigst, dem Du Gnade gewähren willst: sonst würden Himmel und Erde Dein Lob nur für Taube singen.

Was liebe ich denn, wenn ich Dich liebe? Keinen hübschen Leib, keine anmutige Zeit, nicht den Glanz des Lichtes, der unser Auge so freut, nicht die süßen Klänge der Melodien jeglicher Art, nicht Wohlgeruch weder der Blumen noch der Salben, noch aller Spezereien, weder Manna noch Honig, keine Glieder, die sich der Leibesumarmung darbieten: nichts von alldem liebe ich, wenn ich meinen Gott liebe.

Und trotzdem liebe ich ein bestimmtes Licht und eine gewisse Stimme und ein Etwas wie einen Duft und eine Art von Speise und eine Art der Umarmung, wenn ich meinen Gott liebe, ihn, das Licht, die Stimme, den Duft, die Speise, die Umarmung meines innern Menschen, wo meiner Seele aufflammt, was der Raum nicht faßt, wo aufklingt, was die Zeit nicht wegrafft, wo aufduftet, was kein Wind verweht, wo etwas schmeckt, woran kein Sattsein sich stillt, wo haften bleibt, was kein Überdruß auseinanderlöst.[2] Das ist's was ich liebe, wenn ich meinen Gott liebe.

[2] Augustin übernimmt hier die überlieferte Sprechweise von den «geistlichen Sinnen», ohne ihr Wesen näher zu erklären.

9. Doch was ist das?[3] Ich fragte die Erde, und sie sagte: «Ich bin es nicht.» Und alles, was in ihr ist, legte mir das gleiche Bekenntnis ab. Ich fragte das Meer und die Abgründe und die kriechenden Tiere. Sie erwiderten: «Wir sind nicht dein Gott; suche oberhalb unser.» Ich fragte die wehenden Winde, und das ganze Gefild der Luft mit seinen Bewohnern sagte mir: «Anaximenes täuscht sich, wir sind nicht Gott.» Ich fragte den Himmel, die Sonne, den Mond, die Sterne: «Auch wir sind nicht Gott, den du suchst», antworteten sie.

Ich wandte mich an alle Dinge, die vor den Türen meines Leibes stehen: «Redet mir von meinem Gott, der ihr nicht seid, sagt mir etwas über ihn.» Da riefen sie mit lauter Stim-
Ps me: «Er hat uns gemacht.» Meine Frage ist mein gespannter
100,3 Blick auf sie, sie aber antworten mit ihrer Schönheit.

Da wandte ich mich mir selbst zu und fragte mich: «Wer bist nun du?» Die Antwort war: «Mensch». Ein Leib und eine Seele in mir stehen mir zur Verfügung, der eine außen,

[3] Hier beginnt nochmals der aus der Zeit von Mailand und Ostia bekannte Aufstieg zu Gott; aber diesmal durchsetzt mit ausführlichen Reflexionen, die man gleichsam eingeklammert lesen muß, um den einheitlich großen Atem, der bis Kp. XXVII durchträgt, nicht zu verlieren. Der Aufstieg zu Gott (der über alles hinaus liegt: Kp. VI Anfang) beginnt bei der äußern Welt, die indes den Frager weiterweist (Kp. VI Schluß), um dann zur höherstehenden innern Seelenwelt überzugehen. Anfangs ist es ein staunendes Eintreten und Verweilen in der innern Geräumigkeit der Seelentiefe (memoria), die nun in allen Richtungen durchmessen wird (Kp. VIII–XVI), bis endlich mit Kp. XVII der Faden wieder aufgenommen wird: Gott liegt jenseits dieser Tiefe, man muß auch über sie hinausgehen. Aber nun erhebt sich (am Schluß von Kp. XVII) die dialektische Frage: Wie kann die Seele Gottes gedenken, wenn nicht in sich selbst? Was sich dann wandelt in die Frage nach der «Seligkeit»: Wie kann die Seele Gott suchen, außer indem sie ihre eigene Seligkeit sucht? (Kp. XX–XXI). Doch nun tritt immer deutlicher hervor, daß Gott, der zwar im Geiste wohnt, in diesem doch nicht eingesperrt ist, vielmehr der Geist des Menschen den Gott, der *in* ihm ist, *über* sich suchen muß, als den «Herrn des Geistes» (Kp. XXV), Gott also nicht in sich findet, sondern allein in Gott (Kp. XXVI). Und so leuchtet am Ende all dieser Reflexionen die schöne christliche und biblische Formulierung vom rechten *Hörer* Gottes auf (Ende Kp. XXVI). Auch das überschwengliche Kapitel XXVII entfernt sich davon nicht, bestätigt die Formel vielmehr.

die andere innen. Welches von beiden hatte ich nach meinem Gott zu fragen, den ich bereits mit dem Leib von der Erde bis zum Himmel gesucht hatte, soweit ich nur meiner Augen Strahlen hatte aussenden können? Also besser das Innere. Ihm hatten ja alle leiblichen Boten Meldung erstattet, als dem zuständigen Richter über alle Antworten des Himmels, der Erde und all ihrer Bewohner, wenn sie sagten: «Nicht wir sind Gott», und: «Er hat uns gemacht.» Der innere Mensch hat dies durch den Dienst des äußern erkannt. Ich, der Innere, habe es erkannt, ich, ich als Geist durch die Sinne meines Leibes. Ich habe die Masse Welt über meinen Gott befragt, und sie antwortete mir: «Nicht ich bin's, doch geschaffen hat er mich.»

10. Erscheint nicht für alle, die heile Sinne haben, die Schönheit der Welt? Warum spricht sie denn nicht für alle die gleiche Sprache? Kleine und große Tiere erblicken sie, aber zu fragen vermögen diese nicht, denn ihren meldenden Sinnen ist keine richtende Vernunft vorgeordnet. Menschen dagegen können so fragen, auf daß ihnen «Gottes Unsichtbares durch die geschaffenen Dinge hindurch einsichtig wird». Aber Liebe macht sie den Dingen hörig, und Hörige Röm
können nicht urteilen. Und auch die Dinge antworten den 1,20
Fragenden nur, wenn diese urteilen. Sie ändern zwar ihre Stimme, ihre Schönheit nämlich, nicht, wenn einer sie bloß ansieht, ein anderer sie anschauend befragt; sie erscheinen dem einen nicht so, dem andern anders, vielmehr beiden gleich, sind aber dem einen stumm, dem andern beredt. Oder besser: sie reden für alle, aber nur solche verstehen, die das äußerlich empfangene Wort innen mit der Wahrheit vergleichen. Die Wahrheit nämlich sagt mir: Weder «Erde und Himmel noch jeglicher Körper sind dein Gott». Die Natur der Dinge selbst sagt es. Für den, der sie wahrnimmt, ist sie eine Masse, und deshalb geringer im Teil als im Ganzen. Schon bist du besser, du Seele, der ich es sage, da du deinen Leib durchwaltest und ihm Leben verleihst, was kein Körper einem andern zu geben vermag. Dein Gott aber ist noch mehr für dich: er ist das Leben deines Lebens.

VII,11. Was also liebe ich, wenn ich meinen Gott liebe? Wer ist der über meiner Seele Scheitel? Durch meine Seele

hindurch will ich zu ihm aufsteigen.[4] Die Kraft, durch die ich dem Leib anhänge und seinen Organismus belebe, will ich überschreiten. Nicht mit Hilfe dieser Kraft finde ich meinen Gott, sonst fänden ihn auch «Pferd und Maulesel,
Ps 32,9 die ohne Vernunft sind», leben doch ihre Leiber durch die selbe Kraft.

Es gibt eine weitere Kraft, durch die ich mein Fleisch, das der Herr mir gebildet, nicht nur belebe, sondern ihm Empfindung verleihe: sie gebietet dem Auge, nicht daß es höre, dem Ohr, nicht daß es sehe, vielmehr jenem, mir Sicht zu verleihen, diesem, mir Gehör zu geben, und jedem einzelnen Sinn, daß er an dem ihm gemäßen Sitz seinen Dienst verrichte. Durch ihre Verschiedenheit hindurch handle ich, dieser eine Geist. Aber auch diese Kraft will ich übersteigen, denn auch sie besitzen «Pferd und Maulesel», sie empfinden ebenfalls durch den Leib.

Die Räume des Gedächtnisses

VIII,12. Auch über diesen Teil meiner Natur will ich also hinausschreiten, mich stufenweise zu meinem Schöpfer erheben. Und so gelange ich in die Gefilde und weiten Hallen des Gedächtnisses,[5] wo die Schätze ungezählter Bilder sich häufen, die mir die Sinne von vielfältigen Dingen zusammentrugen. Dort lagert auch alles, was wir denken, wobei das vom Empfinden Berührte entweder vergrößert oder verkleinert oder sonstwie verändert wird, auch alles sonst

[4] Der bisherige Aufstieg kraft der weiterweisenden Geschöpfe erreicht mit dem Eingang in die innere Welt des Geistes eine – typisch augustinische – neue Intensität. Erst hier wird die Begegnung mit Gott personal, und auch das nur, wenn die Seele sich nicht nur erkennt (was zu einem Idealismus führen könnte), sondern bekennt, das heißt, sich als geschaffene und als sündige sich dem erschaffenden und erlösenden Gott erschließt. Damit erkennt sie nicht bloß die Wahrheit, sondern tut sie, was sie in Buch X, I,1 gewünscht hatte.

[5] In der langen und originellen Abhandlung über das Gedächtnis läßt Augustin sowohl Aristoteles wie Plotin, die nur ein sinnliches, kein geistiges Sicherinnern gelten ließen, hinter sich. Der Ton liegt jetzt sowohl auf der Weite und Selbstgegenwart des Geistes wie auf dem Paradox, daß er diese seine eigenen Ausmaße nicht ausmessen kann (das «Vergessen»!) und sich deshalb über sich zu Gott erheben muß. Zum Ganzen: A. Solignac, a.a.O. II, 557–567.

Geborgene und Verwahrte, das vom Vergessen noch nicht aufgezehrt und begraben ist.

Wenn ich hier weile, verlange ich nur, daß mir das Gewünschte gebracht wird, und manches kommt dann sogleich zum Vorschein, anderes muß länger gesucht und gleichsam aus geheimeren Verließen heraufgeholt werden, manches stürzt haufenweise hervor, während man etwas anderes begehrt und sucht, drängt sich vor, als wollte es sagen: «Sind wir es vielleicht?» Und die Hand meines Herzens scheucht sie weg vor dem, woran ich mich erinnern will, bis das Gewollte sich endlich enthüllt und aus der Verborgenheit vor meinen Blick tritt. Wieder anderes stellt sich richtig und in geordneter Folge ein, wie gewünscht; zuerst Erschienenes tritt hinter das Nächste zurück und bleibt auf Vorrat, um, falls ich es brauche, wieder vorzutreten. All das geschieht, wenn ich etwas aus dem Gedächtnis erzähle.

Das sinnliche Gedächtnis

13. Dort wird alles gemäß seiner Art unterschieden, aufbewahrt, je nach dem Weg, auf dem ein jedes hereinkam; das Licht etwa und alle Farben und Formen der Körper durch die Augen, durch die Ohren die Klänge jeglicher Art, alle Gerüche durch den Eingang der Nüstern, alle Geschmäcker durch die Tür des Mundes; durch den Tastsinn, der den ganzen Körper durchwaltet, alles, was hart oder weich, warm oder kalt, zart oder rauh, schwer oder leicht ist, ob der Körper es von innen oder außen empfindet. All das nimmt der weite Raum des Gedächtnisses auf, um es, wenn benötigt, wieder hervorzuholen, und das ich weiß nicht wie verborgene, unfaßbare Winkel hat. Ein jegliches tritt durch seine eigene Tür darin ein und wird dort versorgt.

Und doch treten nicht die Dinge selber ein. Vielmehr sind die deren sinnlich wahrgenommenen Bilder dort dem Gedanken verfügbar, wenn er sich ihrer erinnert. Wie diese Bilder entstanden sind: wer vermöchte das zu sagen, obschon klar ist, welcher der Sinne sie aufgefaßt und im Innern gespeichert hat?

Auch im Dunkel und Schweigen weilend, erwecke ich in

meinem Gedächtnis, falls ich will, Farben, unterscheide Schwarz und Weiß und andere Farben, wenn es mir gut scheint; Töne dringen dabei nicht störend ein in das, was ich als Ergebnis des Schauens betrachte. Obschon auch die Töne dort sind, aber gleichsam für sich in einer Ecke verborgen. Auch sie kann ich herrufen, wenn ich mag, und sogleich sind sie da. Bei ruhender Zunge und schweigender Kehle singe ich, so viel ich will, und die Bilder der Farben, die trotz allem da sind, treten nicht störend dazwischen und unterbrechen nicht, während ein anderer Teil des Schatzes mich beschäftigt, der durch die Ohren eingedrungen ist. So rufe ich auch alles übrige, was durch die andern Sinne eingeheimst und gespeichert wurde, nach Belieben zurück: ich unterscheide den Duft der Lilie von dem des Veilchens, wobei ich nichts rieche, und ziehe, ohne im Augenblick etwas zu schmecken oder zu berühren, den Honig dem Most, das Zarte dem Rauhen vor.

14. Im Innern vollbringe ich dies, in der riesigen Halle meines Gedächtnisses. Dort sind mir Himmel und Erde und Meer gegenwärtig samt allem, was ich darin wahrnehmen konnte, außer dem, was ich vergessen habe. Dort begegne ich auch mir selbst und erinnere mich, was und wann und wo ich etwas tat und wie mir dabei zumute war. Dort befindet sich alles, wessen ich mich entsinne, ob ich es selber erlebt habe, oder ob es mir erzählt worden ist. Aus der gleichen Fülle entnehme ich Bilder – einmal diese, einmal jene – Bilder von Dingen, die ich selbst erlebt oder die ich aufgrund gemachter Erfahrungen für wahr gehalten habe, verknüpfe sie mit Vergangenem oder entwerfe auch für die Zukunft Taten, Ereignisse, Hoffnungen; und all das überlege ich wiederum, als sei es gegenwärtig. «Das will ich tun und jenes», sage ich mir in dem riesigen Behältnis meines Geistes voller Bilder so vieler und so großer Dinge. Und daraus ziehe ich bald diesen, bald jenen Schluß: «O wenn doch dies oder jenes sein könnte!» «Gott behüte mich vor diesem oder jenem!» So rede ich zu mir, und während des Redens sind die Bilder all der erwähnten Dinge gegenwärtig, aus dem gleichen Erinnerungsschatz stammend; fehlten sie, so könnte ich unmöglich davon reden.

15. Wahrlich groß ist die Kraft des Gedächtnisses, gewaltig, mein Gott, der weite, grenzenlose Innenraum. Wer ist ihm je auf den Grund gedrungen? Und doch ist es nur eine Kraft meines Geistes und gehört zu meiner Natur, ich aber fasse nicht in Gänze, was ich bin. Der Geist ist somit zu eng, um das Selbst zu enthalten. Wo aber ist dann, was er an Eigenem nicht fassen kann? Etwa außerhalb seiner und nicht in ihm? Wieso also faßt er's nicht? Angesichts dessen ergreift mich ein tiefes Verwundern, Bestürzung befällt mich.

Und da gehen die Leute hin und bestaunen die Gipfel der Berge, die gewaltigen Meereswellen, die breiten Flußläufe, den Umfang des Ozeans und die Bahnen der Sterne, aber vergessen dabei sich selbst. Sie staunen nicht darüber, daß ich von alldem reden kann, ohne es vor Augen zu haben, und ich könnte es doch nicht, hätte ich nicht Berge und Wellen und Flüsse und Sterne, die ich gesehen, und den ausgedehnten Ozean, von dem ich gehört, innen sichtbar in meinem Gedächtnis, nicht weniger groß, als ich sie draußen erblicken könnte. Nun habe ich sie doch beim Anschauen nicht in mich selber verschlungen; die Dinge sind nicht in mir, sondern nur ihre Bilder, und ich kann angeben, von welchem Körpersinn ich ihre Einprägung erhielt.

Das geistige Gedächtnis

IX,16. Aber nicht nur derartiges birgt die gewaltige Fassungskraft meines Gedächtnisses. Dort befindet sich außerdem, als wäre es an einem innern Ort – der doch kein Ort ist – alles, was ich von den freien Wissenschaften erlernt und noch nicht vergessen habe; und zwar trage ich nicht nur Bilder davon in mir, sondern die Sache selbst. Was Literatur, was Redekunst ist, wie viele Arten des Fragens es gibt: was ich an derartigem weiß, das ist in meinem Gedächtnis vorhanden: nicht so, daß ich das Bild in mir behielte und die Sache draußen fahren ließe, nicht so, wie ein Klang ertönt und dann wieder vergeht – wie eine Stimme, die im Ohr eine Spur hinterläßt, worin man zu hören meint, was schon verklungen ist, wie ein Duft, der vorbeistreicht und in der

Luft vergeht, den Geruchsinn berührt und dem Gedächtnis ein Bild seiner selbst übergibt, das man erinnernd wiederholen kann, wie eine Speise, die natürlich im Magen nicht mehr schmeckt, aber es im Erinnern immer noch irgendwie tut, wie ein Gegenstand, der durch körperliche Berührung erfahren wird und auch von uns getrennt vom Erinnern vorgestellt wird. Alle diese Dinge dringen nicht selber bis zum Gedächtnis vor, nur ihre Bilder werden mit bewundernswerter Schnelligkeit erfaßt und ebenso wunderbar gleichsam in Kammern eingeordnet, woraus sie wiederum wunderbar durch Erinnern hervorgeholt werden.

X,17. Wenn ich aber höre, daß es drei Arten von Fragen gibt: ob etwas ist, was es ist und wie es ist, dann halte ich zwar das Bild der Töne fest, woraus diese Worte bestehen, und weiß, daß sie als Geräusche die Ohren getroffen haben, jetzt aber verklungen sind. Die Dinge selbst aber, die von den Tönen bedeutet werden, habe ich durch keinen Körpersinn erreicht und sie nirgends gesehen als in meinem Geist; in meinem Gedächtnis habe ich nicht ihre Bilder, sondern sie selbst eingeborgen.

Woher sind sie in mich eingedrungen? Sie mögen es sagen, wenn sie's können. Ich mag alle Türen meines Fleisches der Reihe nach befragen, ich finde keine, durch die sie eingetreten wären. Die Augen sagen: «Sind sie farbig, so haben wir sie eingelassen.» Die Ohren sagen: «Klingen sie, so haben wir sie gemeldet.» Die Nüstern sagen: «Riechen sie, so ging ihr Weg durch uns.» Der Geschmacksinn fährt fort: «Schmecken sie nicht, so brauchst du mich nicht zu befragen.» Der Tastsinn sagt: «Sind sie nicht körperhaft, dann habe ich sie nicht berührt, und wenn ich sie nicht berührt habe, dann habe ich sie auch nicht angezeigt.»

Woher und auf welchem Wege sind also diese Dinge in mein Gedächtnis geraten?[6] Ich weiß es nicht. Da ich sie

[6] Die alte platonische Frage taucht wieder auf: Woher nimmt der Geist die Erinnerung geistiger Gehalte, die ihm nicht durch die Sinne zugetragen werden können? Die platonische Antwort einer Präexistenz der Seele, in der sie die göttlichen Ideen geschaut hätte, wird, falls Augustin sie früher vertreten hätte, nicht wieder aufgegriffen (und schließlich ausdrücklich abgelehnt: Retr. I, 4, 4; I, 8, 2), aber eine Verwandtschaft der Geistseele

lernte, habe ich dabei nicht einem fremden Herzen geglaubt, sondern erkannte sie in meinem eigenen und anerkannte sie als richtig, dorthin habe ich sie wieder zurückgelegt, um sie hervorzuholen, wann es mir gefiele. Dort waren sie also, ehe ich sie erlernte, aber nicht im Gedächtnis. Also wo? Und wie kommt es, daß ich sie bei ihrer Formulierung erkannte und ausrief: «Natürlich, so ist es»? Sie waren demnach doch schon in meinem Gedächtnis, aber so weit weg, so entfernt wie in geheimeren Höhlen, daß ich, falls nicht jemand mich ermahnt hätte, sie auszugraben, vielleicht nie an sie gedacht hätte?

XI,18. Daraus ergibt sich also: Dinge lernen, deren Bilder wir nicht durch die Sinne erhalten, sondern ohne Bilder, so wie sie sind, durch sie selbst innerlich wahrnehmen, heißt nichts anderes, als daß wir, was das Gedächtnis verstreut und ungeordnet enthielt, denkend gleichsam zusammenlesen und durch Aufmerksamkeit dafür sorgen, daß es im gleichen Gedächtnis, wo es verstreut und vernachlässigt herumlag, nun gleichsam zuhanden sei und mühelos der schon vertrauten Einsicht des Geistes sich biete.

Wieviel derartiges trägt mein Gedächtnis in sich, schon Gefundenes und, wie gesagt, Zuhandenes, von dem wir doch sagen, wir hätten es gelernt und unserem Wissen eingeprägt. Wenn ich es auch nur eine Zeitlang nicht erneut überdenke, versinkt es wieder und verstreut sich in verborgeneren Höhlen, so daß es vom gleichen Ort her gleichsam von neuem erdacht werden muß – denn einen anderen Ort haben sie nicht –, erneut zusammenzuzwingen, das heißt, aus einer gewissen Zerstreuung zusammenzulesen ist. Daher das Wort nachdenken. Denn Zwingen (cogo) verhält sich zu Denken (cogito) wie Handeln (ago) zu In-Bewegung-setzen (agito), wie Tun (facio) zu Zur-Ausführung-bringen (factito). Gleichwohl hat sich der Geist dieses Wort «Den-

mit den Formen göttlicher Wahrheit beibehalten, ein verborgenes «Herzenswissen» kann (durch einen Lehrer) in das geistige Gedächtnis gehoben, in diesem Verstreutes kann zur Helle des Bewußtseins gesammelt werden. Vgl. in XII, 19 die Unterscheidung von sinnlichen und geistigen Zahlen, die schon Aristoteles (in den letzten Büchern seiner Metaphysik) gekannt hat.

ken» zu eigen gemacht, weil dabei ein solches sammelndes Zusammenzwingen sich in ihm selbst vollzieht.

XII,19. Ferner enthält das Gedächtnis die unzähligen Beziehungen und Gesetze der Zahlen und Maße. Nichts von alldem hat ein Körpersinn eingeprägt, da sie weder farbig sind noch tönen, noch riechen, noch schmecken, noch betastbar sind. Spricht man darüber, so höre ich wohl die Wortklänge, die sie bezeichnen, aber Klang und Inhalt sind verschiedene Dinge. Die Klänge tönen auf griechisch und auf lateinisch verschieden, die Inhalte sind dagegen weder griechisch noch lateinisch, sie gehören keiner einzelnen Sprache an.

Ich habe wohl von Künstlern gezogene Linien, dünn wie Spinnenfäden, gesehen, doch die Linien [der Mathematik] sind andere; sie sind nicht die Abbilder derer, die das körperliche Auge mir meldet. Jeder kennt sie, der sie in seinem Innern, ohne irgendeine Körpervorstellung, erkannt hat. Auch die Zahlen, die sich zählen lassen, habe ich durch alle Leibessinne hindurch erfahren; aber die Zahlen, durch die wir zählen, sind nicht deren Abbilder, sondern haben ihr überragendes Sein. Wer sie nicht wahrnimmt, mag über mich lachen, ich kann den Lacher nur bedauern.

Erinnerung

XIII,20. Das alles halte ich durch das Gedächtnis fest und erinnere mich auch, wie ich es gelernt habe. Auch vieles, was grundfalsch dagegen eingewendet wird, habe ich vernommen und halte es im Gedächtnis fest; obschon es falsch ist, ist meine Erinnerung daran nicht falsch. Daß ich ferner zwischen diesem Wahren und jenen falschen Einwänden unterschieden habe, ist mir noch bewußt, und ferner auch dies: es ist nicht dasselbe, zu sehen, daß ich sie jetzt unterscheide, und mich zu erinnern, daß ich sie früher, als ich darüber nachdachte, schon oft unterschieden habe.

Ich erinnere mich also, diese Dinge oft verstanden zu haben, weiß aber auch, daß ich sie jetzt unterscheide und verstehe, und das übergebe ich dem Gedächtnis, um mich später zu erinnern, sie jetzt verstanden zu haben. Somit erinnere ich mich sogar, mich erinnert zu haben, und wenn ich mich später werde erinnern können, dies jetzt erinnert zu haben, dann wird auch das durch die Kraft meines Gedächtnisses geschehen.

Gedächtnis der Gefühle

XIV,21. Auch meine Gefühlsregungen behält das Gedächtnis. Freilich nicht so, wie die Seele sie im Augenblick selbst erlebt, sondern auf eine deutlich verschiedene Weise, die dem Wesen des Gedächtnisses entspricht.

Ich entsinne mich, heiter gewesen zu sein, obschon ich es jetzt nicht bin, meiner früheren Traurigkeit erinnere ich mich nicht in Trauer, einer früheren Furcht ohne jede Furcht, einstiger Begierden gedenke ich begierdelos, zuweilen erinnere ich mich sogar freudig vergangener Trauer und trauernd vergangener Freuden.

Solange es um rein körperliche Eindrücke geht, ist daran nichts verwunderlich, aber Geist und Leib sind verschieden. Daß ich mich eines vergangenen leiblichen Schmerzes in Freude erinnere, ist deshalb nicht besonders erstaunlich. Aber hier, wenn Geist und Gedächtnis ein und dasselbe sind, verhält es sich anders. Tragen wir jemandem etwas auf, das er im Gedächtnis behalten soll, sagen wir ihm: «Präge es deinem Geist richtig ein», und wird etwas vergessen, so heißt es: «Ich habe es nicht mehr im Geist», «es ist meinem Geist entschwunden»: wir bezeichnen also das Gedächtnis mit dem Wort Geist.

Und wenn das so ist, wie kommt es dann, daß wenn ich mich mit Freude einer vergangenen Trauer erinnere, mein Geist sich freut, während das Gedächtnis die Trauer hegt? Und daß der Geist sich freut, weil die Freude in ihm ist, während das Gedächtnis, das die Trauer hegt, deswegen nicht traurig zu sein braucht? Gehört es etwa nicht auch zum Geist? Wer wollte dergleichen behaupten?

Nun ist das Gedächtnis so etwas wie der Magen des Geistes, Freude und Trauer sind wie eine süße und eine bittere Speise; werden sie dem Gedächtnis übergeben, so wandern sie gleichsam in den Magen, wo sie zwar verwahrt werden, aber nicht mehr schmecken können.

Es ist zwar lächerlich, an einen solchen Vergleich zu denken, und dennoch ist der Unterschied nicht gar so groß!

22. Seht doch: aus dem Gedächtnis ziehe ich meine Aussagen, es gebe vier Leidenschaften der Seele: Begierde, Freude, Furcht und Trauer. Alles, was ich darüber disputieren kann, indem ich jede Leidenschaft in ihre Arten unterteile und definiere: hier finde ich es, und da ziehe ich es heraus. Aber wenn ich es mir in Erinnerung rufe, verwirrt mich keinerlei Leidenschaft, dennoch waren sie, ehe ich mich ihrer erinnerte und sie erwähnte, bereits da, weshalb ich sie durch Erinnern ans Licht ziehen konnte.

Vielleicht also werden sie, wie die Speise aus dem Magen zum Wiederkäuen aus dem Gedächtnis zum Erinnern heraufgeholt. Warum wird aber dann im Munde des Sich-Erinnernden, jetzt darüber Handelnden, die Wonne der Freude oder die Bitterkeit der Trauer nicht gefühlt? Läge hier das Unähnliche, da völlige Ähnlichkeit ausgeschlossen ist? Wer würde schon freiwillig darüber handeln, wenn wir bei jeder Erwähnung von Trauer oder Furcht trauern oder uns fürchten müßten?

Dennoch würden wir nicht davon handeln, wenn wir in unserem Gedächtnis nicht bloß Wortklänge entsprechend den von Körpersinnen eingedrückten Bildern, sondern auch die Begriffe der Dinge vorfänden, die durch keine Leibestür in uns eindrangen, die vielmehr der Geist selbst durch Empfinden seiner Leidenschaften dem Gedächtnis übergab oder die dieses auch ohne ausdrücklichen Befehl behalten hat.

XV,23. Ob Bilder hier vermitteln oder nicht, wer wollte das leichthin entscheiden?

Ich sage Stein, sage Sonne, auch wenn die Dinge mir nicht vor den Sinnen sind: das Gedächtnis verwahrt sicherlich ihre Bilder, die mir verfügbar sind. Ich sage: Körperschmerz, auch er ist nicht da, ich leide nicht. Aber wäre sein Bild nicht in meinem Gedächtnis, ich wüßte nicht, wovon ich spräche und könnte es im Gespräch nicht von der Freude unterscheiden. Rede ich von leiblicher Gesundheit und bin dabei selber gesund, so ist mir die Sache gewiß gegenwärtig; aber bestünde nicht gleichzeitig ihr Bild in meinem Gedächtnis, so könnte ich mich unmöglich erinnern, was dieser Lautklang bedeutet. Kranke würden, wenn man vor ihnen von Gesundheit spräche, nicht erkennen, um was es sich handelt, wenn ihr Gedächtnis das Bild nicht festhielte, obgleich ihr Körper der Sache selbst entbehrt.

Ich nenne die Zahlen, mit denen wir zählen; sie sind in meinem Gedächtnis, nicht bloß ihre Bilder, sondern sie selbst. Ich nenne das Bild der Sonne, und es ist in meinem Gedächtnis; aber nicht das Bild eines Bildes stelle ich mir vor, sondern dieses selbst stellt sich bei der Erinnerung ein. Ich nenne das Gedächtnis und weiß genau, was ich meine. Aber wo erkenne ich es, wenn nicht im Gedächtnis selbst? Ist dieses bloß durch sein Bild gegenwärtig und nicht vielmehr durch sich selbst?

Gedächtnis des Vergessenen

XVI,24. Wie aber, wenn ich von Vergessen spreche und ebenfalls weiß, was ich damit meine; wodurch wüßte ich davon, wenn ich mich seiner nicht erinnerte? Ich rede nicht vom Laut des Namens, sondern von der dadurch angezeigten Sache. Hätte ich diese vergessen, so könnte ich natürlich auch die Bedeutung des Wortklangs nicht erkennen. Wenn ich mich also des Gedächtnisses erinnere, ist dieses durch sich selber zugegen; wenn ich mich aber des Vergessens erinnere, dann sind sowohl Gedächtnis wie Vergessen zugegen: das Gedächtnis, durch das ich mich erinnere, das Vergessen, dessen ich mich erinnere. Was aber ist das Vergessen anderes als ein Ermangeln des Gedächtnisses? Wie kann es somit da sein, daß ich mich seiner erinnere, wenn ich doch, falls es vorhanden ist, mich nicht erinnern kann?

Wessen wir uns erinnern, das halten wir durch das Gedächtnis fest; würden wir uns aber in keiner Weise erinnern, was Vergessen heißt, so könnten wir beim Hören dieses Wortes unmöglich wissen, was es bedeutet. Ist dem so, dann hält das Gedächtnis das Vergessen fest. Etwas ist da, um nicht vergessen zu werden, das doch, wenn es da ist, vergessen wird. Soll man daraus schließen, daß es nicht durch sich selbst im Gedächtnis ist, wenn wir uns seiner erinnern, sondern nur durch sein Bild? Denn wäre das Vergessen durch sich selbst zugegen, so müßte es doch bewirken, daß wir uns nicht erinnerten, sondern eben vergäßen. Wer wird schließlich dieses Rätsel lösen, wer verstehn, wie sich das verhält?

25. Ich zumindest, Herr, plage mich damit ab und werde mir selbst zur Plage: bin mir zu einem Acker der Mühsal und sauren Schweißes geworden. Denn eben jetzt erforschen wir keine Himmelsgefilde, messen nicht die Abstände der Gestirne, suchen nicht die Gesetze des Erdgewichts. Ich bin's, der sich erinnert, ich Geist. Daß Dinge, die ich nicht bin, fern von mir sind, ist nicht verwunderlich. Aber was ist mir näher als ich mir selbst? Doch nun entgleitet mir die Kraft meines Gedächtnisses, obschon ich mich ohne dieses gar nicht ausdrücken kann. Was soll ich noch sagen, wenn mir gewiß ist, daß ich mich des Vergessens erinnere? Soll ich sagen, daß das, woran ich mich erinnere, nicht in meinem Gedächtnis ist? Oder soll ich sagen, das Vergessen sei mir dazu im Gedächtnis, damit ich nicht vergesse? Beides ist barer Unsinn.

Wie steht's mit dem Dritten? Könnte ich etwa behaupten, das Bild des Vergessens werde zwar von meinem Gedächtnis festgehalten, nicht aber das Vergessen selbst? Wie könnte ich das sagen? Denn wann immer das Bild einer Sache sich dem Gedächtnis einprägt, muß zuerst eine Sache da sein, von der her das Bild sich eingeprägt hat. So erinnere ich mich Karthagos und aller Stätten, an denen ich weilte, des Gesichts der Leute, die mir begegnet sind, und aller übrigen Dinge, die mir die Sinne meldeten, so auch des Wohlbefindens oder des Schmerzes meines Leibes. Wenn diese Dinge da waren, nahm das Gedächtnis ihre Bilder auf, so daß ich sie als gegenwärtige betrachten oder, wenn sie vergangen waren, im Geiste mir wieder vorstellen konnte.

Wenn demnach das Vergessen durch sein Bild und nicht durch sich selbst im Gedächtnis behalten wird, muß es dagewesen sein, damit sein Bild erfaßt werden konnte. Wenn es aber zugegen war, wie hätte es sein Bild ins Gedächtnis einzeichnen können, wenn es sogar das, was schon vorhanden war, durch sein Dasein auslöschen kann? Und trotz allem, die Weise mag noch so unfaßlich und erklärlich sein, ich weiß es mit Gewißheit, daß ich mich des Vergessens erinnere, das unser Erinnern zerstört.

Wer bin ich?

XVII,26. Groß ist die Macht des Gedächtnisses, es ist, mein Gott, etwas Schaudererregendes in seiner unendlich tiefen Vielfalt. Und das ist mein Geist; das bin ich selbst! Was bin ich denn, Du mein Gott? Was bin ich für ein Wesen? Ein vielfältiges, vielgestaltiges Leben, durchaus unermeßlich.

Sieh, da ist mein Gedächtnis mit seinen Gefilden und Höhlen und seinen unzähligen Buchten, unabsehbar angefüllt mit zahllosen Arten von Dingen, anwesend aufgrund von Bildern, wie bei allem Körperlichen, oder aufgrund unmittelbarer Gegenwart, wie bei den Wissenschaften, oder aufgrund irgendwelcher Begriffe und Zeichen, wie bei Gemütsbewegungen; und selbst wenn der Geist sie nicht mehr empfindet, das Gedächtnis behält sie, obschon doch alles Erinnerte sich innerhalb des Geistes befindet. Ich durchwandle das alles, taumle dahin und dorthin, tauche ein, so tief ich kann, aber nirgends ein Ende! So gewaltig ist das Gedächtnis, so gewaltig die Lebenskraft des sterblich lebenden Menschen!

Gott über dem Gedächtnis und nur so in ihm

Was soll ich nun tun, Du mein wahres Leben, mein Gott? Ich will auch diese meine Kraft, Gedächtnis genannt, übersteigen, um hinzustreben zu Dir, süßes Licht. Was sagst Du mir? Sieh, durch meinen Geist hindurch will ich zu Dir emporsteigen, der Du über mir bleibst, will diese meine Kraft, Gedächtnis genannt, übersteigen, um an Dich zu rühren, von woher man Dich berühren kann, und Dir anzuhangen, von woher man Dir anhangen kann.

Gedächtnis haben ja auch das Vieh und die Vögel, sonst fänden sie nicht zu ihren Lagern und Nestern zurück und zu viel anderem, woran sie gewöhnt sind. Sie könnten sich ja nicht einmal an etwas gewöhnen, außer durch das Gedächtnis. Ich lasse somit das Gedächtnis hinter mir, um an Den zu rühren, der mich von den Vierfüßlern getrennt und klüger als die Vögel des Himmels gemacht hat. Ich lasse das Gedächtnis hinter mir, um Dich zu finden – wo? Du wahrhaft Guter, Du sicherstes Glück, um Dich zu finden – wo? Finde ich Dich außerhalb meines Gedächtnisses, dann bin ich Deiner uneingedenk. Doch wie sollte ich Dich finden, wäre ich Deiner uneingedenk?

XVIII,27. Das Weib, das die Drachme verloren hatte und sie mit ihrer Lampe suchte: hätte sie sie nicht im Gedächtnis gehabt, sie hätte sie nicht mehr gefunden. Gesetzt, sie hätte sie gefunden, wie hätte sie ohne Gedächtnis gewußt, daß sie es ist? Es gibt viele verlorene Dinge, die ich, wie ich noch weiß, gesucht und wiedergefunden habe. Und ich weiß wohl, daß während ich eines suchte und man mich frug: «Ist es vielleicht das? Vielleicht jenes?», ich immer erwiderte: «Nein», bis sich darbot, was ich suchte. Hätte ich mich seiner nicht erinnert: ich hätte das Ding, selbst wenn man es mir gezeigt hätte, nicht erkannt, weil nicht wiedererkannt. So ist es immer, wenn wir etwas Verlorenes suchen und finden, wenn etwas aus den Augen, aber nicht aus dem Gedächtnis schwindet, irgendein sichtbarer Gegenstand; dann hält man sein Bild innerlich fest und sucht, bis er sich den Augen darbietet. Daß wir etwas Verlorenes wiedergefunden haben, sagten wir nicht, wenn wir's nicht wiedererkännten, und wiedererkennen können wir nur, wenn wir Erinnerung haben: hier war etwas für die Augen verloren, nicht aber für das Gedächtnis.

XIX,28. Was aber geschieht, wenn das Gedächtnis selber etwas verliert? Das kommt vor, wenn wir etwas vergessen und uns dessen zu erinnern suchen: wo forschen wir dann, wenn nicht im Gedächtnis selbst? Und auch hier gibt es den Fall, daß sich eines statt des andern darbietet, aber wir weisen es zurück, bis jenes, das wir suchen, begegnet, und treffen wir's an, so sagen wir: «Das ist es!» Wir könnten das nicht, wenn wir es nicht wiedererkännten, uns nicht seiner erinnerten. Und doch hatten wir's zweifellos vergessen.

Oder sollen wir annehmen, daß die Sache uns nicht als ganze entschwunden war, daß mit dem einen behaltenen

Teil der andere gesucht wurde, weil das Gedächtnis fühlte, sich nicht mehr als ein Ganzes vorzustellen zu können, was sonst beisammen war, und es deshalb, im Gewohnten wie verstümmelt, hinkend, das fehlende Stück zurückbegehrte?

So auch wenn wir jemanden kennen, ihn entweder sehen oder an ihn denken, aber sein Name ist uns entfallen, und wir suchen ihn. Alles, was sich anbietet, paßt nicht, weil wir nicht gewohnt sind, es mit jenem zusammenzudenken, und wird daher verworfen, bis das sich weist, bei dem das gewohnte Verhältnis des Ganzen ohne Zwiespalt sich einstellt. Und woher stammt dieses? Aus dem Gedächtnis. Und selbst wenn ein anderer uns den Namen sagt: wir erkennen ihn, und von dorther kommt er. Wir glauben ihn nicht wie etwas Neues, sondern uns erinnernd stimmen wir zu: das ist er. Wäre er gänzlich aus unserem Geist geschwunden, würden wir ihn nicht wiedererkennen, wenn er uns zugeflüstert würde. So haben wir also nicht gänzlich vergessen, wenn wir uns erinnern, etwas vergessen zu haben, und das Verlorene könnten wir nicht suchen, wenn es uns völlig entschwunden wäre.

3. SUCHE NACH SELIGKEIT

Durch das Gedächtnis zur Seligkeit

XX,29. Wie soll ich Dich also suchen, Herr? Wenn ich Dich, meinen Gott, suche, dann suche ich das selige Leben.[7] Suchen will ich Dich, auf daß meine Seele lebe. Denn mein Leib lebt durch meine Seele, und meine Seele lebt durch Dich. Wie also suche ich das selige Leben? Mein ist es nicht, solang ich nicht sagen kann: «Genug, das ist es.» Doch nun muß ich sagen, wie ich es suche: ob durch Wiedererinne-

[7] Die von Plato (Euthyd. 278c) und Aristoteles (Protreptikos frag. 3 u. 4) herstammende Einsicht, daß «wir alle glücklich sein wollen», hat Augustin zuerst in Ciceros «Hortensius» gefunden und in seinem eigenen Werk «Über das selige Leben» erstmals behandelt: Seligkeit und Weisheit wurden dort ineins gesehen, aber als Weisheit gilt ihm nur (der dreieinige) Gott.

rung, als hätte ich es vergessen, aber das Vergessene immer noch halte, oder durch die Sehnsucht, ein unbekanntes Leben zu erlernen, eines, das ich noch nie gekannt oder dann so vergessen habe, daß ich mich nicht einmal mehr entsinne, es vergessen zu haben.

Das selige Leben: ist es nicht das, was alle möchten und was jeder anstreben will? Wo haben sie es kennengelernt, um es dergestalt zu begehren? Wo haben sie es erblickt, um es lieben zu können? Ja, wir besitzen es; aber wie, weiß ich nicht. Es gibt eine bestimmte Weise: wer sie voll erreicht hat, der ist selig. Andere gibt es, die in Hoffnung selig sind. Diese zweite Weise ist der der ersten unterlegen, ist aber besser als die jener, die weder besitzend noch hoffend selig sind. Aber hätten diese nicht auch irgendeinen Anteil am seligen Leben, sie würden nicht sosehr danach streben, was sie ganz gewiß tun.

Ich weiß nicht, wie sie davon erfahren haben, aber sie wissen davon auf eine mir unbekannte Weise; ich wüßte gern, ob es in ihrem Gedächtnis liegt; denn ist es dort, so waren wir einmal selig. Ich frage jetzt nicht, ob jeder von uns es war, oder ob nur jener Mensch es war, der als erster sündigte, in dem auch wir alle starben und aus dem wir alle im Elend geboren wurden. Ich frage nur, ob das selige Leben im Gedächtnis ist. Denn wir würden es nicht lieben, wenn wir's nicht kännten.

Wir hören bloß den Namen, und schon bekennen wir, daß wir alle die Sache selbst anstreben; der bloße Klang beglückt uns nicht. Hört ein Grieche das lateinische Wort, so freut es ihn nicht, da er das Gesagte nicht versteht. Wir dagegen sind beglückt, wie auch er, wenn er das griechische Wort hört, denn die Sache, welche Griechen wie Lateiner und die Menschen aller Sprachen so begierig anstreben, ist weder griechisch noch lateinisch. Sie ist also allen bekannt; könnte man sie insgesamt fragen: «Wollt ihr selig sein?», sie würden zweifellos einstimmig antworten: «Wir wollen's!» Das setzt voraus, daß die Sache, die hier ausgedrückt wird, in ihrem Gedächtnis haftet.

XXI,30. Ist dies Erinnern so, wie wenn einer sich an Karthago, das er gesehen hat, erinnert? Nein. Das selige

Leben wird nicht mit Augen geschaut. Es ist ja nicht körperlich.

Oder verhält es sich so, wie wenn wir uns an Zahlen erinnern? Keineswegs. Was man kennt, sucht man nicht weiterhin zu erwerben. Doch um das selige Leben wissen wir auch, deshalb lieben wir es, und doch streben wir danach, um selig zu werden.

Oder verhält es sich so, wie wenn wir uns der Redekunst erinnern? Mitnichten. Zwar ruft sich beim Anhören des Wortes die Sache selbst in Erinnerung, sogar bei solchen, die diese Kunst noch nicht beherrschen, und viele begehren nach ihr (was zeigt, daß sie einen Begriff davon haben), denn sie haben durch ihre Körpersinne andere Redekünstler gekannt und sich an ihnen erfreut und möchten es ihnen gleichtun (ohne innern Begriff freilich könnten sie sich nicht an ihnen freuen, und nur aufgrund dieser Freude streben sie ja danach). Das selige Leben anderer hingegen erfahren wir nicht durch die Körpersinne.

Oder ist es so, wie wir uns an eine Freude erinnern? Ja, vielleicht. Denn meiner Freude gedenke ich auch, wenn ich traurig bin, sowie des seligen Lebens, wenn ich elend bin. Ich habe auch nie mit einem Körpersinn meine Freude gesehen oder gehört oder gerochen oder geschmeckt oder betastet, sie vielmehr, wenn ich mich gefreut habe, in meiner Seele erfahren, und die Erinnerung daran blieb in meinem Gedächtnis haften, so daß ich daran zurückdenken kann, zuweilen mit Verachtung, zuweilen mit Bedauern, je nach den Dingen, die mich, nach meiner Erinnerung, erfreut haben. Denn auch bei Schändlichem hat eine gewisse Freude mich übermannt, die ich jetzt, mich erinnernd, hasse und verabscheue; andere Male freute mich Gutes und Ehrliches; ich denke mit Sehnsucht daran zurück, auch wenn es nicht mehr da ist; in Trauer entsinne ich mich einstiger Freude.

Alle wollen selig sein

31. Wo und wann habe ich denn mein seliges Leben verloren, daß ich mich seiner erinnern, es lieben und ersehnen kann? Und nicht ich allein oder wenige mit mir, sondern

insgesamt alle wollen wir selig sein. Hätten wir somit keine bestimmte Kenntnis davon, so könnten wir's auch nicht so bestimmt anstreben.

Aber was ist nun dies? Fragt man zwei, ob sie Soldaten werden wollen, dann kann der eine ja, der andere nein antworten; fragt man sie aber, ob sie selig werden wollen, so bekunden beide sogleich und ohne Schwanken ihren Wunsch, denn nur um selig zu sein, will der eine Soldat werden und der andere nicht. Alle sind sich einig darin, selig sein zu wollen, wie alle sich einig sind, sich zu freuen, und diese Freude nennen sie seliges Leben. Auch wenn einer diesen, ein anderer einen andern Weg einschlägt, sie streben doch alle das gleiche Ziel an, die Freude. Und weil keiner von ihr behaupten kann, er habe sie nie erfahren, deshalb erkennt man, wenn von seligem Leben die Rede ist, dieses in seinem Gedächtnis.

Nur in Gott ist Seligkeit: aufgrund seiner Wahrheit

XXII,32. Fern aber sei vom Herzen Deines Knechtes, Herr, der Dir sein Bekenntnis ablegt, fern sei von mir der Gedanke, daß ich bei jeder beliebigen Freude mich selig wähne. Gibt es doch eine Freude, die Gottlosen nicht gewährt wird, sondern nur denen, die Dir umsonst dienen, deren Freude Du selber bist. Und seliges Leben ist dies: sich freuen zu Dir hin, an Dir, um Deinetwillen. Das, und kein anderes ist es. Die etwas anderes dafür halten, suchen auch eine andere Freude, nicht die wahre. Doch von irgendeinem Bild der Freude kann ihr Wille nicht ablassen.

XXIII,33. So ist es also nicht sicher, daß alle selig sein wollen, denn wer sich nicht an Dir freuen will, strebt nicht wirklich das selige Leben an. Oder vielleicht wollen es doch alle, aber «weil das Fleisch wider den Geist begehrt und der
Gal Geist wider das Fleisch, so daß sie nicht tun, was sie wollen»,
5,17 sinken sie auf das ihnen Erreichbare zurück und begnügen sich damit. Denn was sie nicht können, das wollen sie nicht so ernsthaft, daß es zum Können hinreicht.

Frage ich alle, ob sie sich lieber an der Wahrheit oder an der Lüge erfreuen, so zögern sie ebensowenig, ihre Vorliebe

für die Wahrheit zu bekunden, wie ihren Willen, selig zu sein. Das selige Leben ist Freude an der Wahrheit, und das ist eine Freude, die von Dir stammt, der Du «die Wahrheit» Ps 27,1
bist, Gott, «meine Erleuchtung, das Heil meines Angesichts, Du mein Gott». Dieses selige Leben streben alle an, das Ps
einzige Leben, das selig ist, wollen alle, an der Wahrheit 42,12
wollen sich alle erfreuen.

Ich habe vielerlei Leute gekannt, die betrügen wollten, aber keinen, der betrogen werden wollte. Wo anders lernten sie also das selige Leben kennen als dort, wo sie auch die Wahrheit erkannten?[8] Denn auch sie lieben diese, da sie nicht betrogen werden wollen. Und wenn sie das selige Leben lieben, das nichts anderes ist als Freude an der Wahrheit, dann lieben sie eben auch die Wahrheit und täten es nicht, wenn sie nicht irgendeine Kenntnis davon im Gedächtnis hätten.

Weshalb also freuen sie sich nicht an ihr, weshalb sind sie nicht glücklich? Weil anderes sie mehr in Beschlag nimmt, das sie viel eher elend macht, als die schwache Erinnerung an jenes Gut sie beglückt. «Nur eine kleine Weile ist das Licht» bei den Menschen, macht voran! voran!, «damit nicht die Finsternis einfalle». Joh
34. Doch weshalb erzeugt die Wahrheit Haß? Warum 12,35
wird ein Dir Zugehöriger, der die Wahrheit verkündet, andern zum Feind, wenn man doch das selige Leben liebt, das nichts ist als Freude an der Wahrheit? Doch wohl deshalb, weil die Wahrheit so geliebt wird, daß jeder, der etwas anderes liebt, darin die Wahrheit erblicken will; und da keiner betrogen werden will, will sich auch keiner überzeugen lassen, betrogen worden zu sein.

Um der Sache willen also, die sie als Wahrheit lieben, hassen sie die Wahrheit. Für sie muß die Wahrheit strahlen; wenn sie tadelt, hassen sie sie. Da sie nicht betrogen sein, aber betrügen wollen, lieben sie die Wahrheit, wenn sie sich

[8] Vgl. Anm. 7. Die Herkunft der Seele von Gott genügt Augustin, um ihr Verwandtbleiben mit der göttlichen Wahrheit zu erklären, es braucht dazu kein Vorleben. Aber vielleicht wird zugleich an unsere Herkunft von Adam gedacht, der eine tiefe Schau der göttlichen Wahrheit gehabt haben muß.

anzeigt; aber sie hassen sie, wenn sie von ihr aufgedeckt werden. Sie wird es ihnen heimzahlen; Leute, die von ihr nicht enthüllt werden wollen, wird sie wider ihren Willen enthüllen, während sie selber für sie verhüllt bleibt.

So, genau so ist das menschliche Herz: als blind und faul, schmachvoll und unanständig will es verborgen bleiben, duldet aber nicht, daß ihm etwas verhüllt bleibt. Doch umgekehrt wird ihm vergolten: der Wahrheit bleibt das Herz nicht verborgen, ihm aber bleibt sie verhüllt. Trotzdem will es in all seinem Elend sich lieber am Wahren erfreuen als am Falschen. Selig also wird es erst sein, wenn es von nichts weiter gehemmt, sich an der alleinigen Wahrheit freut, durch die alles übrige wahr ist.

Gott nicht außerhalb des Gedächtnisses

XXIV,35. Du siehst, Herr, welchen Raum ich schreitend durchmessen habe in meinem Gedächtnis auf der Suche nach Dir; und ich habe Dich nicht außerhalb seiner gefunden. Nichts von Dir habe ich gefunden, dessen ich mich nicht entsänne, seit dem Tag, da ich Dich kennenlernte. Denn seitdem ich Dich erlernte, habe ich Dich nicht vergessen. Wo ich die Wahrheit fand, dort fand ich meinen Gott, die Wahrheit selbst, die ich, seit ich sie lernte, nicht wieder vergaß. Seit ich Dich erlernte, bleibst Du in meinem Gedächtnis, dort finde ich Dich, wenn ich Deiner gedenke und freue mich an Dir. Das sind meine heiligen Freuden, die Du mir schenktest, als Du mit Deinem Erbarmen auf meine Armut herabblicktest.

Aber wo ist er im Gedächtnis?

XXV,36. Wo aber wohnst Du in meinem Gedächtnis, Herr, wo ist Deine Bleibe? Welche Stätte hast Du Dir bereitet, welches Heiligtum Dir errichtet? Meinem Gedächtnis hast Du die Ehre erwiesen, in ihm zu wohnen; doch an welcher Stelle? Darüber sinne ich nach. Überstiegen habe ich, Dich suchend, jene Teile, die ich mit den Tieren gemeinsam habe, denn unter den Bildern der Körperdinge fand ich Dich nicht; dann gelangte ich zu den Teilen, wo ich meine Gemütsbewegungen verwahrte, auch dort fand ich Dich nicht. Schließlich gelangte ich zum Sitz meines Geistes, den er in meinem Gedächtnis hat, da der Geist ja auch seiner selbst sich erinnert. Aber auch dort warst Du nicht. Denn sowenig Du ein Körperbild bist noch das Gefühl eines Lebewesens, wenn wir uns freuen, trauern, begehren, fürchten, uns erinnern, vergessen und was dergleichen mehr ist, sowenig bist Du dieser Geist selbst. Denn Du bist der Herr und Gott des Geistes, und alle diese Dinge ändern sich, Du aber verharrst unveränderlich über allem und hast Dich herabgelassen, in meinem Gedächtnis zu wohnen, seitdem ich Dich kennenlernte.

Doch wozu die Frage, an welcher Stelle Du wohnst, als ob es dort wirklich Orte gäbe? Sicher ist, daß Du darin wohnst, da ich mich Deiner entsinne, seitdem ich Dich erlernte, und ich Dich darin finde, wann immer ich Deiner eingedenk bin.

Gott gefunden

XXVI,37. Wo also fand ich Dich, um Dich kennen zu lernen? Denn in meinem Gedächtnis warst Du noch nicht, bevor ich Dich erlernte. Wo also fand ich Dich, um Dich zu erlernen, wenn nicht in Dir selbst, oberhalb meiner? Und nirgends ein Ort; wir entfernen uns, wir nähern uns wieder; aber nirgends ein Ort. O Wahrheit, überall waltest Du für alle, die Dich um Rat fragen, und allen gibst Du gleichzeitig Antwort, auch wenn sie Dich über Verschiedenes befragen. Klar gibst Du Antwort, doch nicht alle vernehmen Dich klar. Jeder fragt Dich was ihm am Herzen liegt, er hört aber nicht immer, was er gern hören möchte. Der ist Dein bester Diener, der nicht vor allem auf das achtet, was er gern von Dir hört, sondern lieber will, was er von Dir vernimmt.

Gott so spät gefunden

XXVII,38. Spät hab ich Dich geliebt, Du Schönheit, ewig alt und ewig neu, spät hab ich Dich geliebt! Und sieh, Du warst innen, ich aber außen. Dort suchte ich nach Dir, und auf die schönen Gestalten, die Du schufst, warf ich mich Mißgestalt. Du warst bei mir, ich war nicht bei Dir. Sie hielten mich fern von Dir, die Dinge, die gar nicht wären, wären sie nicht in Dir. Du hast gerufen, geschrien, meine Taubheit zerrissen, hast geleuchtet, geblitzt und meine Blindheit verscheucht, hast geduftet, und ich atmete ein und lechze jetzt nach Dir, ich habe gekostet, nun hungre und dürste ich, Du hast mich berührt, und ich bin nach Deinem Frieden entbrannt.

4. HEUTE VOR GOTT SEIN ELEND BEKENNEN

Das Leben dauernde Versuchung

XXVIII,39. Wenn ich dereinst als Ganzer Dir anhangen werde, wird mir nirgends mehr Schmerz sein und Mühe. Und dann wird mein Leben voll, weil von Dir erfüllt sein.

Jetzt aber bin ich Deiner noch nicht voll und mir deshalb zur Last. Denn Du erleichterst nur solche, die Du erfüllst. Noch streiten in mir klagenswerte Freuden mit erfreulichen Kümmernissen, und ich weiß nicht, wohin der Sieg sich neigen wird. Böse Kümmernisse streiten mit guten Freuden, und auch da weiß ich nicht, wohin der Sieg sich neigt.
Ps Weh mir! «Ich bitte um Dein Erbarmen, Herr.» Ich verber-
31,10 ge Dir nicht meine Wunden. Du bist der Arzt, ich der
Sieche. Du bist Erbarmen, ich bin erbärmlich. Ist das «Men-
Ijob schenleben auf Erden nicht lauter Versuchung»?
7,1

Wer kann Mühsal und Schwierigkeiten erstreben? Du willst, daß man sie ertrage, nicht liebe. Keiner liebt, was er ertragen muß, auch wenn er gern erträgt. Er mag sich freuen, etwas zum Ertragen zu haben, aber lieber wäre ihm doch, das zu Ertragende wäre nicht. Im Widrigen strebe ich nach Glück, im Glück bange ich vor dem Unheil. Gibt es zwischen beidem einen stillen Ort, an dem das Menschenleben nicht Versuchung wäre?

Weh dem Unheil dieser Welt, doch einmal und zweimal weh der Angst vor dem Unheil und der Vergänglichkeit der Freude! Weh dem Unheil der Welt, doch einmal, zweimal, dreimal weh der Sehnsucht nach Glück! Und daß Unheil hart ist und die Geduld zu zerbrechen droht. Ist nicht Versuchung das Menschenleben auf Erden, und dies ohne Unterlaß?

XXIX,40. So liegt meine ganze Hoffnung in Deiner so großen Barmherzigkeit. Gib, was Du forderst, dann fordere, was Du willst. Du verlangst von uns Enthaltsamkeit. «Und da ich wußte», hat einer gesagt, «daß keiner enthaltsam sein kann, es sei denn Gott gibt es, so war das schon ein Teil der Weisheit: zu wissen, wessen Gnade es ist.» Ja, die Enthalt- Wh 8,21
samkeit sammelt uns und führt uns zur Einheit zurück, aus der wir ins Viele abflossen. Denn der liebt Dich weniger, der neben Dir etwas liebt, was er nicht um Deinetwillen liebt. O Liebe, die immer brennt und niemals erlischt, selbstlose Liebe, mein Gott, setze mich in Flammen. Du verlangst Enthaltsamkeit: Gib, was Du forderst, und fordere, was Du willst.

Die drei Begierlichkeiten

XXX,41. Du forderst sicherlich, daß ich mich «der Begierlichkeit des Fleisches und der Begierlichkeit der Augen und 1 Joh 2,16
der Hoffart des Lebens» enthalte.

a) Begierlichkeit des Fleisches

Den ungesetzlichen Beischlaf hast Du verboten, und der zugestandenen Ehe gegenüber hast Du zu etwas Besserem ermahnt. Und da Du dieses geschenkt hast, erfolgte es auch, noch bevor ich zum Spender Deines Sakramentes wurde.

Doch noch leben in meinem Gedächtnis, von dem ich so viel gesprochen habe, die Bilder solcher Dinge, die meine Angewöhnung dort festheftete. Kraftlos drängen sie sich im wachen Zustand heran, in Träumen aber gehen sie nicht nur bis zur Ergötzung, sondern bis zur Einwilligung und etwas der Tat sehr Ähnlichem. Und die bildlichen Vorspiegelungen haben soviel Macht in mir über meinen Geist und mein Fleisch, daß die falschen Bilder vom Schlafenden mehr erhalten, als die wahren vom Wachenden gewinnen können.

Bin ich in solchem Zustand nicht mehr ich selber, Herr, mein Gott? Und doch ist der Abstand zwischen beiden so groß, wenn ich vom Wachen zum Schlafen und von da wieder zum Wachen übergehe! Wo bleibt alsdann die Vernunft, die im wachen Zustand erlaubt, solchen Lockungen zu widerstehen und, wenn die Dinge sich selbst vorstellen, unerschüttert zu bleiben? Schließt sie sich zugleich mit den Augen? Entschlummert sie mit den Körpersinnen? Woher aber kommt es, daß wir zuweilen selbst während des Schlafens widerstehen und, unseres Vorsatzes eingedenk, keusch darin verharren und keinerlei derartigen Lockungen nachgeben? Trotzdem bleibt der besagte Unterschied so groß, daß, wenn es anders verläuft, wir beim Erwachen ein ruhiges Gewissen wiederfinden; der Abstand zwischen den beiden Zuständen zeigt uns, daß wir nicht getan haben, was uns als etwas irgendwie in uns Vorgegangenes traurig machen könnte.

42. Ist denn Deine Hand, Gott Allmächtiger, nicht machtvoll genug, alle Süchte meiner Seele zu heilen und mit reichlicherer Gnade auch die lüsternen Regungen meines Schlafes lahmzulegen? Mehr und mehr wirst Du, Herr, Deine Gabe in mir wachsen lassen, auf daß meine Seele, vom Leim der Lüste befreit, mir zu Dir hin folge, nicht mehr wider sich selbst rebelliere und auch im Schlaf nicht mehr wegen tierischer Bilder das Verdorben-Schändliche bis zum Fluß des Fleisches treibe, sondern nicht einmal mehr darin einwillige. Daß nichts derartiges auch nur so wenig locke, daß nicht ein bloßer Wink des keuschen Gemütes Schlafenden es zu vertreiben vermag, nicht bloß jetzt, sondern auch später, ist für Dich, Allmächtiger, eine Kleinigkeit, «der Du über alles, was wir erbitten und verstehen hinaus zu wirken
Eph 3,20 vermagst».

So hab ich's denn jetzt meinem guten Herrn gesagt, wie übel es mit mir diesbezüglich steht, «frohlockend unter
Ps 2,11 Zittern» in dem, was Du mir gewährt hast, traurig über das, worin ich unvollendet bin, hoffend, Du werdest in mir Deine Erbarmung bis zum vollen Frieden vollenden, wie ihn mein inneres und äußeres Wesen einst erlebt, wenn «der
1 Kor 15,54 Tod in den Sieg hinein verschlungen» sein wird.

XXXI,43. Es gibt noch eine andere «Plage des Tages»; Mt
möge ihm an ihr «genügen»! Wir stellen ja den täglichen 6,34
Verfall des Leibes durch Essen und Trinken wieder her,
solang bis Du «Speise und Magen zerstörst», wenn Du das 1 Kor
Bedürfnis durch eine wundersame Sattheit tilgst und «dieses 6,13
Verwesliche mit ewiger Unverweslichkeit» bekleidest. 1 Kor
Einstweilen aber ist mir diese Nötigung lieb, und gegen 15,53
dieses Genießenwollen kämpfe ich an; um nicht gefangen zu
werden, führe ich einen täglichen Krieg mit Fasten, wo-
durch ich des öftern «meinen Leib in Dienstbarkeit» bringe. 1 Kor
Aber meine Schmerzen werden durch Genuß ausgetrieben. 9,26f.
Denn Hunger und Durst sind eine Art von Schmerz, sie brennen und würden wie das Fieber töten, wenn das Heilmittel der Speisen nicht hülfe. Aber weil dies dank Deinen tröstenden Gaben bereit steht, die Erde, Wasser und Himmel unserer Schwachheit zur Verfügung stellen, wird Genuß genannt, was im Grunde ein Übel ist.

44. Darin hast Du mich unterwiesen, daß man die Speisen wie Heilmittel einnehmen sollte. Doch während ich vom beschwerlichen Bedürfnis zur gestillten Sattheit übergehe, lauert mir beim Übergang die Schlinge der Begier. Der Übergang selbst bereitet ja Genuß, und einen andern Übergang als den von der Not gebotenen gibt es nicht.

Obschon die Gesundheit der Grund für Essen und Trinken ist, gesellt sich ihr doch als Begleiter ein gefährliches Ergötzen bei und gewinnt gar oft vor ihr den Vorsprung, so daß man seinetwegen tut, was ich aus Gesundheitsgründen zu tun behaupte oder doch tun möchte. Beider Maß aber ist nicht dasselbe, denn was für die Gesundheit ausreicht, ist dem Ergötzen zu wenig. Und öfter ist ungewiß: ob noch immer die nötige Leibessorge Hilfe verlangt oder ob Lustbegier sich listigen Dienst erschleicht. Dies Ungewisse betört die arme Seele, sie findet darin Entschuldigung und freut sich, nicht klar zu sehen, was die Gesundheit als ihr Maß erfordert, um so unter dem Vorwand der letztern ein Geschäft der Lust zu verbergen.

Täglich suche ich solchen Versuchungen zu widerstehen.

Ich rufe Deine Rechte an und unterbreite Dir meine Unsicherheit, weil ich in dieser Hinsicht noch nicht genügend Bescheid weiß.

45. Ich vernehme die Stimme meines Gottes, die uns
vorschreibt: «Eure Herzen beschwert nicht mit Schwelgerei
Lk und Trunksucht.» Trunksucht liegt mir fern: Dein Erbar-
21,34 men wird verhindern, daß sie mir naht. Aber die Gaumen-
lust wandelt zuweilen Deinen Diener an: Dein Erbarmen
entferne sie weit von mir. «Denn keiner kann enthaltsam
Wh sein, wenn Du es nicht gibst.» Vieles gewährst Du uns,
8,21 wenn wir darum bitten, und alles vor dem Gebet empfange-
ne Gute haben wir ebenfalls von Dir; es nachträglich einzu-
sehen, ist nochmals Deine Gabe.

Ein Trinker bin ich nie gewesen, aber Trinker, die Du nüchtern werden ließest, habe ich gekannt. Von Dir also stammt es, daß die es nicht sind, die es niemals waren, von Dir auch, daß solche, die es waren, es nicht immer blieben, von Dir endlich, daß beide Dich als den Urheber erkennen.

Ich hörte eine weitere Weisung von Dir: «Deinen Begier-
Sir den laufe nicht nach und versage dir, was für dich Lust ist.»
18,30 Und ein weiteres Geschenk von Dir ist ein Wort, das mir
sehr lieb ist: «Weder sind wir im Nachteil, wenn wir nicht
1 Kor essen, noch sind wir im Vorteil, wenn wir essen.» Das heißt:
8,8 weder versetzt mich das eine in Überfluß noch das andere
in Elend. Und noch ein weiteres hörte ich: «Ich habe ge-
lernt, in der Lage, in der ich bin, mir genügen zu lassen. Ich
weiß Überfluß zu haben und in Bedürftigkeit zu leben. Alles
Phil vermag ich durch Den, der mich stark macht.»

4,11f. Das ist der rechte Soldat des himmlischen Heerlagers und
nicht Staub, wie wir es sind. Aber sei eingedenk, Herr, «daß
Ps wir Staub sind», daß Du den Menschen aus Staub gemacht
103,14 Lk hast, und «er verloren war und wiedergefunden wurde».
15,24 Auch jener Krieger vermochte es nicht aus sich selbst, denn
auch er war Staub, er, der unter dem Anhauch Deiner
Phil Inspiration gesagt hat, was mich ihn lieben läßt: «Ich ver-
4,13 mag alles in dem, der mich stark macht.» Stärke mich, damit
ich kann; gib, was Du forderst und fordere, was Du willst.
Jener bekennt, daß er alles empfangen hat, und mahnt:
1 Kor «Wer sich rühmt, der rühme sich im Herrn.»
1,31

Einen andern hörte ich bitten, daß er empfange: «Nimm weg von mir», sagt er, «die Begierlichkeit des Bauches.» Sir
Somit ist klar, Du mein heiliger Gott, daß wenn man tut, 23,6
was Du zu tun befiehlst, es Deine Gabe ist.

46. Du hast mich belehrt, guter Vater, daß «den Reinen alles rein ist, daß es aber übel ist, wenn ein Mensch durch Essen Anstoß erregt», und daß «alles von Dir Geschaffene Röm
gut ist und nicht zu verwerfen, was in Danksagung ange- 14,20
nommen wird», und «daß nicht die Speise uns Gott emp- 1 Tim
fiehlt», und daß «niemand wegen Speise und Trank über 4,4
uns richten soll», und daß «wer ißt, nicht über den richten 1 Kor
soll, der nicht ißt», und daß, «der nicht ißt, nicht über den 8,8 Kol
richten soll, der ißt». Das alles habe ich gelernt. Dank Dir, 2,16 Röm
Preis Dir, meinem Gott und meinem Lehrer, der an mein 14,3
Ohr pocht und mein Herz erleuchtet. Entreiß mich aller Versuchung. Ich schrecke nicht vor unrein machendem Fleisch zurück, sondern vor dem Schmutz der Begierde.

Ich weiß: Noah wurde erlaubt, jede Art Fleisch zu essen, die als Nahrung dienen kann; Elija wurde durch Fleischnahrung wiederhergestellt, Johannes, der wunderbar Enthaltsame, wurde durch Tiere, nämlich die Heuschrecken, die er aß, nicht befleckt. Ich weiß aber, daß Esau durch seine Begier nach einem Linsenmus betrogen ward, daß David sich sein Gelüst nach einem Trunk Wasser zum Vorwurf machte und daß unser König nicht anläßlich von Fleisch, sondern von Brot versucht wurde. Deshalb verdiente auch das Volk in der Wüste Tadel, nicht weil es nach Fleisch begehrte, sondern weil es aus Lust nach Nahrung wider den Herrn murrte.

47. Von diesen Versuchungen umgeben, kämpfe ich täglich an gegen die Begier nach Essen und Trinken. Geht es doch bei diesem Genuß nicht um einen einmaligen Willensentschluß, abzubrechen und nicht darauf zurückzukommen, wie ich es beim Geschlechtsverkehr vermochte. Somit gilt es, dem Gaumen einen Zaum anzulegen, den man bald lockert, bald strafft. Aber wer, Herr, läßt sich nicht zuweilen über die Grenzen des Notwendigen fortreißen? Gibt es ihn, so ist er groß; er verherrliche Deinen Namen! Ich bin kein solcher, bin nur ein sündiger Mensch. Aber ich will Deinen

Joh Namen verherrlichen. Der aber, der «die Welt besiegt hat»,
16,33 Röm möge «bei Dir Fürsprache einlegen» für meine Sünden,
8,34 mich auch unter «die geringsten Glieder seines Leibes»
Ps zählen. Denn «Deine Augen haben» dieses Leibes «Unvoll-
139,16 kommenheit gesehen», und «alle sollen verzeichnet werden
Ijob in Deinem Buch».
7,1

Begierlichkeit des Geruchs

XXXII,48. An der Verführung durch den Geruchsinn ist mir wenig gelegen. Sind keine Wohlgerüche da, ich suche sie nicht; sind welche vorhanden, ich verachte sie nicht, bin aber bereit, sie für immer zu entbehren. So kommt es mir vor; mag sein, daß ich mich täusche. Es gibt ja auch die bedauerlichen Dunkelheiten in mir, die mir meine Veranlagungen verbergen, so daß mein Geist, wenn er sich über seine Kräfte befragt, sich selber nicht leichthin glauben sollte; das in ihm Liegende ist großenteils verborgen, außer wenn die Erfahrung es ihm entdeckt. Keiner darf sich in diesem Leben, das als «ganzes eine Versuchung» genannt wird, sicher fühlen, daß er, aus einem Schlechtern besser geworden, nicht genauso aus einem Bessern schlechter werden könnte. Die einzige Hoffnung, das einzige Vertrauen, die einzige sichere Verheißung ist Dein Erbarmen.

Begierlichkeit des Gehörs

XXXIII,49. Die Freuden des Gehörs hatten mich fester verstrickt und unterjocht, aber Du hast mich davon gelöst und freigemacht. Noch heute, ich gesteh's, höre ich mit einem gewissen Wohlgefallen den Melodien zu, die Deine Worte beleben, wenn eine angenehme und geschulte Stimme sie singt, nicht freilich, um dabei zu verweilen, sondern um mich nach eigenem Willen beflügeln zu lassen. Doch suchen diese Töne, einmal in mich eingelassen, zusammen mit den ihnen Leben verleihenden Gedanken, einen einigermaßen würdigen Platz in meinem Herzen, und es fällt mir nicht leicht, ihnen den angemessenen zu verweigern. Zuweilen gewähre ich ihnen, scheint mir, mehr Ehre, als ihnen gebührt, die heiligen Worte, die unsere Geister bewegen, reißen offenbar, wenn sie gesungen werden, zu mehr geistlicher Andacht hin als ungesungen; alle unsere verschiedenen seelischen Gefühle finden in Stimme und Gesang ihren angemessenen Ausdruck und eine geheimnisvolle, anregende Verwandtschaft.

Aber gelegentlich täuscht mich auch das Ergötzen meines Fleisches, dem sich der Geist nicht verweichlicht ausliefern darf. Dann folgt das Sinnliche dem Verstand nicht so, daß es sich mit der zweiten Stelle begnügt, auf die allein es ein Recht hat, sondern versucht, wegweisend vorauszulaufen. Auf solche Weise sündige ich, ohne es zu merken, und werde mir dessen erst nachträglich bewußt.

50. Bisweilen nehme ich mich ob dieses Truges übermäßig in acht und möchte so streng sein, daß ich all die Klänge süßer Kantilenen, die den davidischen Psalter zu begleiten pflegen, aus meinen Ohren, ja aus denen der Kirche selber verbannen möchte; ich erinnere mich dann an das von Athanasius, dem Bischof von Alexandrien, Erzählte, der den Psalmvorbeter mit so unmerklicher Schwebung der Stimme lesen ließ, daß er eher vortrug als sang.

Erinnere ich mich aber der Tränen, die ich als Neubekehrter beim Anhören des Kirchengesangs vergoß, oder heute noch meiner Rührung, weniger ob des Gesangs als ob des gesungenen Inhalts, wenn eine klare Stimme in der richtigen Tonlage ihn vorträgt, dann muß ich die großen Vorteile dieser Einrichtung wieder anerkennen.

Ich schwanke demnach zwischen der Gefahr des bloßen Vergnügens und der Feststellung einer heilsamen Wirkung, neige aber mehr dazu, ohne ein endgültiges Urteil abgeben zu wollen, die Gewohnheit des Kirchengesangs zu billigen, auf daß durch das erfreute Ohr ein noch schwächlicher Geist sich zu tieferer Andacht aufschwinge. Wenn es mir jedoch zustößt, daß mich mehr der Gesang als die gesungene Sache bewegt, dann bekenne ich mich einer Sünde schuldig und würde den Sänger lieber nicht hören.

So steht es mit mir. Weint mit mir und für mich, die ihr euch innerlich um das Rechte sorgt, woraus dann die entsprechenden Taten hervorgehen. Sorgt ihr euch nicht, dann geht euch das alles nichts an. Du aber, «Herr, mein Gott, Ps 13,4

Ps 6,3 erhöre, nimm wahr», «erbarme Dich und heile mich», vor Dessen Augen ich mir zur Frage wurde. Und dies ist mein Elend.

Begierlichkeit des Gesichts

XXXIV,51. Bleibt noch die Lust dieser Augen meines Fleisches; die Bekenntnisse, die ich vor den Ohren von Brüdern und Frommen Deines «Tempels» ablege, sollen die Rede über die fleischlichen Begierlichkeiten abschließen, die mich trotz meines Seufzens noch immer bedrängen, trotz meiner «Sehnsucht, mit meiner himmlischen Wohnung überkleidet
2 Kor 5,2 zu werden».

Schöne und wechselreiche Gestalten, leuchtende, frische Farben sind den Augen ein Genuß, aber sie sollen meine Seele nicht festbannen. Gott soll sie bannen, der all dieses so Schöne schuf. Nur er ist mein Gut, nicht sie. Den ganzen Tag lang, während ich wache, belagern sie mich und lassen mir keine Ruhe, wie sie die Stimmen der Sänger und zuweilen das Schweigen aller mir gewähren. Der Farben Königin, das alles Erblickte badende Licht, umschmeichelt mich, wo immer ich weile, auf tausend Weisen und streichelt mich, auch wenn ich anderes tue und es nicht beachte. So kraftvoll drängt es sich auf, daß es, plötzlich entzogen, dringend gesucht wird und bei längerem Ausfall das Gemüt bedrückt.

52. O du Licht, das Tobias sah, da er mit blinden Augen seinen Sohn über den Weg des Lebens belehrte und ihm mit Schritten der Liebe, ohne je zu irren, vorausging! Licht, das Isaak erblickte, als er trotz dem schweren verhüllenden Schleier des Alters über seinen leiblichen Augen die Gnade empfing, seine Söhne nicht aufgrund des Erkennens zu segnen, sondern kraft des Segnens zu erkennen! Licht, das auch Jakob sah, da er, des hohen Alters wegen der Augen beraubt, Strahlen seines leuchtenden Herzens über die in seinen Söhnen dargestellten Stämme des künftigen Volkes ergoß und seinen Enkeln, den Kindern Josephs, die geheimnisvoll gekreuzten Hände auflegte, nicht in der vom Vater äußerlich verbesserten Ordnung, sondern nach seiner eigenen innern Einsicht! Das ist das wahre Licht. Es ist einzig, und alle, die es sehen und lieben, sind eins.

Das andere, körperliche, von dem ich zu reden begann,
würzt mit gefährlich-verführerischer Süße das Dasein der
blinden Weltliebhaber. Die aber Dich, Schöpfer aller Dinge,
auch seinetwegen zu preisen wissen, singen es Dir in Liedern
zu, lassen sich aber nicht von ihm in Schlaf lullen.

So möchte auch ich sein: den Lockungen der Augen
widerstehen, um meine Schritte nicht zu verstricken, die ich
auf Deinem Weg tue, und unsichtbare Augen zu Dir erhe-
ben, auf daß Du «meine Füße aus der Falle» befreist. Du tust Ps
das oft, denn sie verfangen sich. Du läßt mit Befreien nicht 25,15
ab, während ich mich in allenthalben gelegten Schlingen
verstricke. Denn «Du schläftst und schlummerst nicht, Du
Hüter Israels». Ps

53. Und um wie Unzähliges haben die Menschen die 121,4f.
Gegenstände der Augenlust durch vielerlei Handwerk und
Künste vermehrt; durch Kleider, Schuhwerk, Gefäße und
Gegenstände jeglicher Art, auch durch Gemälde und man-
cherlei Plastiken und anderes, was nötigen und maßvollen
Bedarf oder religiöse Bedeutsamkeit weit überschreitet.
Draußen gehen sie dem Selbstgeschaffenen nach, innen ver-
lassen sie ihren Schöpfer und lassen das verkommen, als was
er sie schuf.

Ich hingegen, mein Gott und meine Zier, will Dir noch
aus diesem ein Preislied singen und bereiten ein Lobopfer
Dem, der sich für mich opfert. Denn was an Schönem durch
die Seelen übergeht in kunstbegabte Hände, stammt von der
Schönheit, die oberhalb der Seele west und wonach meine
Seele sich Tag und Nacht sehnt. Die aber äußerlich Schönes
herstellen und dieses suchen, ziehen von dorther zwar die
Norm für dessen Beurteilung, nicht aber die Norm für
seinen guten Gebrauch. Diese ist freilich da, aber sie sehen
sie nicht, um nicht weiter gehen zu müssen und ihre «Stärke
unter Deine Hut» zu geben, statt sie an Überdruß erregende Ps
Schwelgerei zu verschwenden. 59,10

Der ich das sage und unterscheide, werde selber vom
Schönen am festen Ausschreiten gehemmt. Aber Du, Herr,
ziehst mich heraus, Du tust es, «weil Dein Erbarmen mir vor
Augen steht». Ich werde erbärmlich umstrickt, und Du
lösest mich oft erbarmungsvoll, zuweilen unmerklich, weil Ps 26,3

ich unbedacht mich verfing, zuweilen schmerzlich, weil ich schon festsaß.

b) Begierlichkeit der Augen

XXXV,54. Nun komme ich auf eine andere Form der Versuchung zu sprechen, die in ihrer Verzweigtheit noch gefährlicher ist. Neben der Begierlichkeit des Fleisches, die in der Lust aller Sinne und ihrer Genüsse besteht, und der die von Dir sich Abwendenden sich zu ihrem Verderben versklaven, wohnt in der Seele noch eine andere Art von Begier. Durch die gleichen Leibessinne sucht sie zwar nicht Genuß aus dem Fleisch, sondern eine durch dieses gemachte Erfahrung: eitle und vorwitzige Gier, die sich mit dem Namen Erkenntnis und Wissenschaft bemäntelt. Weil sie im Wissensdrang ihren Sitz hat und die Augen unter allen Sinnen am wissensbegierigsten sind, hat das göttliche Wort
1 Joh 2,16 sie mit «Begierlichkeit der Augen» bezeichnet.

Das Sehen ist den Augen eigentümlich; doch verwenden wir das Wort auch bei den übrigen Sinnen, wenn wir sie zum Erkennen anhalten. Wir sagen nicht: «Horch, was da schimmert», oder «riech, wie das leuchtet», oder «schmecke, wie das scheint», oder «taste, wie das hell ist» – alles das können einzig die Augen erblicken –, wohl aber: «Schau, wie das widerhallt», «schau, wie das duftet», «schau, wie das schmeckt», «schau, wie hart das ist». Somit wird, wie gesagt, die gesamte Sinneserfahrung mit «Begierlichkeit der Augen» bezeichnet; da das besondere Geschäft der Augen im Sehen besteht, üben die andern Sinne es analog aus, wenn sie etwas zu erkennen suchen.

55. Daraus kann man deutlicher unterscheiden, wann es bei sinnlicher Begier um Lust und wann es um Fürwitz geht. Die Lust ist auf das Schöne, Wohlklingende, Süße, Wohlschmeckende, Weichanzufassende aus, der Fürwitz kann ganz Entgegengesetztes versuchsweise anstreben, nicht um einer widrigen Empfindung willen, sondern aus Begier, etwas zu erfahren und kennenzulernen.

Welches Vergnügen bereitet der Anblick einer zerfetzten Leiche, die nur Grauen einflößt? Und doch, wenn eine daliegt, rennt alles herbei, um erbleichend sich zu entsetzen, und dabei fürchten die Leute sich, so etwas im Traum zu sehen, just als hätte einer sie im Wachen zum Hinschaun gezwungen oder ihnen etwas Schönes zu sehen versprochen.

Dasselbe gilt für die übrigen Sinne, was auszubreiten zu weit führen würde. Wegen dieser Sucht der Neugier führt man in Schauspielen allerhand Greuel vor. Sie verleitet uns auch, die Verborgenheiten der außermenschlichen Natur zu durchforschen, die zu kennen nichts nützt, wobei die Leute nichts anderes als Kenntnis erstreben.[9] Sie ist der Grund, weshalb man aus verkehrtem Wissensdurst sich magischer Künste bedient. Sie ist es schließlich, die in der Religion «Gott versucht», wenn man von ihm «Wunder und Zeichen» verlangt, nicht um fremden Heiles willen, sondern Joh
bloß, um etwas zu erleben. 4,48

56. Wie viele Rodungen habe ich in diesem riesigen Wald voller Nachstellungen und Gefahren schon vorgenommen und Dinge aus meinem Herzen hinausgeworfen, wozu Du, «Gott meines Heils», mir die Kraft gabst! Und doch: da Ps
unser Alltagsleben von so vielerlei derartigem umlärmt 18,47
wird: wie wagte ich die Behauptung, keines dieser Dinge zöge meine Aufmerksamkeit, meine Blicke auf sich, um meinen Fürwitz zu reizen.

Gewiß locken mich Theater nicht mehr; ich kümmere mich nicht um den Lauf der Sterne und habe nie Antworten von Verstorbenen zu erhalten versucht; alle gotteslästerlichen Riten sind mir ein Abscheu. Aber mit wieviel Listen treibt der Feind mich an, von Dir, Herr, meinem Gott, dem ich schlichten und einfachen Sklavendienst schulde, ein Zeichen zu erbitten! Doch ich beschwöre Dich, bei unserem König und unserer schlichten, keuschen Heimat Jerusalem, daß eine schuldhafte Einwilligung darein, die mir heute schon fern liegt, ferner und ferner rücke! Wenn ich Dich um das Heil eines Mitmenschen bitte, dann ist meine Absicht eine ganz andere: während Du tust, was Dir gut scheint,

[9] Sachliche wissenschaftliche Forschung hat Augustin nie abgelehnt, falls sie mit der nötigen Bescheidenheit und nicht mit der hier angeprangerten Neugier – die leicht zur Magie führt – erfolgt.

gewährst Du mir – und wirst es immer wieder gewähren –: einverstanden zu sein.

57. Durch wie viele winzige und verächtliche Dinge unsere Neugier täglich versucht wird und wie oft wir erliegen: wer zählt das? Wie oft ertragen wir aus reiner Duldsamkeit und um Schwache nicht zu beleidigen, deren eitles Gerede – und schließlich hören wir doch ganz gern zu? Wie ein Hund einen Hasen hetzt, das schau ich mir im Zirkus nicht mehr an; seh ich's aber zufällig, über Feld gehend, dann kann mich die Verfolgung fesseln und mich vielleicht von einer wichtigen Überlegung ablenken, und zwingt sie auch nicht mein Reittier, vom Weg abzuschweifen, so doch die Neigung des Herzens. Und wenn Du durch diesen Erweis meiner Schwäche mich nicht rasch ermahnst, vielleicht sogar durch die Schau selbst aufgrund einer Überlegung, mich zu Dir zu erheben oder das Ganze mit Verachtung zu übergehen, so starre ich blöde hin.

Ja schon wenn ich zu Hause sitze, und eine Eidechse schnappt nach Fliegen oder eine Spinne umwickelt sie, wenn sie hineingeraten, in ihrem Netz: schau ich nicht gespannt zu? Die Tierchen sind klein, gewiß, aber es ist doch das gleiche. Ich gehe von da zu Deinem Lob über, als dem wundersamen Schöpfer und Ordner aller Dinge, aber nicht damit hatte die Sache begonnen. Ein anderes ist es, sich rasch wieder aufzuraffen, ein anderes, gar nicht zu fallen.

Von solcherlei ist mein Dasein voll, und meine einzige Hoffnung ist Deine übergroße Barmherzigkeit. Da unser Herz zum Speicher für solche Dinge wird und einen Haufen Nichtigkeiten mit sich herumträgt, wird selbst unser Gebet oft davon unterbrochen und gestört; während wir angesichts Deiner versuchen, die Stimme unseres Herzens bis zu Dir zu erheben, überfallen uns, wer weiß woher, die törichtesten Zerstreuungen und unterbrechen den so wichtigen Akt.

XXXVI,58. Soll ich auch dies unter die Bagatellen rechnen? Aber was anders sollte mir die Hoffnung zurückgeben als Deine wohlbekannte Barmherzigkeit, da Du ja begonnen hast, uns umzuwandeln? Wie weit Dir diese Verwandlung gelungen ist, Du weißt es, der Du mich zuerst von der Sucht geheilt hast, mich selbst zu rechtfertigen, um daraufhin mir auch «all meine» weitere «Sündhaftigkeit» zu vergeben und «all meine Schwäche» zu heilen, «mein Leben vom Untergang» zu retten und mich «mit Huld und Erbarmen zu krönen und mein Verlangen mit Gütern zu stillen». Meine Hoffart hast Du durch die Furcht gebeugt und meinen hochmütigen Nacken unter Dein Joch gesänftigt. Nun trage ich dieses, und es ist mir «sanft», gemäß Deiner Verheißung, die Du eingehalten hast. Ja wirklich sanft, was ich nicht ahnte, als ich Angst hatte, mich ihm zu beugen. Ps 86,13 Ps 103,3f. Mt 11,13

c) Hoffart des Lebens

59. Aber sag mir, Herr, der Du allein ohne Überheblichkeit herrschest, da Du «der einzig wahre Herr bist», der keinen andern über sich hat: bin ich vielleicht auch von dieser dritten Art von Versuchung befreit – ist das in diesem Leben überhaupt möglich? –, nämlich der, von den Menschen gefürchtet und geliebt zu werden, um daraus eine Freude zu ziehen, die doch keine echte ist? Elend ist das Leben, und eine Schande ist's, wenn man sich noch überhebt! Und daher vor allem kommt es, daß man Dich nicht liebt und keine keusche Furcht vor Dir hat. Das ist der Grund, weshalb «Du den Hoffärtigen widerstehst, den Demütigen aber Gnade schenkst», weshalb Du über die Ehrsucht der Welt «Deinen Donner grollen läßest», so daß «die Fundamente der Berge» erbeben. Jes 37,20 Jak 4,6 Ps 18,14

Uns, die wir in der menschlichen Gesellschaft aus bestimmten amtlichen Gründen geliebt und gefürchtet werden müssen, bedroht eben deshalb der Widersacher unserer wahren Seligkeit und legt uns mit seinem dauernden «Recht so, recht so» überall Fallen: gierig nach dem Köder haschend, sollen wir unversehens hineingeraten, unsere Freude von Deiner Wahrheit abwenden und sie im Trug der Menschen suchen; es soll uns lieb sein, nicht mehr um Deinetwillen, sondern an Deiner Statt geliebt und gefürchtet zu werden. Dergestalt dem Widersacher ähnlich geworden, werden wir in seine Macht übergehen, nicht in die Gemeinschaft der Liebe, sondern in die Mitleidenschaft der Qual, womit der be- Ps 40,16

Jes 14,13f straft wird, der «seinen Thron gegen Mitternacht aufschlug», damit auch wir diesem Deinem verkehrten und perversen Nachahmer, selber kalt und nächtlich geworden, dienten.

Doch wir sind nichts anderes, Herr, als Deine «kleine
Lk 12,32 Herde». Nimm Besitz von uns. Breite Deine Flügel aus, und wir wollen unter sie flüchten. Sei Du unser Ruhm. Nur Deinetwegen wollen wir geliebt sein, nur Dein Wort werde in uns gefürchtet. Will einer von Menschen gelobt werden, während Du ihn tadelst, so wird er, wenn Du ihn einmal richten wirst, weder von Menschen verteidigt noch vor Deiner Verdammnis gerettet werden. Obschon der «Sünder nicht ob der Gelüste seiner Seele gelobt, wer Übles sinnt,
Ps 10,3 nicht gepriesen wird», wird mancher doch um irgendeines Geschenks, das Du ihm gemacht hast, gepriesen; aber der Sünder freut sich mehr am Lob als am Besitz der Gabe, die lobenswert ist, und das Lob ertönt gleichzeitig mit Deinem Tadel, und besser ist der Lobende als der Gelobte. Jenem hat im andern die Gottesgabe gefallen, diesem mehr die Gabe des Menschen als diejenige Gottes.

XXXVII,60. Täglich sind wir noch Versuchungen ausgesetzt, Herr, sind ohne Unterlaß angefochten. Die menschliche Zunge ist für uns ein täglicher Feuerherd. Auch an dieser Stelle schreibst Du uns Enthaltsamkeit vor: Gib, was Du forderst, und fordere, was Du willst. Du kennst diesbezüglich mein Herzensgestöhn zu Dir und den Strom meiner Augen. Ich kann auch kaum sagen, wie weit ich von dieser Pest schon einigermaßen geheilt bin; ich fürchte meine heimlichen Neigungen, Deine Augen sehen sie, die meinen nicht.

Bei den übrigen Arten der Versuchung kann ich einigermaßen klar sehen, bei dieser kaum. Wieweit ich von Fleischeslust und eitler Neugier meinen Geist zu zähmen vermochte, erkenne ich daran, daß ich die Dinge entbehre, sei es, weil ich sie nicht mehr will, sei es, weil sie fehlen. Ich brauche mich dann nur zu fragen, wie leicht oder schwer es mir wird, sie zu missen. Was Geldbesitz angeht, den man nur anstrebt, um einer der drei Begierden oder zweien oder allen zu dienen, so braucht die Seele im Zweifel, ob sie, darüber verfügend, es auch zu verachten imstande sei, es bloß wegzugeben, um zu wissen, woran sie ist.

Aber das Lob! Sollen wir, um es loszuwerden und unser Freisein davon zu erfahren, ein schlechtes Leben führen, ein so verkommenes und verruchtes, daß keiner, der uns kennt, uns nicht haßt? Was könnte Sinnloseres gesagt und gedacht werden? Wenn aber das Lob die Begleitung eines rechten Lebens und guter Werke ist und sein soll, dann braucht man auf diese Begleitung sowenig wie auf das rechte Leben zu verzichten. Ob ich aber das Lob gelassen oder unwillig vermisse, das erfahre ich erst, wenn es ausfällt.

61. Was soll ich demnach, Herr, über diese Art der Versuchung bekennen? Daß ich für Lob recht empfänglich bin? Aber doch auch, daß ich die Wahrheit mehr schätze als das Lob. Stellte man mich vor die Entscheidung, ob ich wegen eines tollen Lebens und allgemeiner Verirrung von allen gelobt oder lieber aus Standhaftigkeit und völliger Gewißheit der Wahrheit von allen getadelt sein möchte: ich wüßte wohl, was ich wählte. Was ich nicht möchte, ist, daß der Beifall aus fremdem Mund mir die Freude an irgendeinem vollbrachten Guten vermehre. Dennoch vermehrt er sie, ich muß es gestehn, wie ein Tadel sie mindert.

Und wenn dies mich beelendet und verwirrt, dann schleicht sich eine Entschuldigung ein: Du, Herr, weißt, was sie wert ist, mich läßt sie im Ungewissen. Du hast uns nicht bloß die Enthaltsamkeit vorgeschrieben: wovon unsere Liebe sich enthalten soll, sondern auch die Gerechtigkeit, die ihr die Richtung anzeigt. Du hast nicht gewollt, daß wir nur Dich allein lieben, sondern auch unsern Nächsten; so kommt mir oft vor, ich freue mich über den Fortschritt des Nächsten und die Hoffnung, die er erwarten läßt, wenn ein wohlbedachtes Lob mir Freude macht, und ich trauere anderseits über sein Unrecht, wenn ich ihn tadeln höre, was er nicht versteht oder was gut ist.

Manchmal bekümmert mich auch ein mir zugedachtes Lob, wenn man Dinge an mir lobt, die mir selber mißfallen, oder geringe, unwichtige Vorzüge höher schätzt, als sie es verdienen. Anderseits aber: wie kann ich wissen, daß meine Verstimmung nicht daher rührt, daß mein Lobredner nicht mit mir übereinstimmt – nicht weil mir sein Nutzen am Herzen liegt, sondern weil das Gute, das mir an mir gefällt, mir erfreulicher erscheint, wenn es auch einem andern gefällt? Ich fühle mich gewissermaßen nicht wirklich gelobt, wenn das fremde Lob nicht mit meinem eigenen über mich selbst übereinfällt, sei es, daß es lobt, was mir mißfällt, oder etwas zusehr lobt, was mir weniger gefällt. Bleibe ich also in diesem Punkt nicht im Ungewissen über mich?

62. Aber siehe, in Dir, Du Wahrheit, erkenne ich, daß Lob mich einzig in Rücksicht auf meinen Nächsten und nicht meinetwegen bewegen darf. Ob ich so weit bin, weiß ich nicht. Über mich selber weiß ich hier weniger als über Dich. Ich bitte Dich, Gott, enthülle mich mir, damit ich meinen Brüdern, die für mich beten wollen, meine Wunden kundtun kann. Ich will mich noch einmal eingehender prüfen. Wenn ich wirklich vom Nutzen des Nächsten bewegt würde, und man mich lobt, warum bewegt es mich weniger, wenn ein anderer ungerecht getadelt wird, als wenn ich selbst es werde? Warum kränkt mich die Schmach empfindlicher, wenn ich selbst statt einem anderen zu Unrecht getadelt werde? Weiß ich auch darüber nicht Bescheid? Und folgt daraus nicht, daß ich mich selber belüge und nicht mit Herz und Mund das Rechte tue vor Dir? Entferne von mir, Herr, diese Torheit, auf daß nicht «meine Worte mir zum
Ps Öl eines Sünders werden, um mein Haupt damit zu salben».

141,5 Ps XXXVIII,63. «Dürftig und arm bin ich.» Aber besser
109,22 ich mißfalle mir mit geheimem Gestöhn und suche nach Deinem Erbarmen bis zum Tag, da mein Ungenügen behoben und in Deinen Frieden hinein vollendet wird, den des Überheblichen Auge nicht kennt. Aber die Rede aus unserem Mund und die Taten, die öffentlich bekannt werden, erzeugen eine gar gefahrvolle Versuchung; man möchte gelobt werden, man bettelt sich Beifall zusammen, um das liebe Ich auf den Sockel zu stellen.

Diese Selbstliebe bleibt, auch wenn ich sie in mir tadle, ja gerade, indem ich sie tadle, Versuchung, und oft verachtet einer den eitlen Ruhm und rühmt sich dessen noch eitler, ja er rühmt sich dann nicht einmal wirklich der Verachtung des Ruhms, denn derweil er sich rühmt, verachtet er ja diesen Ruhm nicht.

Selbstgefälligkeit

XXXIX,64. Noch tiefer drinnen sitzt ein weiteres Übel derselben Gattung. Daran gehen die zugrunde, die sich selber gefallen, auch wenn sie andern nicht gefallen oder ihnen mißfallen und keinerlei Verlangen tragen, dem Rest der Menschheit zu gefallen. Doch indem sie sich gefallen, mißfallen sie Dir sehr, nicht nur ob der Scheingüter, die sie für echt halten, sondern auch ob Deiner Güter, die sie sich selber zuschreiben oder von Dir herleiten, aber aufgrund ihrer eigenen Verdienste, oder sie zwar Deiner Gnade zuschreiben, aber ihrer sich nicht in Gemeinschaft freuen, sondern sie andern mißgönnen. Du siehst, wie inmitten all dieser und ähnlicher Gefahren und Ängste mein Herz zittert; und mein Gefühl, daß meine Wunden immer neu von Dir geheilt werden, ist stärker, als jenes, daß mir keine neuen geschlagen werden.

Zusammenfassung des Buches

XL,65. Wann bist Du nicht neben mir geschritten, o Wahrheit, weisend, was ich vermeiden und was ich anstreben soll, während ich meine bescheidenen Einsichten Dir vortrug, so gut ich's vermochte, und Dich um Rat frug?

Die äußere Welt habe ich, so gut ich's vermochte, mit meinen Sinnen durchstreift, mit eben diesen habe ich mich um mein Leibesleben bemüht. Dann bin ich in die Innenräume meines Gedächtnisses eingetreten, in seine vielfachen Weiten, wunderbar angefüllt mit unzählbaren Vorräten, ich sah mich um und erschrak: nichts hätte ich darin zu unterscheiden vermocht ohne Dich, fand aber auch in alldem nichts, was Du gewesen wärest.

Doch auch ich selber, der Finder, der das alles durchwandert und versucht hat, es nach seinem rechten Wert einzustufen, manches den meldenden Sinnen entnehmend und sie wieder befragend, anderes wieder als zu mir selber gehörig fühlend – wobei ich die meldenden Organe unterschied und in den weiten Gedächtnishallen manches durchging, manches liegen ließ und anderes heraufholte –, auch ich selber, der ich das tat, oder vielmehr meine Kraft, durch die ich es tat: auch sie war nicht Du. Denn Du bist das bleibende Licht, das ich bei allen Dingen zu Rate zog: ob sie wären, welchen Wesens sie wären, welchen Wert sie besäßen; dabei lauschte ich Dir, der mich belehrte, mir befahl. Das tue ich oft und finde Freude dabei; sobald ich mich von den unerläßlichen Geschäften freimachen kann, wird mir diese Freude zur Zuflucht. In all diesen Dingen, die ich, Deinen Rat erbittend, durcheile, finde ich für meine Seele keinen sichern Standort außer in Dir, wo ich all mein Verstreutes sammeln kann und nichts Meiniges sich von Dir zu entfernen braucht.

Und zuweilen läßt Du mich ein in ein mir ganz ungewohntes Empfinden auf dem Grund meiner selbst und zu einem unaussprechlichen Glück; sollte dieses sich vollends durchsetzen, dann würde es zu etwas, das dieses irdische Leben nie sein wird. Doch dann falle ich ins Hiesige zurück mit seinem bedrückenden Jammer, das Gewohnte fesselt mich erneut, hält mich nieder; ich mag weinen, soviel ich will, ich stecke fest. Was für ein Schwergewicht ist doch die Bürde der Gewohnheit! Hier sein: ich kann's, aber will's nicht. Dort sein: ich will's, aber kann's nicht: doppelter Jammer.

XLI,66. Aus diesem Grunde bin ich meine sündigen Schwächen nach den drei Formen der Begierlichkeit durchgegangen und habe dabei Deine Rechte angefleht, mich zu heilen. Hatte ich doch verwundeten Herzens Deine Herrlichkeit erschaut, und zurückgeworfen sagte ich mir: wer kann dahin? «Vom Blick Deiner Augen weg wurde ich
Ps verworfen.» Du bist die Wahrheit, die über allem waltet; ich
31,23 in meinem Geiz wollte Dich nicht verlieren, aber gleichzeitig mit Dir auch die Lüge besitzen; so will ja keiner gänzlich lügen, daß er selber nicht mehr um die Wahrheit wüßte. Deshalb habe ich Dich verloren, weil Du's nicht duldest, daß man Dich mit der Lüge zusammen besitze.

XLII,67. Wen konnte ich finden, der mich mit Dir versöhnt hätte? Sollte ich Engel darum angehn? Mit welchem Gebet, welchen Riten? Viele haben den Rückweg zu Dir versucht, und da sie es allein nicht vermochten, beschritten sie, wie ich sagen hörte, diesen Weg.[10] Sie erlagen dabei der Lust nach Neugier-Visionen und fielen so zu Recht den Illusionen zum Opfer. Denn aufgrund ihrer großartigen Wissenschaft überheblich geworden, suchten sie Dich mit geschwellter Brust, statt sich an die Brust zu schlagen. Und aufgrund verwandter Gesinnung zogen sie «die Mächte des Luftbereichs» an sich als Genossen und Mitverschworene Eph 2,2
ihrer Hoffart, doch diese narrten sie mit ihren magischen Kräften. Sie suchten nach einem Mittler, der sie läutere, doch da war keiner. Vielmehr verwandelte «der Teufel», «sich in einen Lichtengel». Und dieser wurde für sie zu 2 Kor 11,14
einem um so mächtigeren Ansporn für ihren fleischlichen Hochmut, als er keinen fleischlichen Leib besaß.

Sie selber waren Sterbliche und Sünder; Du aber, Herr, mit dem sie sich hochmütig versöhnen wollten, bist unsterblich und ohne Fehl. Ein echter Mittler zwischen Gott und den Menschen müßte etwas mit Gott und etwas mit den Menschen gemeinsam haben. In etwas sollte er den Menschen gleichen; wäre er in allem ihnen gleich geworden, so wäre er Gott zu fern gestanden; wäre er in allem Gott gleich gewesen, so wäre er den Menschen fern geblieben und daher kein Mittler geworden.

Jener trügerische Mittler, durch den, aufgrund Deiner verborgenen Gerichte, der Hochmut genarrt zu werden verdiente, hatte wohl eines mit den Menschen gemeinsam: die Sünde. Und ein anderes schien er mit Gott gemeinsam zu haben: nämlich, des sterblichen Fleisches Gewand entbehrend, spiegelte er Unsterblichkeit vor. Da aber «der

[10] Dies vor allem gegen Porphyrios' «De regressu animae», der mit Hilfe himmlischer «daimones» den Weg zu Gott sucht: Widerlegung im «Gottesstaat» Buch IX.

Röm Lohn der Sünde der Tod ist», so hat er dies mit den Men-
6,23 schen gemein: mit ihnen zusammen zum Tod verurteilt zu
sein.

Christus allein wahrer Mittler

XLIII,68. Der wahre Mittler aber, den Du in Deiner ver-
borgenen Barmherzigkeit den Menschen offenbart und auch
gesandt hast, daß sie an seinem Beispiel die echte Demut
erlernten, dieser «Mittler zwischen Gott und dem Men-
1 Tim schen, der Mensch Jesus Christus», erschien zwischen den
2,5 sterblichen Sündern und dem unsterblichen Gerechten,
sterblich mit den Menschen, gerecht mit Gott. So konnte er,
weil der Sold der Gerechtigkeit das Leben und der Friede
ist, durch seine gottverbundene Gerechtigkeit den Tod der
gerechtfertigten Sünder vernichten, den er mit ihnen zusam-
men erleben wollte. Er wurde schon den vorchristlichen
Heiligen angezeigt, damit auch sie durch Glauben an die
künftige Passion – so wie wir durch Glauben an die voll-
brachte – das Heil erlangten. Denn Mittler ist er, sofern er
Mensch ist, als Wort vermittelt er nicht, da er Gott gleich,
«Gott bei Gott» ist und zugleich ein einziger Gott.

69. Wiesehr hast Du uns geliebt, guter Vater, «der Du
Deines einzigen Sohnes nicht geschont, sondern ihn für uns
Röm Sünder dahingegeben» hast. Wiesehr hast Du uns geliebt,
8,32 denn um unsertwillen hat jener «es für keinen Raub gehal-
Phil ten, Dir gleich zu sein, aber gehorsam wurde er bis zum Tod
2,6,8 Ps 88,5 am Kreuz,» er, der als Einziger «frei war unter den Toten»,
da er «die Macht» besaß, «seine Seele dahinzugeben und die
Joh Macht, sie wieder an sich zu nehmen». So ist er vor Dir für
10,18 uns Sieger und Opfer, und Sieger deshalb, weil er Opfer ist.
Für uns ist er Dir Priester und Dargebrachtes, und Priester
deshalb, weil er das Dargebrachte ist. Für Dich hat er uns
Sklaven zu Kindern gemacht, weil er, aus Dir geboren, uns
Sklaven Dienste geleistet hat.

Zu Recht hege ich feste Hoffnung, daß Du durch ihn all
meine Süchte heilst, der Dir zur Rechten sitzt und «für uns
Röm eintritt». Anders müßte ich verzagen.
8,34

Denn viel und schwer Krankes ist ja in mir, aber Deine heilende Macht ist größer als dieses Viele und Schwere. Wir hätten meinen können, Dein Wort sei weit enfernt, sich dem Menschen zu einen, und hätten so an uns verzweifeln müssen, wäre es nicht Fleisch geworden und hätte nicht unter uns gewohnt.

70. Bestürzt angesichts meiner Sünden und dem Übergewicht meines Elends, hatte ich im Herzen schon den Plan gefaßt, in die Einsamkeit zu fliehen.[11] Doch hast Du mich daran gehindert, hast mir Kraft verliehen durch Dein Wort:
«Dafür ist Christus für alle gestorben, damit die Lebenden
nicht mehr sich selber leben, sondern ihm, der für sie gestor-
ben ist.» «So werfe ich denn, Herr, meine Sorge auf Dich,» 2 Kor 5,15
um zu leben. Und «ich betrachte die Wunder Deines Geset- Ps 55,23
zes». Du kennst meine Unerfahrenheit und meine Schwä- Ps
che: «Lehre und heile mich.» Dein einziger Sohn, «in dem 119,18 Ps 6,3
alle Schätze der Weisheit und Wissenschaft verborgen sind», Kol 2,3
hat mich durch sein Blut erlöst, «die Stolzen sollen mich Ps 119,
nicht schmähen», denn auch «mein Lösepreis» steht mir vor 122f.
Augen. Ich esse und trinke und verteile ihn als mein Gut; als ein Armer möchte ich mich mit denen zusammen an ihm ersättigen, die «essen und satt werden», und «preisen werden den Herrn, die ihn suchen». Ps 22,27

[11] Wir wissen nicht genau, wann Augustin diese Versuchung empfand. Nach seiner Konversion? Vielleicht aus Überdruß an den donatistischen Zänkereien?

ELFTES BUCH[1]

BEKENNTNIS MIT DER SCHÖPFUNG

1. ÜBERLEITUNG ZUM NEUEN BEKENNTNIS

Das geschuldete Lob

I,1. Herr, Dein ist die Ewigkeit; so kann es nicht sein, daß Dir unbekannt ist, was ich Dir sage, oder daß Du das zeitliche Geschehen auch bloß zeitlich siehst. Wozu also Dir all diese Geschichten erzählen? Sicherlich nicht, damit Du sie von mir erlernest, ich will vielmehr nur in mir und in meinen Lesern die Liebe zu Dir erwecken, damit wir alle gemeinsam sagen: «Groß ist der Herr und jeglichen Lobes
Ps 48,1 würdig.»

Ich sag's und wiederhol's: aus Liebe zu Deiner Liebe tu ich das. Denn wir sprechen auch Bittgebete, und doch sagt die Wahrheit: «Euer Vater weiß, wessen ihr bedürft, bevor
Mt 6,8 ihr es von ihm erbittet.» Unser Herz also tun wir kund, wenn wir Dir bekennen: unsere Erbärmlichkeit und Dein Erbarmen über uns, auf daß Du uns endgültig befreist, da Du schon damit begannst, so daß wir nicht länger in uns unglücklich sind, vielmehr selig werden in Dir. Hast Du uns doch dazu gerufen, arm im Geiste zu sein und sanftmütig und trauernd und hungernd und dürstend nach der Gerechtigkeit, und barmherzig und reinen Herzens und Friedensstifter.

[1] Daß die drei letzten Bücher kein bloßer «Nachtrag», sondern Fortsetzung des Bekenntnisses sein wollen, wurde in der Einleitung ausgeführt. Dem steht nicht entgegen, daß Augustin in der Erforschung der Urgründe der Schöpfung (und damit auch der letzten Anfänge seiner selbst) Fragen ausführlich behandelt, die ihn persönlich interessieren – die Zeit (in Buch XI), die obersten und untersten Prinzipien der Schöpfung (Buch XII), das Verhältnis von natürlicher und übernatürlicher (kirchlicher) Schöpfung (Buch XIII), dies lenkt ihn nicht von seinem Hauptvorhaben ab, erlaubt ihm vielmehr die letzte Ausweitung seines ursprünglichen Vorhabens: Gott durch sein Leben, sein jetziges Dasein und durch dessen letzte Herkünfte zu preisen.

So habe ich Dir vieles vorgetragen, wie ich's vermochte und wollte, denn Du hast im voraus gewollt, daß ich es Dir, meinem Herrn und Gott, bekenne: «Du bist gut und in Ewigkeit währt Dein Erbarmen.» Ps 118,1

Gottes Offenbarung bekennen

II,2. Wann werde ich je imstande sein, all Dein Ermahnendes und Erschreckendes und Tröstendes und Waltendes mit der Sprache meiner Feder zu schildern, wodurch Du mich soweit gebracht hast, daß ich Deinem Volk Dein Wort predigen und Dein Sakrament verteilen darf? Könnte ich auch alles Punkt für Punkt berichten, die Tropfen der Zeit sind mir zu kostbar dafür.[2]

Schon lange sehne ich mich danach, Dein Herz zu betrachten und Dir dabei zu bekennen, was ich weiß und nicht weiß, was Du zu erleuchten begannst und was mir an Dunkel verbleibt, bis endlich meine Ohnmacht von Deiner Allmacht übersiegt wird. Ich möchte auch jene Stunden nicht für anderes zerrinnen lassen, in denen ich frei bin von der Notdurft, den Leib zu stärken, geistig zu arbeiten oder den Dienst zu verrichten, den wir den Leuten schulden oder den wir, ohne ihn zu schulden, leisten.

Bitte um Einsicht und rechte Aussage

3. «Herr, mein Gott, achte auf mein Gebet.» Dein Erbar- Ps 61,2
men möge meine Sehnsucht erhören, die ja nicht für mich allein brennt, sondern nicht weniger der brüderlichen Liebe zu Diensten sein möchte. Du siehst in meinem Herzen, daß es wirklich so ist.

Laß mich Dir diesen Dienst meines Denkens und Redens als «Opfer darbringen» und schenke mir, was ich Dir darbie- Ps 66,15
ten kann, denn ich selber bin «arm und bedürftig», Du Ps 86,1

[2] Augustin übergeht die Gnaden seines geistlichen Amtes, er hat genug über sich gesprochen, und es drängt ihn, Gott nur noch in seiner Offenbarung, seinen Schriften (II,3), die für ihn unmittelbar Gottes Wort sind, zu preisen.

«reich für alle, die Dich anrufen», Du, der sorgenlos für uns sorgt.

Beschneide meine Lippen von aller Anmaßung, aller
Lüge, innen und außen. Keusche Lust seien mir Deine
Schriften, dulde nicht, daß ich irre in ihnen oder andere mit
ihnen irreführe. Achte, Herr, und erbarme Dich, Herr, mein
Gott, Licht der Sehenden und Kraft der Starken, achte auf
meine Seele und horche, wie sie aus der Tiefe ruft. Denn
wärst Du nicht auch in den Tiefen am Lauschen, wohin
Ps schrien wir? «Dein ist der Tag und Dein ist die Nacht», auf
74,16 Deinen Wink hin fliegen die Zeiten vorbei. Schenk uns in
ihnen Räume für unser Nachsinnen über die Geheimnisse
Deines Gesetzes und verschließe uns dieses nicht, wenn wir
anklopfen. Du hast doch nicht umsonst so viele dunkle und
geheimnisvolle Seiten schreiben lassen. Bergen doch diese
Ps 29,9 dichten Wälder auch ihre Hirsche, hegen diese in sich, die
darin wandeln und weiden, sich hinlegen und wiederkäuen.[3]

Ps 17,5 O Herr, «vollende mich» und enthülle mir ihr Dunkel!
Sieh, Deine Stimme ist mein Glück, Deine Stimme ist mir
mehr als jeder Andrang von Lust. Gib, was ich liebe, denn
ich liebe wirklich. Auch das stammt von Dir. Verlaß nicht
Deine eigenen Gaben und verachte nicht Dein dürstendes
Pflänzchen.

Ps 26,7 Was immer ich in Deinen Schriften finde, möchte ich Dir
bekennen, «die lobende Stimme hören», Dich trinken und
Ps «die Wunder Deines Gesetzes» erwägen, von jenem Ur-
119,18 sprung an, in dem Du Himmel und Erde erschufst, bis hin
zum ewigen Reich mit Dir zusammen in Deiner heiligen
Stadt.

Ps 26,7 4. «Herr, erbarme Dich und erhöre mein Sehnen.» Denn es geht, glaub ich, nicht auf Irdisches, auf Gold, Silber und Edelsteine oder schöne Kleider oder Ehrenstellen und Macht oder fleischliche Lust, nicht einmal auf das, was der Leib oder was unser pilgerndes Dasein nötig hat; dies alles

[3] Erinnerung an Ps 29,9: «Vox Domini perficientis cervos»; die Hirsche (die Betrachter der Heiligen Schriften) können «in den schattigen Winkeln der Schriftgeheimnisse lagern und – nach dem traditionellen Bild für die langsame Betrachtung – diese «wiederkäuen» (Enarr. in Ps 29, PL 36, 214).

«wird uns hinzugegeben», wenn wir Dein Reich und Deine Mt
Gerechtigkeit suchen. Sieh also, Herr, wonach ich mich 6,33
sehne. «Die Frevler erzählen mir von Genüssen, doch sind
diese nichts, verglichen mit Deinem Gesetz, Herr.» Sieh Ps
also, wonach ich mich sehne. Sieh, Vater, schau her und 119,85
betrachte es und stimme zu. Gewähre, daß ich angesichts
Deines Erbarmens Gnade finde vor Dir, auf daß sich dem
Klopfenden das Innere Deiner Worte erschließe.[4]

Ich beschwöre Dich durch unsern Herrn Jesus Christus,
Deinen Sohn, «den Mann Deiner Rechten, den Menschen-
sohn, den Du Dir erkoren» als Mittler zwischen Dir und Ps
uns, durch den Du uns gesucht hast, während wir Dich nicht 80,18
suchten, uns aber gesucht hast, damit wir Dich suchten,
Dein Wort, durch das Du alle Wesen geschaffen hast, unter
denen auch ich bin, Deinen einzigen Sohn, durch den Du
das Volk Deiner Gläubigen in Deine Kindschaft gerufen
hast, darunter auch mich. Durch ihn beschwöre ich Dich,
ihn, «der zu Deiner Rechten sitzt und für uns eintritt, in dem Röm
alle Schätze der Weisheit und Wissenschaft verborgen sind»: 8,34 Kol
eben diese suche ich in Deinen Büchern. Mose hat über ihn 2,3 Joh
geschrieben: er selber hat es gesagt, er, die Wahrheit. 5,46

2. DIE SCHÖPFUNG UND DAS SCHÖPFERWORT

Nicht Mose, Gott soll es erklären

III,5. Laß mich hören und begreifen, wie Du «Himmel und
Erde im Ursprung gemacht» hast. Mose hat das geschrie- Gen
ben. Er schrieb und ging weg, ging von hinnen, indem er 1,1
von Dir zu Dir ging, und jetzt nicht mehr vor mir ist. Wäre
er noch da, ich hielte ihn fest, bäte und beschwörte ihn um
Deinetwillen, es mir zu erschließen, ich lauschte mit Leibes-
ohren auf die seinem Mund entquellenden Töne. Spräche er
hebräisch, so dränge der Klang vergeblich an meinen Sinn,
nichts rührte meinen Geist an. Wenn aber lateinisch, so

[4] Über die Hermeneutik Augustins vgl. vor allem H. Noronha Galvão, Die existentielle Gotteserkenntnis bei Augustin. Eine hermeneutische Lektüre der Confessiones (Johannes Verlag Einsiedeln 1981).

verstünde ich, was er sagt. Doch woher wüßte ich, daß er Wahres spricht? Und wäre ich dessen auch gewiß, wüßte ich es von ihm? Innen in mir, innen im Wohnraum des Denkens würde mir die Wahrheit – weder auf hebräisch noch auf griechisch, noch auf lateinisch oder barbarisch – ohne Mund und Zunge, ohne Silbengeräusch beistimmen: «Ja, er spricht wahr», und ich würde alsogleich getrost dem Gottesmann sagen: «Ja, du sprichst wahr!» Da ich ihn also nicht fragen kann, frage ich Dich, die Wahrheit, von der erfüllt er wahr sprach. Dich, mein Gott, bitte ich: sieh huldvoll über meine Sünden hinweg, und was Du damals Deinem Diener zu sagen verliehst, schenk es auch meinem Verständnis.

Die Welt bekennt sich als geschaffen

IV,6. Siehe, Himmel und Erde sind da. Sie rufen laut, daß sie geschaffen sind, denn sie wandeln und verändern sich. In einem Ungeschaffenen, das doch da ist, kann nichts sein, was vorher nicht war, worin eben Wandel und Veränderung besteht.

Sie rufen ebenso, daß sie sich nicht selber geschaffen haben: «Wir sind da, weil wir geschaffen wurden; wir waren demnach nicht, ehe wir wurden, und konnten uns deshalb nicht selber schaffen.» Und was sie da sagen, ist die Evidenz selbst.

Somit hast Du, Herr, sie gemacht. Du, der Du schön bist, denn sie sind schön; der Du gut bist, denn sie sind gut; Du, der Du bist, denn sie sind. Nicht als wären sie so schön und so gut und so seiend wie Du, ihr Schöpfer, neben Dich gehalten sind sie weder schön noch gut, noch seiend. Das wissen wir, Dank sei Dir dafür, und unser Wissen ist, mit dem Deinen verglichen, nur Unwissenheit.

Die Schöpfung entstammt dem Schöpferwort

V,7. Wie aber hast Du Himmel und Erde erschaffen, was für ein Werkzeug hast Du für eine so gewaltige Tat verwendet? Bei Dir geht es ja nicht so zu wie bei einem Künstler, der nach dem Gutdünken seines Geistes und gemäß einer irgendwie von seinem innern Auge erblickten Gestalt aus einem Stoff einen andern zu formen vermag – und woher vermöchte er's, hättest Du diesen nicht geschaffen? – einem schon daseienden und aufnahmefähigen Ding, Lehm oder Stein oder Holz oder Gold oder etwas derartigem, eine Form einprägend. Und woher wären auch diese Dinge, hättest Du sie nicht hergestellt?

Du hast dem Künstler den Leib und den Geist gebildet, der die Glieder beherrscht, Du den Stoff, aus dem er etwas herstellt, Du das Talent, kraft dessen er Entwürfe macht[5] und im Innern erblickt, was er draußen schafft. Du hast ihm die Sinne geschenkt, durch deren Vermittlung er seine Absicht vom Geist in den Stoff überträgt und die ihm das Erreichte zurückmelden, damit der Geist innen die über ihm waltende Wahrheit befragt, ob die Sache recht ausgeführt sei.

Alle diese Dinge loben Dich als den Allschöpfer. Du aber, wie machst Du sie? Wie hast Du, Gott, Himmel und Erde erschaffen? Sicher hast Du weder im Himmel noch auf Erden Himmel und Erde erschaffen. Auch nicht in der Luft oder im Wasser, da auch sie zu Himmel und Erde gehören. Nicht im All der Welt hast Du das Weltall geschaffen, denn es war nicht als Ort, wo es vor seinem Werden hätte entstehen können. Du hattest nicht etwas in der Hand, um daraus Himmel und Erde zu schaffen, denn woher wäre Dir etwas gekommen, das Du nicht erschufst, um dadurch etwas zu erschaffen? Was wäre aus einem andern Grunde, als weil Du bist? Du hast gesprochen, und da wurden die Dinge, in Deinem Wort hast Du sie geschaffen.

Zeitliche Worte und ewiges Wort

VI,8. Aber wie hast Du geredet? Etwa auf die Art, wie die Stimme erklang, die aus der Wolke sprach: «Dieser ist mein
geliebter Sohn»? Diese Stimme wurde geäußert und abge- Mt
schlossen, sie hatte Anfang und Ende. Silben erklangen und 3,17
17,5

[5] Das ist hier offensichtlich der Sinn von «ars».

verklangen wieder, die zweite nach der ersten, die dritte nach der zweiten und so fort bis zur letzten, worauf das Schweigen folgte. Damit ist klar, daß die Bewegung eines Geschöpfs sie ausdrückte, das als ein zeitliches Deinem ewigen Willen diente. Und diese Deine für die Zeit gemachten Worte meldete ein äußeres Ohr dem verständigen Geist, dessen inneres Ohr nach Deinem ewigen Wort hin lauschte. Dieser Geist aber verglich die zeitlich erklingenden Worte mit Deinem ewigen, im Schweigen ergehenden Wort, und entschied: Dies ist etwas ganz und gar anderes. Jene Worte stehen weit unter mir, sie sind gar nicht, da sie flüchtig vorübereilen; aber «Gottes Wort» ist über mir und «bleibt
Jes 40,8 in Ewigkeit.» Hättest Du also mit tönenden und verklingenden Worten gesagt, daß Himmel und Erde entstehen sollen, und diese so entstanden wären, dann hätte es schon vor Himmel und Erde ein körperliches Geschöpf gegeben, kraft dessen zeitlichen Bewegungen jene Stimme zeitlich ertönt wäre. Aber vor Himmel und Erde gab es keinerlei Körper, oder falls es einen gab, schufst Du ihn gewiß nicht durch eine vorübergehende Stimme, mit der Du dann auch Himmel und Erde geschaffen hättest. Was der Körper auch sein mochte, durch den eine solche Stimme zustande kam: wäre er nicht durch Dich geworden, es gäbe ihn schlechterdings nicht. Welchen Wortes bedientest Du Dich dann, um den Körper zu schaffen, durch den Du die Worte äußertest?

Gottes Wort ist Gott gleichewig

VII,9. Damit rufst Du uns also zum Verständnis des «Wor-
Joh 1,1 tes» auf, des Gottes, der «bei Dir Gott» ist, das ewig gesprochen wird und durch das alle Dinge auch ewig gesprochen werden. Denn keineswegs endet, was gesagt wurde, um einem andern Wort zu weichen, so daß der Reihe nach alles gesagt werden könnte, sondern mitsammen und ewiglich wird alles gesagt; sonst gäbe es wohl Zeit und Veränderung, nicht aber wahre Ewigkeit und wahre Unsterblichkeit.

Soviel weiß ich, Herr, und sage Dir Dank dafür. Ich weiß es und bekenne es Dir, Herr, und wer immer der sichern

Wahrheit gegenüber nicht undankbar ist, preist Dich darob. Wir erkennen es, Herr, erkennen, daß sofern etwas nicht ist, was es war oder ist, was es nicht war, dieses Etwas verschwindet oder auftaucht. Deshalb gibt es nichts in Deinem Wort, was den Platz räumt und was nachfolgt, ist es doch wahrhaft unsterblich und ewig. Somit sagst Du durch Dein Dir gleichewiges Wort auf ewige Weise alles: Du sprichst, und alles wird, was nach Deinem Wort werden soll; und Du schaffst auch nicht anders als sprechend, und dennoch entstehen die Dinge, die Du sprechend erschaffst, nicht gleichzeitig und auf ewige Weise.

Ewiges Wort und zeitliches Hören

VIII,10. Warum dies, so frage ich, Herr, mein Gott? Irgendwie seh ich es, weiß es aber nicht auszudrücken, höchstens so: alles, was anfängt und aufhört zu sein, beginnt und endet dann, wann Dein ewiger Gedanke, in dem weder Anfang noch Ende ist, bestimmt, daß es anfangen und enden soll. Dieser Gedanke aber ist Dein Wort, das auch «Ursprung» ist, was es uns selber sagt. So redet er im Evange- Joh
lium durch sein Fleisch, er läßt es draußen für die menschli- 8,25
chen Ohren ertönen, damit man ihm glaubt und ihn innerlich sucht in der ewigen Wahrheit, wo er als guter und einziger Meister all seine Schüler belehrt.

Dort vernehme ich Deine Stimme, Herr, die mich auf die Rede Deines Wortes verweist, das uns belehrt; wer uns aber nicht belehrt, der mag wohl reden, er redet nicht für uns. Wer aber belehrt uns? Doch nur die beständige Weisheit. Selbst wenn wir von einer veränderlichen Kreatur eine Mahnung erhalten, werden wir zur beständigen Weisheit weitergeführt. Dort lernen wir wirklich, während wir Stand gewinnen und ihr zuhören und «vor Freude jubeln wegen der Stimme des Bräutigams» und uns Dem zurückgeben, Joh
von dem wir das Sein besitzen. Daher ist er der Ursprung, 3,29
denn bliebe er nicht, während wir umherirren, so gäbe es die Stätte nicht, zu der wir zurückkehren könnten. Kehren wir aber aus dem Irrtum heim, so erfolgt dies aufgrund von Einsicht. Und damit wir einsehen, belehrt er uns, denn er redet «als Ursprung» zu uns. Joh 8,25

Erschaudern und Erglühen

IX,11. In diesem Ursprung, Gott, hast Du Himmel und Erde in Deinem Wort erschaffen; in Deinem Sohn, Deiner Macht, Deiner Weisheit, Deiner Wahrheit: wunderbar redend und wunderbar handelnd. Wer begreift es? Wer erklärt es? Was blitzt da vor mir auf und schlägt mir ans Herz ohne Verwundung? Zugleich erschaudere ich und erglühe: ich erschaudere, soweit ich ihm unähnlich bin; ich erglühe, soweit ich ihm ähnlich bin.[6] Die Weisheit, ja die Weisheit selbst blitzt vor mir auf, zerreißt mein Gewölk, das mich wieder umfängt, wenn ich von ihr absinke in Dunkel und Schutt meiner Nöte. Ist doch «meine Kraft sosehr durch
Ps Entbehrung geschwächt», daß ich selbst das Rechte an mir
31,11 nicht ertrage, solange Du, Herr, der «Du Dich für all meine Sünden gnädig erzeigst», «all mein Siechtum heilst». Dann kaufst Du «mein Leben aus der Verwesung» los und «krönst mich in Mitleid und Erbarmen», sättigend «meine
Ps Sehnsucht mit Gütern», so daß «meine Jugend wie die des
103,3f. Adlers sich erneuert». Denn «in Hoffnung sind wir gerettet worden» und «erwarten in Geduld» Deine Verheißungen.

Röm So höre denn, wer es kann, Dich innerlich reden. Ich aber
8,24f. rufe, auf Dein Orakel vertrauend: «Wie herrlich sind Deine
Ps Werke, Herr! Alles hast Du in der Weisheit geschaffen!»
104,24 Und diese ist der Ursprung, in welchem Du Himmel und Erde erschaffen hast.

Neugierige Frager

X,12. Leute, die uns fragen: «Was tat Gott, bevor er Himmel und Erde schuf?», denken sie nicht noch ganz vorchristlich? «Denn wenn er müßig war», sagen sie, «und nichts wirkte, warum hat er sich dann nicht später und immer, wie vordem, des Wirkens enthalten? Denn wenn in Gott eine neue Bewegung und ein neuer Wille entstand, die Welt zu erschaffen, was er früher nie tat, wie kann denn, wo ein

[6] Vgl. dazu schon Buch VII, x, 16.

neuer, bisher nicht bestehender Wille entsteht, echte Ewigkeit sein? Ist doch Gottes Wille nichts Geschöpfliches, sondern diesem voraus, denn nichts wird geschaffen, wenn nicht des Schöpfers Wille vorausliegt. Und der Wille Gottes gehört ja zu seiner Substanz. Wenn aber in dieser etwas beginnt, was zuvor nicht war, dann kann diese Substanz nicht wahrhaft ewig genannt werden. Wenn dagegen Gottes Wille, daß eine Welt sein soll, ewig war, warum ist dann nicht auch die Schöpfung ewig?»

XI,13. Die so reden, verstehen Dich noch nicht, Du Weisheit Gottes, Licht der Geister. Sie begreifen nicht, wie die Dinge entstehen, wenn sie durch Dich und in Dir ins Dasein gesetzt werden. Sie suchen das Ewige zu kosten, aber «ihr Herz» flattert noch in den vergangenen und künftigen Bewegungen der Dinge herum: es ist noch «eitel». Wer Ps 5,10
erhascht es und bringt es zum Stehen, damit es ein wenig Standfestigkeit gewinne und ein wenig vom Glanz der immer stehenden Ewigkeit erfasse, sie den nie stehenden Zeiten vergleiche und einsehe, daß sie das Unvergleichliche ist. Ein solcher müßte auch begreifen, daß eine lange Zeit nur aus vielen vorübergehenden Bewegungen besteht, die sich nicht gleichzeitig ausbreiten können, und deshalb lang ist, während im Ewigen nichts vergeht, sondern das Ganze Gegenwart ist, keine Zeit dagegen ist zur Gänze Gegenwart. Müßte schließlich einsehen, daß alles Vergangene vom Kommenden verdrängt wird und alles Künftige auf das Vergangene folgt, alles Vergangene und Künftige aber vom immerfort Gegenwärtigen geschaffen wird und von ihm her seinen Lauf beginnt.

Wer läßt das Menschenherz innehalten, damit es stehe und sehe, wie die stehende, weder künftige noch vergangene Ewigkeit über die künftigen wie die vergangenen Zeiten waltet? «Kann das meine Hand?» Ist mein Wort – gleichsam Gen
die Hand meines Mundes – einer solchen Großtat fähig? 31,29

Eine erste Antwort

XII,14. Hier meine Antwort an den Frager: «Was tat Gott, ehe er Himmel und Erde erschuf?» Es ist nicht die Antwort dessen, der, der Dringlichkeit der Frage ausweichend, im Scherz erwidert haben soll: «Denen, die zu Tiefes ergründen wollen, hat Gott die Hölle bereitet.» Bloßer Spott ersetzt keine ernsthafte Ansicht. Ich will anders antworten. Lieber würde ich sagen: «Was ich nicht weiß, weiß ich nicht», als mich schuldig machen, daß eine ernste Frage verlacht und eine falsche Antwort beklatscht werde.

Ich sage vielmehr, daß Du, unser Gott, Schöpfer aller Wesen bist, und wenn die Bezeichnung Himmel und Erde alle geschaffenen Wesen einschließt, dann sage ich [zunächst] kühn: Bevor Gott Himmel und Erde schuf, machte er nichts. Denn hätte er etwas gemacht, was anderes dann als die Kreatur? Gern wüßte ich, was ich sinnvollerweise wissen möchte, so genau wie dies: daß kein Geschöpf gemacht wurde, ehe irgendeines entstand.

Die tiefere Antwort

XIII,15. Wenn aber einer unruhigen Sinnes durch die Vorstellungsbilder vergangener Zeit schweift und von Dir, dem allmächtigen, allschöpferischen und allerhaltenden Gott, dem Bildner des Himmels und der Erde, verwundert denkt, Du habest Dich durch unzählige Äonen eines so großen Werkes enthalten, dann wache er auf und überlege, ob er sich nicht über etwas völlig Falsches wundert.

Wie könnten denn unzählige Äonen vergehen, die Du nicht selber geschaffen hättest, da Du doch der Begründer und Schöpfer aller Zeitalter bist? Was wären denn das für Zeiten gewesen, die Du nicht geschaffen hättest? Und wie hätten sie vergehen können, wenn es sie gar nicht gab? Wenn Du der Wirker aller Zeiten bist und wenn es vor Deinem Erschaffen von Himmel und Erde eine Zeit gab, wie kann man dann sagen, Du hättest Dich des Wirkens enthalten? Denn eben diese Zeit hättest Du ja geschaffen, und bevor Du sie schufst, konnten keine Äonen vergehen. Wenn es aber vor Himmel und Erde keinerlei Zeit gab, wozu fragt man dann, was Du damals getan hast? Ein Damals gab es nicht, da es keine Zeit gab.

16. Du gehst nicht zeitlich der Zeit voraus, sonst gingst

Du den Zeiten überhaupt nicht voraus. Du bist vielmehr aller Vergangenheit überlegen und übersteigst alle Zukunft durch die Hoheit der immer gegenwärtigen Ewigkeit; die künftigen Zeiten übersteigst Du, sofern sie jetzt künftig sind, aber durch ihre Ankunft vergangen sein werden, «Du aber bist der Immergleiche, und Deine Jahre werden nicht vergehen». Deine Jahre kommen nicht und gehen nicht, nur Ps
die unsern sind kommend und gehend, damit alle drankom- 102,28
men können. Deine Jahre stehen alle zumal, denn sie haben Stand und nicht Vorübergang, sie werden von keinen kommenden verdrängt. Die unsern werden dann «alle sein», wenn sie alle nicht mehr sein werden. «Deine Jahre sind ein einziger Tag», und Dein Tag hat kein Täglich, sondern nur 2 Petr
ein Heute, da Dein Heute keinem Morgen weicht und auf 3,8
kein Gestern folgt. Dein Heute ist Ewigkeit. Darum ist der von Dir Gezeugte gleichewig wie Du. Du konntest ihm sagen: «Heute habe ich Dich gezeugt.» Alle Zeiten stammen Ps 2,7
von Dir, und vor allen Zeiten bist Du; es gibt keinerlei Zeit, in der es noch keine Zeit gab.

Schwierigkeit der Frage

XIV,17. Zu keiner Zeit warst Du also untätig, da Du die Zeit selber schufst. Aber keine Zeit ist dir gleichewig, denn Du bist der Bleibende, wenn aber die Zeiten blieben, wären sie keine.

Was aber ist nun die Zeit? Wer kann das leicht und bündig erklären? Wer kann es, um es in Worten darzustellen, vorweg gedanklich erfassen? Dennoch kennt unsere Sprache kein vertrauteres und geläufigeres Wort als die Zeit. Wir wissen, wovon wir reden, verstehen auch, wenn ein anderer uns davon spricht. Was also ist die Zeit? Wenn keiner mich fragt, dann weiß ich's; wenn einer mich fragt und ich's erklären soll, weiß ich's nicht mehr. Mit Zuversicht sage ich immerhin, ich wisse: wenn nichts verginge, gäbe es keine vergangene, und wenn nichts käme, keine künftige, und wenn gar nichts wäre, gäbe es auch keine gegenwärtige Zeit.

Aber auf welche Weise sind denn diese beiden Zeiten, die vergangene und die künftige, wenn doch das Vergangene nicht mehr und das Künftige noch nicht ist? Und wenn die Gegenwart immer gegenwärtig bliebe und nicht in Vergangenheit überginge, so wäre auch sie nicht mehr Zeit, sondern Ewigkeit.

Wenn daher Gegenwart, um zeithaft zu sein, es nur wird, weil sie in Vergangenheit übergeht, wie können wir dann noch von ihr sagen, sie sei, da der Grund ihres Seins der ist, daß sie nicht mehr sein wird? So können wir rechtens vom Sein der Zeit nur reden, weil sie zum Nichtsein strebt.

Künftige und vergangene Zeit

XV,18. Immerhin reden wir von langer Zeit und kurzer Zeit, aber nur, wenn es sich um Vergangenheit oder Zukunft handelt. Eine vergangene Zeit von hundert Jahren nennen wir zum Beispiel lang, und ebenso eine künftige von hundert Jahren; von einer kurzen Vergangenheit reden wir etwa, wenn wir sagen «vor zehn Tagen», von einer kurzen Zukunft: «in zehn Tagen». Aber wie kann etwas lang oder kurz sein, was gar nicht ist? Das Vergangene ist nicht mehr, das Künftige noch nicht. Wir sollten deshalb nicht sagen: es ist lang, sondern vom Vergangenen: es war lang, und vom Künftigen: es wird lang sein.

Du mein Herr und mein Licht, wird jetzt Deine Wahrheit nicht über den Menschen lachen? Wann war denn die Vergangenheit lang: als sie schon vergangen war oder als sie noch Gegenwart war? Lang konnte sie nur sein, als sie war, als Vergangenheit war sie aber schon nicht mehr, konnte somit als Nichtseiende auch nicht lang sein.

So dürfen wir demnach nicht sagen: die vergangene Zeit war lang, denn was lang war, ist nicht mehr zu finden, sofern es vergangen ist. Sagen wir lieber: lang war jene gegenwärtige Zeit, denn nur als gegenwärtig seiende konnte sie lang sein. Sie war noch nicht ins vergangene Nichtsein versunken und konnte deshalb lang sein; einmal vergangen, hörte sie auf, lang zu sein, weil sie gar nicht mehr ist.

19. Doch laß uns jetzt bedenken, du Menschenseele, ob eine gegenwärtige Zeit lang sein kann, denn dir ist es gegeben, das Dauern zu empfinden und zu messen. Was wirst du mir antworten?

Sind hundert gegenwärtige Jahre eine lange Zeit? Aber überlege zuvor, ob hundert Jahre gegenwärtig sein können. Während das erste von ihnen abläuft, ist es gewiß gegenwärtig, während die übrigen neunundneunzig künftig sind, und deshalb noch nicht sind. Läuft das zweite ab, dann ist das erste schon vergangen, das zweite ist Gegenwart, die übrigen sind Zukunft. Und so können wir wohl ein beliebiges Jahr von diesem Jahrhundert als gegenwärtig ansetzen, doch die vorhergehenden sind vorbei, die übrigen kommen erst. Hundert Jahre können somit nicht gegenwärtig sein.

Erwäge weiter, ob wenigstens das ablaufende Jahr gegenwärtig sein kann. Läuft sein erster Monat ab, sind die andern zukünftig, wenn sein zweiter, ist der erste vorbei, und die übrigen sind noch nicht. Somit ist auch das verlaufende Jahr nicht als ganzes Gegenwart, und wenn es das nicht ist, dann ist das gegenwärtige Jahr es auch nicht. Das Jahr besteht aus zwölf Monaten, einer unter ihnen ist Gegenwart, die andern sind vergangen oder künftig. Und doch ist auch der ablaufende Monat nicht Gegenwart, sondern höchstens ein Tag; ist es der erste, dann kommen die übrigen erst, ist es der letzte, sind die übrigen alle vergangen, ist es ein mittlerer, so liegt er zwischen vergangenen und künftigen Tagen.

20. Jetzt ist die gegenwärtige Zeit, die wir allein als lang bezeichnen dürfen, auf gerade noch einen Tag zusammengeschmolzen. Doch prüfen wir auch ihn: auch ein einziger Tag ist nicht als solcher Gegenwart, die Nacht- und Tagstunden bilden zusammen vierundzwanzig; während der ersten sind die andern zukünftig, während der letzten sind die übrigen vergangen, eine mittlere steht zwischen den vergangenen hinter sich, den kommenden vor sich. Und selbst diese Stunde verläuft in flüchtigen Teilchen; was davon verflogen ist, ist vergangen, was verbleibt ist künftig.

Läßt sich ein Zeit-Punkt fassen, der in kein noch so

winziges Teilchen unterteilt werden kann, so könnte dieser Punkt allein als Gegenwart bezeichnet werden, aber dieser Punkt fliegt so rasch von der Zukunft zur Vergangenheit hinüber, daß er sich nicht in der kleinsten Dauer ausdehnen kann. Denn dehnt er sich aus, so wird er in Vergangen und Künftig eingeteilt, für die Gegenwart bleibt keinerlei Raum.

Wo also sollte eine angeblich lange Zeit sein? Etwa in der Zukunft? Aber wir nennen sie nicht wirklich lang, weil ihre Länge noch nicht da ist, wir sagen höchstens: sie wird lang sein. Und wann wird sie sein? Dann, wenn sie noch künftig ist? Aber was noch nicht ist, kann nicht lang sein. Wenn sie aber in diesem Künftigen, noch nicht Seienden angefangen hat, gegenwärtig zu werden, um etwas zu sein, was lang sein könnte, dann ruft die Gegenwart mit den eben vernommenen Worten, daß sie nicht lang sein kann.

XVI,21. Und trotzdem, Herr, haben wir ein Gefühl für Zeiträume, vergleichen sie miteinander und nennen die einen länger, die andern kürzer. Wir messen auch, um wieviel länger oder kürzer ein Zeitraum ist als der andere; wir sagen: dieser ist doppelt oder dreifach so lang, jener ist einfach oder beide sind gleich. Wir messen aber die Zeit nur in ihrem Vorübergang, da wir sie im Erfahren messen; Vergangenes, das nicht ist, und Künftiges, das noch nicht ist, wer wollte das messen, er wagte denn zu behaupten, Nichtseiendes messen zu können. Nur während die Zeit verrinnt, kann sie erfahren und gemessen werden, ist sie zerronnen, kann sie es nicht, weil sie nicht ist.

Auf der Suche

XVII,22. Ich bin am Suchen, Vater, ich behaupte nichts.
Ps 23,1 «Lenke mich» dabei, mein Gott, und zeige mir die Richtung.

Wagt jemand mir zu sagen, es gebe nicht drei Zeiten – wie wir's als Kinder gelernt haben, und wie wir's die Kinder lehrten: Vergangenheit, Gegenwart und Zukunft –, sondern bloß die Gegenwart, weil die beiden andern nicht sind? Oder sind auch sie, wobei die Gegenwart, wenn sie aus der Zukunft entsteht, aus einer Verborgenheit auftaucht und wieder in eine solche zurücksinkt, wenn sie aus Gegenwart zu Vergangenheit wird? Wo haben denn die Ansager von Künftigem dieses gesehen, wenn es noch nicht ist? Nichtseiendes läßt sich nicht sehen, und die Erzähler von Vergangenem würden nichts Glaubwürdiges berichten, hätten sie die Dinge nicht im Geiste erblickt; denn wären sie nicht, so könnten sie nicht wahrgenommen werden. Also gibt es doch Künftiges und Vergangenes!

Wo kann zukünftige und vergangene Zeit sein?

XVIII,23. Laß mich, Herr, noch weiter fragen, «Du meine Ps 71,5
Hoffnung», meine Achtsamkeit soll sich nicht verwirren.

Wenn also Zukunft und Vergangenheit existieren, so möchte ich wissen, wo sie sind. Vermag ich's noch nicht, so weiß ich zumindest eins: wo immer sie sein mögen, sie sind weder etwas Künftiges noch Vergangenes, sondern Gegenwärtiges. Wäre Zukunft dort als Zukunft, so wäre sie dort noch nicht; wäre Vergangenheit dort als Vergangenheit, so wäre sie dort nicht mehr. Wo immer und was immer sie sein mögen, sie können nur Gegenwart sein.

Wenn Wahres von Vergangenem erzählt wird, dann werden nicht die Dinge selbst, die vergangen sind, aus dem Gedächtnis hervorgeholt, sondern Worte, die nach den Bildern jener Dinge geformt wurden, die unsern Sinn durcheilend gleichsam Spuren im Geist hinterließen. Meine Kindheit, die nicht mehr ist, liegt in vergangener, selbst nicht mehr existierender Zeit; ihr Bild aber sehe ich, wenn ich mich ihrer erinnere und davon erzähle, denn es weilt jetzt noch in meinem Gedächtnis.

Ob es sich ähnlich verhält, wenn Dinge, die noch nicht sind, vorausgesagt werden und davon schon existierende Bilder vergegenwärtigt werden? Ich bekenne Dir, mein Gott: ich weiß es nicht. Nur soviel weiß ich: für gewöhnlich planen wir unsere Handlungen im voraus, und dieses Vorplanen ist Gegenwart, während die geplante Tat es noch nicht ist, da sie erst kommt. Erst wenn wir dran gehen, das Vorgeplante zu tun, beginnt die Tat zu existieren, die dann nicht mehr künftig, sondern gegenwärtig sein wird.

24. Wie immer es sich also mit dem geheimnisvollen Vorahnen des Kommenden verhalten mag: sehen kann man nur, was ist. Was aber ist, ist nicht künftig, sondern Gegenwart. Sagt man also, daß man Künftiges voraussieht, dann werden nicht die kommenden, daher noch nicht seienden Dinge, sondern vielleicht ihre Ursachen oder Anzeichen gesehen; diese sind für die Seher nicht künftig, sondern gegenwärtig, was dann erlaubt, die dergestalt erfaßten künftigen Dinge anzusagen. Die besagten Eindrücke existieren schon, und weil man sie als gegenwärtige bei sich schaut, sind Voraussagen möglich.

Aus einer Unzahl von Dingen greife ich ein Beispiel heraus. Ich erblicke die Morgenröte und sage den Sonnenaufgang voraus. Was ich sehe, ist gegenwärtig, was ich verkünde, ist künftig. Dennoch könnte ich den Aufgang selbst, wie ich es tue, nicht ansagen, wenn ich ihn mir nicht im Geist bildhaft vorstellen könnte. Doch weder die erblickte Röte am Himmel, die dem Aufgang vorausgeht, noch dessen Vorstellung in meinem Geist ist der Anfang selbst; beides jedoch muß als gegenwärtig wahrgenommen werden, damit das Kommende angesagt werden kann.

Künftige Dinge sind also noch nicht, und was noch nicht ist, das ist nicht, und wenn sie nicht sind, können sie auch durchaus nicht gesehen werden. Wohl aber kann man sie aus Gegenwärtigem voraussagen, das schon ist und gesehen wird.

XIX,25. Auf welche Art lehrst Du also, Gebieter Deiner Schöpfung, den Seelen die Zukunft? Du hast ja Deine Propheten belehrt. Auf welche Weise also lehrst Du das Künftige, Du, für den nichts künftig ist? Oder besser: Wie lehrst Du Gegenwärtiges über die Zukunft? Denn was kein Sein hat, kann auch nicht gelehrt werden. Gar weit entfernt liegt diese Weise von meinem Scharfblick. Sie überwältigt
Ps 139,6 mich, «ich reiche nicht an sie heran».[7] Ich könnte es höchstens durch Dich, wenn Du es verleihst, süßes «Licht mei-
Ps 38,11 ner» noch unenthüllten «Augen».

[7] Später wird Augustin die echte Prophetie als Teilnahme an der Erkenntnis der Engel erklären, ob diese nun zu den Propheten gesandt oder die letztern zu ihnen erhoben werden (De consensu evangelistarum I, 24, 37, kurz nach 400 verfaßt).

XX,26. Eines dürfte bisher klar und deutlich geworden sein: Künftiges und Vergangenes existiert nicht, und die Rede von drei Zeiten: Vergangenheit, Gegenwart und Zukunft, ist eine uneigentliche. Doch vielleicht könnte man wirklich sagen: es gibt drei Zeiten: eine Gegenwart des Vergangenen, eine solche des Gegenwärtigen und eine solche des Künftigen. In der Seele gibt es tatsächlich diese drei Zeitweisen, anderswo sehe ich sie nicht. Die Gegenwart des Vergangenen ist das Gedächtnis, die Gegenwart des Gegenwärtigen ist die Schau, die Gegenwart des Künftigen ist die Erwartung. Wenn man so reden darf, dann sehe ich drei Formen der Zeit und gebe zu, daß es drei sind. Will man trotzdem von drei Zeiten: Vergangenheit, Gegenwart und Zukunft reden, so möge man es tun, obschon der Ausdruck mißbräuchlich ist. Es ist mir gleich, ich widerspreche und tadle nicht, falls man bloß einsieht, was man damit sagt: daß weder das Künftige bereits noch das Vergangene weiterhin existiert. Selten genug reden wir genau, meist ungenau, doch weiß man, was gemeint ist.

Ist Ausdehnungsloses meßbar?

XXI,27. Ich sagte kurz vorher, daß wir die vorübereilenden Zeiten messen; nur so können wir sagen: diese war doppelt so lang wie die erste oder gleich lang, und was wir sonst noch messend über Zeittteile aussagen mögen. Vorübereilende Zeiten, sagte ich, messen wir; und fragte mich einer: Woher weißt du das?, so würde ich erwidern: Ich weiß es, weil wir messen und man Nichtseiendes nicht messen kann und Vergangenes oder Künftiges nicht existiert.

Aber wie soll nun die gegenwärtige Zeit gemessen werden, da sie keine Ausdehnung hat? Man mißt sie, während sie vorbeigeht; ist sie vergangen, mißt man sie nicht, da nichts Meßbares vorliegt.

Doch von woher und wodurch und wohin geht sie vorüber, während sie gemessen wird? Woher, wenn nicht aus der Zukunft? Wodurch, wenn nicht durch die Gegenwart?

Wohin, wenn nicht in die Vergangenheit? Aus dem also, was noch nicht ist, durch das, was unausgedehnt ist, in das hinein, was nicht mehr ist. Und doch: was anderes messen wir als die Zeit in einem bestimmten Zeitraum? Denn wenn wir von einer einfachen oder doppelt oder dreifach so langen oder von einer gleichlangen Zeit und andern Zeitverhältnissen reden, dann meinen wir damit Zeiträume. In welchem Raum messen wir demnach die vorüberfließende Zeit? Etwa in dem der Zukunft, von woher sie fließt? Aber noch nicht Seiendes messen wir nicht. Oder in der Gegenwart, durch die sie fließt? Aber das Unausgedehnte messen wir nicht. Oder in der Vergangenheit, wohin sie fließt? Aber das Nicht-mehr-Seiende messen wir nicht.

Bitte um Erhellung

XXII,28. Mein Geist ereifert sich, dieses unentwirrbare Rätsel zu lösen. Verschließe nicht, Herr mein Gott, Vater der Güte, ich flehe Dich um Christi willen an: verschließe meiner Sehnsucht nicht dieses zugleich Alltägliche und Undurchsichtige, laß sie darin eindringen, daß es sich unter dem Leuchten Deines Erbarmens, Herr, erhelle. Wen sollte ich sonst darüber befragen? Wem aber bekenne ich sinnvoller meine Unwissenheit als Dir, dem mein glühender Eifer für Deine Schriften nicht zur Last fällt?

Schenk mir, was ich liebe, denn ich liebe wirklich, und das
Mt ist Dein Geschenk. Gib, Vater, der Du wahrhaft «Deinen
7,11 Kindern gute Gaben zu geben» weißt; gib, weil ich es
unternahm, zur Einsicht zu gelangen, und «Mühsal vor mir
Ps liegt», bis daß Du mir auftust. Ich bitte durch Christus; in
73,16 seinem Namen, des Heiligsten alles Heiligen, soll mir niemand im Wege stehn. Auch ich «habe geglaubt, und deshalb
Ps rede ich». Darauf setze ich meine Hoffnung, für sie lebe ich:
116,10 Ps 27,4 «damit ich die Wonne meines Herrn zu sehen bekomme.»
Ps 39,6 «Siehe, Du hast meinen Tagen das Altern gegeben»: sie
verwehen, aber wie? Ich weiß es nicht.

Wir sagen: die Zeit und jene Zeit, diese Zeiten und andere Zeiten, «wie lange Zeit hat dieser geredet?», «wie lange hat jener das getan?», «wie lange ist's her, daß ich das nicht mehr sah?» Oder auch: «Diese Silbe braucht doppelt soviel Zeit als jene kurze.» Wir sagen's und hören's und werden verstanden und verstehen's. Alles ist völlig klar und gebräuchlich, und doch bleibt das gleiche gänzlich verborgen; es zu entdecken, ist ganz neu.

Körperbewegung als Zeitmaß?

XXIII,29. Ein gelehrter Mann hat mir gesagt, die Bewegungen von Sonne, Mond und Sternen seien die Zeiten selbst, doch ich stimmte dem nicht zu. Warum sollten denn nicht ebensogut die Bewegungen aller Körper die Zeiten sein? Wenn zum Beispiel die Himmelslichter stillstünden, aber das Rad des Töpfers sich weiterdrehte, gäbe es dann keine Zeit mehr, um dessen Umdrehungen zu messen, um zu bestimmen, ob diese gleich lang sind oder die einen schneller als andere? Und so redend, sprächen wir dann nicht ebenfalls in der Zeit? Wären in unsern Worten nicht längere und kürzere Silben, eben weil jene durch längere, diese durch kürzere Zeit ertönten?

Gott, verleih den Menschen, in einer geringen Sache die gemeingültigen Begriffe der kleinen wie der großen Dinge zu erkennen. Ganz gewiß: es gibt die Gestirne und Himmelslichter als Zeichen für Zeiten, Tage und Jahre. Aber so wenig ich behaupte, ein Umschwung des hölzernen Töpferrädchens mache einen Tag aus, sowenig wird jener behaupten können, es drehe sich nicht in der Zeit.

30. Ich möchte gern die Kraft und das Wesen der Zeit erkennen, mit der wir die Bewegungen der Körper messen und etwa sagen, diese Bewegung dauert doppelt so lang als jene. Meine Frage lautet so: da man mit Tag nicht nur die Zeit des Verweilens der Sonne über der Erde bezeichnet – und so verstanden ist der Tag etwas anderes als die Nacht –, sondern auch deren ganzen Umlauf von Ost zu Ost, und wir mit dem Ausdruck «so viele Tage sind vergangen» auch die Nächte der betreffenden Tage mitzählen: wenn also der Tag durch den Sonnenumlauf von Ost zu Ost sich vollendet, so frage ich: ist diese Bewegung selbst die Zeit oder ist es die Dauer, in der sie sich vollendet, oder gilt beides?

Gälte das erste, dann wäre ein Tag auch dann, wenn die Sonne ihren Lauf in einer bloßen Stunde vollbrächte. Gälte das zweite, dann wäre kein Tag, wenn von einem Aufgang der Sonne bis zum andern die Zeit nicht länger als eine Stunde dauerte, die Sonne müßte dann vierundzwanzigmal umlaufen, um einen Tag zu bilden. Gälte beides, so könnte von keinem Tag die Rede sein, da er zugleich Bewegung und Dauer wäre, falls die Sonne während einer Stunde ihren ganzen Lauf vollendete, von keinem auch, wenn die Sonne stillstünde und dabei so viel Zeit verginge, als die Sonne für ihren gewohnten Lauf von einem Morgen zum andern braucht.

Ich frage deshalb jetzt nicht weiter, was die mit «Tag» bezeichnete Sache ist, sondern was die Zeit ist, mit der wir, den Sonnenumlauf messend, sagen könnten: die Sonne habe sie in der Hälfte der gewohnten Zeit durchlaufen, falls sie den Zeitraum von zwölf Stunden dazu gebraucht hätte; beide Zeiten vergleichend, könnten wir sagen, jene sei doppelt so lang wie diese, selbst wenn die Sonne das eine Mal die einfache, das andere Mal die doppelte Zeit verwendete, um von Ost zu Ost zu kreisen.

Niemand sage mir deshalb, die Bewegung der Himmelskörper bilde die Zeiten. Denn selbst als auf den Wunsch eines Menschen hin die Sonne stillstand, damit er die
Jos Schlacht siegreich beende: die Sonne stand, doch die Zeit
10,12f. ging voran. Genau während des benötigten Zeitraums wurde die Schlacht geschlagen und vollendet.

Ich sehe jetzt, daß die Zeit eine Art von Zerdehnung ist. Seh ich's wirklich, oder meine ich's bloß zu sehen? Mögest Du es erweisen, Du Licht und Wahrheit.

XXIV,31. Verlangst Du meine Zustimmung, wenn jemand die Zeit als die Bewegung eines Körpers bestimmt? Nein, Du verlangst das nicht. Daß ein Körper sich bloß in der Zeit bewegen kann, das versteh ich. Du selber sagst es. Daß die Bewegung des Körpers die Zeit sei: das versteh ich nicht. Du sagst es auch nicht.

Denn wenn sich ein Körper bewegt, messe ich durch die Zeit, wie lange seine Bewegung dauert von Anfang an, da diese begann, bis zu ihrem Ende. Und wenn ich den Anfang der Bewegung nicht sah und er sich weiter bewegt, während ich das Ende nicht sehe, so kann ich sie höchstens vom Moment meines Sehens bis zu dem meines Nichtsehens messen. Sah ich ihm lange zu, dann erkläre ich bloß, die Zeit sei lang gewesen, aber nicht wie lang; denn wenn wir angeben, wie lang, dann tun wir's aufgrund von Vergleichen, etwa: «das dauerte so lang wie jenes», oder «doppelt so lang wie jenes», und so bei jedem derartigen Verhältnis.

Können wir die Orte feststellen, von woher bis wohin der Körper sich bewegte, oder seine Teile, wenn er sich zum Beispiel um seine Achse dreht, dann können wir sagen, wieviel Zeit die Bewegung des Körpers oder die seiner Teile von einem Ort zum andern gebraucht hat. Da also die Bewegung eines Körpers nicht dasselbe ist wie unser Messen ihrer Dauer, wird jedermann merken, welches von beiden richtiger als Zeit zu bezeichnen ist. Gesetzt, ein Körper bewegt sich einmal und steht dann wieder still, dann messen wir nicht nur seine Bewegung, sondern ebenso seinen Stillstand, und dies durch die Zeit. Wir sagen: «Er stand solange still, als er in Bewegung war», oder: «zwei- oder dreimal solang, als er in Bewegung war». Und so bei jedem andern von uns gemessenen Verhältnis, ob wir es genau messen oder nur schätzungsweise, «mehr oder weniger», wie man sagt.

Die Zeit ist somit nicht die Bewegung eines Körpers.[8]

Erneute Bitte um Klarheit

XXV,32. Und nun bekenne ich Dir, Herr, daß ich noch immer nicht weiß, was die Zeit ist, anderseits bekenne ich Dir, Herr, daß ich weiß: ich sage dies in der Zeit, und ich rede schon lange über die Zeit, und dieses Lange ist nichts weiter als dauernde Zeit. Wie kann ich das wissen, wenn ich nicht weiß, was die Zeit ist? Oder weiß ich vielleicht bloß nicht, wie ich das Gewußte sagen soll? Weh mir, daß ich

[8] Zur Frage, wieweit hier Aristoteles, der Zeit und (Körper-) Bewegung zusammengesehen hat, widerlegt wird, vgl. P. Duhem, Le système du Monde (II, Paris ^{2}1954) 463 ff.

nicht einmal weiß, was ich nicht weiß! Sieh, mein Gott, «vor
Gal 1,20 Dir lüge ich nicht». So wie ich rede, so ist mein Herz. Du
kannst «meine Lampe» zum Leuchten bringen, «Herr, mein
Ps 18,29 Gott», Du wirst «meine Finsternis erleuchten.»

Erahnte Lösung

XXVI,33. Bekennt Dir meine Seele nicht in einem wahrhaftigen Bekenntnis, wenn sie sagt, daß ich die Zeiten messe? Ich messe also, mein Gott, und weiß nicht, wie ich messe, ich messe die Körperbewegung kraft der Zeit, aber messe ich nicht auch die Zeit? Könnte ich die Bewegung eines Körpers messen, wie lang sie dauert, wie lang er von hier nach dort braucht, wenn ich nicht auch die Zeit, in der er sich bewegt, messen würde?

So messe ich also die Zeit, aber womit? Messen wir mit einer kürzeren Zeit eine längere, so wie ich mit der Länge einer Elle die eines Balkens messe? So scheinen wir auch mit der Dauer einer kurzen Silbe die einer langen zu messen und sie doppelt so lang zu nennen. Oder wir messen die Dauer von Gedichten an der der Verse, und die der Verse an der der Versfüße, und diese an der Dauer der Silben, die der langen an der der kurzen – nicht auf dem Papier, denn so messen wir Räume, nicht Zeiten –, sondern beim Vorüberklang der rezitierenden Stimme sagen wir: «Das ist ein langes Gedicht, es besteht aus vielen Versen; das sind lange Verse, denn sie bestehen aus so vielen Versfüßen; das sind lange Versfüße, denn sie umfassen so und so viele Silben; das ist eine lange Silbe, sie ist doppelt so lang als eine kurze.» Aber auch so wird kein sicheres Zeitmaß gewonnen; es kann ja sein, daß ein kürzerer Vers, wenn er gedehnter vorgetragen wird, längere Zeit beansprucht als ein langer, der rascher hergesagt wird. Dasselbe für ein Gedicht, für einen Versfuß, für eine Silbe.

Deshalb kam mir vor, die Zeit sei nichts anderes als eine Zerdehnung, aber Zerdehnung von was? Ich weiß es nicht, doch wäre es verwunderlich, wenn sie nicht die des Geistes selbst wäre. Denn bitte, mein Gott, was messe ich, wenn ich beiläufig sage: «Diese Zeit ist länger als jene», oder genauer:

«Sie ist doppelt so lang als jene?» Ich messe die Zeit, das weiß ich. Aber ich messe weder die Zukunft, weil sie noch nicht ist, noch die Gegenwart, weil sie keine Ausdehnung hat, noch die Vergangenheit, weil sie nicht mehr ist. Was also messe ich? Die vorübergehende, noch nicht vergangene Zeit? Ich sagte das schon.

Wir messen die Zeit in uns

XXVII,34. Dränge weiter, meine Seele, und strenge deine Kräfte an: «Gott ist unser Helfer; er hat uns gemacht, nicht wir uns selbst.» Achte gespannt, von wannen die Wahrheit Ps 62,9
aufdämmert.

Da ertönt zum Beispiel ein körperlicher Klang, er tönt, tönt noch immer, und plötzlich hört er auf. Schweigen. Der Ton ist vorbei und klingt nicht mehr. Er war künftig, eh er zu tönen begann, und war nicht meßbar, weil er noch nicht war. Auch jetzt ist er's nicht, weil er nicht mehr ist. Gemessen werden konnte er, während er tönte, denn da war etwas Meßbares. Aber auch dann stand er nicht still, er ging hin und war schließlich dahin . War er deshalb besser meßbar? Im Hingehen dehnte er sich ja in eine Art Zeitraum hinein, wo er meßbar wurde, während die Gegenwart keinerlei Ausdehnung hat.

Wenn er somit damals meßbar war, so denk dir jetzt einen andern Ton aus: er beginnt zu erklingen, er tönt gehalten und ununterbrochen weiter: messen wir ihn, solange er tönt, denn wenn er aufhört, dann wird er vergangen und nichts Meßbares mehr sein. Messen wir genau und bestimmen, wie lange er dauert. Aber er tönt noch fort, und gemessen kann er doch nur werden vom Anfang des Tönens an bis zum Ende, wenn er aufhört. Wir messen überhaupt nur das Intervall von einem Anfang bis zu einem Ende. Einen immerwährenden Ton kann man nicht messen, um zu bestimmen, ob er lang oder kurz ist, ob er einem andern gleich ist oder gleich lang oder doppelt so lang und dergleichen. Bricht er aber ab, so ist er nicht mehr, und wie könnte er dann gemessen werden?

Trotzdem messen wir die Zeiten, nicht die noch nicht

oder nicht mehr seienden, nicht jene, die keinerlei Ausdehnung oder kein Ende erreicht haben. Wir messen also weder künftige noch vergangene, noch gegenwärtige, noch währende Zeiten, aber dennoch messen wir die Zeit.

35. Deus, Creator omnium, «Gott, Schöpfer aller Dinge»: in diesem Vers sind acht Silben, längere wechseln mit kürzeren: vier kürzere – die erste, dritte, fünfte, siebte – sind den vier langen – der zweiten, vierten, sechsten, achten – gegenüber einfach, diese währen den ersten gegenüber doppelt so lang. Im Vortrag kommt es zur Geltung. Ein klares Gefühl sagt uns, daß es stimmt. Soweit das Gefühl verläßlich ist, messe ich durch die kurze Silbe die längere: ich fühle ihre doppelte Länge. Da aber eine nach der andern ertönt und die kurze der langen vorangeht: wie halte ich die kurze fest, um an ihr die lange zu messen, um deren doppelte Länge festzustellen, wenn doch die lange nicht zu tönen beginnt, ehe die kurze zu klingen aufhörte? Und die lange: messe ich sie etwa, während sie klingt? Ich messe sie erst, wenn sie abgeklungen ist. Dann aber ist sie vergangen.

Ambros.

Was messe ich also? Wo bleibt die kurze, mit der ich messe? Wo die lange, die ich messe? Beide erklangen, verflogen, vergingen, sind nicht mehr. Ich aber messe und behaupte steif und fest, soweit man einem geübten Sinn vertrauen kann: jene ist kurz, diese doppelt so lang, im Zeitraum nämlich, was ich doch nur kann, wenn beide vorbei und beendet sind. Also messe ich nicht sie selbst, sondern etwas in meinem Gedächtnis, das ihm eingeprägt bleibt.

Dauer des Erinnerns und Maß der Zeit

36. In dir, du mein Geist, messe ich die Zeiten. Widersprich mir nicht, denn es ist so, und widersprich auch dir selbst nicht im Wirrwarr deiner Meinungen. In dir, sag ich, messe ich die Zeiten. Den Eindruck, den die Dinge im Vorübergehen in dir hinterlassen und der bleibt, den messe ich als einen gegenwärtigen, und nicht die vergehenden Dinge, die ihn erzeugten. Ihn messe ich, wenn ich die Zeiten messe. Entweder sind die Zeiten hier, oder ich messe sie gar nicht.

Wie steht's, wenn wir die Stille messen und sagen: diese

Stille hat ebenso lange gedauert wie jener Ton? Schwebt uns dann nicht das Maß der Stimme vor, als klänge sie, um über den Zeitraum des schweigenden Intervalls etwas aussagen zu können? Wir sagen ja auch, während Stimme und Mund schweigen, innerlich Gedichte, Verse, Reden auf und messen dabei, wie das eine zum andern sich an Dauer und Ausdehnung verhält, gleich als sprächen wir's laut. Gesetzt, einer will einen längeren Ton erklingen lassen und er hat in Gedanken vorweg diese Länge festgesetzt, so mißt er diese zuerst im Stillen und übergibt sie dem Gedächtnis, dann erst beginnt er laut zu singen bis zum vorgenommenen Endpunkt. Oder besser: er hat schon gesungen und wird erst singen, denn was er beschlossen hat, ist schon erklungen, das Beschlossene dagegen wird erst erklingen; die gegenwärtige Absicht läßt Kommendes in Vergangenes übergehen, wobei die Zukunft sich mindert, während die Vergangenheit wächst und mit erschöpfter Zukunft alles vergangen ist.

Erwartung, Erfahrung, Erinnerung

XXVIII,37. Wie aber mindert und erschöpft sich eine noch nicht existierende Zukunft? Und wie wächst eine nicht mehr währende Vergangenheit? Doch nur so, daß im handelnden Geist dreierlei existiert. Er erwartet, er erfährt, er erinnert sich, so daß das Erwartete durch das Erfaßte ins Erinnerte übergeht. Künftiges existiert ohne Zweifel noch nicht, aber im Geist gibt es die Erfahrung des Kommenden. Vergangenes existiert ohne Zweifel nicht mehr, doch im Geist weilt immer noch die Erinnerung daran. Die Gegenwart ist zweifellos ohne Ausdehnung, geht im Augenblick vorüber, aber die Aufmerksamkeit behält eine Dauer, während der das Ankommende zum Abwesenden hin wandert.

Die künftige Zeit, die nicht existiert, ist also nicht lang; eine lange Zukunft ist nichts als eine lange Erwartung des Kommenden. Die vergangene Zeit, die nicht existiert, ist nicht lang; eine lange Vergangenheit ist bloß eine lange Erinnerung des Vergangenen.

38. Ich will ein Lied, das ich kenne, vortragen. Bevor ich beginne, spannt sich meine Erwartung über das Ganze, hab

ich aber begonnen, läßt alles, was ich der Vergangenheit übergebe, auch mein Gedächtnis sich dehnen. Und meine ganze lebendige Handlung zerdehnt sich nach zwei Seiten: sie wird Gedächtnis bezüglich des schon Gesungenen, Erwartung bezüglich des noch zu Singenden, die Gegenwart aber ist in meiner gespannten Aufmerksamkeit, durch die hindurch das vordem Künftige zum Vergangenen wird. Im Maß das Geschehen sich entwickelt, bereichert sich das Gedächtnis mit der sich verkürzenden Erwartung, bis diese gänzlich erschöpft, meine Tat vollbracht und in Erinnerung übergegangen ist.

Und was sich im ganzen Lied ereignet, das ereignet sich auch in jedem seiner Teile, seiner Silben; es ereignet sich ebenfalls in einer umfassenden Handlung, von der das besagte Lied nur ein Teil ist, ja im ganzen Leben des Menschen, dessen Teile aus allen Einzelhandlungen des Menschen bestehen, schließlich in der ganzen Geschichte des Menschengeschlechts, dessen Teile die einzelnen menschlichen Leben sind.

Zerdehnung des Daseins in Gott eingeborgen

Ps 63,4 XXIX,39. Aber «da Deine Barmherzigkeit mehr wert ist als alle Leben»: so sieh: mein Leben ist bloße Zerdehnung[9],
Ps 18,36 aber «Deine Rechte hat mich aufgegriffen» in meinem Herrn, dem Menschensohn, der Mittler ist zwischen Dir, dem Einen, und uns, den Vielen – und dies in so Vielen und durch so Viele –, damit ich durch ihn «zu erfassen vermöge, in welchem ich bereits erfaßt worden bin», und ihm, dem Einzigen nachfolgend, mich nunmehr aus vielen vergangenen Tagen zusammengerafft, «das Vergangene vergessend», ohne Zerdehnung hindehne nicht auf Künftiges, das wieder vergeht, sondern auf «das, was vor mir liegt», nicht also

[9] Die Kernworte der augustinischen Lösung der Zeitfrage sind: distentio, extentio, intentio: Zerdehnung, Ausdehnung, Hindehnung. Das kreatürliche zeitliche Sein als distentio (diastasis) schon bei Plotin (Enn. III, 9, 11), grundlegend übernommen von Gregor von Nyssa (vgl. unser «Présence et Pensée chez Grégoire de Nysse», Paris 1942).

gemäß einer Zerdehnung und Zersplitterung, sondern gemäß einer gesammelten Hindehnung jener «Palme der Berufung von oben nachstrebe», «wo ich den Lobgesang hören und Deine Wonne betrachten» werde, die weder kommt noch vergeht. Phil 3,12f. Ps 26,7

Unterdessen «vergehen meine Jahre unter Seufzern», während Du, mein Trost, mein Herr und Vater, ewig bist. Ich bin in die Zeit hinein zerspalten, deren Ordnung ich nicht erkenne, und in stürmischen Wechselfällen zerfetzen sich meine Gedanken, die tiefsten Eingeweide meiner Seele bis zum Tag, da ich geläutert und verflüssigt im Feuer Deiner Liebe als ein Ganzer in Dich hinein zusammenfließe. Ps 31,11

XXX,40. Dann erst werde ich Stand und Festigkeit in Dir gewinnen, in Deiner Wahrheit, die meine Urgestalt ist. Die Fragen der Leute brauche ich dann nicht mehr zu erdulden, die in sträflicher Neugier mehr wissen wollen, als sie fassen können, und fragen: «Was hat Gott getan, ehe er Himmel und Erde schuf?» Oder: «Warum kam's ihm in den Sinn, etwas zu schaffen, da er doch vorher nie etwas geschaffen hatte?»

Herr, gib ihnen, recht zu überlegen, was sie sagen, und einzusehen, daß man von keinem «Nie» die Rede sein kann, wo keine Zeit herrscht. Sagt man von einem, er habe nie etwas getan, dann heißt das doch: er habe zu keiner Zeit etwas getan. So mögen sie denn begreifen, daß ohne Schöpfung keine Zeit sein kann, und sollen aufhören, solche Torheiten zu reden. Mögen auch sie sich «ausstrecken dem entgegen, was vor ihnen liegt», und einsehen, daß Du, vor aller Zeit, der ewige Schöpfer aller Zeiten bist und keine Zeit und kein Geschöpf Dir gleichwertig ist[10], selbst wenn eines von ihnen der Zeit überlegen wäre. Phil 3,13

XXXI,41. Herr, mein Gott, wie tief verbergen sich Deine Geheimnisse und wie weit weg davon haben mich meine Sünden verschlagen! Heile meine Augen, daß ich mich Deines Lichts erfreue. Gäbe es einen mit so viel Wissen und Voraussicht ausgestatteten Geist, daß er alles Vergangene und Künftige so gut kännte wie ich ein wohlbekanntes Lied,

[10] Auch die Engel nicht, wovon Buch XII handeln wird.

so wäre er gewiß mit Staunen und Schreck zu bewundern. Nichts Vergangenes und nichts in künftigen Jahrhunderten Kommendes wäre ihm unbekannt, so wie ich, mein Lied singend, erkenne, wieviel Strophen ich seit dem Anfang vortrug und wie viele noch übrigbleiben. Und doch denke ich keineswegs, daß Du, der Begründer des Alls, der Schöpfer von Seelen und Körpern, alles Kommende und Vergangene auf diese Weise kennst. Du bist weit wunderbarer, weit geheimnisvoller. Hört oder singt man ein bekanntes Lied, dann sind Sinn und Gefühl zwischen der Erwartung des zu Singenden und der Erinnerung an das Gesungene zerdehnt; aber Dir stößt etwas derartiges nicht zu; Du bist der unwandelbar Ewige, der wahrhaft ewige Schöpfer aller Geister, wie Du «im Ursprung Himmel und Erde» ohne Veränderung Deines Wesens gekannt hast, so hast Du «im Ursprung
Gen 1,1 Himmel und Erde» geschaffen, ohne daß Dein Tun sich wandelte.

Wer das versteht, der soll Dir bekennen, aber auch wer es nicht versteht, soll es tun. O wie erhaben Du bist, und doch sind die demütigen Herzen Deine Wohnstatt. Denn
Ps 145,14 «die am Boden Liegenden hebst du auf», und sie fallen nicht wieder, weil Du, der Erhabene, sie aufrecht hältst.

ZWÖLFTES BUCH

DIE BEIDEN URGRÜNDE DER SCHÖPFUNG

Gebet vom Licht

I,1. Viel Mühe, Herr, hat sich mein Herz in der Ohnmacht meines Erdenlebens gegeben, wenn die Worte Deiner Heiligen Schrift bei mir anklopften. Deshalb ist die Armut menschlicher Einsicht oft so wortreich, weil das Suchen mehr redet als das Finden und das Bitten länger dauert als die Erhörung und die klopfende Hand mehr Mühsal hat als die empfangende. Doch wir haben eine Verheißung, wer wollte sie uns rauben? «Ist Gott für uns, wer ist dann gegen uns?» «Verlangt, und ihr werdet erhalten, sucht, und ihr werdet finden, klopft an, und es wird euch aufgetan werden. Denn jeder, der verlangt, erhält, wer sucht, wird finden, und dem Klopfenden wird aufgetan werden.» So lauten Deine Verheißungen, und wer fürchtete, getäuscht zu werden, wenn die Wahrheit verheißt?

Röm 8,31

Mt 7,7f.

Der «Himmel des Himmels», Himmel und Erde

II,2. Die Armut meiner Zunge bekennt es Deiner Erhabenheit: Du hast Himmel und Erde gemacht, diesen Himmel, den ich sehe, diese Erde, auf der ich gehe, aus der auch die Erde stammt, die ich bin. Sie stammen von Dir. Wo aber ist, Herr, «der Himmel des Himmels»[1], von dessen Dasein

[1] Augustin geht geradewegs auf die Grundfrage dieses Buches los: Was ist das Oberste und was das Unterste der Schöpfung: der «Himmel des Himmels» und «der formlose Abgrund» (III,3)? Er ist damit in einem intensiven Gespräch mit der Weltschau des Neuplatonismus, in der das Oberste der reine Geist (nous), das Unterste die reine Materie (hyle) ist, aber beide ungeschaffen, höchstens aus dem «Einen» emaniert. Augustin bejaht in seiner persönlichen Auslegung (III,3 bis XIII,16) beides, aber beharrt mit größtem Nachdruck darauf, daß beides vom freien, allmächtigen Gott geschaffen ist (VII,7). Die anschließende breite Diskussion andersgearteter Ansichten ist nur insofern bedeutsam, als zunächst das notwendig Vorauszusetzende festgelegt wird (XIV,17 bis XVI,23) und am Schluß eine Vielfalt von Deutungen innerhalb der christlichen Eintracht zugestanden wird (XXV,35–XXVII,43).

wir im Psalm erfahren: «Der Himmel des Himmels gehört
Ps dem Herrn, die Erde aber gab er den Menschenkindern.»
114,16 Wo ist der Himmel, den wir nicht sehen, vor dem alles uns Sichtbare nur Erde ist? Denn dieses körperliche All, das nicht überall alles ist, hat zwar bis zum Letzten hinab, bis zum Fundament unserer Erde, Schönheit erhalten, aber verglichen mit jenem «Himmel des Himmels» ist auch der Himmel über unserer Erde nur Erde. Diese beiden gewaltigen Körper werden nicht zu Unrecht Erde genannt verglichen mit jenem unbestimmbaren Himmel, der dem Herrn und nicht den Menschenkindern gehört.

I. AUGUSTINS DEUTUNG

Ungeformte Materie

III,3. Von dieser Erde aber heißt es: sie «war unsichtbar und ordnungslos», sie war irgendein ungeheurer Abgrund, über dem kein Licht schien, weil darin keinerlei Gestalt war. Deshalb befahlst Du zu schreiben: «Finsternisse waren über
Gen dem Abgrund», somit Abwesenheit jeden Lichtes. Wo hätte
1,2 ein Licht (falls es eines gab) sein können, als von oben herab erleuchtend? Wo somit noch kein Licht war, besagten die Finsternisse nur dessen Abwesenheit. Sie waren «über» dem Abgrund, weil ein »Über» des Lichtes fehlte, so wie Schweigen herrscht, wo kein Ton ist. Und das herrschende Schweigen ist nichts als das Fehlen eines Tons.

Hast nicht Du, Herr, die Dir bekennende Seele unterwiesen? Hast nicht Du, Herr, mich dies gelehrt: ehe Du diese gestaltlose Materie formtest und schiedest, gab es kein Ding, weder Farbe noch Form, weder Körper noch Geist. Und trotzdem nicht schlechterdings nichts, sondern etwas Ungeformtes ohne jede Gestalt.

Ihre Benennung

IV,4. Wie etwas derartiges benennen, um auch Einfältigeren einen gewissen Begriff davon zu vermitteln, wenn nicht durch ein alltägliches Wort? Und was fände sich auf der ganzen Welt dem schlechthin Gestaltlosen Verwandteres als Erde und Abgrund? Sind sie doch auf ihrer untersten Stufe weniger gestaltvoll als die übrigen höherstehenden lichten und glanzvollen Wesen. So kann ich denn annehmen, daß die ungeformte, von Dir gestaltlos geschaffene Materie, aus der Du die schöne Welt schufst, den Menschen sinnvollerweise als «unsichtbare und ordnungslose Erde» vorgestellt werden kann.

Wie sie deuten?

V,5. Wenn nun das Denken sucht, was hier erfaßbar ist, und sich sagt: «Es ist keine verstehbare Form wie etwa das Leben, wie die Gerechtigkeit, da es nur die Materie der Körper ist, nichts sinnlich Faßbares, da im Unsichtbaren und Ungeordneten nichts sichtbar noch wahrnehmbar ist»: wenn das Denken so sucht, kommt es nicht weiter als bis zu einer Erkenntnis durch Nichtwissen oder zu einem nichterkennenden Wissen.

Manichäische und heutige Deutung

VI,6. Was mich betrifft, Herr, wenn ich Dir alles mit Mund und Feder bekennen soll, was Du mir über diese Materie beigebracht hast: wenn ich früher dieses Wort hörte, so verstand ich nichts davon, da auch jene, die mir davon redeten, nichts davon verstanden. Ich stellte sie mir mit unzähligen verschiedenen Formen begabt vor. Was im Grunde gar keine Vorstellung war. In meiner Einbildungskraft wälzte ich in gräßlicher Unordnung wüste und abstoßende Formen vor mir her, aber eben doch Formen, und nannte sie formlos, nicht weil sie der Form entbehrten, sondern eine solche hatten, deren Anblick, wenn sie mir erschien, unerhört und verzerrt war und den schwachen Menschen verwirrte. Was ich mir dergestalt vorstellte, war formlos, nicht weil es jeglicher Form entbehrte, sondern nur im Vergleich zu besser Geformtem. Die rechte Vernunft empfahl mir zwar, allen noch verbleibenden Rest von Form wegzudenken, wenn ich das wahrhaft Formlose denken wollte, aber ich vermochte es nicht. Denn eher hätte ich das aller Form Entbehrende für nichtseiend gehalten, als etwas zwischen der Form und dem Nichts Bestehendes, etwas Formloses nahe dem Nichts anzunehmen.

Dann verzichtete mein Denken darauf, meine Einbildungskraft zu befragen, die voll war von Bildern körperlicher Dinge und diese Bilder nach Belieben unterschied und vermischte; ich richtete mein Augenmerk auf die Dinge selbst und dachte tiefer über ihre Veränderlichkeit nach, wodurch sie aufhören zu sein, was sie waren, und anfangen zu sein, was sie nicht waren. Ich vermutete, dieser Übergang von einer Gestalt zur andern erfolge aufgrund von irgend etwas Gestaltlosem und nicht durch ein reines Nichts.

Aber Vermuten genügte mir nicht, ich wollte wissen. Wollten Dir jetzt meine Stimme, meine Feder alle Einsichten bekennen, die Du mir in dieser Frage gabst, welcher Leser würde die Geduld aufbringen, mir zu folgen?[2] Mein Herz aber wird deswegen nicht aufhören, Dich wegen allem zu rühmen und zu preisen, was aufzuzeichnen nicht möglich ist.

Die Veränderlichkeit der sich wandelnden Dinge macht sie fähig, jede Form anzunehmen, in die sich Dinge wandeln können. Was aber ist diese selbst? Etwas Geistiges? Etwas Körperliches? Eine bestimmte Weise des Geist- oder Körperseins? Wenn man sagen könnte: «Nichts-Etwas» oder «Sein-Nichtsein», würde ich es so bestimmen. Ein gewisses Sein mußte die Sache doch haben, wenn sie fähig sein sollte, die uns bekannten sichtbaren und zusammengesetzten Formen aufzunehmen.

[2] Schwerlich ist anzunehmen, daß Augustin beabsichtigt habe, die ganze Heilige Schrift innerhalb der «Bekenntnisse» zu deuten. Er spricht nur von den zahlreichen Einsichten, die Gott ihm bezüglich der Schrift gab.

Schöpfung aus nichts

VII,7. Und woher stammt sie überhaupt, wenn nicht von Dir, von dem alles stammt, was irgendwie ist? Doch je weiter es von Dir entfernt ist, desto unähnlicher ist es auch – nicht örtliche Entfernung ist gemeint.

Du also, Herr, der Du nicht je nach dem Fall ein Anderer oder andersgeartet bist, sondern Derselbe, Derselbe, Derselbe, «der Heilig-Heilig-Heilige» allmächtige «Herr und Jes 6,3
Gott», Du hast im Ursprung, der aus Dir hervorgeht, in Deiner Weisheit, etwas, und zwar aus nichts erschaffen.

Himmel und Erde hast Du erschaffen, aber nicht aus Dir selbst, sonst wäre etwas Deinem Eingeborenen und damit auch Dir gleichgewesen; dabei durfte es doch keinesfalls etwas Dir Gleiches geben, das nicht aus Dir stammte, und es gab ja nichts außer Dir, woraus Du es hättest machen können, Gott, Du einfache Dreiheit und dreifache Einfalt. Deshalb hast Du Himmel und Erde aus nichts geschaffen, das eine groß, das andere klein; bist Du doch allmächtig, und Deiner Güte gefällt es, alles gut zu machen: den Himmel groß und die Erde klein. Du warst, und außer Dir war nichts, woraus Du Himmel und Erde erschaffen konntest: diese beiden, das eine nah bei Dir, das andere nah dem Nichts, das eine, das nur Dich über sich hat, das andere, das unter sich nur das Nichts hat.

Aus der geschaffenen Materie alles geformt

VIII,8. Doch jener «Himmel des Himmels» gehört Dir, Ps 114,16
Herr. Die Erde aber, die Du den Menschenkindern zugewiesen, daß sie sie sähen und anrührten, war noch nicht so, wie wir sie heute schauen und betasten. Sie war unsichtbar und formlos, ein Abgrund, über dem kein Licht war. «Finsternisse waren über dem Abgrund», das besagt: sie waren etwas noch Tieferes als der Abgrund. Denn in den Abgrund der jetzt sichtbaren Wasser dringt ein gewisses Licht, das den Fischen und den auf seinem Boden kriechenden Lebewesen fühlbar ist. Aber jenes war als Ganzes ein Fast-Nichts, weil es noch gänzlich formlos war. Und doch war es schon, da es Formen aufnehmen konnte.

Du, Herr, hast die Welt aus formloser Materie erschaffen, die Du aus nichts als ein Fast-Nichts geschaffen hast. Und daraus hast Du nachher die Wunderdinge gezogen, die die Menschenkinder anstaunen. Wie wunderbar ist dieser körperliche Himmel, dieses Firmament zwischen Wasser und Wasser, das Du am zweiten Tag nach der Erschaffung des Lichtes durch das eine Wort «es werde» schufst, und schon war es da. Dieses Firmament nanntest Du Himmel, den Himmel dieser Erde, dieses Meeres, die Du am dritten Tag erstelltest, indem Du der vor allen Tagen geschaffenen Materie sichtbare Form gabst. Und schon vor Beginn aller Tage hast Du einen Himmel geschaffen, nämlich den «Himmel dieses Himmels», denn «im Ursprung schufst Du Himmel und Erde».

Aber die von Dir erstellte Erde war formlose Materie, war sie doch unsichtbar und gestaltlos, und Finsternisse waren über dem Abgrund: aus dieser unsichtbaren, gestaltlosen Erde, aus dieser Formlosigkeit, diesem Fast-Nichts solltest Du alles erstellen, woraus diese veränderliche Welt besteht, ohne Bestand zu haben. In ihr tritt die Veränderlichkeit zutage, aufgrund derer wir die Zeit fühlen und sie messen können, denn die Zeiten entstehen mit der Veränderlichkeit der Dinge, dem Wandel und der Aufeinanderfolge der Erscheinungen, deren Materie die vorerwähnte unsichtbare Erde ist.

Der «Himmel des Himmels» und die Materie entgehen der Zeit

IX,9. Aus diesem Grund schweigt der Geist, der Lehrmeister Deines Dieners von Zeiten und spricht nicht von Tagen, wenn er berichtet, daß Du im Ursprung Himmel und Erde erschufst. Ist doch der Himmel des Himmels, den Du im Ursprung schufst, eine bestimmte geisthafte Kreatur, die aber Dir, dem Dreieinigen, keineswegs gleichwertig ist. Doch sie hat Anteil an Deiner Ewigkeit. Die selige Wonne, Dich anzuschauen, hält ihr Wandelbares durchaus in Schranken; seit sie geschaffen ist, hängt sie Dir ohne jeglichen Abfall an und erhebt sich über allen flüchtigen Wechsel der Zeiten.

Aber auch das Formlose, die unsichtbare und gestaltlose Erde, hast Du nicht nach Tagen gezählt. Denn wo keine Gestalt noch Ordnung herrscht, dort kommt nichts und geht nichts, und wo jede Form fehlt, gibt es keine Tage, keinen Wandel von Zeiträumen.

Gebet um Licht

X,10. Du Wahrheit, Licht meines Herzens, laß nicht meine Finsternisse zu mir sprechen. Zu ihnen hin bin ich abgeflossen und wurde verdunkelt; aber selbst von dort aus habe ich Dich geliebt. Noch «in meiner Verirrung erinnerte ich mich Deiner». «Ich vernahm Deine Stimme» hinter mir, die mir zurief, ich solle umkehren, aber ich hörte sie kaum im Lärm meiner ungezähmten Lüste. Aber jetzt, sieh, kehre ich schweißtriefend und außer Atem zu Deinem Bronnen zurück. Keiner wehrt es mir: aus ihm will ich trinken und dann aufleben. Ich will nicht mein eigenes Leben sein; in mir habe ich mein Leben verfehlt, war mir tot; in Dir lebe ich auf. Sprich Du zu mir und belehre mich. Deinen Schriften vertraue ich mich an, auch wenn ihre Worte tiefes Geheimnis bleiben.

Ps 119,176
Ez 3,12

Gott allein ist ewig

XI,11. Bereits hast Du, Herr, ins Ohr meiner Seele mit machtvoller Stimme gerufen, daß Du ewig bist, «einzig die Unsterblichkeit hast», da keine Form und keine Bewegung Dich ändert, daß Dein Wille sich mit den Zeiten nicht wandelt, denn ein ständig sich ändernder Wille ist nicht unsterblich. Diese Wahrheit ist mir angesichts Deiner klar, und sie soll mir bitte immer einsichtiger werden; in ihrer Kundgabe möchte ich nüchtern denkend unter Deinen Flügeln verharren.

1 Tim 6,16

Weiter hast Du, Herr, mit mächtiger Stimme mir ins Innere gesagt, Du selbst habest alle Naturen und Wesen, die nicht sind, was Du bist, und doch sind, geschaffen. Nichts stammt nicht von Dir, außer das Nichts und die Bewegung eines Willens weg von Dir, dem Seienden, zu einem minderen Sein; eine solche Bewegung ist Abfall und Sünde. Aber niemandes Sünde tut Dir einen Schaden an oder verwirrt die Ordnung Deines Waltens, sei es im Höchsten oder im Niedrigsten. Auch diese Wahrheit ist mir angesichts Deiner klar, und sie soll mir bitte immer einsichtiger werden, in ihrer Kundgabe möchte ich nüchtern denkend unter Deinen Flügeln verharren.

Der «Himmel des Himmels» ist nicht gleichewig wie Gott

12. Und nochmals hast Du, Herr, mit mächtiger Stimme mir ins innere Ohr gesagt, daß auch diese [himmlische] Kreatur, deren einzige Lust Du bist, Dir nicht gleichewig ist.[3] Sie sättigt sich an Dir in allerbeständigster Keuschheit, ohne irgendwo und irgendwann ihre Wandelbarkeit kundzutun; sie hat Deine Gegenwart immer vor Augen, hängt an Dir mit allen Fasern, hat keine Zukunft, auf die sie wartete, geht in keine Vergangenheit über, deren sie sich erinnerte, sie unterliegt keiner Veränderung und zerdehnt sich in keine Zeiten.

O die Selige, wenn es ein solches Geschöpf gibt, daß sie so Deiner Seligkeit anhangen kann, selig, Deine ewige

[3] Die Deutung von «caelum caeli» hier und im folgenden ist nicht einfach. Sicher handelt es sich um eine Welt geistiger Geschöpfe, die oberhalb der Zeitlichkeit Gott wandellos anhangen, nicht kraft ihres Wesens (das wandelbar wäre), sondern kraft der Gnade Gottes. Beschrieben wird diese Sphäre als «intellektuelle Kreatur» (IX,9), «reiner Geist» (XI,12), als das «himmlische Jerusalem, meine Mutter» (XVI,23), als «geschaffene Weisheit» (XV,20 im Gegensatz zur ungeschaffenen Gottes), als «Wohnstatt Gottes» (XI,12). Sie ist der Ort zeitloser Seligkeit, sofern sie Gottes «Ewigkeit teilhaft ist, obwohl in sich veränderlich, an Gottes Unveränderlichkeit teilhat (IX,9; XI,12–13; XV,19). Dieses höchste Reich der Welt einfach mit dem der Engel gleichzusetzen, geht nicht an, obwohl diese darin mitgedacht werden können. Aber Engel konnten abfallen, während diese «geschaffene Weisheit» es nicht kann. Die (sicher von Plotin mitangeregte) Vorstellung entspricht dem himmlischen Jerusalem Pauli, des Hebräerbriefs und der Apokalypse, entspricht auch dem Ausgangspunkt der augustinischen Civitas Dei, deren «Wanderschaft» auf Erden (XV,21) von dorther kommt und dorthin geht. Das Weltbild des Origenes ist hier nicht fern. Es wäre verkehrt, Augustin nach genaueren Bestimmungen zu fragen. Hätte er ein Jahrtausend später gelebt, so wäre der Gedanke an die «Unbefleckte Empfängnis» nahegelegen. Genaueres über die Deutung der Stelle bei H. de Noronha Galvão, a.a.O. 108–111, 326–330.

Wohnstatt zu sein und Deine Erleuchtung zu empfangen! Ich finde nichts, was man meiner Meinung nach «den Himmel des Himmels für den Herrn» nennen könnte als diese Deine Wohnstatt, die ohne irgendeine Abkehr, welche nach anderem lockte, Deine Wonne betrachtet, als diesen lauteren Geist, der aufs einträchtigste in einem Friedensband mit den heiligen Geistern zusammenlebt, den Bürgern Deines Staates in den Himmelshöhen oberhalb unserer Himmel.

13. Daraus möge jede Seele, deren Pilgerschaft sie weitab geführt hat, zusehen, wenn sie schon nach Dir dürstet, wenn «ihre Tränen ihr tägliches Brot geworden sind, da man ihr jeden Tag sagt: Wo ist denn Dein Gott?», ob sie Dich bittet, Ps
ob sie von Dir «das Eine und Einzige» wünscht: «alle Tage 42,3 f.
ihres Lebens in Deinem Haus» wohnen zu dürfen. Was wäre Ps 27,4
ihr Leben, wenn nicht Du? Und was wären Deine Tage, wenn nicht Deine Ewigkeit, wie ja «Deine Tage nicht abnehmen, weil Du der Immergleiche bist»? Daraus also Ps
möge jede Seele, die es vermag, einsehen, wie hoch über 102,28
allem Zeitlichen Du der Ewige bist, da doch Deine Wohnstatt, die sich von Dir nicht entfernt hat, obschon sie Dir nicht gleichewig ist, Dir doch unaufhörlich und ohne Abfall anhangend keinerlei Zeitwandel erleidet.

Auch diese Wahrheit ist mir angesichts Deiner klar, und sie soll mir bitte immer einsichtiger werden. In ihrer Kundgabe möchte ich nüchtern denkend unter Deinen Flügeln verharren.

Ebensowenig die formlose Materie

14. Es gibt ja sicher ein gewisses Formloses in den Veränderungen der niedrigen und untersten Dinge. Wer aber sagt mir – außer jenem, der sich den Phantastereien seines eitlen Herzens schwelgend hingibt; den meine ich nicht –, wer sagt mir, ob das Formlose, wenn es, jeder Gestalt entleert und dessen, wodurch die Dinge von einer Form zur andern übergehen, beraubt, übrigbleibt, ob des dem Zeitwechsel unterliegen könnte? Das ist durchaus unmöglich, denn ohne wechselnde Bewegung gibt es keine Zeit, und wo keine Form ist, gibt es auch keinen Wechsel.

XII,15. Aufgrund dieser Betrachtungen – soweit Du sie mir erlaubst, mein Gott, mich zum Klopfen ermunterst und dem Klopfenden auftust – finde ich zwei Dinge, die Du zeitlos erschufst, obschon Dir keines gleichewig ist: das eine besitzt so vollkommene Form, daß es ohne jedes Versagen in Deiner Betrachtung, und, obschon veränderlich, ohne Zwischenkunft einer Änderung unverwandt Deiner Ewigkeit und Unveränderbarkeit genießt; das andere ist so ungeformt, daß es nichts besitzt, um aus einer Form in die andere, sei es der Bewegung, sei es der Ruhe, überzugehen, wodurch es der Zeit unterläge. Aber Du hast es nicht bei dieser Formlosigkeit belassen,[4] da Du vor allen Tagen, wie erwähnt, «im Ursprung Himmel und Erde erschaffen» hast.

Die Erde freilich war zunächst «unsichtbar und formlos, und Finsternisse waren über dem Abgrund». Mit diesen Worten wird das Formlose nahegelegt, um die Meinung, völlige Entbehrung von Form besage das Nichts, allmählich zu überwinden. Aus diesem Formlosen aber sollte dann ein weiterer Himmel und eine sichtbare, gestaltete Erde, die Schönheit des Wassers und alles übrigen entstehen und was sonst noch bei dieser Weltschöpfung anläßlich bestimmter Tage erwähnt wird. Wegen der geordneten Entwicklung seiner Zeiten und Gestalten ist all das der Zeit unterworfen.

XIII,16. Wenn ich, mein Gott, Deine Schrift sagen höre: «Im Ursprung schuf Gott Himmel und Erde, die Erde aber war unsichtbar und formlos, und Finsternisse waren über dem Abgrund», wobei nicht erwähnt wird, an welchem Tag Du das schufst, so verstehe ich das einstweilen so: es handelt sich um «den Himmel des Himmels», den Geist-Himmel, worin geistige Einsicht ein gleichzeitiges Wissen ist, nicht als «Stückwerk», nicht «in Rätseln», nicht «durch einen Spiegel hindurch», sondern in Ganzheit, in Evidenz, «Ant-

[4] Damit wird die später ausdrücklich gemachte Feststellung (XXXIII,48) vorweggenommen, daß die geschaffene formlose Materie niemals ohne gleichzeitige Formung existiert hat, was nicht hindert, daß sie ein eigenes Etwas (zwischen Sein und Nichts) ist, das auf keine Form zurückgeführt werden kann und deshalb auch der Zeit entgeht.

litz zu Antlitz», nicht einmal dies, einmal jenes, sondern, 1 Kor
wie gesagt, ein gleichzeitiges Wissen ohne jeden Zeitenab- 13,12
lauf. Es handelt sich anderseits, wenn von unsichtbarer und formloser Erde die Rede ist, um etwas jedem Zeitenablauf Entzogenes; Zeit allein erzeugt ein Bald-so und Bald-anders; wo keinerlei Form besteht, gibt es auch kein Dies und kein Das.

Um dieser beiden willen – des ursprünglich vollkommen Geformten und des gänzlich Ungeformten, dort des Himmels, aber des «Himmels des Himmels», hier der Erde, aber einer unsichtbaren und formlosen – erklärt, wie ich einstweilen meine, Deine Schrift: «Im Ursprung schuf Gott Himmel und Erde.» Denn sie fügt sogleich bei, um was für eine Erde es sich handelt. Und wenn sie erwähnt, daß das Firmament am zweiten Tag geschaffen und als Himmel bezeichnet wurde, deutet sie an, von welchem Himmel sie vorher ohne Angabe eines Tages gesprochen hat.

2. ANDERE MÖGLICHE DEUTUNGEN

Nur legitime Einwände werden beantwortet

XIV,17. Wunderbar ist die Tiefe Deiner Worte! Ihre Oberfläche erschließt sich lächelnd, uns den Kleinen, aber die Tiefe, mein Gott, die Tiefe ist wunderbar! Schaudernd nur dringt man in sie ein, in einem Schauder der Ehrfurcht, einem Beben der Liebe. Ihre Feinde sind mir bitter verhaßt; möge doch Dein zweischneidiges Schwert sie treffen, auf daß sie nicht länger ihre Feinde seien. Gern sehe ich sie so sich selber sterben, damit sie Dir leben.

Aber dann gibt es andere, die nicht tadeln, sondern das Buch Genesis bewundern. «Nicht das», sagen sie, «wollte der Geist Gottes mit diesen seinem Knecht Mose diktierten Worten zu verstehen geben, nicht, was du sagst, sondern etwas anderes, das wir sagen.»

Diesen antworte ich, während Du, Gott, unser aller Schiedsrichter bist, folgendermaßen.

XV,18. Soll das nach euch falsch sein, was mir die Wahrheit laut ins innere Ohr sprach über die echte Ewigkeit des Schöpfers, die völlige Unveränderlichkeit seines Wesens in der Zeit, über die Gleichheit seines Willens und Wesens? Und ist nicht das der Grund, weshalb er nicht bald dies und bald jenes will, sondern ein für alle Male und gleichzeitig alles will, was er will? Nicht nacheinander, so daß er jetzt etwas will, was er später nicht mehr will, oder etwas nicht will, was er früher wollte, denn solch ein Wille ist veränderlich, und kein Veränderliches ist ewig; «unser Gott aber ist ewig».

Soll ferner falsch sein, was er mir ins innere Ohr sprach: daß die Erwartung künftiger Dinge, wenn sie ankommen, zur unmittelbaren Erfahrung wird, die gleiche Erfahrung aber zur Erinnerung, wenn sie vergangen ist? Jede sich so abschattende Ausrichtung aber ist veränderlich, und nichts
Ps Veränderliches ist ewig. «Unser Gott jedoch ist ewig.» Ich
48,15 sammle und verbinde diese Einsichten und schließe daraus: mein Gott, der ewige Gott, hat die Welt nicht aufgrund eines neuen Willensentschlusses geschaffen, sein Wissen erleidet keinerlei Übergänge.

b) Geschaffenheit der Urgründe

19. Was sagt ihr dazu, meine Widersacher? Ist das falsch? «Nein», sagen sie. Aber was dann? Ist die Aussage falsch, zu behaupten, daß jede geformte Natur, jede formbare Materie nur von Dem stammt, der höchste Güte ist, weil er im höchsten Grad ist? «Auch das leugnen wir nicht», sagen sie. Was ferner? Leugnet ihr, daß es ein so erhabenes Geschöpf gibt, dem wahren und wahrhaft ewigen Gott in so keuscher Liebe anhangend, daß es, obschon ihm nicht gleichewig, sich in keine zeitliche, wechselnde Vielfalt von ihm weg auflöst und herabfließt, sondern in der allerwahrhaftigsten Anschauung Gottes allein ruht? Denn Du, Herr, zeigst Dich dem, der Dich mit aller von Dir geforderten Liebe liebt, und genügst ihm, und deshalb weicht er nie von Dir noch zu sich
Gen hin ab. Das ist die «Wohnstatt Gottes», die nicht auf Erden
28,17 oder in einem körperlichen Himmel ist, sondern geistig an

Deiner Ewigkeit teilhat. «Du hast sie für die Ewigkeit und die Ewigkeit aller Ewigkeiten erstellt, hast ihr ein Gesetz gegeben, das niemals vergehen wird.» Trotzdem ist sie Dir nicht gleichewig, denn anfangslos ist sie nicht: sie ist ja geschaffen. Ps 148,6

c) Unterschied zwischen dem «Himmel des Himmels» und dem göttlichen Wort

20. Denn wenn wir auch keine Zeit vor ihr finden – ist doch «die Weisheit vor allem Geschöpf erschaffen worden» – so ist diese Weisheit doch jener, deren Vater Du, unser Gott, bist, nicht einfach gleichartig und gleichewig, jener Weisheit, durch die alle Dinge geschaffen sind und die «der Ursprung ist», in dem Du Himmel und Erde erschaffen hast. Es geht vielmehr um eine geschaffene Weisheit, um jene Geistnatur, die durch Betrachtung Deines Lichtes selbst Licht ist. Sie wird, obschon geschaffen, Weisheit genannt; aber soweit das erleuchtende und das erleuchtete Licht voneinander verschieden sind, soweit unterscheiden sich auch die erschaffende und die erschaffene Weisheit. Genau wie die rechtfertigende Gerechtigkeit sich von der unterscheidet, die durch Rechtfertigung entsteht. Heißt es nicht von uns, wir seien «Deine Gerechtigkeit»? Hat nicht einer Deiner Knechte gesagt: «Damit wir Gerechtigkeit Gottes in ihm würden»? Es gibt somit eine Weisheit, die «vor aller Kreatur geschaffen» wurde, wirklich geschaffen, nämlich der vernunfthafte und einsichtige Geist deiner keuschen Stadt, unserer Mutter, die «oben ist und frei und ewig im Himmel» (welchem Himmel? Dem Himmel derer, die Dich als Himmel der Himmel loben, eben dem «Himmel des Himmels», der dem Herrn gehört), auch wenn wir vor ihr keine Zeit finden können, weil sie, die der Schöpfung der Zeit vorausliegt, «früher als alles geschaffen» wurde. Ihr voraus liegt freilich die Ewigkeit des Schöpfers selbst, von dem erstellt sie den Anfang nahm,[5] nicht in der Zeit, denn die gab es noch nicht, aber den Anfang ihres Daseins.

Sir 1,4 — 2 Kor 5,21 — Gal 4,26

5 Immer neu wird auf der Geschaffenheit auch dieses «früher als alles übrige Geschaffenen» beharrt. Daß es auch aus Nichts stammt und daher nicht aus Gottes Substanz genommen ist, wurde schon in VII,7 betont.

d) Unterschied zwischen «Himmel des Himmels» und Gott

21. So also stammt sie aus Dir, unserem Gott: sie ist etwas ganz anderes als Du und verschiedenen Wesens, obschon wir Zeit weder vor ihr noch in ihr finden, da sie Dein Antlitz immerfort zu schauen und sich nie davon abzuwenden vermag, weshalb sie keiner Veränderung unterliegt. Doch die Möglichkeit einer solchen liegt in ihr, so daß sie in Dunkel und Kälte abgleiten könnte, falls sie nicht in großer Liebe an Dir hängend wie ein ewiger Mittag aus Dir leuchtete und glühte.

O du schönes, schimmerndes Haus, «ich habe deine
Ps 26,7f. Pracht geliebt und die Wohnstatt der Herrlichkeit» meines Herrn, der dich erbaut hat und bewohnt. Zu dir hin seufzt meine Pilgerschaft; zu dem, der dich schuf, flehe ich, Er möge mich in dir besitzen, mich, den er gleichfalls schuf.
Lk 15,4f. «Ich irrte ab wie ein verlorenes Schaf», aber auf den Schultern meines Hirten, der dich erbaut hat, hoffe ich, dir zurückgebracht zu werden.

e) Zeitlosigkeit der beiden Urgründe

22. Was entgegnet ihr mir, meine Widersprecher, die ich oben ansprach, die ihr doch Mose für einen treuen Knecht Gottes und seine Bücher für Orakel des Heiligen Geistes
2 Kor 5,1 haltet? Gibt es dieses Haus Gottes nicht, das zwar Gott nicht gleichewig ist, aber doch in seiner Art «ewig im Himmel» ist, wo ihr vergeblich nach Zeitenwandel sucht, den ihr nicht finden werdet? Es liegt oberhalb aller Zerdehnung und aller
Ps 73,28 flüchtigen Zeiträume, da ihm «gut ist, Gott immerfort anzuhangen». «Ja, das gibt es», erwidern sie.

Ps 18,7 Was also ist für euch falsch von dem, was «mein Herz zu meinem Gott emporgerufen hat», da es innen «die Stimme
Ps 26,7 seines Lobes» vernahm? Ist es das Dasein der formlosen Materie, in der alle Form und daher alle Ordnung fehlte? Wo aber keinerlei Ordnung herrschte, konnte auch keine Zeitveränderung sein; dennoch mußte dieses Fast-Nichts, sofern es nicht gar nichts war, von Dem her sein, von dem

alles stammt, was irgendein Sein hat. «Auch das», sagen sie, «leugnen wir nicht.»

Diskussion mit solchen, die all dies zugeben

XVI,23. Ich möchte, mein Gott, mich vor Dir nur mit solchen unterhalten, die all dies zugeben, was Deine Wahrheit mir im innern Geist nicht verschwiegen hat. Wer das nicht tut, mag kläffen, wie er will, bis er taub wird. Ich werde ihn zu überzeugen versuchen, damit er still wird und Deinem Wort im Herzen Zugang verschafft. Weigert er sich und stößt er mich zurück, so, bitte, «Herr, mein Gott, zieh Dich vor mir nicht ins Schweigen zurück». Ps 28,1

Sprich in meinem Herzen in aller Wahrheit, denn Du allein kannst so reden. Die andern lasse ich draußen, sie mögen Staub blasen, bis er ihnen in die Augen dringt, ich will in meine Kammer treten und Dir Lieder der Liebe singen, unter dem Gestöhn unaussprechlicher Seufzer in meiner Pilgerschaft, mich Jerusalems erinnernd, emporgespannten Herzens zu ihm, zu Jerusalem, meiner Heimat, zu Jerusalem, meiner Mutter, und Deiner gedenkend, der über ihm waltet als Erleuchter, Vater, Beschützer, Bräutigam, seiner lauteren, starken Wonnen, seines beständigen Glücks, aller unaussprechlichen Güter insgesamt, weil Du das einzige, höchste und wahre Gut bist. Und ich will mich solange nicht abwenden, bis Du im Frieden dieser liebsten Mutter, bei der die Erstlinge meines Geistes schon hinterlegt sind und mir all dies vorweg gewiß ist, all das, was ich bin, aus dieser Zerstreuung und Verzerrung eingesammelt hast und es auf ewig angleichst und bestätigst, Du mein Gott, mein Erbarmen.

Denen aber, die all das Wahre nicht leugnen und mit uns zusammen die vom heiligen Mose verfaßte Heilige Schrift ehrfurchtsvoll als eine mit höchster Autorität ausgestattete und zu befolgende betrachten, uns aber doch einiges entgegenhalten, will ich wie folgt antworten. Sei Du, unser Herr, Schiedsrichter zwischen meinen Bekenntnissen und ihren Einwänden.

VII,24. «Das alles mag wahr sein», sagen sie, «aber nicht diese beiden Wirklichkeiten hatte Mose im Auge, als er, vom Geist inspiriert, schrieb: ‹Im Ursprung schuf Gott Himmel und Erde›. Mit dem Wort ‹Himmel› meinte er nicht jene geistige und vernunfthafte Kreatur, die immerfort Gottes Angesicht schaut, mit dem Wort ‹Erde› nicht die formlose Materie.» Was dann sonst? «Das, was wir selber meinen, das meinte auch er und sprach es in diesen Worten aus.» Was meinte er also? «Mit den Worten Himmel und Erde wollte er zunächst im ganzen und groben diese sichtbare Welt bezeichnen, um nachher bei der Aufzählung der Tage das Ganze einzeln durchzusprechen, wie es dem Heiligen Geist zu erläutern gefiel. Die Menschen jenes groben und fleischlichen Volkes, das er ansprach, waren so beschaffen, daß sie sich nach seiner Meinung unter den Werken Gottes nur die sichtbare Welt vorstellen konnten.»

Dagegen räumen sie mir ein, daß man die «unsichtbare und ungeformte Erde und den dunklen Abgrund», aus dem dann die ganze sichtbare und bekannte Welt allmählich entstand und gemäß den Tagewerken geordnet wurde, sinnvollerweise als die gestaltlose Materie verstehen kann.

25. Und wie, wenn dann ein anderer sagt, diese Formlosigkeit und Verworrenheit der Materie werde uns mit den Worten Himmel und Erde nahegelegt, aus ihr sei diese sichtbare Welt mit all ihren Wesen, die darin sich tummeln und häufig Himmel und Erde heißen, entstanden?

Und wie, wenn ein Dritter behauptet: nicht zu Unrecht werde die unsichtbare und die sichtbare Natur als Himmel und Erde bezeichnet, und damit sei die gesamte Schöpfung, die Gott in der Weisheit, das heißt im Ursprung schuf, einbeschlossen? Aber die Geschöpfe alle sind nicht aus Gottes Substanz, sondern aus nichts geschaffen worden (denn sie sind ja nicht das gleiche wie Gott), und alle sind mit einer gewissen Veränderlichkeit begabt, ob sie nun bleiben, wie die ewige Wohnstatt Gottes, oder sich wandeln wie Seele und Körper des Menschen. So wurde die allen unsichtbaren und sichtbaren Dingen gemeinsame gestaltlose, aber sicherlich formbare Materie, woraus Himmel und Erde – anders gesagt: die unsichtbare und sichtbare Schöpfung, beide schon formbegabt – durch den Ausdruck «unsichtbare und formlose Erde» und «Finsternisse über dem Abgrund» benannt, der Unterschied liegt nur darin, daß «unsichtbare und formlose Erde» die Materie des Körperlichen vor der Bestimmung durch die Form, dagegen «Finsternisse über dem Abgrund» die geistige Materie bedeutet, bevor ihre gleichsam grenzenlose Flüssigkeit begrenzt wurde und die Weisheit sie erleuchtet hat.

26. Ein Vierter könnte schließlich die Meinung vortragen: Wenn dastehe: «Im Ursprung schuf Gott Himmel und Erde», dann seien damit nicht schon die vollendeten und ausgeformten unsichtbaren und sichtbaren Wesen durch Himmel und Erde bezeichnet, sondern der ungeformte Anfang der Dinge, die Materie, die jeder Form und Schöpfung zugänglich sei, in der die Dinge schon ungeschieden, noch nicht nach Qualitäten und Gestalten erfaßbar vorauslägen, die Dinge, die nach Erhalt ihrer Wesenheit als Himmel und Erde, jener geistig, diese körperlich, bezeichnet würden.

Ein Schriftsinn kann, auch wenn vom Autor nicht gemeint, richtig sein

XVIII,27. Nachdem ich mir das alles angehört und überlegt habe, will ich nicht weiter «über Worte streiten, denn das ist zu nichts nützlich, gereicht nur zum Schaden der Hörer». 2 Tim 2,14
Das Gesetz dagegen ist «gut, wenn man es sinngemäß gebraucht». Denn «sein Ziel ist die Liebe aus reinem Herzen 1 Tim 8,5
und aus gutem Gewissen und ungeheucheltem Glauben».
Unser Meister weiß, an welchen beiden Geboten er das Mt 22,40
ganze Gesetz und die Propheten aufgehängt hat. Wenn ich Dir mit Glut mein Bekenntnis ablege, mein Gott, Du Licht meiner Augen in der Dunkelheit, was schiert es mich, wenn diese Worte, die auf jeden Fall wahr sind, auf verschiedene Art verstanden werden können? Was schiert es mich, sage ich, wenn ich eine verschiedene Meinung über die Absicht des Verfassers habe als ein anderer? Wir alle, die den Text lesen, sind bemüht, darin einzudringen und die Meinung

dessen, den wir lesen, zu verstehen, und da wir ihn für wahrhaftig halten, hüten wir uns zu glauben, er habe gesagt, was wir als falsch erachten oder vermuten. Da ein jeder bemüht ist, die Heilige Schrift so zu verstehen, wie der Verfasser sie verstand, was ist dann Schlimmes dabei, wenn einer erfaßt, was Du, Licht aller wahrheitsliebenden Seelen, ihm als das Rechte zeigst, selbst wenn es nicht der Gedanke dessen ist, den er liest, der doch seinerseits auch das Wahre, wenn auch nicht das gleiche, ausdrücken wollte?

Was jedenfalls wahr ist

XIX,28. Wahr ist auf jeden Fall, Herr, daß Du Himmel und Erde erschaffen hast. Wahr ist auch, daß der Ursprung Deine Weisheit ist, in der Du alles erschufst. Wahr ist ferner, daß diese sichtbare Welt zwei große Teile hat: Himmel und Erde, der Inbegriff aller Wesen, die Du geschaffen hast. Wahr ist, daß alles Veränderliche unserem Denken eine gewisse Formlosigkeit nahelegt, fähig, eine Form zu empfangen und Änderungen und Verwandlungen zu erlauben. Wahr ist, daß ein Wesen, das dem Unveränderlichen so anhängt, daß es, obschon veränderlich, sich nicht ändert, der Zeit nicht unterliegt. Wahr ist, daß das Formlose, das Fast-Nichts, von den Veränderungen der Zeit nicht betroffen werden kann. Wahr ist, daß nach einem gewissen Sprachgebrauch ein Ding schon die Bezeichnung des aus ihm Werdenden tragen kann, daß man deshalb das Unförmige, woraus Himmel und Erde entstanden, schon mit diesen Worten bezeichnen kann. Wahr ist, daß von allen gestalthaften Dingen nichts dem Gestaltlosen näher steht als Erde und Abgrund. Wahr ist, daß nicht nur alles Geschaffene und Geformte, sondern alles Erschaffbare und Formbare Dein Werk ist, da alles aus Dir ist. Wahr ist schließlich, daß alles, was aus Ungeformtem geformt wird, zuerst gestaltlos war und nachträglich gestaltet wurde.

Mögliche Deutungen von «im Ursprung»

XX,29. Von all diesen Wahrheiten, die von keinem bezweifelt werden, dessen innerem Auge Du sie zu schauen gegeben hast, und die alle für wahr halten, daß Dein Knecht Mose dem Geist der Wahrheit gemäß gesprochen hat, nimmt sich der eine eines heraus und sagt: «Im Ursprung schuf Gott Himmel und Erde» besagt, daß Gott in seinem ihm gleichwertigen Wort die geistige und die sinnliche, oder die geisthafte und die körperliche Kreatur erschuf; ein anderer nimmt sich ein anderes heraus und sagt: «Im Ursprung schuf Gott Himmel und Erde» besagt, daß Gott in seinem ihm gleichewigen Wort die ganze Masse der Körperwelt mit allen darin enthaltenen sichtbaren und bekannten Wesen geschaffen hat. Ein Dritter sagt: «Im Ursprung schuf Gott Himmel und Erde» bedeutet: in seinem ihm gleichewigen Wort schuf Gott die gestaltlose Materie sowohl der Geist- wie der Körperwelt. Ein Vierter: «Im Anfang schuf Gott Himmel und Erde» besagt: in seinem gleichewigen Wort schuf Gott die gestaltlose Materie der Körperwelt, in der Himmel und Erde noch ungeschieden lagen, die wir jetzt geschieden und geformt im Weltganzen erblicken. Ein Fünfter: «Im Anfang schuf Gott Himmel und Erde» heißt: zu Beginn seines Handelns und Wirkens schuf Gott eine formlose Materie, die Himmel und Erde ungeschieden in sich enthielt, aus der sie jetzt als geformt heraustreten und mit ihrem ganzen Inhalt sich darbieten.

Mögliche Deutungen der «formlosen Erde» und des «Abgrunds»

XXI,30. Nicht anders verhält es sich mit dem Verständnis der darauf folgenden Worte: aus den verschiedenen wahren Weisen, sie zu verstehen, wählt sich ein jeder die seine. Einer sagt: «Die Erde aber war unsichtbar und formlos, und Finsternisse waren über dem Abgrund», besagt: das Körperliche, das Gott schuf, war erst die ungeformte, ungeordnete, lichtlose Materie der körperlichen Dinge. Ein Zweiter sagt: «Die Erde aber war unsichtbar, und Finsternisse waren über dem Abgrund» bedeutet: das Körperliche, das Gott schuf, war noch die gestaltlose und finstere Materie, woraus der körperliche Himmel und die körperliche Erde samt allem, was sie unsern körperlichen Sinnen darbieten, entstanden. Ein Dritter meint: «Die Erde aber war unsichtbar und formlos, und Finsternisse waren über dem Abgrund» besagt: dieses Ganze, das Himmel und Erde genannt wird, war noch formlose und dunkle Materie, woraus dann sowohl der geistige Himmel – anderswo «Himmel des Himmels» genannt – wie die Erde entstanden, nämlich alle Körpernatur, worunter auch der körperliche Himmel fällt, somit alle geschaffene unsichtbare und alle sichtbare Kreatur. Ein Vierter sagt: «Die Erde war unsichtbar und formlos, und Finsternisse waren über dem Abgrund» meint nicht das Formlose, das die Schrift Himmel und Erde nennt, das existierte schon vorher, dieses nannte die Schrift unsichtbare, formlose Erde, finstern Abgrund. Daraus schuf Gott, wie die Schrift bereits sagte, Himmel und Erde, nämlich die geistige und körperliche Kreatur. Ein weiterer sagt: «Die Erde aber war unsichtbar und formlos, und Finsternisse waren über dem Abgrund» besagt: es gab schon etwas Formloses, aus dem, wie die Schrift vorwegsagt, Gott den Himmel und die Erde erschaffen hat, nämlich die ganze Masse der Körperwelt, die in zwei Hauptteile, einen obern und einen untern mit allen gewohnten und bekannten Geschöpfen zerfällt.

Nicht alle Geschöpfe von der Schrift erwähnt

XXII,31. Diesen beiden letzten Ansichten könnte jemand Folgendes entgegensetzen: Wenn ihr nicht wollt, daß diese Gestaltlosigkeit der Materie mit dem Namen Himmel und Erde bezeichnet werde, dann muß es etwas gegeben haben, was Gott nicht gemacht hat und aus dem er Himmel und Erde erschuf. Die Schrift hat ja nicht erzählt, daß Gott diese Materie geschaffen hat, außer wir verstünden, diese werde mit dem Ausdruck «Himmel und Erde» oder auch bloß «Erde» bezeichnet, wenn gesagt wird: «Im Ursprung schuf Gott Himmel und Erde.» Hätte die Schrift die gestaltlose Materie durch das Folgende: «Die Erde war unsichtbar und ungeformt», benennen wollen, so könnten wir in dieser doch nichts anderes erkennen als die von Gott von Anfang an geschaffene, da es heißt: «Im Ursprung schuf Gott Himmel und Erde.» Darauf könnten die Vertreter einer der beiden letzten Meinungen erwidern: Wir leugnen nicht, daß die formlose Materie von Gott geschaffen wurde, von dem alles «sehr Gute» herstammt. Für uns ist etwas gestalthaft Geschaffenes ein höheres Gut, wir anerkennen aber, daß ein erst Schaffbares und Gestaltbares ein geringeres Gut ist, aber immerhin doch ein Gut. Was das Schweigen der Schrift über die Erschaffung des Gestaltlosen angeht, so erwähnt sie die Schöpfung vieler anderer Dinge auch nicht, die der Cherubim, der Seraphim zum Beispiel, die der «Throne und Mächte, der Fürstentümer, der Kräfte», die der Apostel deutlich voneinander unterscheidet und die doch offenbar alle durch Gott geschaffen wurden. Wenn aber im Ausdruck «Er schuf Himmel und Erde» alles insgesamt einbeschlossen sein soll, was sollen wir dann von den Wassern sagen, über denen Gottes Geist schwebte? Und wenn auch sie mit dem Wort «Erde» bezeichnet sein sollen, wie soll dann diese die ungeformte Materie besagen, während die Wasser uns viel schön Geformtes zeigen? Haben sie ihre Schönheit erst erhalten, als Gott sprach: «Sammeln sollen sich die Wasser unter dem Firmament», so daß ihre Sammlung zugleich ihr Geformtwerden gewesen wäre? Aber was ist dann von den Wassern über dem Firmament zu halten? Wären sie formlos, so verdienten sie keinen so ehrenvollen Platz, und doch steht nirgends geschrieben, sie seien geformt worden.

Gen 1,31

Kol 1,16

So gibt es Dinge, deren Erschaffung die Genesis nicht erwähnt, obschon weder ein gesunder Glaube noch ein aufrechter Verstand an ihrer Erschaffung zweifeln kann; keine gesunde Lehre kann vertreten, die Wasser, die in der Genesis erwähnt werden, von deren Erschaffung aber nicht die Rede ist, seien gleichewig wie Gott. Weshalb sollten wir dann nicht auch, von der Wahrheit belehrt, einsehen, daß die gestaltlose Materie, von der Schrift «unsichtbare und ungeformte Erde und finsterer Abgrund» genannt, gleichfalls von Gott aus nichts geschaffen wurde und deshalb nicht gleichewig ist wie er, selbst wenn der Bericht den Augenblick ihrer Erschaffung nicht genau angibt?

XXIII,32. Ich höre mir diese Meinungen an, überlege sie, soweit meine Schwäche es vermag, die ich meinem Gott, der wohl darum weiß, bekenne. Zwei Arten von Meinungsverschiedenheiten, seh ich, können entstehen, wenn wahrhaftige Zeugen etwas durch Zeichen hindurch zu verstehen geben. Meinungsverschiedenheit kann hinsichtlich der Wahrheit der Dinge, aber auch über die Absicht des Berichtenden entstehen. Ein anderes ist die Erfahrung der Wahrheit bezüglich der Weltschöpfung, ein anderes, was Dein großer Knecht Mose seine Leser und Hörer verstehen lassen wollte.

Zum ersten Fall: weit von mir sollen alle weichen, die falsche Meinungen für angeblich wahres Wissen betrachten. Zum zweiten: weit von mir alle, die meinen, Mose habe Falsches berichtet. Mit denen dagegen, will ich mich in Dir zusammentun, Herr, und mich mit ihnen in Dir erfreuen, die sich in der Fülle der Liebe an Deiner Wahrheit erfreuen. Wir wollen gemeinsam zum Gehalt Deiner Schrift herantreten und in ihr durch die Absicht Deines Dieners hindurch Deine Absicht suchen, die Du durch dessen Feder bekannt gemacht hast.

Schwierigkeit, Moses Absicht zu kennen

XXIV,33. Doch wer von uns hat diese Absicht so gut erraten, daß er, da die Wahrheit dieser Worte auf so viele Weise vom suchenden Geist gedeutet werden kann, mit der gleichen Zuversicht sagen könnte: das hat Mose gemeint, das hat er durch seinen Bericht klarmachen wollen, wie er zuversichtlich sagt: das jedenfalls ist wahr, wie immer Mose es aufgefaßt haben mag?

Was mich angeht, mein Gott, der ich als «Dein Knecht» Dir ein Opfer des Bekenntnisses in diesem Buch dargebracht habe und Dich durch Deine Barmherzigkeit bitte, «dieses
Ps 116, 16f. Gelübde auch zu vollbringen», so sage ich zuversichtlich, Du habest in Deinem unveränderlichen Wort alles geschaffen, Unsichtbares und Sichtbares. Kann ich aber mit der

gleichen Zuversicht sagen: das war Moses Absicht, als er schrieb: «Im Ursprung schuf Gott Himmel und Erde»? Denn wenn ich in Deiner Wahrheit sehe, daß die erste Aussage sicher ist, so kann ich nicht ebenso in seinen Geist hineinsehen, um seine Absicht bei seiner Niederschrift festzustellen.

Mit «Im Ursprung» hat er sehr wohl an den Anfang des Schöpfungsaktes denken können. Mit «Himmel und Erde» konnte er auf die geistige und körperliche Wesenheit verweisen, die aber beide erst begonnen und noch ungestaltet waren. Ich sehe, daß man beides mit gleicher Wahrhaftigkeit hat behaupten können, aber welches von beidem Mose dabei im Sinn trug, ist mir weniger klar. Obschon ich sicher bin, daß der große Mann beim Schreiben dieser Worte einen der beiden oder einen andern, hier nicht erwähnten Sinn vor Augen hatte und damit die Wahrheit sah und in angemessener Weise aussprach.[6]

Mose braucht nicht gemeint zu haben, was ich meine

XXV,34. «Keiner belästige mich» somit, indem er mir sagt: Gal 6,17
«Nicht so dachte Mose, wie Du sagst, sondern so, wie ich sage.» Hätte er mir wenigstens gesagt: «Woher weißt du, daß Mose die Dinge so verstand, wie du sagst?», dann müßte ich's willig hinnehmen und würde wie oben antworten, oder ausführlicher, wenn er hartnäckiger wäre. Behauptet er aber: «Nein, seine Absicht entspricht nicht deinen Worten, sondern meinen», wobei er nicht abstreitet, daß beides wahr sein kann, dann gieße Du, Leben der Armen, mein Gott, in dem kein Widerspruch herrschen kann, mir Milde ins Herz, damit ich diese Leute geduldig ertrage. Sie reden nicht so, weil sie Wahrsager sind und ihre Behauptungen im Herzen Deines Knechtes erblickt haben, sondern aus

[6] Damit ist auch deutlich, daß Augustin seine eigene Deutung nicht als die einzig mögliche hinstellen will. Er hat in ihr nur vorgetragen, was ihm am meisten am Herzen lag: christliche Überhöhung und Richtungstellung der neuplatonischen Weltschau.

Hochmut kennen sie Moses Absicht nicht, lieben aber die eigene, nicht weil sie wahr ist, sondern weil sie die ihrige ist. Sonst würden sie eine andere ebenso lieben, wie ich die ihrige liebe, wenn sie die Wahrheit sagen; nicht weil es die ihrige ist, sondern weil sie wahr ist. Und damit, daß sie wahr ist, ist sie schon nicht mehr die ihrige. Lieben sie aber ihre Aussage, weil sie wahr ist, dann gehört sie mir ebensogut wie ihnen, sie ist Gemeingut aller Wahrheitsliebhaber.

Behaupten sie aber, des Mose Absicht sei nicht die meine, sondern die ihre, dann will und mag ich das nicht; denn selbst wenn es so wäre, die Aussage wäre nicht Wissenschaft, sondern Überheblichkeit und Anmaßung; Einbildung, nicht Einsicht hätte sie hervorgebracht.

Deshalb sind Deine Urteile, Herr, fürchtenswert, weil Deine Wahrheit weder die meinige noch die eines Beliebigen ist, sondern die unser aller, die Du uns alle offen zur Teilnahme daran ladest, uns schreckhaft ermahnend, sie nicht als unsere eigene zu betrachten, um ihrer nicht beraubt zu werden. Wer das, was Du zum Genuß aller anbietest, für sich beansprucht und sich selber zueignet, wird vom Gemeinsamen ins Eigene zurückgeworfen, und damit von der Wahrheit in die Lüge. Denn «wer lügt, der redet aus dem
Joh 8,44 Eigenen».

Liebe und Wahrheit untrennbar

35. Höre denn, Gott, gerechter Richter und die Wahrheit selbst, was ich meinem Widersacher erwidere. Höre, denn vor Dir sag ich's und vor meinen Brüdern, die «rechten
1 Tim 1,8.5 Gebrauch vom Gesetz» machen: hin zu seinem Ziel, der Liebe. Höre, wenn es Dir so gefällt, was ich ihm sage.

Diese brüderliche, friedliche Antwort erteile ich ihm: wenn wir beide einsehen, daß, was du sagst und was ich sage, wahr ist, wo, bitte, sehen wir das ein? Sicher nicht ich in dir noch du in mir, sondern wir beide sehen es in der unserm Geiste überlegenen unveränderlichen Wahrheit. Wenn wir also über das Licht des Herrn, unseres Gottes, nicht streiten, warum sollten wir über einen Gedanken unseres Nächsten streiten, den wir ja nicht so sehen können wie die unveränderliche Wahrheit sich zeigt?[7] Denn wenn selbst Mose uns erschiene und sagte: «Das war mein Gedanke»: wir sähen diesen nicht selbst, sondern müßten ihm glauben.

«So also blähe sich keiner über das hinaus auf, was geschrieben steht, auf Kosten des einen zugunsten des andern.» Wir sollen «den Herrn, unsern Gott aus unserem ganzen Herzen, unserer ganzen Seele und unserem ganzen Gemüt lieben und unsern Nächsten wie uns selbst». Glauben wir nicht, daß Mose auf diese zwei Liebesgebote hin alles gedacht hat, was er in seinen Schriften denken mochte, so machten wir Gott zum Lügner, indem wir von der Gesinnung unseres Mitknechts anders dächten als so, wie Gott sie ihm eingab. So sieht man, wie töricht es wäre, bei der Fülle höchst wahrer Meinungen, die man aus diesen Schriften ziehen kann, keck zu behaupten, nur eine sei die eigentliche des Mose, und so mit verderblichem Zank die Liebe selbst zu verletzen, um deretwillen er all das gesagt hat, was wir darzulegen bestrebt sind.

1 Kor 4,6
Dt 6,5

Wäre ich Mose gewesen ...

XXVI,36. Trotzdem kann ich, mein Gott, Du erhabener über meiner Niedrigkeit, Du Ruhe meiner Bemühung, der Du meine Bekenntnisse anhörst und mir meine Sünden verzeihst, der Du mir auch befiehlst, meinen Nächsten zu lieben wie mich selbst, nicht glauben, daß Dein getreuester Knecht Mose eine mindere Gabe von Dir empfangen hat, als ich sie mir wünschte und ersehnte, falls ich zu seiner Zeit geboren worden wäre und Du mich an seinen Posten gestellt hättest, um durch den Dienst meines Herzens und meiner Zunge jene Schriften zu erzeugen, die noch so lange später allen Völkern Nutzen bringen und auf dem ganzen Erdenrund durch ihr hohes Ansehn alle stolzen und falschen Lehren überwinden sollten.

[7] Wenn neben den angeführten Kriterien für die Rechtmäßigkeit verschiedener Deutungen einer Schriftstelle hier das wichtigste Kriterium gezeigt wird, so darf darüber hinaus die ganze Abhandlung des XII. Buches nicht ohne die im XIII. entwickelten Gedanken über die Kirchlichkeit der Schrift und ihrer Auslegung verstanden werden.

Wäre ich damals Mose gewesen – wir stammen ja alle aus der gleichen Masse, und «was ist der Mensch, daß Du seiner
Ps 9,8 gedenkst?» – wäre ich gewesen, was er, und hättest Du mir das Buch Genesis zu schreiben gegeben, so hätte ich mir eine solche Redegabe und Ausdruckskunst gewünscht, daß selbst solche, die die Schaffensweise Gottes noch nicht einsehen, das von mir Gesagte nicht als ihre Kräfte übersteigend, abgelehnt hätten, während jene, die dazu fähig gewesen wären, die wahre Bedeutung, zu der sie nachdenkend gelangten, in den kurzen Worten Deines Knechtes nicht übergangen gefunden hätten, und falls ein anderer im Licht Deiner Wahrheit eine andere Ansicht fand, diese in den Worten miteingeschlossen gewesen wäre.

Die Vorstellung der Einfältigen gelten lassen

XXVII,37. Wie ein Quell an seinem kleinen Ursprungsort reichlicher ist und durch verteilte Bäche seine Flut durch größere Fluren ergießt, als ein einzelner dieser Bäche, der sich aus dem gleichen Ursprung weithin verteilt, so sollte der Bericht Deines Erzählers, mit dem er so vielen Auslegern nützlich sein würde, mit geringem Sprachaufwand Ströme klarer Wahrheit austeilen, woraus jeder das für ihn zugängliche Wahre schöpfen kann – der dieses, ein anderer jenes –, um es durch längere Wortmäander auszudehnen.

Die einen stellen sich beim Lesen oder Hören dieser Worte Gott wie einen Menschen vor oder wie eine mit gewaltiger Wucht ausgestattete Macht, die aufgrund eines plötzlichen neuen Entschlusses gleichsam in weit entfernte Räume Himmel und Erde aus sich heraus gemacht hätte, zwei große Körper, den einen oben, den andern unten und alles in sich enthaltend. Und wenn sie hören: «Gott sprach: Dies entstehe, und es entstand», dann denken sie an beginnende und endende Worte, die zeitlich erklingen und wieder verklingen, und wenn sie verklingen, beginnt das Befohlene sogleich zu existieren; und was sie sich sonst noch aufgrund ihrer Vertrautheit mit Fleischlichem vorstellen mögen.

In ihnen, die noch kleine Kinder sind, deren Schwäche in

dieser bescheidensten Ausdrucksweise wie in einem Mutterschoß getragen wird, baut sich ein heilsamer Glaube auf, für den sicher ist, daß Gott all die Wesen geschaffen hat, die ihr Sinn in wundersamer Vielfalt ringsum erblickt. Wenn einer von diesen, den Nutzen der Worte verachtend, sich in hochmütiger Schwäche aus der nährenden Wiege hinauswirft, ach, der fällt elendiglich. Erbarme Dich seiner, Herr und Gott, damit das federlose Vöglein nicht auf dem Weg von den Vorübergehenden zertreten wird, schicke ihm Deinen Engel, der es ins Nest zurücklegt, damit es lebe, bis es flügge wird.

Die Anschauung Reiferer

XXVIII,38. Für andere sind diese Worte kein Nest mehr, sondern ein schattiges Gebüsch; sie sehen versteckte Früchte darin, flattern fröhlich herum und suchen und pikken zwitschernd daran.

Wenn sie Deine Worte lesen und hören, ewiger Gott, erkennen sie, daß alle vergangenen und kommenden Zeiten von Deiner ewigen und bleibenden Ständigkeit überherrscht sind und dennoch nichts in der zeitlichen Kreatur nicht aus Dir stammt. Daß Dein Wille, der eins ist mit Dir, ohne Veränderung alles erschuf und ohne daß ein bisher nicht existierender Entschluß in ihm aufgebrochen wäre. Daß Du sie erschufst, nicht indem Du aus Dir, der Urform aller Dinge, etwas Dir Ähnliches zogst, sondern aus dem Nichts zogst Du eine formlose Unähnlichkeit, die durch Deine Ähnlichkeit Form erhalten sollte, rückkehrend zu Dir, dem Einen, je nach der geordneten Fassungskraft, die einem jeden Wesen gemäß seiner Art gewährt ist; daß somit alle Dinge «sehr gut» sind, ob sie nun in Deiner Nähe bleiben oder zeitlich und räumlich mehr oder weniger weit von Dir entfernt schöne Veränderungen erzeugen oder erleiden mögen.

Sie sehen das alles und freuen sich darob im Licht Deiner Wahrheit, soweit sie dessen hienieden fähig sind.

39. Ein anderer lenkt sein Aufmerken auf das Wort «Im Ursprung schuf Gott» und betrachtet die Weisheit als «den
Joh 8,25 Ursprung», weil diese «auch zu uns spricht». Ein weiterer betrachtet die gleichen Worte und versteht den Ursprung als Anfang der Schöpfung. «Gott schuf im Ursprung» hieße demnach «Gott schuf zuerst».

Unter denen, die das Wort «Ursprung» als die Weisheit verstehen, in der Gott Himmel und Erde schuf, meint der eine, mit Himmel und Erde sei die Materie bezeichnet, aus der Himmel und Erde erschaffbar sind, ein anderer, es handle sich um die schon gestalteten und unterschiedenen Wesen, wieder ein anderer, Himmel bedeute die gesamte geformte Geistnatur, Erde dagegen die formlose körperliche Natur.

Die gleiche Verschiedenheit herrscht unter denen, die unter Himmel und Erde die noch ungeformte Materie verstehen, aus der Himmel und Erde entstehen sollten. Der eine erkennt darin den gemeinsamen Ursprung der übersinnlichen und der sinnlichen Wesen; der andere meint, aus ihr solle allein die sinnliche Körpermasse hervorgehen, die in ihrem gewaltigen Busen die sichtbaren, wahrnehmbaren Wesen enthielte.

Nochmals herrscht Verschiedenheit unter denen, die die Bezeichnung Himmel und Erde als für die schon geordneten und geschiedenen Wesen geltend erachten: der eine denkt sich dabei die unsichtbare und die sichtbare Welt, der andere bloß die sichtbare, in der wir einen hellen Himmel und eine dunkle Erde mit all ihren Inhalten unterscheiden.

Vier mögliche Deutungen

XXIX,40. Wer nun die Worte «Im Ursprung schuf» im Sinn von «zuerst erschuf» nimmt, kann «Himmel und Erde» nicht anders verstehen denn als im Sinn einer Materie für Himmel und Erde, nämlich für die Gesamtheit der geistigen und körperlichen Kreatur. Denn wollte er darin ein bereits Geformtes erblicken, so wird man zu Recht fragen: «Wenn

Gott das zuerst geschaffen hat, was hat er nachher geschaffen?» Wird das Ganze als schon geschaffen vorgestellt, so findet er nachher nichts mehr, und er kann nur mit Mißfallen die Frage hören: Was soll ein Erstes sein, wenn nachher kein Zweites kommt?

Sagt er aber: zuerst die ungestaltete, dann die gestaltete Natur, so ist das nicht unvernünftig, falls er zu unterscheiden vermag, ob das Vorerst ein solches der Ewigkeit oder der Zeit oder der Auswahl oder des Ursprungs sei: der Ewigkeit nach, wie Gott allen Dingen voraus ist, der Zeit nach, wie die Blüte der Frucht, der Auswahl nach, wie die Blüte um der Frucht willen da ist, dem Ursprung nach, wie der Ton der ganzen Melodie vorangeht.

Von diesen vier Arten des Vorweg ist das erst- und letzterwähnte schwer, die beiden mittleren leicht zu begreifen. Denn es ist selten und schwer zu begreifen, Herr, wie Deine Unveränderlichkeit Veränderliches hervorbringt und diesem insofern vorausliegt. Wer hat sodann die Geistesschärfe, um mühelos einzusehen, wie der Ton dem Gesang vorausgeht, da nämlich der Gesang ein bereits geformter Ton ist, und es sicherlich etwas Ungeformtes geben kann, während ein Nichtseiendes nicht geformt werden kann. So hat die Materie Priorität vor dem aus ihr Gemachten, nicht Priorität, weil sie etwas «macht», da sie vielmehr gemacht wird, und auch nicht Priorität aufgrund eines Zeitzwischenraums, denn wir geben ja nicht in einer ersten Zeit ungeformte Laute von uns und fügen sie erst in einer zweiten zu einer gestalteten Melodie, wie bei einem Holz, das zu einem Kasten, oder bei Silber, das zu einem Gefäß geformt wird; diese Art Materien gehen freilich den geformten Dingen zeitlich voraus. Beim Gesang nicht so. Sobald einer singt, hört man den Ton des Gesangs, dieser tönt nicht zuerst formlos und wird nachträglich zur Melodie gefügt, sondern was zunächst irgendwie ertönte, geht vorbei, und du findest davon nichts mehr, um daraus etwas Kunstvolles zu formen, weshalb die Melodie selbst sich auf ihr Erklingen zurückführen läßt, ihr Ton ist ihre Materie, die freilich geformt werden muß, um ein Lied zu werden; und insofern hat, wie gesagt, die tönende Materie eine Priorität gegenüber der Form des

Gesangs. Keine solche des Wirkens, denn der Ton ist nicht der Künstler des Gesangs, jedoch dem Leib entspringend wird er der singenden Seele unterworfen, die daraus ein Lied macht; auch keine Priorität der Zeit, da er zu gleicher Zeit wie der Gesang ergeht, auch keine solche der Wahl, ist doch der Ton nicht wertvoller als der Gesang, der ja kein bloßer Ton, sondern ein schöner Ton ist. Doch herrscht eine Priorität des Ursprungs, denn man formt keinen Gesang, damit etwas ertöne, sondern der Ton wird geformt, damit gesungen werde.

An diesem Beispiel erkennt, wer's vermag, daß die Materie der Dinge zuerst geschaffen und Himmel und Erde genannt wurde, weil beides aus ihr geformt ward. Nicht der Zeit nach zuerst geschaffen, denn erst die Formen der Dinge lassen die Zeit entstehen, jene Materie aber war formlos und wurde erst mit der Zeit zusammen wahrgenommen, und doch läßt sich nichts von ihr sagen, man räumte ihr denn eine Art zeitliche Priorität ein, obschon sie das Unterste ist, denn alles Geformte ist dem Formlosen vorzuziehen, und die Ewigkeit des Schöpfers mußte ihr vorausgehen, auf daß alles Geschaffene selber dem Nichts entstammte.

Lösungsbedingungen: a) liebendes Geltenlassen

XXX,41. Anläßlich einer solchen Vielfalt wahrer Ansichten möge die Wahrheit selber die Eintracht herstellen. Möge unser Gott sich unser erbarmen, damit wir das Gesetz rechtmäßig anwenden, indem wir es auf die reine Liebe, ihren Zweck, beziehen.

Fragt man mich somit, welche dieser Meinungen Dein Knecht Mose vertreten hat, so gehört das nicht mehr zum Gegenstand meiner Bekenntnisse. Ich bekenne es nicht, weil ich es nicht weiß; ich weiß bloß, daß jene Meinungen wahr sind, ausgenommen die groben, über die ich meine Ansicht, soweit es mich gutdünkte, geäußert habe. Aber kleine Seelen, die solches meinen, aber Gutes erhoffen lassen, sollen durch die Worte Deines Buches nicht erschreckt werden, die erhaben sind in ihrer Niedrigkeit und gehaltvoll in ihrer Kürze.

Wir alle aber, die, ich gesteh's, in Deinen Worten Wahres

zu entdecken und zu sagen vermögen, wollen uns gegenseitig lieben und Dich ebenso lieben, unsern Gott und die Quelle der Wahrheit, falls wir nach dieser und nicht nach Eitlem dürsten. Deinen Diener aber, den Verfasser dieser Schrift, der Deines Geistes voll ist, wollen wir so in Ehren halten, daß wir glauben, er habe beim Schreiben unter Deiner Offenbarung das im Auge gehabt, was darin am besten dem Licht der Wahrheit und der Frucht des Nutzens entspricht.

b) Mögliche Vielfalt in Moses Absicht

XXXI,42. Wenn also einer mir sagen kommt: «Mose hat das gleiche gesagt wie ich», und ein anderer: «Durchaus nicht, sondern wie ich», dann erscheint es mir ehrfurchtsvoller zu erwidern: «Warum dann nicht lieber beides, wenn beides doch wahr ist?» Und sieht einer einen dritten, vierten oder einen noch weiteren ganz andern Sinn in diesen Worten, warum nicht annehmen, Mose habe sie alle gesehen, er, durch den der einzige Gott die Heiligen Schriften den vielen Sichten Mehrerer so angepaßt hat, daß sie darin alle etwas Wahres, wenn auch Verschiedenes finden sollten?

Was mich angeht, so erkläre ich kühn und aus tiefstem Herzen: Hätte ich mit höchster Autorität etwas zu schreiben, so schriebe ich lieber so, daß das Meinige wiedergäbe, was jeder an Wahrem im Gesagten fassen kann, als daß ich einen einzigen wahren Gedanken zu dem Zweck hinzusetzte, alle übrigen auszuschließen, selbst wenn sie nichts Falsches enthielten, das mich stoßen könnte. Ich möchte, mein Gott, nicht so vermessen sein, anzunehmen, ein so großer Mann habe keine solche Gabe von Dir verdient. Sicher hat er beim Aufzeichnen dieser Worte gefühlt und gedacht, was immer wir an Wahrem darin zu finden vermochten, oder auch nicht oder noch nicht zu finden vermochten, was doch darin gefunden werden kann.

c) Unterwerfung unter den Geist

XXXII,43. Schließlich, Herr, der Du nicht Fleisch und Blut, sondern Gott bist; wenn der Mann nicht alles deutlich zu sehen vermochte, konnte etwa Deinem Heiligen Geist, Ps 143,10 «der mich auf dem geraden Weg leiten wird», etwas entgehen, was Du selber in diese Worte den künftigen Lesern offenbaren wolltest, selbst wenn jener, durch den sie gesprochen wurden, vielleicht nur eine wahre Ansicht aus vielen vor Augen hatte? Ist dem so, dann gelte mir die von ihm bedachte als die erhabenste. Uns aber, Herr, zeige diese oder eine andere wahre, die Dir gefällt, so daß Du uns entweder das offenbarst, was auch Dein Mann sah, oder etwas anderes anläßlich der gleichen Worte, wenn nur Du uns sättigst und kein Irrtum sich einschleicht.

Sieh, Herr, mein Gott, wie viel ich da über wenige Worte zusammengeschrieben habe! Wieviel Kräfte, wieviel Zeit bedürften wir, wollten wir mit all Deinen Büchern zurande kommen!

Laß mich deshalb kürzer Dir bekennen und ein einzelnes Wahres, Sicheres, Gutes, das Du mir eingibst, auswählen aus dem vielen, das sich mir vorstellen kann. Und laß mich, wenn ich Dir bekenne, was ich glaube, das von Deinem Knecht Gemeinte gut und treffend sagen, und träfe ich's nicht, soll wenigstens das gesagt sein, was mir Deine Wahrheit durch des Mose Wort beibringen wollte, Deine Wahrheit, die auch ihm, was sie wollte, beigebracht hat.

DREIZEHNTES BUCH

IN DER NATÜRLICHEN SCHÖPFUNG DIE ÜBERNATÜRLICHE KIRCHE[1]

I. DAS REINE UMSONST DER SCHÖPFUNG

Anrufung der Güte Gottes

I,1. Dich rufe ich an, «mein Gott und mein Erbarmen»; Du hast mich geschaffen, und als ich Dein vergaß, Du vergaßest mich nicht. Ich rufe Dich an in meiner Seele, die Du sie mit einer von Dir eingeflößten Sehnsucht daraufhin bereitest, Dich zu erfassen. Ps 59,18

Verlaß den nicht, der Dich jetzt anruft, denn Du hast meinem Anruf vorgegriffen und mit zahlreichen, immer neuen Rufen beharrt, daß ich Dich aus der Ferne höre und mich umkehre und Deinem Anruf an mich mit meinem Anruf an Dich antworte.

Hast Du doch, Herr, all meine Mißverdienste getilgt, um meinen Händen nicht vergelten zu müssen, was ich von Deinem Werk aufgetrennt, und bist all meinen rechten Verdiensten zuvorgekommen, um mir mit Deinen Händen, die mich schufen, zu vergelten.

Denn eh ich war, warst Du, und ich war nicht so, daß Du mir Dasein schuldetest; und nun bin ich doch aufgrund

[1] Die in diesem Buch vorgenommene Deutung der Schöpfung auf die Kirche nennt Augustin selbst «Allegorie» (XIII, XXIV), 36 + 37 vgl. V,XIV, 24). Doch wird man sich hüten, darin bloße poetische oder auch theologische Willkür zu sehen. Wird doch aus den Anfangskapiteln klar, daß Gott die natürliche Welt um ihrer Erhebung in sein übernatürliches Reich willen geschaffen hat, wodurch sich grundsätzlich schon ergibt, daß die Schöpfung ein Vorausbild des als erfüllend Vorgesehenen ist. Dies einzusehen ist wichtiger als die Feststellung, daß für unsern Geschmack viele Einzelheiten zu weitschweifig erscheinen. Vgl. die Bemerkungen A. Holls (in der Übersetzung Perls 1964) zum ganzen Buch.

Deiner Güte, die früher als alles war, früher als alles, wozu Du mich schufst und woraus Du mich schufst.[2]

Du bedurftest meiner nicht, und ich bin kein solches Gut, das Dir nützen könnte, mein Herr und mein Gott; ich kann mich zu Deinem Dienst nicht anbieten, damit Dich Dein Wirken gleichsam weniger ermüde, oder Deine Macht, meines Dienstes entbehrend, geringer wäre, oder ich Dich pflege wie einen Boden, so daß Du ohne meine Pflege unfruchtbar bliebest. Dennoch will ich Dir dienen und Dich pflegen, damit ich Seligkeit von Dir erlange, der mir das Sein gab, das selig werden kann.

Schöpfung als umsonstige Güte

II,2. Nur aus der Fülle Deiner Güte hat Deine Kreatur Dasein, damit ein Gutes – das Dir von keinem Nutzen sein und, obwohl aus Dir stammend, Dir nicht gleichkommen kann – doch existiere, weil es aus Dir zu werden vermochte.

Welches Verdienst kommt denn dem Himmel und der Erde zu, die Du im Ursprung geschaffen hast? Melden sollen sie's, welchen Vorteil Dir die geistige und die körperliche Kreatur eingebracht haben, die «Du in Deiner Weis-
Ps heit erschaffen hast», so daß von dieser Weisheit auch das
104,24 Unvollkommene, Gestaltlose abhängt, sei es im Bereich des Geistigen oder des Körperlichen, selbst wenn es bis zur Unordnung, bis zur völligen Unähnlichkeit mit Dir wegstrebt. Ein geistliches Wesen ist, auch wenn es formlos wird, noch immer einem gestalthaften Körper überlegen, ein ungeformtes Körperliches ist noch immer mehr wert als das reine Nichts. Und so wäre all dies gestaltlos in Deinem Wort schwebend geblieben, hätte es Dein Wort nicht durch Verleihung von Gestalt heimgerufen zu Deiner Einheit, auf daß alle Dinge, von Dir dem Einen und höchsten Gott her «sehr gut» seien. Wodurch hätten sie sich vor Dir verdient gemacht, um auch nur formlos zu sein, die ohne Dich nicht einmal dies gewesen wären?

[2] Schon hier und im folgenden drückt sich das Früher der Gnade vor aller Schöpfungsgesetzlichkeit aus.

3. Worin hat sich die körperliche Materie vor Dir verdient gemacht, um auch nur unsichtbar und formlos zu sein, wäre sie doch nicht einmal das gewesen außer durch Deine Schöpfung? Sofern sie nicht war, konnte sie Dich nicht zu ihrem Sein veranlassen.

Oder worin hat sich der Ansatz Deiner geistlichen Kreatur vor Dir verdienstlich gemacht, um, Dir unähnlich, auch nur dunkel und abgrundgleich zu schwanken, wenn sie nicht durch das gleiche Wort zum Gleichen, aus dem sie entstand, rückgewendet und, von ihm bestrahlt, Licht geworden wäre, Dir zwar nicht gleich, aber doch durch Angestaltung an Deine Gestalt Dir ähnlich.

Auch ist für einen Körper Dasein nicht dasselbe wie Schönsein, sonst könnte es nichts Ungestaltes geben –, auch für einen Geist ist Leben nicht dasselbe wie weise leben, sonst wäre er wandellos weise. Aber «gut ist» für ihn, «Dir immerfort anzuhangen», um nicht, was er durch Zuwendung gewann, durch Abwendung an Licht zu verlieren und in ein dem finstern Abgrund gleiches Leben zurückzusinken. Ps 73,28

Auch wir, die der Seele nach Geistgeschöpfe sind, waren von Dir, unserem Lichte, abgewandt, «einstmals Finsternis» in diesem Dasein und mühen uns jetzt noch ab in den uns verbleibenden Dunkelheiten[3], bis daß wir in Deinem Eingeborenen «Deine Gerechtigkeit wie die Berge Gottes» erblikken, denn wir waren «Deine Verurteilten» wie «tiefe Abgründe». Eph 5,8 Ps 36,7

«Es werde Licht» für die Geister

III,4. Dein Wort zu Beginn der Schöpfung: «Es werde Licht, und es ward Licht», verstehe ich wohl nicht anmaßend vom geistigen Geschöpf; war es doch schon ein bestimmt geartetes Leben, das Du dann zu erleuchten gedachtest.[4] Aber sowenig es vor Dir verdient hatte, ein erleucht- Gen 1,3

[3] Der zweite Teil von Buch X hat sie geschildert.

[4] Diese «Erleuchtung» steht im Mittelpunkt der theologischen Erkenntnislehre Augustins.

bares Leben zu sein, sowenig verdiente es vor Dir, die Erleuchtung zu empfangen. Doch seine Formlosigkeit hätte Dir nicht gefallen, falls sie nicht Licht geworden wäre, nicht durch bloßes Dasein, sondern das erleuchtende Licht anblickend und ihm anhängend. So verdankt sie schon ihr anfängliches, aber auch ihr seliges Leben Deiner Gnade, da sie sich durch eine bessere Wandlung dem zuwandte, was sich weder zum Bessern noch zum Schlechtern wandeln kann. Das bist einzig Du, der als Einziger einfach ist, für den Dasein und Seligsein eins ist, bist Du doch Deine eigene Seligkeit.

Der Geist über den Wassern: Zeichen umsonstiger Güte

IV,5. Was könnte Dir somit zum Guten ermangeln, das Du für Dich selber bist, auch wenn diese Geschöpfe überhaupt nicht oder nur formlos wären? Nicht aus Notdurft hast Du sie gemacht, sondern aus der Fülle Deines Gutseins, sie fassend und ihnen Gestalt gewährend, doch nicht, um durch sie Dein Glück zu ergänzen. Da Du vollkommen bist, mißfiel Dir ihre Unvollkommenheit, sie sollten durch Dich vervollkommnet werden, um Dir zu gefallen, nicht weil Du unvollkommen gewesen wärest und ihrer Vervollkommnung zu Deiner Vollkommenheit bedurft hättest.

In der Tat: Dein guter «Geist schwebte über den Was-
Gen 1,2 sern», nicht von ihnen getragen, als hätte er ihrer zum Ruhen bedurft. Wenn man von Wesen sagt, Dein Geist ruhe auf ihnen, dann läßt er diese viel eher in sich selber ruhen. Dein unverweslicher, unveränderlicher, sich selbst genügender Wille schwebte über dem von Dir gebildeten Leben, für welches Dasein und Seligsein nicht dasselbe ist, denn es lebt auch, wenn es in seinem Dunkel sich umtreibt. Ihm bleibt nur eins: sich Dem zuzuwenden, der es schuf, und mehr und
Ps 36,10 mehr beim «Quell des Lebens» zu leben und in seinem «Licht das Licht zu sehen» und so Vollendung, Erleuchtung, Seligkeit zu finden.

2. DIE SCHÖPFERISCHE TRINITÄT UND IHR BILD IM MENSCHEN

Trinität in der Schöpfung

V,6. Und nun erscheint mir «im Rätsel» die Dreieinigkeit, die Du bist, mein Gott. Denn im Ursprung unserer Weisheit, in der aus Dir geborenen, Dir gleichen und gleichewigen Weisheit, in Deinem Sohn hast Du, Vater, Himmel und Erde geschaffen. Lange handelten wir über den Himmel des Himmels und die unsichtbare, formlose Erde und den dunklen Abgrund, womit das standlos Schweifende des Ungeformt-Geistigen gemeint war, das sich hinwenden sollte zu Dem, durch den es anfängliches Leben und durch Erleuchtung schönes Leben wurde und zum Himmel jenes Himmels, der nachher zwischen den obern und untern Wassern entstehen sollte.

Mit dem Namen «Gott» reichte ich schon an den Vater als den Schöpfer dieser Dinge heran, an den Sohn mit der Bezeichnung des Ursprungs, indem er sie schuf, und da ich meinen Gott als den Dreieinigen glaubte, so suchte ich glaubend in seinen Heiligen Schriften, und siehe, da schwebte Dein «Geist über den Wassern». Nun hielt ich die Dreieinigkeit, Du mein Gott, als Vater, Sohn und Heiliger Geist, Schöpfer aller Dinge.

Die Nennung des Heiligen Geistes

VI,7. Doch weshalb, Du wahrhaftiges Licht – Dir nähere ich mein Herz, damit es mich nichts Falsches lehre, zerstreue sein Dunkel und sag mir, ich bitte Dich, sag mir bei meiner Mutter, der Liebe[5] –, weshalb Deine Schrift erst nach Erwähnung des Himmels und der unsichtbaren, formlosen Erde und den Finsternissen über dem Abgrund Deinen Geist erwähnt? Doch wohl, weil er als der Überschwebende vorgestellt werden mußte. Davon konnte nicht die Rede sein, wenn nicht zuvor erwähnt wurde, worüber Dein Geist

[5] Die Liebe als Mutter (mater caritas): die Wendung findet sich häufig bei Augustin, auch mit dem zusätzlichen Gedanken, daß diese Mutter die Seelen gebiert.

schweben sollte. Sicher nicht über Vater und Sohn, und auch das Nichts konnte er nicht überschweben. Also mußte zuerst das zu Überschwebende erwähnt werden, dann erst er, der gerade durch dieses Überschweben zu kennzeichnen war. Aber weshalb konnte er nicht anders denn als der Überschwebende eingeführt werden?

Der Geist erhebt die Seelen zu Gott

VII,8. Von hier an folge, wer es vermag, indem er das Wort
Deines Apostels bedenkt: Deine «Liebe ist ausgegossen in
unseren Herzen durch den Heiligen Geist, der uns gegeben
Röm wurde». Er lehrt uns «geistige Dinge» und zeigt uns den
5,5 «überhinausliegenden Weg» der Liebe, er beugt für uns
1 Kor 12,1.31 seine Knie vor Dir, damit wir «die überhinausliegende Ein-
Eph sicht in die Liebe Christi» gewinnen. Das ist der Grund,
3,14 weshalb der von Anfang an Überhinausliegende die Wasser
–19 überschwebte.

Wem soll ich es sagen und wie, daß das Gewicht der Begierlichkeit in den Schlund des Abgrunds stürzt und die Liebe uns wieder emporhebt durch Deinen Geist, «der über dem Abgrund schwebte»?[6] Wem kann ich es sagen und wie? Wenn wir absinken und wieder auftauchen, dann geht es nicht um Orte. Es gleicht solchen und ist doch ganz anders. Es geht um Leidenschaften und um Formen der Liebe. Unlauterkeit unseres Geistes läßt uns aus der Liebe heraus zu weltlichen Sorgen nach unten absinken, die Heiligkeit des Deinen hebt uns wieder empor durch die Liebe zur Geborgenheit, damit wir das Herz Dir droben hinhalten, dort wo Dein Geist über den Wassern schwebt und wir zur überschwenglichen Ruhe gelangen, wenn «unsere Seele einmal die wesenlosen Was-
Ps 124,5 ser» überstiegen haben wird.

Die Seelen fallen, wenn der Geist sie nicht erhebt

VIII,9. Der Engel fiel ab, die Menschenseele fiel ab, und sie offenbarten damit den Abgrund aller Geistkreatur im ab-

[6] Der für Augustins Ethik entscheidende Gegensatz cupiditas (Begierlichkeit)–caritas (selbstlose Liebe).

gründigen Dunkel, hättest Du nicht im Anfang gesprochen:
«Es werde Licht! Und es ward Licht», so daß Dir aller
gehorsame Geist anhangen und in Deinem Geist ruhen
konnte, der unwandelbar über allem Wandelbaren schwebt.
Sonst wäre ja auch der Himmel des Himmels in sich ein
finsterer Abgrund, «jetzt aber ist er Licht im Herrn». Eph
Bis hinein in die erbärmliche Ruhelosigkeit der abgefalle- 5,8
nen Geister, die, Deines Lichtgewandes entblößt, nur noch
ihre Finsternis weisen, zeigst Du hinlänglich, wie groß Du
Deine Vernunftkreatur erschufst, da ihr nichts, was weniger
ist als Du, und damit auch sie selbst sich nicht genügen kann.
Nur Du, unser Gott, kannst unsere Finsternis lichten, aus
Dir wird uns unsere Gewandung, und «unsere Finsternisse
werden sein wie der helle Mittag». Jes
Gib Dich mir, mein Gott, schenke Dich mir zurück. Sieh, 58,10
ich liebe, und wenn es zu wenig ist, will ich kräftiger lieben.
Ich kann nicht ermessen, wieviel mir an Liebe fehlt, damit
ihrer genug sei und mein Dasein sich endgültig in Deine
Arme stürze, um zuletzt «im Geheimnis Deines Antlitzes» Ps
verabgründet zu werden. Alles, was ich weiß, ist, daß es mir 31,21
ohne Dich schlecht ergeht, nicht bloß um mich her, sondern
innen in mir, und daß für mich jede Fülle, die nicht mein
Gott ist, reine Entbehrung besagt.

Erhebung zu Gott im Geist

IX,10. Schwebte nicht auch der Vater oder der Sohn über
den Wassern? Versteht man dies örtlich und körperhaft,
dann auch nicht der Heilige Geist. Geht es aber um die
Erhabenheit der unveränderlichen Gottheit über allem Ver-
änderlichen, dann «schwebte» auch Vater und Sohn und
Geist «über den Wassern». Warum wird es nur von Deinem
Geist ausgesagt? Warum nur von ihm, als wäre da ein Ort
für ihn, der doch selber nicht orthaft ist, er, von dem allein
ausgesagt wird, er sei Deine «Gabe»? Apg
In Deiner Gabe ruhen wir, genießen wir Deiner, unsere 2,38
Ruhe ist unser Ort. Die Liebe erhöht uns dorthin, «Dein Ps
guter Geist erhebt unsere Niedrigkeit weg von den Pforten 143,10
des Todes». Der Friede liegt für uns im «guten Willen». Der Ps 10,15

Leib strebt aufgrund seiner Schwere zu seinem eigenen Ort,
aber nicht jedes Schwergewicht strebt nach unten, sondern
an den ihm gemäßen Ort. Die Flamme steigt, der Stein fällt:
beide werden durch ihr Gewicht bestimmt und streben dem
eigenen Ort zu. Öl, ins Wasser gegossen, erhebt sich über
das Wasser; Wasser auf Öl gegossen, senkt sich unter das
Öl: beide werden durch ihr Gewicht bestimmt und streben
nach dem eigenen Ort. Minder Geordnetes ist unruhig, wird
es geordnet, so ruht es. Mein Schwergewicht ist die Liebe,
wohin immer ich treibe: sie treibt mich. Deine Gabe läßt uns
Vgl. entbrennen und trägt uns nach oben; wir werden in Flam-
Ps 84,7 men gesetzt und steigen. Wir auf den «steigenden Herzens-
Ps stufen» singen den «Stufengesang». Dein Feuer, Dein wohl-
129,1 tätiges Feuer setzt uns in Brand, und dann gehen wir unsern
Ps Weg, empor zum «Frieden Jerusalems». «Wie freue ich
122,61 mich, da man mir sagt: Wir ziehen zum Hause des Herrn».
Dein «guter Wille» wird uns dort einen Platz bereiten,
Ps nichts bleibt mehr zu wünschen, als «dort in Ewigkeit» zu
61,8 verbleiben.

Die seligen Geschöpfe waren immer zu Gott erhoben

X,11. Selig das Geschöpf, das nie etwas anderes kannte! Es wäre ein anderes gewesen, wenn Deine Gabe, die über allem Veränderlichen schwebt, es nicht, das kaum erschaffene, unmittelbar dorthin gerufen und erhoben hätte, wo Du sprachst: «Es werde Licht», und es ward Licht.

Bei uns andern gab es die Zeit, da wir «Finsternis» waren,
Eph und die, da wir «Licht» werden. Bei ihm kann nur gesagt
5,8 werden, was es wäre, falls es unerleuchtet bliebe: es wäre,
sagt man, flüchtig und dunkel gewesen, damit die Ursache
deutlich würde, weshalb es anders zuging: daß es nämlich,
dem unvergänglichen Licht zugekehrt, selber Licht wurde.

Wer's kann, der verstehe das; er erbitte es von Dir. Wozu
mich belästigen, als könnte ich irgendeinen «Menschen, der
Joh 1,9 in diese Welt kommt, erleuchten»?

Bild der Trinität im Menschen, Sein, Wissen, Wollen

XI,12. Wer wird die allmächtige Dreieinigkeit begreifen? Und doch: wer spricht nicht von ihr, falls seine Rede sie wirklich trifft? Selten genug ist es, daß die Seele, die von ihr redet, auch weiß, wovon sie spricht. Sie streiten und zanken, aber niemand erblickt die Dreieinigkeit, es sei denn im Frieden.

Ich möchte die Menschen über drei Dinge[7] nachdenken lassen, die in ihnen sind, drei Dinge, die von der Trinität weit verschieden sind, aber an denen sie sich einüben und prüfen und dabei einsehen könnten, wie sehr sie verschieden sind. Ich meine folgende drei: das Sein, das Wissen und das Wollen. Ich bin ja, ich weiß und ich will. Ich bin wissend und wollend; ich weiß, daß ich bin, und will; ich will, daß ich sei und wisse.

Wie unscheidbar in diesen Dreien das Leben ist: als ein Leben und ein Geist und ein Wesen, wie unscheidbar die Unterscheidung ist, die doch als solche besteht: das erschaue, wer's vermag. Er steht ja vor sich selber. Er blicke in sich hinein, erschau es und melde es mir.

Hat er aber darin etwas gefunden und gemeldet, so meint er schon, etwas über ihm Liegendes, Unwandelbares gefunden zu haben, das unwandelbar Seiende, unwandelbar Wissende, unwandelbare Wollende. Kann man aufgrund dieser Drei schon in Gott von Trinität sprechen? Oder liegt diese Dreiheit in jeder einzelnen göttlichen Person, so daß sie sich in einer jeden wiederfindet? Oder gilt beides, sofern das Schlechthinige in einer fruchtbar-gewaltigen Einheit in wunderbaren Weisen einfach und vielfach für sich selber ein unendlicher Sinn ist, worin es unwandelbar sowohl ist, wie sich kennt, wie sich selber genügt? Wer wollte das leichthin ausdenken? Wer wüßte, wie es aussagen? Wer hätte den Mut, sich darüber auszulassen?

3. DEUTUNG DES KOSMOS AUF DIE KIRCHE

Kirchliches Dasein

XII,13. Fahre fort in Deinem Bekenntnis, mein Glaube,[8]; sag dem Herrn, Deinem Gott: Heilig, heilig, heilig, Herr

[7] Hier die ersten Umrisse der später im Werk über die Trinität breit und vielfältig ausgeführten Lehre vom Bild der Dreieinigkeit in der Seele.

[8] Hier beginnt die «allegorische» Deutung der ersten auf die zweite Schöpfung hin.

mein Gott, in Deinem Namen wurden wir getauft, dem Vater, dem Sohn und dem Heiligen Geist; in Deinem Namen taufen wir, Du Vater, Sohn und Heiliger Geist. Denn auch bei uns hat Gott in seinem Christus einen Himmel und eine Erde geschaffen, geistige und fleischliche Menschen in seiner Kirche. Und auch unsere Erde war, bevor sie die Form der Lehre empfing, «unsichtbar und formlos», und wir wurden von den Finsternissen des Unwissens überdeckt. Denn «die Bosheit bestrafend, hast Du den Menschen erzogen, und Deine Verurteilungen waren wie ein großer Ab-
Ps 36,7 grund».

Aber weil Dein «Geist über den Wassern schwebte», hat Dein Erbarmen unsere Erbärmlichkeit nicht verlassen, und Du sprachst: «Es werde Licht, tut Buße, denn das Reich der Himmel hat sich genaht. Es werde Licht.» Und in unserer «Seele Verwirrung» haben wir uns Deiner erinnert, Herr
Ps 42,7 «im Jordanlande und am Berg, der Dir gleich ist», der sich
aber unsertwegen niedrig gemacht hat. Und unsere Finster-
Ps nisse mißfielen uns, und wir «wendeten uns zu Dir», «und
51,15 es wurde Licht». In der Tat «waren wir einstmals Finster-
Eph nis, jetzt aber sind wir Licht im Herrn».
5,8

Irdische Kirche in Erwartung der himmlischen

2 Kor XIII, 14. Aber wir sind es «einstweilen im Glauben, noch
5,7 nicht in der Schau». «Denn in der Hoffnung sind wir erret-
Röm tet. Hoffnung aber, die schaut, ist nicht mehr Hoffnung.»
8,24 Ps 42,8 Einstweilen «ruft noch ein Abgrund den andern an», aber
schon «mit der Stimme Deiner Katarakte»[9]. Und der da
spricht: «Ich konnte noch nicht zu euch als zu Geistigen
1 Kor reden, da ihr noch fleischlich seid», auch er meint einstwei-
3,1 len nicht, «es erfaßt zu haben, sondern vergessend, was
hinter ihm liegt, streckt er sich aus nach dem, was vor ihm
Phil liegt», er dehnt sich hin und stöhnt vor Bedrängnis, seine
3,13 «Seele dürstet nach dem lebendigen Gott» «wie die Hirsche

[9] Der «Abgrund» ist der Mensch, der einen andern Abgrund, einen Mitmenschen dann «anruft», wenn er ihn über die «Katarakte» der göttlichen Offenbarung belehrt. Vgl. Enarr. in Ps 42, 8, § 13.

nach den Wasserquellen». Und er ruft: «Wann gelange ich Ps
hin?» Er möchte mit seiner «Wohnstatt, die im Himmel ist, 42,2f.
überkleidet» werden, aber gleichzeitig ruft er dem untern 2 Kor
Abgrund zu: «Macht euch nicht dieser Welt gleich, sondern 5,2
erneuert euch in eurem Geiste», und «werdet nicht Kinder Röm
dem Verständnis nach, sondern Kinder an Bosheit, um im 12,2
Geiste vollkommen zu werden.» Und weiter: «Ihr törichten 1 Kor
Galater, wer hat euch verzaubert?» 14,20
Gal 3,1

Aber schon spricht nicht mehr er, sondern Deine Stimme, mit der Du Deinen Geist aus der Höhe gesandt hast, durch
Den, der «zur Höhe aufsteigt» und die Schleusen seiner Ps
Gaben aufgetan hat, damit «Ströme der Freude» sich über 68,19
«Deine heilige Stadt ergießen». Ps 46,5

Nach diesem sehnt sich «der Freund des Bräutigams», der Joh
schon «das Angeld des Geistes» in ihm besitzt, aber bei sich 3,29
selber seufzt, «die Annahme an Kindesstatt» und «die Erlö-
sung des Leibes» erwartend. Er seufzt, denn er ist ein Glied Röm
der Braut, er eifert für Ihn, denn er ist ein Freund des 8,23
Bräutigams; nicht für sich eifert er, sondern für Ihn, wenn
er «mit der Stimme Deiner Katarakte», nicht mit der eige- Ps 42,8
nen, den «andern Abgrund anruft», und für diesen eifernd fürchtet, daß, «wie die Schlange durch ihre Schlauheit Eva überlistet hat», sich auch ihr «Sinn von der Keuschheit
entferne», wie sie in unserem Bräutigam, Deinem einzigen 2 Kor
Sohn, herrscht. Wie herrlich aber wird das Licht des An- 11,3
blicks sein, «wenn wir ihn sehen, so wie er ist», wenn die 1 Joh
Tränen «ausgeweint sind, die Tag und Nacht meine Speise 3,2
waren, da man mich täglich frug: Wo ist Dein Gott?» Ps 42,4

In Hoffnung heil

XIV,15. Auch ich selber rufe: Wo bist Du, mein Gott? Ja,
wo bist Du? «Ich atme ein klein wenig» in Dir, wenn ich Ijob
meine Seele über mich hinaus ergieße in einem «Schrei der 32,20
Freude und des Bekennens und in festlichem Klang». Und Ps 42,5
doch ist meine Seele noch traurig, sie sinkt zurück und wird Abgrund oder fühlt sich vielmehr noch abgründig.

Mein Glaube, den Du mir nachts vor den Füßen entzündet hast, spricht ihr zu: «Warum bist du betrübt, meine

Seele, und warum verwirrst du mich? Hoffe auf den Herrn,
Ps 42,6 sein Wort ist eine Lampe für deine Schritte.» Hoffe und
Ps 43,5 harre aus, bis die Nacht vergeht, die Mutter der Gottlosen,
bis der Zorn des Herrn sich verzogen hat, dessen Söhne wir
einst noch als Finsternis waren, und wir schleppen ihre Reste
Röm 8,10 noch im «Leib, der wegen der Sünde tot ist», bis «der
Hl 2,17 Tageshauch sich erhebt und die Schatten weichen». «Hoffe
Ps 42,6.12 auf den Herrn, frühmorgens werde ich dastehn und betrachten und für immer ihm bekennen. Frühmorgens werde
Ps 5,5 ich dastehn und schauen das Heil meines Antlitzes», meinen
Gott, der «auch unsere sterblichen Leiber beleben wird
Röm 8,11 wegen des Geistes, der in uns wohnt», denn über unser
finsteres, flüssiges Inneres «schwebte er» voll Erbarmen.

2 Kor 1,22 Von ihm haben wir, Erdenpilger, das «Angeld» erhalten,
um bereits Licht zu sein, während wir «noch in Hoffnung
Röm 8,24 gerettet», doch «Kinder des Lichtes und Kinder des Tages
Eph 5,8 und nicht mehr Kinder der Nacht und der Finsternis» sind
– die wir einst waren.

Zwischen diesen und uns, in der noch waltenden Unge-
1 Thess 2,4 wißheit menschlicher Einsicht, triffst Du allein die Schei-
Gen 1,7 dung, Du, der «unser Herz prüft» und «das Licht Tag und
die Finsternis Nacht» nennst. Wer wollte uns denn «unter-
1 Kor 4,7 scheiden», wenn nicht Du? «Aber was wäre unser, was wir
nicht von Dir empfangen hätten», die wir aus der gleichen
Masse genommen, «teils zu ehrbaren, teils zu unehrbaren
Röm 9,21 Gefäßen» gemacht worden sind?

Das Firmament als Heilige Schrift

XV,16. Und wer, wenn nicht Du, unser Gott, hat über uns in Deiner Heiligen Schrift ein «Firmament» von Autorität aufgerichtet? Denn «wie ein Buch wird der Himmel zusam-
Jes 34,4 mengerollt werden» und jetzt ist er wie ein pergamentenes Fell über uns ausgebreitet. Höhere Autorität hat ja Deine Heilige Schrift gewonnen, seit jene Sterblichen, durch die Du sie uns darreichtest, verstorben sind. Du weißt es, Herr, wie Du die Menschen, die durch Sündigen sterblich gewor-

den, mit Fellen[10] bekleidet hast; deshalb hast Du auch das Firmament Deiner Schrift «wie ein Fell» ausgespannt, nämlich Deine zusammenstimmenden Worte, mit denen Du uns durch den Dienst Sterblicher[11] überkleidet hast. Denn eben weil sie starben, überwölbt jetzt die sichernde Autorität Deiner durch sie vermittelten Worte alles Darunterliegende mit Erhabenheit, was zu ihren Lebzeiten noch nicht so erhaben geschah. Noch hattest Du «den Himmel nicht wie ein Fell ausgebreitet», hattest den Ruhm ihres Todes noch nicht überallhin dringen lassen. Ps 104,2

17. Laß uns jetzt, Herr, «die Himmel» sehen, «das Werk Deiner Finger», zerstreue das Gewölk, durch das Du sie den Blicken entzogst. Dort ist Dein Zeugnis, «das den Einfältigen Weisheit verleiht». Vollende, mein Gott, «Dein Lob aus dem Mund der Kinder und Säuglinge». Wir kennen ja keine andern Schriften, die so gut den Hochmut zerstören, den Feind und Widersacher so schlagen, der sich Deiner Versöhnung widersetzt, indem er seine Sünden verteidigt. Ich kenne, Herr, keine so «lauteren Worte», die mich derart zum Bekennen einladen, derart meinen Namen unter Dein Joch beugen, derart mich bewegen, Dir aus grundloser Liebe zu dienen. Laß sie mich verstehen, Du Vater der Güte. Gib es mir, der sich ihnen unterwerfen möchte, denn für Unterworfene hast Du sie gefestigt. Ps 8,4 Ps 18,8 Ps 8,3 Ps 12,7

Die oberen Wasser als die Engel

18. Andere «Wasser» sind, wie ich glaube, über diesem «Firmament», unsterbliche, von der irdischen Verderbnis getrennte. Loben mögen sie Deinen Namen, loben Dich die überhimmlischen Scharen Deiner Engel, die nicht zu diesem Firmament aufzublicken und durch Lesen Dein Wort zu erkennen brauchen. «Immerdar sehen sie ja Dein Antlitz» und lesen darin, ohne zeithafte Silben, was Dein ewiger Gen 1,7 Mt 18,10

[10] Die «Felle» sind (schon vor Augustinus) das Symbol der Sterblichkeit. Aber unter Bezug auf Ps 104,2 wird der «wie ein Fell ausgespannte Himmel» (der Heiligen Schrift) ein Heilmittel dieser Sterblichkeit.

[11] Der Apostel und Evangelisten, die im Tod verschwinden mußten, damit die Schrift ihre ganze Autorität entfalten konnte.

Wille verfügt. Lesen, Wählen und Lieben ist für sie eins; sie lesen stetsfort, und nie entschwindet das Gelesene. Die Unveränderlichkeit Deines Ratschlusses lesen sie, um ihn zu erwählen und zu lieben. Nie schließt sich ihr Buch oder rollt sich ihr Pergament zusammen, denn das bist Du selber für sie, und zwar auf ewig, weil Du sie oberhalb jenes Firmaments gestellt hast, das Du über die schwachen untern Völker gebreitet, damit diese, emporblickend, Dein Erbarmen erkännten, das Dich, den Schöpfer der Zeiten, in der Zeit verkündet. Denn «im Himmel», Herr, «waltet Deine Barmherzigkeit und Deine Wahrheit bis zu den Wolken
Ps empor».
18,13 Die «Wolken»[12] vergehen, aber der Himmel bleibt. Die
Verkünder Deines Wortes gehen von diesem Leben in ein
anderes hinüber, Deine Schrift aber bleibt bis ans Ende der
Zeit über den Völkern ausgebreitet. Und auch «Himmel und
Erde werden vergehen, aber Deine Worte werden nicht
Mt vergehen»; das Fell wird einmal zusammengerollt, und das
24,35 Gras, über das es sich wölbte, wird vergehen mit all seiner
Jes Pracht, «Dein Wort dagegen verharrt auf ewig». Einstwei-
40,6f. len erscheint es uns im «Rätsel» des Gewölks und «durch
1 Kor 13,12 den Spiegel» des Himmels hindurch, nicht so, wie es in sich
ist, denn auch von uns, die wir immerhin Deines Sohnes
Kinder sind, «ist noch nicht erschienen, was wir sein wer-
1 Joh den». Der Bräutigam hat «durch die Gitter» des Fleisches
3.2 geschaut, er liebkoste uns und ließ uns entbrennen, «wir
Hl 2,9 eilen seinen Düften nach». Aber «wenn er erscheinen wird,
1.3.6 dann werden wir ihm ähnlich sein, denn wir werden ihn
sehen, wie er ist». Ihn zu sehen, wie er ist, das, Herr, ist uns zugesagt, doch es eignet uns noch nicht.

Gott allein kennt sich ganz

XVI,19. Denn so wie Du bedingungslos bist, weißt auch nur Du allein, Du, der unwandelbar ist und weiß und will. Dein Sein weiß und will unwandelbar, Dein Wissen ist und

[12] Die regnenden «Wolken» sind schon bei Origenes die Prediger des Evangeliums.

will unwandelbar, Dein Wille ist und weiß unwandelbar. Dir aber scheint es nicht angemessen, daß das Beleuchtete, Wandelbare Dich auf die gleiche Art wisse, wie das wandellose Licht sich weiß. Deshalb ist «meine Seele wie wasserloses Land vor Dir», denn gleich wie es sich aus Eigenem nicht erleuchten kann, so vermag es sich auch nicht an sich selber zu sättigen. Denn nicht anders ist «der Quell des Lebens bei Dir» als «wir in Deinem Licht das Licht schauen werden». Ps 143,6 Ps 36,10

Die bitteren Wasser sind die Ungläubigen

XVII,20. Wer hat die andern, die bitteren Wasser, zu einer Gemeinschaft versammelt?[13] Sie haben in der Tat nur ein Ziel, die zeitlich-irdische Glückseligkeit, um deretwillen sie alles verrichten, obschon sie in unzähligen Sorgen auseinanderwogen. Wer, wenn nicht Du, Herr, der den Wassern befahl, «sich an einem einzigen Ort zu sammeln», und der «trockenen Erde», die nach Dir dürstet, zu erscheinen, «denn Dein ist das Meer, und Du hast es gemacht, und die trockene Erde haben Deine Hände geformt». Nicht die verbitterten Willen, sondern die versammelten Wasser werden Meer genannt. Du in der Tat bändigst auch die bösen Begierden der Seele und setzest Grenzen, bis wohin die Wasser vordringen dürfen, so daß ihre Wasser in sich zurückbrechen, und so stellst Du das Meer unter die Ordnung Deiner allübergreifenden Herrschaft. Gen 1,9 Ijob 38,10

Die trockene, samentragende Erde sind die Gläubigen

21. Die Seelen aber, die nach Dir dürsten und vor Dein Auge treten und die Du einem andern Zweck zuliebe von der Sammlung des Meeres geschieden hast, benetzest du aus geheimer und süßer Quelle, «auf daß die Erde ihre Frucht hervorbringe». Und sie trägt ihre Frucht auf Deine Weisung hin; für Dich, ihren Herrn und Gott, sproßt unsere Seele Gen 1,12

[13] Die Idee einer der von Gott begründeten Gemeinschaft entgegengesetzten «Civitas terrena» (oder «diaboli»).

Werke der Barmherzigkeit hervor, «ihrer Art gemäß»; sie liebt ihren Nächsten, indem sie seiner leiblichen Not aufhilft, «sie besitzt in sich Samen entsprechend der Art-Ähnlich-
Gen 1,12 keit», da wir aufgrund eigener Schwachheit Mitleid fühlen, um den auf ähnliche Weise Darbenden zu helfen, so wie wir, wären wir in der gleichen Not, selber möchten, daß uns geholfen werde. Und das nicht nur in Kleinigkeiten – was
Gen 1,29 mit dem «samentragenden Gras» angedeutet wird –, sondern auch in kraftvoll hilfreichem Schutz – den die «Fruchtbäume» bezeichnen: Frucht besagt Wohltat –, um den Unrecht Leidenden der Hand des Mächtigen zu entreißen und ihm schützende Verteidigung durch die tüchtige Kraft eines gerechten Urteils zu gewähren.

Die Himmelsleuchten sind die guten Werke

XVIII,22. So lasse denn, bitte, Herr – wie Du es ja tust und dabei Fröhlichkeit und Kraft gedeihen läßt –, «aus der Erde die Wahrheit erwachsen und die Gerechtigkeit vom Himmel
Ps 85,12 herabschaun». Und «am Firmament sollen die Himmels-
Gen 1,14 leuchter entstehen».

Dem Hungernden wollen wir unser Brot brechen, den Obdachlosen in unser Haus einführen, den Nackten bekleiden und die nicht verachten, die unsere Geschlechtsgenossen sind.

Entsprossen solche Früchte unserer Erde: Blick sie an und halte sie für gut. «Unser Licht breche zur rechten Zeit
Jes 58,8 hervor.» Dank solch bescheidener Früchte unserer Aktion mögen wir, für die Freuden der Kontemplation Deines Lebenswortes droben bereitet, als «Himmelslichter in der
Phil 2,15 Welt» erscheinen, stark befestigt am «Firmament» Deiner Schrift.

Denn dort machst Du uns klar, daß wir zwischen Geistigem und Sinnlichem unterscheiden sollen wie zwischen Tag und Nacht, oder besser zwischen den Seelen, die sich dem Geistigen und solchen, die sich dem Sinnlichen widmen, so daß Du nicht mehr wie früher, ehe das Firmament war, allein in Deinem verborgenen Ratschluß zwischen Licht und Finsternis scheidest, sondern auch Deine geistigen Menschen, die Du ans gleiche Firmament ihrem Rang entsprechend gesetzt hast – jetzt, da Deine Gnade sich durch die ganze Welt offenbart hat –, «über der Erde leuchten und Tag und Nacht voneinander trennen und so uns Zeichen der Zeit sind». Denn «das Alte ist vergangen, siehe, Neues ist (Gen 1,14) geworden» und «näher ist unser Heil gerückt, als da wir (2 Kor 5,17) zum Glauben kamen». Und weil «die Nacht vorgerückt ist und der Tag sich nahte» und weil «Du das Jahr mit Deinem (Röm 13,11f.) Segen krönst», «Arbeiter in Deine Ernte» schickst, an deren (Ps 65,12) Aussaat andere gearbeitet haben, ja noch andere zur Aussaat schickst, deren Ernte erst am Ende stattfinden wird. So (Mt 9,38) erhörst Du die Wünsche des Gerechten und segnest seine Jahre. «Du aber bleibst ewig derselbe, und Deine Jahre nehmen nicht ab», sind wie ein Speicher für die Vorüber- (Ps 102,28) eilenden. Nach ewigem Ratschluß teilst Du zur angemessenen Zeit die himmlischen Güter über die Erde aus.

Entsprechend den Geistesgaben

23. Und so «wird dem einen durch den Geist das Wort der Weisheit geschenkt», als das «größere Himmelslicht» zugunsten derer, die sich im klaren Licht der Wahrheit wie am Tagesanfang erfreuen, «einem andern ist das Wort der Wissenschaft durch den Geist zugeteilt», als ein «geringeres Himmelslicht», «einem andern der Glaube, einem andern die Gabe der Heilung, einem andern die Gabe, Wunder zu wirken, einem andern die Prophetie, einem andern die Unterscheidung der Geister, einem andern die verschiedenen Zungen», diese Gaben alle wie Sterne.

Denn alle diese Gaben «wirkt der eine und gleiche Geist, der einem jeden nach seinem Willen vermittelt» und dabei die Sterne erscheinen und «sie zum Nutzen aller aufleuchten» läßt. Die «Weisheitsrede» aber, die alle heiligen Ge- (1 Kor 12, 7–11) heimnisse enthält, welche wie der Mond mit den Zeiten wechseln, wie die übrigen angeführten Gaben, die als Sterne gedeutet wurden, im Maße als sie vom Glanz der Weisheit abstehen, dessen der angehende Tag sich erfreut, sind insofern dem Anbruch der Nacht zugeordnet.

Sie sind nämlich für jene unentbehrlich, von denen Dein sehr kluger Knecht[14] gesagt hat: «Ich konnte zu euch nicht wie zu geistlichen Menschen reden, sondern wie zu fleischlichen», derselbe, der «Weisheit» verkündete «unter den
1 Kor Vollkommenen», während «der animalische Mensch als ein
2,14 Kleinkind in Christus» mit «Milch» genährt wird, bis er
1 Kor stark genug ist für «feste Speise» und sein Auge kraftvoll
3,1 f. genug, in die Sonne zu schauen; doch sollte er sich in der Nacht nicht verlassen fühlen, sich aber mit Mond und Sternen begnügen.

Über all dies klärst Du uns in Deinem Buch, Deinem «Firmament», mit höchster Weisheit auf, Du, unser Gott, damit wir es in wundersamer Kontemplation zu unterscheiden vermögen, wenngleich einstweilen noch in Zeichen, nach Zeiten, Tagen und Jahren verteilt.

Ermahnung der «Fleischlichen»

XIX,24. Zuvor aber «wascht euch, seid rein, entfernt die Bosheit aus euren Seelen und vom Anblick meiner Augen», damit «das trockene Land erscheine». «Lernt das Gute tun, richtet zugunsten der Waisen und rechtfertigt die Witwe», damit «die Erde Futterpflanzen und Fruchtbäume sprießen lasse», «und kommt, damit wir miteinander rechten, spricht der Herr», «damit Lichter am Firmament des Himmels
Jes entstehen und die Erde erleuchten».
1,16 f. Jener Reiche befragte den guten Meister, was man tun soll, um das ewige Leben zu gewinnen. Ihm erwiderte der gute Meister – den jener für einen bloßen Menschen hielt, während doch Gott allein «gut» ist –, daß wer «ins Leben eingehen» will, die «Gebote befolgen» solle: sich von der Bitterkeit der Bosheit und des Frevels entferne, nicht töte, die Ehe nicht breche, nicht stehle, kein falsches Zeugnis ablege, damit das trockene Land erscheine und die Vereh-

[14] Die im folgenden breit ausgeführte Antithese zwischen den «Fleischlichen» und den «Geistlichen» in der Kirche, knüpft an Paulus an, ist aber von den Alexandrinern schon reich entfaltet worden.

rung von Vater und Mutter und die Liebe zum Nächsten aufsprossen lasse. «Das alles habe ich getan», sagt der andere. Woher stammen aber dann so viele Dornen, wenn die Erde fruchtbar ist? «Geh hin», reiß aus das Dorngestrüpp der Habsucht, «verkauf, was du hast», und trage reiche Frucht, indem du es «den Armen gibst, dann wirst du einen Schatz im Himmel haben», und folge dem Herrn, wenn du vollkommen sein willst, und gesell dich Ihm, der zu den Seinen Weisheit redet. Er, der weiß, was er an den Tag und was an die Nacht verteilen muß, damit auch du es weißt und auch für dich Leuchtkörper am Firmament des Himmels entstehen. Das geschieht nicht, wenn dein Herz nicht dort weilt, und ebensowenig, wenn «dein Schatz» nicht dort «hinterlegt» ist, wie der gute Meister es dir gesagt hat. Lk 18,18–23

Unfruchtbare Erde dagegen verfällt der Betrübnis, und «Dornen ersticken» das Wort. Mt 13,7

Ermahnung der «Geistlichen»

25. Ihr dagegen, aus dem «Schwachen der Welt» «erwähltes Geschlecht», ihr, die ihr «alles verlassen habt», um dem Herrn zu folgen, geht ihm nach und beschämt die Starken, folgt Ihm «mit lauterem Fuß», leuchtet am Firmament, damit «die Himmel[15] seine Herrlichkeit verkünden», indem sie scheiden zwischen dem «Licht» der Vollkommenen – das freilich dem der Engel noch nicht gleichkommt – und dem «Dunkel» der Kleinkinder – das freilich nicht das der Verzweifelten ist. 1 Petr 2,9 1 Kor 1,27 Röm 10,15 Ps 19,2

Leuchtet über die ganze Welt hin, und der von der Sonne strahlende «Tag erzähle dem folgenden Tag» das Wort der Weisheit. Mond und Sterne mögen leuchten für die Nacht, diese verfinstert sie nicht, sie aber erhellen sie nach ihrem Vermögen. Siehe, es ist, als spräche Gott: «Lichter sollen am Firmament des Himmels erscheinen», und «plötzlich ertönte vom Himmel her ein Brausen, als wehe ein heftiger Sturm, und es erschienen geteilte Zungen wie von Feuer, es ließ sich auf jeden von ihnen herab», und so wurden sie «Leuchten an der Himmelsfeste» und besaßen «das Wort des Lebens». Ps 19,3 Apg 2,2f.

[15] Die Apostel und ihre amtlichen Nachfolger sind gemeint.

Verteilt euch nach allen Seiten, ihr heiligen, herrlichen Flammen! Denn «ihr seid das Licht der Welt», seid «nicht
Mt unter den Scheffel gestellt». Erhöht wurde der, dem ihr
5,14f. anhingt, und er wird euch erhöhen. Verteilt euch nach allen Seiten und macht euch allen Völkern bekannt.

Kriechtiere: Sakramente; Meerungeheuer: Wunder; Vögel: Prediger

XX,26. Auch das Meer empfange und gebäre eure Werke, «und die Wasser sollen ein kriechendes Gewimmel von
Gen Lebewesen hervorbringen». Indem ihr «das Wertvolle vom
1,20f. Jer Gemeinen sondert», wurdet ihr zum Mund Gottes, durch
15,19 den er sagt: «das Wasser bringe» nicht die lebende Seele «hervor», wie die Erde es tun wird, sondern «das kriechende Gewimmel von Lebewesen und die Vögel, die über die Erde hin fliegen». Deine Geheimnisse nämlich, o Gott, haben dank dem Werk Deiner Heiligen die versucherischen Fluten der Welt durchkrochen, um in Deiner Taufe die Völker mit Deinem Namen zu weihen.

Ps Und dabei sind «gewaltige Werke» vollbracht worden,
111,2 vergleichbar den Meerungeheuern, und die Stimmen Deiner Boten sind über die Welt hingeflogen, nah dem Firmament Deiner Schrift, von deren Autorität gedeckt sie getrost nach allen Seiten hin streifen konnten. Gibt es doch «keine Sprache oder Rede, in der ihre Stimme nicht hörbar geworden wäre, da ja ihr Klang in die ganze Welt hinausdrang und ihre
Ps Worte bis an die Enden der Erde». Du, Herr, hast sie durch
19,4f. Deinen Segen «vermehrt».

Sinnliches als Sinnbilder von Geistigem für die menschliche Schwäche

27. Täusche ich mich vielleicht und mache ich ein Durcheinander, indem ich die klaren Begriffe dieser Dinge nicht unterscheide: die «an der Himmelsfeste sind» und die körperhaften Werke, die im wogenden Meer und unter dem Firmament des Himmels vollbracht wurden? Doch die Be-

griffe jener [oberen] Dinge sind ja bestimmt und begrenzt und steigern sich nicht durch Weiterzeugung: so sind die Leuchten der Weisheit und der Wissenschaft; dagegen sind körperliche Wirkungen der gleichen Dinge zahlreich und vielfältig, eines geht aus dem andern hervor, um sich kraft Deines Segens, Gott, zu vermehren. Du hast die Langeweile der sterblichen Sinne dadurch behoben, daß, was im geistigen Begriff eines ist, sich durch die Bewegungen der Körper vielfach ausdrücke und aussage. «Die Wasser» haben dies «hervorgebracht», jedoch in Deinem Wort; die Bedürfnisse der Deiner ewigen Wahrheit entfremdeten Völker haben dieses Viele hervorgebracht, jedoch innerhalb Deines Evangeliums. Das Viele haben die Wasser selber aus sich hervorgebracht, deren bittere Langeweile der Anlaß war, all diese Dinge innerhalb Deines Wortes zu erzeugen.

28. Alle Dinge sind schön, wenn Du sie machst, Du aber, der Du alles gemacht hast, bist unsäglich viel schöner. Wäre Adam nicht von Dir abgefallen, dann wäre seinem Schoß nicht dieses salzige Meer entflossen[16], das Menschengeschlecht mit seinem abgründigen Vorwitz, seinem stürmischen Hochmut und seinem bestandlosen Zerrinnen, und so wäre es nicht nötig gewesen, daß Deine Mitarbeiter in den vielen Wassern so viele körperliche und sinnliche Geheimnis-Taten und -Worte vollbrachten. Denn so habe ich hier «das kriechende Gewimmel» und «die Vögel» gedeutet. Die Menschen aber, die von diesen körperhaften Geheimnissen erfaßt und in sie eingeweiht sind, würden, ihnen unterworfen, nicht weiter voranschreiten, wenn ihre Seele nicht anfinge, auf höherer Stufe sich geistig zu beleben und nach dem einführenden Wort auf dessen letzte Erfüllung hin vorauszublicken.

Die «lebende Seele» bedeutet die christliche

XXI,29. Daher ist es nicht das tiefe Meer, sondern die von den bittern Wassern getrennte Erde, die gemäß Deinem

[16] Hier bleibt offen, ob Adam im Paradies leibliche Nachkommen gezeugt hätte. Der frühe Augustin ließ die leibliche Vermehrung erst außerhalb des Paradieses beginnen.

Wort nicht mehr «ein kriechendes Gewimmel von Lebewesen» und «Geflügel» hervorbringt, sondern «die lebendige
Gen 1,24 Seele».

Sie bedarf schon nicht mehr der Taufe, deren die Heiden bedürfen, so wie sie ihrer bedurfte, als die Wasser sie noch bedeckten; geht man doch anders nicht ins Himmelreich ein, seitdem Du diese Art des Eintritts angeordnet hast. Sie verlangt auch nicht mehr nach erstaunlichen Wundertaten, denn von ihr gilt nicht mehr, daß sie nur «glaubt, wenn sie
Joh 4,48 Zeichen und Wunder sieht». Sie ist als gläubige Erde bereits getrennt von den durch Unglauben verbitterten Meerwassern, und «die Sprachengabe ist nicht für die Gläubigen,
1 Kor 14,22 sondern für die Ungläubigen zum Zeichen». Deshalb bedarf die Erde auch des geflügelten Geschlechts nicht mehr, das auf Dein Wort hin die Wasser hervorbrachten; hast Du sie
Ps 136,6 doch «über den Wassern» begründet. Senke ihr Dein Wort durch Deine Sendboten ein. Wir andern erzählen gewiß ihre Werke, aber Du bist's, der in ihnen wirkt. Und nur so erwirken sie eine «lebende Seele».

Die Erde bringt diese hervor, denn die Erde ist Anlaß, daß jene auf ihr wirken, so wie das Meer Anlaß war, daß sie «ein kriechendes Gewimmel von Lebewesen» und «Vögel unter der Himmelsfeste» bildeten, deren die Erde nicht länger bedarf, obschon sie noch den aus der Tiefe gehobenen Fisch[17] verzehrt an jenem «Tisch, den Du vor Deinen
Ps 23,5 Gläubigen bereitet hast», und wenn der Fisch aus der Tiefe gehoben wurde, so um die trockene Erde zu nähren.

Auch die Vögel, die dem Wasser entstammen, vermehren sich auf der Erde. Der Anlaß für die ersten das Evangelium verkündenden Stimmen war der Unglaube der Menschen, jetzt aber werden auch die Gläubigen ermahnt und empfan-
Ps 61,9 gen vielfache Segnungen «von Tag zu Tag». Die lebendige Seele freilich nimmt ihren Ursprung von der Erde, denn nur den schon Gläubigen nützt es, sich der Weltliebe zu enthalten, damit ihre Seele, die «in Lüsten» dahinlebte, «todbrin-
2 Kor 5,15 genden», Herr, Dir fortan lebe, denn Du bist die lebenspendende Lust des lauteren Herzens.

[17] Das bekannte Symbol Christi und seiner Eucharistie.

Erziehung der «lebenden Seele»

30. Gestatte demnach Deinen Dienern, auf dieser Erde auf eine andere Art zu arbeiten als in den Gewässern des Unglaubens, da sie dort durch Wunder und geheimnisvolle Zeichen und mystische Worte predigten, um die Aufmerksamkeit des Unwissens zu erregen, der Mutter der Verwunderung und der Scheu vor undeutbaren Zeichen – denn so werden die Adamskinder in den Glauben eingeführt, die Dich vergaßen, weil sie sich «vor Deinem Antlitz verbargen» und zum «Abgrund» wurden –, vielmehr sollen Deine Gen
Diener jetzt wie auf trockenem Boden arbeiten, fern von den 3,8
Strudeln der Tiefe, und, vor den Augen der Gläubigen lebend, ihnen zum Vorbild werden und sie zur Nachahmung anspornen.

So hören sie diese Botschaft nicht mehr bloß, um zu hören, sondern um zu handeln. «Sucht Gott, und eure Seele wird leben», damit «die Erde eine lebende Seele hervorbrin- Ps
ge». «Gleicht euch nicht dieser Weltlichkeit an», sondern 69,33 Röm
enthaltet euch ihrer. Die Seele lebt durch Vermeiden dessen, 12,2
woran sie, es anstrebend, stirbt. Hütet euch vor dem unbändig wilden Stolz, vor der trägen Wollust der Unzucht und dem trügerischen Anschein von Wissenschaft, damit die wilden Tiere besänftigt, die Haustiere gezähmt, die Schlangen unschädlich gemacht werden. Denn allegorisch bedeuten diese die seelischen Regungen: der sich aufreckende Stolz, die Lust der Begierde und das Gift des Fürwitzes sind die Regungen der toten Seele, die sterbend nicht jeder Regung beraubt wird; sie stirbt vielmehr, indem sie sich vom Quell des Lebens entfernt und die flüchtige Welt sie aufnimmt, der sie sich gleichförmig macht.

Symbole der sich beherrschenden Seele

31. Dein Wort aber, Gott, ist Quell des ewigen Lebens und vergeht nicht, deshalb untersagt es uns einen solchen Abfall.
«Macht euch nicht dieser Welt gleichförmig», sagt es uns, Röm
damit die Erde, vom Lebensquell getränkt «eine lebendige 12,2
Seele hervorbringe», eine enthaltsame Seele angesichts Dei-

nes Wortes, dank Deiner Evangelisten, eine Seele, die die Nachahmer Deines Christus selbst nachahmt. Dies besagt in Wahrheit das Wort: «Nach seiner Art», denn ein Freund ahmt gern den nach, den er liebt. «Seid», heißt es, «wie ich
Gal bin, denn ich bin wie ihr.»

4,12 So wird es in der lebendigen Seele auch gute, sanft handelnde Tiere geben, hast Du doch die Weisung erlassen: «Tu deine Werke in Sanftmut, und du wirst von allen
Sir Menschen geliebt werden.» Auch die Haustiere werden
3,19 «weder wenn sie essen», unmäßig sein, «noch, wenn sie nicht essen» Mangel erleiden; die guten Schlangen werden kein schädliches Gift mehr haben, sondern klug sein, um sich in acht zu nehmen und die zeitliche Natur nur so weit auszukundschaften, als nötig ist, um sich «von den geschaf-
Röm fenen Dingen» zu erheben, um das Ewige «durch sie hin-
1,20 durch zu begreifen» und zu betrachten. Alle diese Tiere dienen der Vernunft, da sie nunmehr, dem tödlichen Treiben entfremdet, leben und gut sind.

Der erneuerte Mensch nicht «gemäß der Art», sondern «nach dem Bild» der Trinität

XXII,32. Sieh denn, Herr, unser Gott und Schöpfer: wenn unsere sinnlichen Regungen sich von der Liebe zu dieser Welt freigemacht haben, in der sie durch übles Leben zugrunde gingen, und unsere Seele, recht lebend, endlich zu einer «lebendigen Seele» geworden ist, und Dein Wort, das Du durch Deinen Apostel sprachst, sich erfüllt: «Macht
Röm euch nicht dieser Welt gleichförmig», dann wird das darauf
12,2 Folgende sich sogleich anschließen: «sondern erneuert euch in der Neuheit eurer Gesinnung» und nicht mehr: «gemäß eurer Art», als müßten wir unsere Vorgänger nachahmen oder gemäß den Anweisungen eines überlegenen Menschen uns benehmen. Du hast nicht gesagt: Der Mensch entstehe gemäß seiner Art, vielmehr: «Laßt uns den Menschen schaf-
Gen fen nach unserem Bild und Gleichnis», so daß wir zu prüfen
1,26 vermöchten, was Dein Wille ist.

Deshalb hat der Verkünder Deines Wortes, der durch das Evangelium Kinder erzeugte, um nicht immer nur Kleinkin-

der zu haben, die man mit Milch ernähren und wie eine
Amme pflegen muß, ausgerufen: «Erneuert euch in der
Neuheit eurer Gesinnung, um prüfen zu können, was der
Wille Gottes sei, der gut und wohlgefällig und vollkommen
ist.» Deshalb sagst Du nicht: «Es werde der Mensch», Röm
sondern: «Laßt ihn uns machen», und nicht: «gemäß der 12,2
Art», sondern: «nach unserem Bild und Gleichnis». Wer
geistig erneuert ist und Deine Wahrheit versteht, bedarf
keines Menschen mehr, der ihm, «um dessen Art nachzuahmen», den Weg zeigt. Du selber zeigst ihm, «was Dein Wille
ist, was gut und wohlgefällig und vollkommen ist», und
gibst ihm, da er dessen schon fähig ist, die Dreifaltigkeit der
Einheit und die Einheit der Dreifaltigkeit zu sehen. Deshalb
heißt es zwar in der Mehrzahl: «Machen wir den Menschen», aber in der Einzahl wird fortgefahren: «Und Gott
schuf den Menschen»; in der Mehrzahl wird gesagt: «nach
unserem Bild», aber in der Einzahl weitergefahren: «nach
dem Bilde Gottes». So erneuert sich der Mensch zur Er- Gen
kenntnis Gottes, gemäß dem Bilde Dessen, der ihn schuf, 1,26
und: der «geistlich» Gewordene «urteilt über alles», worüber ein Urteil gefällt werden muß[18], «er aber wird von
niemandem beurteilt». 1 Kor
2,15

Der Geistliche beurteilt alles

XXIII,33. «Er urteilt über alles» heißt, daß er über die
Fische des Meeres, über die Vögel des Himmels, über alle
zahmen und wilden Tiere, über alles auf Erden und alle
Kriechtiere, die «über die Erde hin kriechen», Macht hat. Gen
Er übt sie aufgrund seiner Vernunft, durch die er «wahr- 1,26
nimmt, was des Geistes Gottes ist». Ohne diese «hat der 1 Kor
Mensch, der in Ehren erhöht wurde, nichts begriffen; er 2,14
stellte sich auf den Rang der unvernünftigen Tiere und
wurde ihnen ähnlich». Ps
So gibt es in Deiner Kirche, unser Herr, gemäß Deiner 49,21
Gnade, die Du ihr verliehest – denn «wir sind Dein Werk,
geschaffen unter Deinen guten Werken» – nicht bloß solche, Eph
die im Geiste befehlen, sondern auch jene, die den Befehlen- 2,10
den gehorchen –, «als Mann und Frau schufst Du» den Gen
1,27

[18] Man beachte die von Augustin hinzugefügte Einschränkung.

Menschen in Deiner geistlichen Gnade so, daß dem Körper-
geschlecht nach «weder Mann noch Frau», wie auch «weder
Gal Jude noch Grieche, weder Sklave noch Freier» mehr beste-
3,28 hen –, die Geistigen also, ob sie nun befehlen oder gehor-
chen, urteilen geistlich, nicht über die geisthaften Gedanken,
die «am Firmament leuchten» (denn über deren hohe Auto-
rität darf nicht geurteilt werden), auch nicht über Dein
Buch, selbst wenn darin nicht alles einleuchtend ist (denn
ihm unterwerfen wir unsern Verstand und halten daran fest,
daß auch das, was unserer Einsicht verschlossen bleibt,
richtig und wahrhaft gesagt worden ist). So soll der Mensch,
auch wenn er schon «geistig» und «zur Erkenntnis Gottes
Kol erneuert ist, gemäß dem Bilde Dessen, der ihn erschuf», ein
3,10 «Täter des Gesetzes sein und nicht dessen Richter». Auch
Jak
4,11 nicht über die Unterscheidung zwischen geistlichen und
fleischlichen Menschen soll er richten, was nur Deinen Au-
gen, unser Gott, zusteht, solange ihre «Werke» sich uns
noch nicht so offenbart haben, daß wir sie «nach ihren
Mt Früchten erkennen» können[19]. Du, Herr, hast sie bereits
7,20 erkannt und sie im Verborgenen eingeteilt und gerufen,
schon vor der Erschaffung des Firmaments. Auch über die
Wirrsal der Völker dieser Welt urteilt der Mensch, selbst
wenn er geistlich ist, nicht. «Ist es denn seine Sache, über
1 Kor Außenstehende zu urteilen», da er doch nicht weiß, wer von
5,12 dort zu Deiner süßen Gnade übertreten und wer in der
ständigen Bitterkeit der Gottlosigkeit verharren wird?

34. Somit hat der nach Deinem Bild erschaffene Mensch keine Macht erhalten über die Himmelslichter noch über den verborgenen Himmel selbst, über den Tag und die Nacht, die Du vor Erschaffung des Himmels ins Dasein gerufen, noch über das gesammelte Wasser, das Meer. Macht hat er nur erhalten über die Fische des Meeres, die Vögel des Himmels, alle Tiere, die ganze Erde und alles, was über sie kriecht.

Was er beurteilt

Er beurteilt und billigt, was ihm recht, verurteilt, was ihm schlecht erscheint, sei es in jener sakramentalen Feier, durch

[19] Die Werke als Erkennungszeichen der «Geistlichen»: antignostische Anmerkung.

die jene eingeweiht werden, die Dein Erbarmen aus den tiefen Wassern herausgesucht hat, oder in jener, bei der man den Fisch darreicht, von dem, aus den Tiefen emporgehißt, die gläubige Erde sich nährt, sei es in jenen Zeichen und Worten, die der Autorität Deines Buches untertan sind wie die Vögel dem Firmament, im Deuten, Auslegen, Besprechen, im Segnen und Anrufen, was alles von den Lippen [der Prediger] tönt, auf daß das Volk mit Amen antworte. Daß so viele Worte körperlich geäußert werden mußten, ist dem Abgrund der Welt und der Blindheit des Fleisches zuzuschreiben, das Gedachtes nicht wahrnehmen kann, weshalb es als Lärm an seine Ohren dringen muß. So also stammen die Vögel, die sich zwar auf der Erde vermehren, dennoch aus dem Wasser.

Der «geistliche» Mensch beurteilt auch dem zustimmend, 1 Kor
was er recht, und das verurteilend, was er unrecht findet in 2,15
den Taten und Sitten der Gläubigen, in ihren Almosen, die
wie «Früchte der Erde» sind, über die «lebendige Seele», 2 Kor
deren Leidenschaften gezähmt sind «durch Keuschheit, 6,5
durch Fasten», soweit solches durch frommes Nachdenken über das durch die Körpersinne Empfangene erfaßt wird. Er darf, mit einem Wort, dort urteilen, wo er Macht zu bessern hat.

Erklärung des Fruchtbarkeitssegens

XXIV,35. Doch was ist das nun Folgende für ein Geheim- Gen
nis? Du segnest die Menschen, Herr, «damit sie wachsen 1,22
und sich mehren und die Erde erfüllen». Gibst Du uns damit nicht einen Wink weiterzuforschen, weshalb Du das Licht, das Du Tag genannt, die Himmelsfeste, die Lichter und Gestirne und die Erde und das Meer nicht ebenso gesegnet hast? Ich würde gern sagen, unser Gott, der Du uns nach Deinem Bilde geschaffen hast, daß Du dem Menschen diesen Segen vorbehalten hast. Aber Du hast ja auch die Fische und Seeungeheuer gesegnet, damit sie wachsen, sich vermehren und die Wasser erfüllen, und die Vögel, auf daß sie sich auf der Erde vermehren. Weiter würde ich gern sagen, diese Segnung beziehe sich auf jene Arten, die sich durch Zeugung aus sich selber vermehren, fände ich sie auch bei den Bäu-

men, den Pflanzen, dem Vieh auf der Erde. Aber weder den Pflanzen noch den Bäumen, noch den Tieren und Schlangen wurde gesagt: «Wachset und mehret euch», obschon sie alle sich wie die Fische, die Vögel und die Menschen durch Zeugung vermehren und dergestalt ihre Art wahren.

36. Was soll ich demnach sagen, Du mein Licht, meine Wahrheit? Daß hier etwas fehlt? Etwas umsonst gesagt ist? Gewiß nicht, Vater aller Gnade, Dein Knecht wird so etwas nicht sagen. Wenn ich den Sinn dieser Aussage nicht verstehe, so sollen Bessere, ich meine Gescheitere als ich, es besser begreifen, ein jeder nach dem Weisheitsmaß, das Du, mein Gott, ihm gabst.

Möge dennoch mein Bekenntnis Dir gefallen, daß ich überzeugt bin, Herr, Du habest das nicht ohne Grund gesagt; und ich möchte auch nicht verschweigen, was mir beim Lesen dieser Stelle aufgegangen ist. Denn es ist wahr, und ich weiß nicht, was mich abhalten sollte, in Deinen Schriften auch einen übertragenen Sinn anzunehmen. Ich weiß, daß was der Geist auf eine einzige Weise versteht, vom Körper auf vielfältige Weise ausgedrückt werden kann und daß, was der Körper auf eine Art ausdrückt, vom Geist auf vielerlei Arten verstanden werden kann. Wie einfach ist die Liebe zu Gott und zum Nächsten, und in wie vielen Gleichnissen und zahllosen Sprachen – und in jeder Sprache in unzählbaren Redeweisen – kann sie sinnlich ausgedrückt werden!

In diesem Sinn wachsen und mehren sich die Geburten der Wasser. Gebt wiederum acht, ihr meine Leser: Was die Schrift nur auf eine einzige Art vorträgt und ertönen läßt: «Im Ursprung schuf Gott Himmel und Erde», kann offenkundig ohne möglichen Irrtum, nach wechselnden Gesichtspunkten, auf vielerlei Art verstanden werden.[20] So wachsen und mehren sich die Nachkommen der Menschen.

[20] Die von Augustin vertretene Lehre, daß eine Schriftstelle mehrere Deutungen zuläßt, belegt er im Buch XII weitläufig, wobei er aber schon wesentlich einschränkende Bedingungen (XII, XIV, 17–XV,22) aufgestellt hat. Jetzt wird deutlich, daß der göttliche Sinn der Schrift so reich ist, daß er «von verschiedenen Gesichtspunkten» her angegangen werden kann, wobei die Frage, was der Hagiograph sich gedacht hat (ob er nur einen Gesichtspunkt hatte oder mehrere zugleich gelten ließ), außer acht bleibt. Am Ende von XXIV, 37 wird dem «Eifer» des Forschers durch die Vernunft (ratio) eine Schranke gesetzt.

37. Wenn wir die Dinge nicht allegorisch, sondern im eigentlichen Sinn betrachten, dann passen die Worte «wachset und mehret euch» auf alle aus Samen hervorgehenden Wesen. Wenn wir sie aber bildlich verstehen – was meiner Ansicht nach die wahre Absicht der Schrift ist, die nicht umsonst diesen Segen auf die Erzeugungen der Wassertiere und der Menschen beschränkt –, dann begegnen wir offensichtlich einer Vielheit sowohl in den geistigen wie in den körperlichen Geschöpfen (versinnbildet durch Himmel und Erde), in den gerechten wie in den ungerechten Seelen (versinnbildet durch Licht und Finsternis), in den heiligen Schriftstellern, durch welche uns das Gesetz vermittelt wurde (bildlich dargestellt im Firmament, das zwischen Wasser und Wasser festgelegt wurde), in der Fülle der bitteren Sünderscharen (wie im Meer), im Eifer der frommen Seelen (wie in der trockenen Erde), in den hienieden vollbrachten Werken der Barmherzigkeit (wie in den samentragenden Pflanzen und Fruchtbäumen), in den geistlichen Gaben, die zum Nutzen der andern verliehen werden (wie in den Leuchtkörpern am Himmel) und in den durch Zucht geregelten Leidenschaften (wie in der «lebendigen Seele»).

In all dem begegnen wir der Vielheit, der Fruchtbarkeit, dem Wachstum. Aber daß solches Wachstum, solche Vermehrung, wodurch eine gleiche Sache auf vielfache Weise ausgesagt, eine Aussage auf vielfache Weise verstanden werden kann, das finden wir nur bei körperhaft ausgedrückten Zeichen und vernunfthaft ausgedachten Begriffen.

Die körperhaften Symbole werden nach unserer Meinung durch die Erzeugung der Wasser versinnbildet, da das Abgründig-Fleischliche dies notwendig macht, die vernunfthaften Begriffe dagegen durch die menschlichen Erzeugungen aufgrund der Fruchtbarkeit der Geistvernunft.

Deshalb glauben wir, daß Du, Herr, diesen beiden gesagt hast: «Wachset und mehret euch». In diesem Segen scheint mir ersichtlich, daß Du uns die Fähigkeit und die Kraft eingeräumt hast, sowohl auf vielfache Weise auszudrücken, was wir auf eine einzige begriffen haben, wie auf vielfache Weise eine einzige, aber dunkle Aussage der Schrift wiederzugeben.

So erfüllen sich die Meereswasser, die nicht anders als durch [die Wellen] verschiedener Deutungen bewegt werden, so füllt sich auch die Erde mit einer Folge von Erzeugungen, ihr «Trockenes» tritt im Eifer [immer weiteren] Forschens zutage, aber die Vernunft hält diesen Eifer gebieterisch in Schranken.

Unterstützung der Evangeliumsboten durch die Gläubigen

XXV,38. Ich möchte weiterhin aussagen, Herr, mein Gott, was mir die nachfolgende Stelle Deiner Schrift nahelegt, und ich will es ohne Furcht tun, denn ich werde nur sagen, was Deine Eingebung mich über diesen Text aussagen lassen will. Ich glaube ja nicht, daß ich außerhalb Deiner Inspira-
Joh 14,6 tion etwas Wahres aussagen könnte, da «Du die Wahrheit
Ps 116,11 bist, jeder Mensch dagegen ein Lügner ist». Wer deshalb
Joh 8,44 «eine Lüge sagt, spricht aus dem Eigenen». Um deshalb etwas Wahres zu sagen, will ich einzig aus dem Deinen reden.

Sieh, Du hast uns «zur Nahrung gegeben jedes Kraut, das Samen trägt auf der ganzen Erde, jeden Baum, der in sich
Gen 1,29 den Samen seiner Frucht trägt». Und dies nicht uns allein, sondern auch allen Vögeln des Himmels und den gehenden und kriechenden Tieren auf Erden, aber nicht den Fischen und den Meerungeheuern.

Wir sagten, diese Früchte der Erde stellten allegorisch die Werke der Barmherzigkeit dar, die für die Bedürfnisse des Lebens von der fruchtbaren Erde dargeboten werden. Eine solche Erde war der fromme Onesiphorus, dessen Haus Du das Erbarmen gabst, weil er oft Deinen Paulus erquickte
Phlm und sich dessen Ketten nicht schämte. Dasselbe taten die
2 Kor 11,9 «Brüder», die «aus Mazedonien seinem Mangel abhalfen» und solche Frucht brachten. Wie aber beklagt er sich über gewisse «Bäume», die ihm die geschuldete Frucht nicht gaben; sagt er doch: «Bei meiner ersten Verteidigung ist mir keiner beigestanden, alle haben mich verlassen; möge es
2 Tim 4,16f. ihnen nicht angerechnet werden!» Denn solches schulden wir jenen, die uns die geistige Lehre darbieten und uns in das Verständnis der göttlichen Mysterien einführen. Wir

schulden es ihnen, weil sie Menschen sind, schulden es ihnen auch, weil sie «lebende Seelen» sind, die sich uns in aller Zucht zur Nachahmung darbieten, schulden es ihnen endlich als «Vögeln des Himmels», da sie ihren Segen so reichlich über die Welt ergehen lassen; denn «ihre Stimme erklang über die ganze Erde». Ps 19,5

Materielle Hilfe in geistlicher Absicht

XXVI,39. Von diesen Früchten nähren sich aber nur jene, die Freude daran haben; keine Freude daran haben jene, «deren Gott der Bauch ist». Und bei den Gebern ist die Frucht nicht die Gabe als solche, sondern die Gesinnung, in der sie sie geben. Phil 3,19

So sehe ich klar, woran der Apostel sich freute, der Gott und nicht «seinem Bauch» diente, und ich freue mich von Herzen mit ihm. Durch Epaphroditus hatte er die Gaben der Philipper empfangen; ich erkenne jedoch, woran er sich freut, und an der Ursache seiner Freude nährt er sich, sagt er doch in aller Wahrheit: «Ich habe mich mächtig im Herrn gefreut, daß ihr zu reiner Zuneigung für mich aufgeblüht seid, wie ihr sie ja vordem hattet, doch wart ihr ihrer müde geworden.»[21] Sie hatten sich also lange einem Überdruß ergeben, waren verdorrt und wie ausgetrocknet, sich der guten Werke enthaltend; nun freut Paulus sich um ihretwillen, daß sie wieder aufsproßten, nicht um seinetwillen, weil sie seiner Bedürftigkeit zu Hilfe kamen. So fährt er fort: «Nicht weil mir etwas fehlte, sage ich dies, denn ich habe gelernt, mich mit dem, was ich habe, zu begnügen. Ich vermag Not zu leiden, vermag Überfluß zu haben; in alles und jedes bin ich eingeweiht, sowohl satt zu sein wie zu entbehren. Alles kann ich in dem, der mich stärkt.» Phil 4,10 Phil 4,11–13

40. Woran freust Du Dich also, großer Paulus? Woher stammt Deine Freude, woher Deine Nahrung, du «zur Erkenntnis Gottes nach dem Bild deines Schöpfers» erneuerter Mensch, du «lebendige Seele» aufgrund so großer Enthalt- Kol 3,10

[21] Diese Lesung Augustins («ihr seid müde geworden») ist nicht haltbar; der Text Pauli sagt: «Die Gelegenheit hat euch gefehlt.»

samkeit, beflügelte Zunge, die Geheimnisse kündet? Wahr-
lich, solchen Seelen gebührt derartige Speise. Was ist's, das
dich ernährt? Die Freude? Laßt uns die Folge hören: «Doch
habt ihr wohl daran getan, an meiner Bedrängnis teilzuneh-
men.» Daran freut er sich, nährt er sich, daß jene das Gute
taten, nicht weil seine Drangsal behoben wurde. Er kann
Ps 4,2 Dir sagen: «In meiner Enge hast Du mir Weite geschaffen»,
weiß er doch in Dir, «Überfluß zu haben und Mangel zu
leiden», in Dir, der Du ihn stärkst. «Ihr wißt ja, ihr Philip-
per, daß im Anfang der Evangeliumsverkündigung, als ich
aus Mazedonien wegging, keine Gemeinde mit mir Gemein-
schaft gehalten hat nach der Rechnung des Gebens und
Empfangens, außer ihr allein. Ihr habt mir sogar nach Thes-
salonich einmal und zweimal etwas für meinen Bedarf ge-
Phil sandt.» Er freut sich, daß sie zu diesen guten Werken zu-
4,12f. rückgekehrt und wieder aufgeblüht sind, er freut sich wie
an der erneuten Fruchtbarkeit eines Ackers.

41. Oder freut er sich doch seines eigenen Nutzens we-
gen? Er sagt ja: «Für meinen Bedarf.» Freut er sich deswe-
gen? Nein, und woher wissen wir das? Aus dem, was er in
der Folge sagt: «Nicht, daß ich die Gabe suche, sondern die
Phil Frucht.»
4,17

Von Dir, meinem Gott, habe ich gelernt, zwischen der
Gabe und der Frucht zu unterscheiden. Die Gabe ist, was
einer gibt, der etwas Notwendiges mitteilt: etwa Geld, Spei-
se, Trank, Bekleidung, ein Buch, einen Beistand. Die Frucht
dagegen ist der gute und rechte Wille des Gebers. Der gute
Meister sagt ja nicht bloß: «Wer einen Propheten auf-
nimmt», sondern fügt bei: «weil er ein Prophet ist», und
nicht bloß: «Wer einen Gerechten aufnimmt», sondern
auch: «weil er ein Gerechter ist»; einzig so wird der Geber
den Lohn des Propheten, den Lohn des Gerechten empfan-
gen. Er sagt nicht bloß: «Wer ein Glas kalten Wassers einem
meiner Geringsten gibt», sondern fügt bei: «weil er mein
Jünger ist», und schließt: «Wahrlich, ich sage euch, ihm
Mt wird seines Lohns nicht ermangeln.» Die Gabe besteht
10,41f. darin, einen Propheten, einen Gerechten aufzunehmen, dem
Jünger ein Glas kaltes Wasser zu reichen; die Frucht hinge-
gen darin, es um des Propheten, des Gerechten, des Jüngers

willen zu tun. An der Frucht nährt sich Elija, da die Witwe wußte, daß sie einen Mann Gottes nährte, und es darum tat. Der Rabe hingegen nährte ihn mit einer Gabe, er nährte nicht die Seele Elijas, sondern seinen Leib, der ohne solche Speise zugrunde gegangen wäre.

XXVII,42. Deshalb will ich etwas sagen, was vor Dir, Herr, wahr ist. Wenn «unwissende» und «ungläubige» Menschen, die, um eingeweiht und [für den Glauben] gewonnen zu werden, der ersten Sakramente und der großen Wunder bedürfen (wir sehen solche unter dem Symbol der Fische und der Seeungeheuer bezeichnet), Deine Knechte mit leiblicher Speise bewirten und ihnen in Dingen dieses irdischen Lebens beistehen, ohne zu wissen, weshalb man das tun soll und wohin es führt: dann ernähren weder sie Deine Diener noch werden diese von ihnen ernährt, weil jene nicht aus heiliger und rechter Absicht handeln, noch diese von ihren Gaben, deren Frucht sie noch nicht sehen, erfreut werden. Nur damit ernährt sich der Geist in Wahrheit, woran er sich freut. Aus diesem Grund leben Fische und Meerungeheuer von den Speisen, die nur eine von den bitteren Meeresfluten getrennte und unterschiedene Erde hervorbringt.

Gut und sehr gut

XXVIII,43. Und Du, Gott, sahst alles, was Du geschaffen, und «siehe, es war sehr gut». Und weil auch wir es sehen, Gen 1,31
ist es auch für uns sehr gut. Bei jedem einzelnen Deiner Werke sprachst Du, es solle werden, und es wurde, und jedes einzelne von ihnen war gut. Siebenmal – ich hab's gezählt – steht geschrieben: Du sahst, daß gut war, was Du geschaffen hattest; und jetzt, beim achten Mal, überblicktest Du das ganze Geschaffene, und siehe: es war nicht nur gut, sondern sehr gut in seinem Inbegriff. Einzeln genommen, waren die Dinge nur gut, doch in ihrer Gesamtheit waren sie gut und sehr gut. Alle schönen Körper sagen das bereits aus, denn weit schöner ist ein Körper, der aus der Gesamtheit von schönen Gliedern besteht, als dessen einzelne Glieder; erst durch deren harmonischen Zusammenschluß

kommt das Ganze zu seiner Vollendung, wenn auch die einzelnen Glieder als solche schön sind.[22]

Gott sieht seine guten Werke nicht zeithaft

XXIX,44. Ich achtete sorgfältig darauf, ob Du sieben- oder achtmal Deine Werke als gut befandest und sie Dir gefielen, und doch fand ich in Dir keine Schau, die der Zeit unterworfen wäre, was mir erlaubt hätte, anzunehmen, daß Du bei jeder einzelnen Schöpfung neu geschaut hättest. So frage ich: «Herr, ist Deine Schrift nicht wahrhaftig, da Du, der Wahrhaftige, die Wahrheit selbst, sie veröffentlicht hast? Warum sagst du mir dann, in Deiner Schau bestehe keine Zeit, wenn Deine Schrift mir doch berichtet, Du habest Tag für Tag festgestellt, das Geschaffene sei gut? Und ich, der nachzählte, ich fand, wie oft Du es sagtest.

Du antwortest mir, und als mein Gott sprichst Du laut ins innere Ohr Deines Knechtes, meine Taubheit durchbrechend: «Du Mensch, was meine Schrift sagt, das sage ich selbst. Aber sie spricht zeithaft, mein Wort dagegen unterliegt nicht der Zeit, denn es weilt in der gleichen Ewigkeit wie ich. So sehe ich ebenso, was ihr durch meinen Geist seht, wie ich, was ihr durch meinen Geist sagt, ebenfalls sage. Doch was ihr zeithaft seht, ich seh's nicht zeithaft, und desgleichen: was ihr in der Zeit sprecht, ich spreche es nicht in der Zeit.»

Falsche Sicht der Manichäer

XXX,45. Ich habe es vernommen und auf der Zunge einen Tropfen Süße aus Deiner Wahrheit gekostet. Ich verstand auch, daß es Leute gibt, denen Deine Werke mißfallen und die behaupten, viel davon hättest Du aus Notwendigkeit getan, etwa den Bau des Himmels und die Anordnung der Gestirne, ja Du hättest sie nicht aus dem Deinigen selbst gezogen, sie seien schon vorher, von anderswoher geschaffen worden. Du hättest sie bloß gesammelt und geballt und ineinandergefügt, um durch diesen Bau nach Besiegung

[22] Vgl. schon XI, VI, 8; VII, 9; XI, 13–XIII,16.

Deiner Feinde ein Bollwerk aus dieser Welt zu errichten, so daß aufgrund eines solchen Walls die Besiegten sich nicht abermals gegen Dich erheben könnten. Das übrige aber hättest Du weder geschaffen noch in Ordnung gebracht: etwa die fleischlichen Körper, das Kleingetier, alles, was mit Wurzeln an der Erde haftet; all das sei durch einen feindlichen Geist, eine fremde Natur, die nicht von Dir stammt und Dir entgegengesetzt bleibt, in den untern Teilen der Welt hervorgebracht und geordnet worden. Unsinnige sagen dergleichen, denn sie sehen Deine Werke nicht in der Kraft Deines Geistes und erkennen Dich nicht in ihnen.

Gottes Geist sieht im Blick des Christen die Güte der Welt

XXXI,46. Wer aber durch Deinen Geist schaut, in denen schaust Du. Sehen sie, daß die Dinge gut sind, dann siehst Du, daß sie gut sind. Was immer Deinetwegen gefällt, Du selber gefällst darin, und was immer uns durch Deinen Geist gefällt, das gefällt Dir in uns. «Denn welcher Mensch weiß, was im Menschen vorgeht, wenn nicht des Menschen Geist, der in ihm ist? So weiß auch keiner, was in Gott vorgeht, als Gottes Geist. Wir aber», fügt der Apostel hinzu, «haben nicht den Geist dieser Welt empfangen, sondern den Geist, der aus Gott ist, um die Dinge einzusehen, die uns von Gott geschenkt worden sind.» 1 Kor 2,11f.

Ich fühle mich gedrängt zu fragen: Sicherlich «weiß niemand, was in Gott vorgeht, als Gottes Geist»: wie also können wir wissen, «was uns von Gott geschenkt worden ist»? Aber die Antwort wurde mir schon gegeben: Was wir durch seinen Geist wissen, das weiß keiner als der Geist Gottes. Wie zu Recht denen, die im Geist Gottes reden, gesagt worden ist: «Nicht ihr seid es, die da reden», so wird Mt 10,20
auch denen, die durch Gottes Geist wissen, richtig gesagt: «Nicht ihr seid es, die da wissen», und denen, die im Geist Gottes schauen: «Nicht ihr seid es, die sehen.» Stellen wir somit durch Gottes Geist fest, daß ein Ding gut ist, dann sind nicht wir es, sondern Gott, der sein Gutsein sieht.

Ein anderer Fall liegt vor, wenn einer für böse hält, was

gut ist, so die oben Erwähnten; ein weiterer Fall: man sieht zwar, daß man etwas für gut hält, weil es gut ist; so gefällt manch einem das Geschaffene, weil es gut ist, doch nicht Du gefällst ihm darin, er will mehr die Sache als Dich genießen. Ein dritter Fall endlich: einer erachtet etwas für gut, Gott aber ist es, der in ihm das Gute sieht, auf daß er als dessen Schöpfer darin geliebt werde; und geliebt werden kann er nur durch den von ihm geschenkten Geist, denn «Gottes Liebe ist ausgegossen in unseren Herzen durch den Heiligen
Röm Geist, der uns geschenkt wurde». Durch diesen sehen wir
5,5 in allem, was irgendwie existiert, daß es gut ist, geht es doch aus Dem hervor, der nicht irgendwie da ist, sondern schlechthin ist, der ist.

Danksagung für die ganze Schöpfung

XXXII,47. Dank sei Dir, Herr! Wir sehen Himmel und Erde, und darin entweder beide körperlich als den obern und untern Teil der Welt, oder die geistige und die körperliche Schöpfung, und in der schönen Anordnung dieser Teile, woraus die ganze körperliche oder die gesamte Welt überhaupt besteht, sehen wir das geschaffene, von der Finsternis getrennte Licht. Wir sehen das Himmelsfirmament, ob es nun das vornehmste Körperliche ist, das die oberen geistigen Wasser von den untern körperlichen trennt,[23] oder der Luftraum (auch er wird Himmel genannt), den die Vögel des Himmels zwischen den Wassern durchfliegen, die als Dunst droben schweben und in heiteren Nächten als Tau niedersinken oder als die schweren auf Erden wogen. Wir sehen die Schönheit der Wasser in den weiten Meeresfluten gesammelt, und die trockene Erde, die brachliegt oder bestellt wird und als sichtlich gestaltete die Mutter der Kräuter und Bäume ist. Und über uns sehen wir die Himmelskörper schimmern, die Sonne zur Pracht des Tages, Mond und Sterne zum Trost der Nacht und alle Gestirne, die für uns

[23] Die «Retractationes» setzen hier ein Fragezeichen. «Der Satz scheint mir nicht genügend bedacht, die Sache ist allerdings sehr geheimnisvoll» (II, 6, 2).

Anhaltspunkte für das Messen der Zeiten sind. Wir sehen die überall befeuchtete Natur, die fruchtbar den Fischen, den Meerungeheuern und geflügelten Wesen Dasein gewährt, denn auch die Dichte der Luft, die den Vogelflug trägt, stammt vom Ausdunst der Wasser.

Wir sehen, wie die Erdoberfläche sich mit Erdentieren schmückt und wie der Mensch, nach Deinem Bild und Gleichnis geschaffen, über die vernunftlosen Tiere herrscht, aufgrund eben Deines Bildes und Gleichnisses, der Kraft seiner Vernunft und Einsicht. Und wie in seiner Seele eine Fähigkeit ist, die durch Überlegung herrscht, und eine andere, die sich gehorsam unterwirft, so sehen wir, daß die Frau auch körperlich für den Mann geschaffen wurde, dergestalt, daß sie ihm in der vernunfthaften Geistnatur ebenbürtig ist, dem leiblichen Geschlecht nach hingegen dem männlichen Geschlecht unterworfen, wie sich der Tatentrieb der Vernunft unterwirft, um von ihr her die Weisung zum rechten Tun zu erhalten. Wir sehen das alles, und jedes einzelne ist gut und der Inbegriff von Allem ist sehr gut.

Die Materie zugleich mit ihrer Formung geschaffen. Danksagung für die ganze Schöpfung

XXXIII,48. Deine Werke mögen Dich preisen, auf daß wir Dich lieben, und wir mögen Dich lieben, auf daß Deine Werke Dich preisen. Sie haben ihren zeitlichen Anfang und ihr Ende, ihren Aufgang und Niedergang, Zunahme und Abnahme, Vollblüte und Entwesen. Sie haben demnach eine Folge vom Morgen zum Abend, teils sichtbar, teils verborgen. Aus dem Nichts, nicht aus Dir, wurden sie ja von Dir geschaffen, nicht aus einer vorausbestehenden Materie, die Dir nicht gehörte, sondern aus einer gleichzeitig von Dir geschaffenen Materie, deren Ungestalt Du ohne zeitlichen Zwischenraum die Gestalt gabst.

Wenn auch die Materie des Himmels und der Erde verschieden ist von ihrer schmückenden Formgebung, wenn Du die Materie aus dem schlechthinigen Nichts, und die Formgebung aus der formlosen Materie gezogen hast, so erfolgte doch beides gleichzeitig: die Materie erhielt ungesäumt ihre Form.

XXXIV,49. Wir haben ferner erwogen, um welcher symbolisierten Wirklichkeit willen Du die zeitliche Anordnung und entsprechende Aufzeichnung verfügt haben wolltest. Wir haben gesehen, daß alles Einzelne gut, das Ganze sehr gut ist, und zwar sind in Deinem Wort, Deinem einzigen Wort, Himmel und Erde, Haupt und Leib der Kirche, ohne Morgen und Abend vor aller Zeit prädestiniert, sehr gut. Als Du aber begannst, das Vorbestimmte in der Zeit auszuführen, um Deine verborgenen Ratschlüsse kundzutun und unser Ungeordnetes zu ordnen – denn unsere Sünden lasteten auf uns, und wir sanken von Dir weg in finstere Abgründe, aber «Dein guter Geist» schwebte darüber, um uns zur rechten Zeit aufzuhelfen – da rechtfertigtest Du die Sünder und trenntest sie von den Frevlern, festigtest das Firmament Deiner Schrift zwischen den Oberen, die sich nur Dir beugen sollten, und den Unteren, die diesen untertan wären. Die Rotte der Ungläubigen aber, die eines Geistes sind, sammeltest Du wie ein Meer, damit der Eifer der Gläubigen als Land erscheine, die Dir durch Werke dienten und auch den Armen ihre irdischen Güter verteilten, um die himmlischen zu erwerben.

Ps 143,10

Und dann hast Du bestimmte Leuchten am Firmament entzündet, Deine Heiligen, die das Wort des Lebens besitzen und deren geistliche Gaben sie mit wundersamer Autorität erstrahlen lassen. Und ferner hast Du, um die noch glaubenslosen Völker zu gewinnen, aus der körperlichen Materie die Sakramente und die sichtbaren Wunder und die klingenden Worte Deiner Schrift, unseres Firmaments, gezogen, die für die Gläubigen nicht minder segensreich sind. Schließlich hast Du den lebendigen Seelen Deiner Gläubigen durch die Kraft der Enthaltsamkeit und die Unterwerfung der Leidenschaften Form gegeben, hast die Vernunft, die Dir allein untersteht und keine reinmenschliche Autorität nachzuahmen braucht, gemäß Deinem Bild und Gleichnis erneuert, hast das sinnvolle Handeln der überlegenen Einsicht wie die Frau dem Manne unterworfen, hast gewollt, daß bei allen Deinen Dienern, die nun einmal zur Vervollkommnung

Deiner Gläubigen hienieden notwendig sind, diese gleichen Gläubigen für den irdischen Unterhalt sorgten, durch Früchte, die für sie im ewigen Leben Frucht tragen.

Alle diese Dinge sehen wir, und «sie sind sehr gut», denn Du siehst sie in uns, der Du uns den Geist verliehst, sie durch ihn zu sehen und Dich in ihnen zu lieben.

Sehnsucht nach der Ruhe am siebten Tag

XXXV,50. Herr und Gott, gib uns den Frieden – hast Du uns nicht schon alles gegeben? –, den Frieden der Ruhe, des Sabbats, den Frieden ohne Abend. Denn all diese Dinge, die in ihrer herrlichen Ordnung sehr schön sind, werden ja, wenn ihr Werk getan ist, vergehen, sie erhielten ja ihren Morgen und ihren Abend.

XXXVI,51. Aber der siebente Tag kennt keinen Abend und keinen Untergang. Du hast ihn zu immerwährendem Verharren geheiligt. Und wenn Du selbst, am Ende Deines sehr guten Wirkens, das Du doch in Ruhe vollbrachtest, am siebenten Tag geruht hast, so sagt uns die Stimme Deiner Schrift voraus, daß auch wir nach unseren, – weil von Dir uns geschenkten auch sehr guten – Werken, am Sabbat des ewigen Lebens in Dir ausruhen werden.

XXXVII,52. Denn dann wirst auch Du in uns ausruhen, wie Du jetzt in uns am Wirken bist, und so wird Dein Ruhen durch uns sein, wie diese Deine Werke jetzt durch uns erfolgen. Indes bist Du, Herr, immerfort am Wirken und immerfort am Ruhen; Du bewegst Dich nicht in der Zeit, noch ruhst Du in der Zeit und erzeugst trotzdem zeithafte Schauungen, erzeugst die Zeit selber und die Ruhe am Ende der Zeit.

XXXVIII,53. Wir also sehen all die Dinge, die Du erschufst, weil sie sind. Sie sind aber, weil Du sie siehst. Wir sehen von außen, daß sie sind, von innen, daß sie gut sind. Du aber sahst sie bereits als geschaffen, als sie für Deinen Blick noch zu Schaffende waren.

Wir wurden zu bestimmter Zeit bewogen, das Gute zu tun, nachdem unser Herz vom Heiligen Geist überschattet worden war. Vor dieser Zeit hatten wir Dich verlassen und wurden zum bösen Tun gedrängt. Du hingegen, Gott, Einziger, Guter, hast nie abgelassen, das Gute zu tun.

Ein paar unserer Werke sind gut, aufgrund Deiner Gnade, aber ewig sind sie nicht. Doch wir hoffen, nach ihnen in Deiner erhabenen Heiligkeit ausruhen zu dürfen. Du dagegen, das Gut, das keines Gutes bedarf, bist dauernd in Ruhe, denn Deine Ruhe bist Du selber.

Dies zu verstehen, welcher Mensch verliehe es je einem Menschen? Welcher Engel einem Engel? Welcher Engel einem Menschen?

Von Dir sei es erbeten, von Dir nachgesucht, an Deiner Türe erpocht, und so, nur so wird der Mensch empfangen, wird er finden, wird die Türe sich öffnen.